Global Political Economy 총서 12

도서관과 작업장

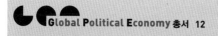
도서관과
작업장

—

스웨덴, 영국의 사회민주주의와 제3의 길

엔뉘 안데르손 지음
장석준 옮김

책세상

Contents

서론   9

1장 사회민주주의의 딜레마   21
    사회민주주의의 역사   23
    현대화와 유토피아   36
    이념과 역사: 담론과 제도적 변화   42
    모델에서 모델로   45

2장 지식의 정치경제학   51
    신자유주의적 사회민주주의?   55
    긴축의 사회민주주의에서 번영의 사회민주주의로:
    제3의 길의 거시-미시 전략   58
    지식과 공동선: 동반자 관계의 정치   65
    자본을 사회화하기: 갈등을 넘어선 정치   71
    사회적인 것을 자본화하기   78
    결론   81

3장 옛 시대와 새 시대를 규정하기: 제3의 길의 기원   83
    안전보호의 정치   87
    신시대   91
    포스트모던 국민의 집   96
    젊은 나라: 작업장   100
    늙은 나라: 도서관   107
    결론   114

Contents

__4장__ 자본주의?   117

  자본의 종말   123

  지식자본주의   129

  사회주의와 평등   135

  결론   142

__5장__ 성장의 정치   145

  잠재력 탐색하기   150

  학습과 의식 함양   155

  경쟁 우위의 정치: 정체성을 브랜드화하기   160

  문화의 가치   166

  결론   173

__6장__ 지식사회   175

  공동체   180

  사회   188

  지식과 시민권적 덕   193

  평등과 능력주의: 승강기와 사다리   195

  학습사회: 결론   204

7장   민중에게 투자하기   207

　　비용과 투자: 사회투자 전략과 생산적 사회정책   211
　　안전망과 도약판: 사회보장과 기회   219
　　복지와 근로복지 사이에서: 권리와 책임   225
　　결론   231

8장   지식 개인을 창조하기   233

　　기업가와 그 타자   235
　　쓸모없는 자들의 부상   239
　　낭비된 잠재력   243
　　인적 자본의 한계   252
　　결론   255

9장   에필로그: 사회민주주의의 미래   257

해제   지식정보 시대에 진보정치의 길 찾기   277

　　감사의 말   296
　　주   298
　　색인   341

일러두기

1. 이 책은 Jenny Andersson, *The Library and the Workshop: Social Democracy and Capitalism in the Knowledge Age*(Stanford University Press, 2010)를 옮긴 것이다.

2. 원서에서 이탤릭체로 강조한 부분은 고딕체로 표기했다.

3. 원서의 주는 미주로, 옮긴이주는 * 부호를 써서 각주로 처리했다.

서론

요 근래 제3의 길로 알려진 사회민주주의의 입장 전환에 많은 관심이 쏟아졌다. 하지만 사회민주주의 역사에서 제3의 길의 위상이 무엇인지에 대한 관심은 상대적으로 적었다. 제3의 길 연구의 첫 번째 물결은 제3의 길이 경제, 노사관계, 사회정의에 관한 대처주의Thatcherism의 중요한 요소들의 연속이라고, 즉 신자유주의라고 보았다.[1] 나는 이와 달리 제3의 길이 근본적으로 사회민주주의 프로젝트와 연속성을 갖는다고 주장한다. 하지만 이 연속성에 문제가 없는 게 아니라는 것 또한 나의 주장이다. 이 책은 특히 지식경제와 제3의 길의 연관성을 탐구하며, 제3의 길이 지식경제를 이해하는 방식을 통해 자본주의에 대한 사회민주주의의 근본 가정이 어떻게 재해석되고 있는지 살필 것이다.

지식경제는 제3의 길의 핵심 요소이며, 거의 그 존재 이유라고 할 수 있을 정도로 중요하다. 산업화와 함께 사회민주주의적 수정주의의 초기 과정이 시작된 것처럼, 제3의 길도 새로운 경제·사회 질서에 대한 인식에 발맞춰 일련의 이념적 가정들을 재접합한* 과정이라 할 수 있다. 1950년대와 1960년대에 사회민주당들이 산업경제와 그것이 야기한 사회·문화 변화에 이념적 일관성을 제시하려 했던 것과 비슷하게, 제3의 길은 지식경제의 일관성 있는 접합을 만들려 한 이념적 프로젝트였다. 이러한 접합

---

* articulation을 모두 '접합'이라 번역했다. 이 말은 본래 여러 뼈들이 연골에 의해 결합된 상태를 뜻한다. 언어학, 사회과학에서 articulaion은 특정한 담론에서 용어와 표현이 선택되고 결합됨으로써 의미를 생성하거나 고정시키는 것을 가리킨다.

중 일부는 영국의 윌슨 집권기*와 스웨덴의 에를란데르 집권기**에 산업 경제에 적응할 필요를 강조하던 사회민주주의 담론과 놀라울 정도로 유사하다. 1990년대 중반 이후에는 지식경제 개념이 사회민주주의 담론에서 비슷한 기능을 했다. 이는 정보 기술, 교육과 평생학습, 혁신, 기업가 정신을 둘러싼 현대화 서사의 초석이 됐다. 전후 시기에 사회민주당들이 계급 갈등과 빈곤으로부터 벗어날 풍요의 약속으로 산업경제를 바라보았다면, 제3의 길은 지식경제를 "만인을 위한 번영"을 약속하는 자본주의의 새로운 단계로 바라보았다.[2] 게다가 지식경제는 사회정의 문제에 대해 새로운 진보적 서사를 제공한다. 왜냐하면 사회적 배제와 기회의 불평등한 분배는 신경제에서 각광받는 인적 자본 개발의 측면에서 보면 중대한 문제들이기 때문이다. 지식경제로 인해 사회민주주의 국가는 학습, 교육, 정보 기술에 투자하는 등 가치 창출 면에서 새로운 역할을 부여받은 듯하다. 즉, 신경제에서 사회민주주의 국가는 '번영의 기관사'로 나선다. 따라서 이제 막 태동한 새로운 중도좌파가 보기에 이는 "사회 같은 것은 없다"는 신자유주의로부터 벗어날 길을 제시하는 것이자, 포드주의Fordism의 유산 및 구좌파의 기계적 변화 관념과 단절할 근거를 제공하는 것이기도 하다.

지식경제는 현대 자본주의에 대한 사회민주주의의 이해—가치의 창조와 분배, 시장의 역할 그리고 공공과 민간의 균형, 노동과 자본의 균형, 필

---

* 영국에서는 1964~1970년, 1974~1976년 두 차례에 걸쳐 해럴드 윌슨Harold Wilson 총리의 노동당 정부가 집권했다. 윌슨은 특히 첫 번째 집권기에 "기술의 백열white heat of technology"이라는 구호 아래 과학기술 발전에 바탕을 둔 성장 전략을 강조했다.
** 스웨덴에서는 타게 에를란데르Tage Erlander 총리의 사회민주당 정부가 1946년부터 1969년까지 장기 집권했다. 에를란데르 정부는 "강한 사회Strong Society"라는 구호를 통해, 지속적 성장과 이를 위한 공공 부문의 적극적 역할을 강조했다. 이에 대해서는 다음 책을 참고할 수 있다. 옌뉘 안데르손,《경제성장과 사회보장 사이에서: 스웨덴 사민주의, 변화의 궤적》, 박형준 옮김, 신정완 감수·해제(책세상, 2014).

요와 욕구의 본질, 사회정의의 역할, 평등의 꿈—와 관련 있다. 실제로 지식경제는 계급, 착취, 해방에 대한 사회민주주의의 오래된 물음에 새로운 시사점을 던져준다. 영국의 경우에는 신노동당New Labour이 꼴을 갖춰가던 1990년대 중반에 쓰인 문서에서 당시 재무장관이던 고든 브라운 Gordon Brown이 지식경제를 "기회의 경제", 그야말로 "만인의 잠재력의 활용에 의존하는 새로운 경제적 평등주의"라고 묘사한 바 있다. 이 문서에서 민중의 잠재력은 현대 경제를 이끄는 동력이었고, 교육과 학습을 통해 노동의 가치를 강화함으로써 현대 경제의 성공과 실패를 좌우하는 능력이었다. 따라서 사회민주주의 정치의 과제는 "소수의 이익을 위해 자본이 노동을 착취하도록 두지 않"고 "만인의 이익을 위해 노동이 자본을 이용할 수 있게 만드는 것"이었다.[3] 브라운에게 이는 자본과 노동의 새로운 관계의 출발점이었다. 지식경제란 기술혁명으로 인해 자본이 순전한 상품이 되고 노동이 가치 생산을 통제함으로써 마르크스의 노동-자본 권력 관계가 결국은 역전된다는 것을 뜻했다. 말하자면 지식경제는 사회주의를 약속하는 것이었다.

> 우리가 도달한 중요한 결론은 경제 번영의 열쇠로서 노동의 가치를 강화해야 한다는, 한 세기 동안의 좌파 주장이 이제는 현대 경제에서 실현할 수 있게 됐다는 것이다. 이 분석이 옳다면, 사회주의의 분석은 1890년대보다 1990년대에 훨씬 더 잘 들어맞는다.[4]

노동과 자본의 새로운 권력 균형에 대한 이러한 분석은 내생적 성장 이론으로부터 영감을 받은 사고에 뿌리를 두고 있다. 이 사고에 따르면, 지식이 노동자들 사이에 소재한 일종의 자본이기 때문에 노동자들 역시 자기 자본의 소유주가 되어 더 이상 자본의 다른 논리에 종속되지 않는다. 이는 사회주의 사상의 측면에서 봤을 때 아주 뜻밖의 결론이 아닐 수 없다. 자본이 우리들 사이에 있다면, 이것이 어찌 우리를 착취할 수 있겠는 가? 게다가 브라운의 주장처럼 자본이 더 이상 착취하는 힘이 아니라 노동당 정부 아래서 노동 해방을 위해 작동하는 힘이 될 수 있다면, 자본주의란 도대체 무엇인가?

이 책은 사회민주주의가 지식에 바탕을 둔 새로운 경제·사회 질서를 이해하는 방식을 검토할 것이다. 특히 지식 시대에 대한 신노동당과 스웨덴 사회민주당SAP, Socialdemokraterna의 서로 다른 해석을 분석함으로써 제3의 길 담론 안에 존재하는, 지식경제 및 지식사회에 대한 서로 다른 해석을 살필 것이다. 이러한 차이를 살펴봄으로써 우리는 지식이 도대체 어떤 종류의 재화인지, 지식이 어떻게 경제·사회적 자원으로 작동하는지, 그리고 이것이 경제와 사회, 개인과 정치의 측면에서 어떤 의미를 지니는지에 대한 서로 다른 정의를 확인할 수 있을 것이다. SAP에게 지식은 보편주의를 바탕으로 창조·분배되어야 하는 민주적 공공재다. 지식경제에 대한 SAP의 담론은 평등주의에 입각한 것이며, 당의 역사적 프로젝트 '국민의 집People's Home'과 보편적 복지국가의 이념적 유산에 바탕을 둔 것이다. 스웨덴의 구호를 인용하면, "지식이 성장할수록 우리는 이를 더 많이 함께 나눈다".[5] 지식경제를 묘사하는 당의 수사에 사용된 핵심 비유는 도서관, 혹은 학습 서클이었다. 둘 다 지식은 연대를 기반으로 생산·분배된다는 생각에 바탕을 두고 있으며, 또한 당 역사의 핵심 요소들—19세기에 노동자교육의 토대를 놓은 공공도서관과 학습 서클들—을 암시했다. 반면에 신노동당은 1990년대에, 지식경제가 영국이 전 세계의 전자 작업장으로 부흥할 기회라고 이야기했다. 신노동당에게 지식은 지식경제의 시장에서 교환·판매되는 경쟁적 상품이자 개인적 재화였다.

이러한 차이는 과거, 현재 그리고 미래의 사회민주주의 프로젝트에 관해 중대한 물음을 제기하며 동시에 지식경제의 중심에 내재한 긴장을 보여주기도 한다. 이 긴장은 유럽 현대성의 특징을 이루는 지식 관념에 내포된 긴장, 즉 지식을 유용성과 응용성의 차원에서 정의되는 경제적 자본으로 보는 관념과 지식을 민주주의와 시민권적 덕德의 차원에서 정의되는 민주적 혹은 공공적 자본으로 보는 관념 사이의 긴장에까지 거슬러 올라간다.[6] 이와 같이 이 책은 오늘날의 지식경제 서사에 주목함으로써 보다 광범한 쟁점인 사회민주주의, 그리고 현대성과 자본주의의 역사에서 사회민주주의가 차지하는 모호한 위상에 대해 설명할 것이다.

1990년대에 새롭고 젊은 사회민주주의 프로젝트를 묘사하기 위해 만든 신조어 '제3의 길'은 이제는 거북한 단어가 되어버려서 실제로 제3의 길 주창자들 자신까지 이 말을 꺼내며 난처해하는 경우가 많다. 하지만 더 나은 단어가 없기 때문에 제3의 길은 여전히 현대 사회민주주의의 이념 내용에 대한 분석적 묘사로서 나름의 역할을 한다. 적어도 쓸 만한 대체 용어를 생각해내기 어렵다는 것만큼은 분명하다. 하지만 앵글로색슨 문헌이 지배적이라는 사실이 풍기는 인상과는 반대로, 제3의 길은 결코 일방적인 정치 공간이 아니라 여러 시간과 공간을 교차하는 매우 이질적인 프로젝트였다. 그것은 과거 사회민주주의 이념에 복잡한 기원을 두었으며, 국민적 유산 및 문화와의 관계도 복잡했다.[7] 내가 이 책을 쓰고 있는 순간에도, 시장에 대한 사회민주주의의 열광이 이 이념의 가장 커다란 부담이 되어버린 시대임에도 불구하고 자신의 새로운 정체성을 찾으려는 사회민주주의의 투쟁은 계속되고 있다. 담론 및 대항담론, 이념 및 대항이념들이 사회민주주의의 미래를 나름대로 규정하려고 투쟁하는 경기장이

제3의 길로부터 출현했다. 이들 담론, 이념 중에는 1990년대로부터 기원한 것도 있고 사회민주주의의 역사적 담론으로부터 기원한 것도 있으며 전혀 새로운 것도 있다. 이 책 또한 이러한 변화의 지점에 관심을 환기시키고자 노력할 것이다.

이 책의 구조

이 책은 영국과 스웨덴에서 출현한 지식경제와 현대화 서사에 대한 사상이 아주 특수한 지식 관념에 의존하고 있다는 사실에서 출발한다. 그 지식관이란 지식을 일종의 자본으로, 즉 기술혁명의 구성 요소인 지력을 보유한 개인들 사이에 소재한 무형이지만 매매 가능한 상품으로 바라보는 것이다. 이는 학습과 교육을 통한 자기실현이라는 사고가 또 다른 유행거리인 지식경제에서 특별한 함의를 갖는다. 이 책은 이것이 자본화 과정—이전에는 근본적으로 경제적 재화good라고는 생각하지 않았던 공동선good의 여러 형태들이 경제적 자본의 형태들로 정의되어가는 과정—을 의미한다고 주장한다.* 제3의 길의 성장 담론은 '잠재력을 추출하는' 것에, 즉 호기심과 재능, 독창성, 창조성을 가치로 전환하는 방식에 관심을 집중한다. 이 과정에서 잠재력의 개발이라는, 만인이 "각자의 현재 상태와 잠재적 발전 가능성 사이의 간극을 잇도록" 돕는다는 사회주의의 관념이 새로운 의미를 얻는다. 또한 해방과 착취의 구별은 근본적으로 모호해진다.

---

* 'good'을 문맥에 따라 '재화'로도, '(공동)선'으로도 옮겼다.

이 책의 첫 장 '사회민주주의의 딜레마'는 사회민주주의와 자본주의의 역사라는 맥락에서 제3의 길을 이해할 틀을 제시한다. 제2장 '지식의 정치경제학'은 지식의 정치경제학이라 불릴 수 있는 것의 주요 특징들, 제3의 길의 거시-미시 전략, 지구 질서를 "컴퓨터 자판만 한 번 두드리면 자본이 이동하는" 공간으로 이해하는 제3의 길의 관점, 점점 더 인적 자본의 가치를 중심으로 구축되는 성장 전략 등을 논한다. 지식의 정치경제학이 신자유주의와는 다르다는 것, 그리고 이와 더불어 새로운 거버넌스 수단이 넘치도록 발전함으로써 경제·사회에 대한 사회민주주의의 개입의 성격이 변화한다는 것이 이 장의 주장이다. 제3장 '옛 시대와 새 시대를 정의하기'는 1970년대에 시작된 다양한 궤적을 검토함으로써 제3의 길과 새로운 경제에 대한 그 서사의 계보를 추적한다. 그리고 이 시기에 사회민주주의가 감행한 전략적인 이념적 선택의 지도를 그리면서, 특정한 미래가 선택되고 다른 미래는 닫히는 데 투쟁이 어떠한 역할을 수행했는지 강조한다.

이 책의 두 번째 부분이라 할 수 있는 다음 세 개의 장은 '사회민주주의가 지식 자본, 즉 지식 시대 자본의 역할과 성격을 어떻게 이해했는가'라는 물음을 다룬다. 제4장 '자본주의?'는 계급, 갈등, 소유, 평등 등의 관념을 비롯해 지식자본주의에 대해 각 당의 해석이 보인 차이를 정리한다. 이 장은 이를 자본주의에 대한 사회민주주의의 역사적 해석들이라는 맥락에서 다루며, 이 해석들에 어떠한 차이가 있는지 묻는다. 제5장 '성장의 정치'는 지식경제의 모호한 성장 관념을 다룬다. 학습 개념에서 가장 선명하게 드러나는 바와 같이 지식경제에서 성장은 경제적 개량과 개인적 계발*

---

* 원어는 모두 'improvement'이지만, 집단적인 개선을 뜻하는 경우에는 모두 '개량' 혹은 '향상'이라 옮기

이라는 이중의 의미를 띤다. 즉, 축적이자 이윤이면서 동시에 자아실현이고 자기성취다. 이 장은 이러한 이중 구속을 곱씹으면서, 제3의 길이 잠재력, 재능, 기능을 경제적 자본의 형태들로 접합함으로써 교육이나 문화 영역에서 급진적인 유토피아적 관념을 기술관료적 효율성의 관념에 맞춰 재접합하고 결국은 사회민주주의 역사의 다른 이념적 유산들을 억누른다고 주장한다.

제6장 '지식사회들'은 지식사회에 대한 사회민주주의의 비전과 함께, 평등 혹은 능력주의에 입각해 지식의 사회적 조직화를 어떻게 해석하는지에 대해 다룬다. 이 장은 신노동당의 능력주의적 공동체 관념과 '삼헬레samhälle'라는 SAP의 보다 평등주의적인 사회 관념 사이의 차이를 검토한다.* 후자는 지금도 스웨덴 정치에서 중요한 위상을 점하고 있지만, 수십 년간 이념 변화를 겪은 오늘날에는 바우처학교 사례를 다룬 대목에서 드러나듯 긴장과 모호성으로 가득 차 있다. 제7장 '민중에 투자하기'는 신노동당과 SAP의 복지국가 현대화 전략에서 나타나는 차이, 변화 과정에서 각 당이 사회적 시민권에 부여한 역할의 차이를 다룬다. 1990년대와 2000년대에 두 당은 사회정의와 경제 효율성의 긍정적 관계를 강조하고 또 강조했다. 하지만 그 방식은 서로 달랐는데, 이는 자본주의의 효율적 작동을 위한 사회적 시민권의 역할과 덕의 정의定義에 대해 두 당이 자유주의·사회민주주의 전통을 서로 다르게 해석한 데 따른 것이었다.

제8장 '지식 개인을 창조하기'는 지식사회에 거주한다고 상정되는, 끊임없이 학습하고 또 학습하는 개인, 즉 지식 시민의 사상을 검토한다. 사

고 개인의 자기 능력 개선을 뜻하는 경우에는 '계발'로 옮겼다.

* '사회'를 뜻하는 스웨덴어 'samhälle'는 '공동체', '국민' 등의 의미도 동시에 담고 있다. 이에 대해서는 옌뉘 안데르손의 《경제성장과 사회보장 사이에서》 17쪽을 참고할 것.

회민주주의가 1950년대에 산업 인간의 창조에 열중했던 것과 마찬가지로 오늘날은 지식 인간의 사상에 열중하고 있다는 것, 그리고 제3의 길의 거버넌스 수단 중 다수는 이러한 유토피아적 시민을 능동적으로 창조하기 위해 고안됐다는 것이 이 장의 주장이다. 제3의 길의 개량 관념은 본질적으로 개인화되어 있으며, 더 나아가 현대화 과정이 본래부터 각 개인 안에서 이뤄진다고 본다. 이러한 지식 개인의 정치적 구성에는 사회적 배제 담론을 통해 식별할 수 있는 어떤 타자가 존재하며, 이러한 타자는 지식, 재능, 잠재력을 결여한 것으로 간주되는 개인 및 집단의 형태로 나타난다는 것이 이 장의 주장이다. 제9장 '사회민주주의의 미래'에서는 제3의 길의 종말 이후 사회민주주의 담론에서 전개되는 최근의 논쟁 속에서 이 책의 결론인 사회민주주의의 미래를 엿볼 수 있을 것이다.

사회민주주의의
딜레마

1장

사회민주주의의 역사

어떠한 사회민주주의 역사든 불가피하게 그것이 속한 맥락 내의 역사일 수밖에 없다. 사회민주주의는 자본주의와 현대성을 모태로 한 정치운동이라서 그 존재부터가 이러한 힘에서 자유로울 수 없다. 사회민주주의는 한때 산업의 현대성 문제와 씨름했던 것처럼 (탈)산업 현대성이 제기하는 쟁점 및 딜레마와 계속 씨름하고 있다.

하지만 사회민주주의와 그것을 둘러싼 맥락—사회민주주의가 활동을 펼치는 무대, 어쩔 수 없는 것인지 아니면 바꿀 수 있는 것인지에 대한 판단의 범위—의 관계는 결코 간단하지 않다. 역사적으로 사회민주주의는 진보 사상을 중심으로, 현대성의 해석을 중심으로 강령을 수립했으며, 나아가 자신의 강령이 현대를 대변하며 미래를 이끈다고 규정했다. 프랑스 혁명과 산업혁명 사이의 어딘가에서 처음 탄생할 때부터 사회민주주의는 자본주의가 현대성을 이끌어낼 힘이라고 보았으며, 그 촉매가 되는 것이 자신의 역할이라 여겼다. 사회민주주의의 근본적인 역설은 자본주의를 사회 진보의 근본 수단으로 인정함으로써 자본주의 자체를 인정하지 않을 수 없다는 데 있다. 사회민주주의의 역사에서 사회주의와 자본주의의 구분선은 중요하지만 아주 미묘하기도 하다.[1]

따라서 사회민주주의는 단순히 새로운 생산 질서에 적응하는 사회운동이 아니다. 오히려 새로운 생산 질서를 이끌어내는 데 적극 개입한다. 경제를 객관적 영역으로 보면서 이에 대한 인식 및 해석과 떼어놓는 것은 불가능하다. 또한 역사적 주체들이 경제에 개입해서 경제적인 것과 사회적인 것, 문화적인 것의 경계들을 창조하는 방식과 분리해서 경제를 사고하는 것 역시 불가능하다. 새로운 시대에 대한 인식 역시 담론과 이념을 통해 그리고 정책과 제도를 통해 이러한 경계들을 창조하고 있다. 이런 점에서 제3의 길에서 지식사회 관념은, 1880년대에 막 싹트던 사회민주주의에서 산업사회 관념이 그랬던 것, 혹은 1950년대에 사회민주주의적 수정주의에서 풍요사회의 사상이 그랬던 것과 비슷한 기능을 수행한다. 밥 제숍Bob Jessop의 주장처럼, 지식 기반 경제라는 생각은 포스트포드주의의 세계에 널리 통용되는 서사로서 등장했다. 이 서사는 그것을 실현하기 위해 고안된 거버넌스 양식 및 수단에 힘을 불어넣는다는 점에서 신경제를 해석하는 데 그치는 게 아니라 구성하는 역할까지 한다.[2] 사회민주주의가 산업 현대성 실현의 배후에서 중요한 역사적 주체였던 것처럼, 제3의 길과 그것의 신경제 관념은 지식자본주의의 핵심 주체다.[3]

　해석과 구성의 관계는 사회민주주의와 자본주의의 모호한 관계와 함께 사회민주주의의 근본 딜레마 중 하나다. 역사 속에서 사회민주주의는 자본주의의 전복을 우선적으로 고민한 적이 없으며 급진적 대안에 대해서도 마찬가지였다. 사회민주주의는 오히려 자본주의에 대한 급진적 비판과 자본주의의 점진적 개선에 대한 강조 사이에 단단히 붙박인 사회운동이다. 얼핏 충돌하는 듯 보이는 이 두 정치 전략이 사회민주주의 역사에서는 충돌하지 않는다. 오히려 사회민주주의의 역사는 여러 차례 수정주의가 등장하면서 유토피아적 비판과 실용적 태도를 화합시키려 한 노력의 역사다. 사회민주주의의 역사에서 현대화 담론은 이러한 화합의 시도와 관련이 있다. 19세기 말에 사회민주주의는 자신을 정치적 대안으로 내세우면서 유토피아적 사회주의와 단절했다.[4] 1차대전과 2차대전 사이의 시기에 개혁주의가 부상하면서 혁명 관념은 국민과 번영에 대한 호소로 대체되었다. 1950년대에는 풍요의 효율적 관리에 초점을 맞추면서 수정주의 노선을 따라 한 걸음 더 나아갔다.[5] 그럼에도 불구하고 유토피아적 비판과 점진적 개량 담론은 서로 구별되는 정치·담론 전략이며, 서로 다른 방향으로 나아가기 마련이다. 전자는 전혀 다른 미래와 급진적 대안을 주창하는 반면, 후자는 정치적 타협 그리고 시장경제의 틀 안에서 효율성과 번영을 실현하고픈 기대로 이어진다. 유토피아적 비판과 실용적 개량 담론이 빚는 긴장은 사회민주주의의 근본 딜레마다.

이는 '옛' 사회민주주의의 내용과 관련해 '새로운' 사회민주주의를 어떻게 규정할지에 대한 중요한 시사점을 던진다. 여기에는 두 가지 문제가 있다. 첫째는 현대 사회민주주의에 대한 정치적·학술적 저작 중 상당수에서 특징적으로 나타나는 급진적인 새로움, 단절, 불연속성이다. 특히 신노동당에 대한 연구들은 사회주의를 포기하고 시장자본주의, 아니 더 나아가 신자유주의를 지지하는 것이 급진적인 새로움이라고 이해한다.[6] 이는 옛것과 새것의 이분법을 설정하는데, 이런 접근은 역사 속 사회민주주의든 현재의 사회민주주의든 그 복잡한 기원과 궤적을 이해하는 데는 별반 도움이 되지 않는다. 사회민주주의의 역사를 어떤 식으로 해석하더라도 제3의 길의 시장 수용이 옛 사회민주주의와의 결정적 단절을 뜻한다고 주장할 수 없음은 분명하다. 사회민주주의는 항상 시장 및 자본주의 효율성의 문제와 씨름해왔기 때문이다. 반면에 제3의 길이 '옛' 사회민주주의와 연속선상에 있다는 것은 지나치게 단순한 주장일 경우가 많다. 이념적 변화에 대한 연구는 사회민주주의 이념의 진화적 성격에 대한 이야기로 이어지기 십상이다. 이런 연구에서 수정주의는 일종의 학습 과정이 되고, 변화하는 사회경제 환경에 대한 별 문제 없는 적응이 된다. 이런 관점에서는 제3의 길이 이전 시기 수정주의와 다르지 않은 것이 되는 경향이 있다. 마치 사회민주주의 이념이 수정주의의 역사적 연속성에 따라 진화했고, 이념적 변화가 사회경제 환경의 변동에 대한 별 문제 없는 적응의 문제이기라도 한 것처럼 말이다. 이런 관점에서는 사회민주주의 역사의 각 국면마다 현대화가 어떤 의미였는지 전혀 문제되지 않으며 제3의 길은 "좌익 정당이 오랫동안 맞서고 다퉜던 쟁점에 대한 재평가를 좀 더 밀어붙인 것"이 된다.[7]

셰리 버먼Sheri Berman은 최근의 연구에서, 사회민주주의의 역사적 프로젝트는 자본주의와 민주주의를 결합하는 것이었고 20세기는 파시즘과 시장 근본주의에 맞서 사회민주주의가 역사적인 승리를 거둔 시대로 평가할 수 있다고 주장했다.[8] 이것은 중요한 지적이며, 사회민주주의가 과거에 이룬 성취의 중요성을 우리에게 환기시킨다. 그러나 제3의 길의 시의성은 다름 아니라 이 노선이 오로지 시장의 이름 아래 민주주의와 평등의 핵심 원리를 포기함으로써 이 "승리"를 없던 일로 만들어버린 바로 그 방식에 있다고 할 수 있다. 어쨌든 나는 사회민주주의 이념에서 시장이 항상 중심에 있지 않았더라면 이런 일은 가능하지 않았으리라 생각한다. 요나스 힌포르스Jonas Hinnfors는 영국 노동당과 스웨덴 사회민주주의에 대한 또 다른 연구에서, 사회민주주의가 항상 "시장 친화적"이었으며 따라서 제3의 길의 시장 지향성이 근본적으로 새로운 것은 아니라고 주장한다.[9] 어떤 수준에서는 이것이 분명 진실이지만, 그렇다고 이런 주장이 우리에게 더 큰 그림을 제시해주는 것 같지는 않다. 사회민주주의가 전에는 했던 일을 오늘날은 하지 않고, 전에는 하지 않던 뭔가를 오늘날은 하고 있으며 게다가 과거와는 다르게 하고 있음이 틀림없다. 실제로 사회민주주의의 시장 관념은 과거와 같지 않고, 개입 관념도 마찬가지다. 사회민주주의는 '항상' 번영을 고민했으며, 이것이 바로 성장 개념이 사회민주주의 이념에서 핵심 요소인 이유다. 하지만 사회민주주의 이념의 변화에서 핵심 요소들은 성장 자체가 아니라 가치 창조 과정을 이끄는 게 무엇인지에 대한 이해, 성장이 목적 혹은 수단으로서 다른 이념적 목표들과 맺는 관계 그리고 이를 창조하는 시장경제의 역할 등이다. 말하자면 제3의 길이 '옛' 사회민주주의와 구별되는 점은 시장의 힘이나 새로운 친자본주의적 태도를 갑자기 받아들인 데 있는 게 아니라, 신경제에서 번영을 이끄는 것이 무엇인지에 대한 새로운 사고와의 연관 속에서 자본주의를 둘러싼 사회민주주의의 역사적 접합에 새로운 의미를 부여한 그 방식에 있다. 이는 결코 부작용 없는 과정이 아니다. 오히려 사회민주주의의 의미 자체를 변화시키는 과정이다.

도널드 서순Donald Sassoon은 "수정주의는 과거의 윤리적 원칙이 아니라 정책을 거부하는 것을, 목적이 아니라 바람직한 목적을 달성하는 과거의 방식을 거부하는 것을 뜻한다"고 썼다.[10] 사회민주주의 현대화론자들이 자주 반복하는 이러한 주장의 문제는 사회민주주의의 역사에서 무엇이 목적이고 수단인지가 늘 같지 않았다는 점이다. 수단과 목적 사이의 위계는 역사적으로 특수한 현상이다. 예를 들어 평등 개념은 영국의 담론에서는 기회의 평등이었고, 게다가 고든 브라운이 말하는 '기회의 평등'은 앤서니 크로슬랜드*의 그것과는 다른 개념이다.[11] 평등이 기회를 위한 수단인가, 아니면 기회가 평등을 위한 수단인가? 스웨덴 사회민주주의 담론

---

* Anthony Crosland(1918~1977). 전후 복지국가 전성기에 활동한 영국 노동당의 사상가. 1957년 저작 《사회주의의 미래The Future of Socialism》에서, 생산수단의 사회적 소유를 실현하지 않더라도 케인스주의적 재분배 정책만으로 사회주의 운동의 오랜 목표인 평등을 달성할 수 있다고 주장했다. 그의 주장에 대해서는 이 책의 4장을 참고할 것.

에서는 성장과 사회보장 개념 사이에 강력한 연계가 존재한다. 그러나 사회보장이 성장의 수단인가, 아니면 성장이 사회보장의 수단인가?[12] 평등이나 사회보장 같은 개념들은 비록 말이 같더라도 그 의미는 수정주의의 여러 국면마다 변화했다. 따라서 이 개념들은 특정한 각 시기마다 새롭게 정의되는 역사적 대상으로 파악되어야 한다. 이는 부작용 없는 진화 과정이 아니다. 여기에는 전략적인 이념적 선택이 포함되며, 이러한 선택이야말로 분명 사회민주주의의 영혼을 규정한다. 수단과 목적, 영원한 가치와 새로운 현실에 대한 담론은 필연적으로 이념적 변화와 연관될 수밖에 없다.

그렇다고 이것이 많은 제3의 길 주창자들이 1990년대 중반에 주장한 것처럼 각 시기의 수정주의가 사회민주주의의 과거와 급진적으로 단절한다는 뜻은 아니다. 달갑지 않은 이념적 짐을 과거로 넘겨버리고 과거 이념과의 단절을 요구하는 것이 수정주의 프로젝트의 일부이기는 하다. 하지만 수정주의의 각 시기 사이에는 상호텍스트성과 상호의존성이라는 중요한 요소가 있어서 현대화론자들은 먼저 간 현대화론자들에게 의지하거나 그 궤적을 되밟는다. 사회민주주의는 과거와 단절하길 좋아하는 운동이 아니다. 오히려 과거와의 연속성을 강조하기까지 한다. 역사는 사회민주주의가 정당성을 찾는 주요 원천 중 하나다. 스웨덴 사회민주당원들은 얄마르 브란팅*, 페르 알빈 한손** 그리고 에른스트 비그포르스***로 시작되는

---

* Hjalmar Branting(1860~1925). 스웨덴 사회민주당 창당 주역이자 초기 지도자. 1920년 이후 세 차례에 걸쳐 사회민주당 대표로는 처음으로 총리를 역임했다.
** Per Albin Hansson(1885~1946). 1932년 경제 위기 와중에 사회민주당의 총선 승리를 이뤄내고 이후 '국민의 집'이라는 구호 아래 복지국가 건설에 본격적으로 나선 사회민주당의 역사적 지도자.
*** Ernst Wigforss(1881~1977). 페르 알빈 한손 정부에서 재무장관으로 경제 위기 극복과 복지국가 건설에 앞장선 인물이자 오늘날도 커다란 영향을 끼치고 있는 스웨덴 사회민주주의의 대표적인 사상가. 그에 대해

연속성에 관한 공들여 짜 맞춘 이야기 안에 거하려고 애쓴다. 신노동당 역시 새 영토를 주장할 필요에도 불구하고 앤서니 크로슬랜드, R. H. 토니* 그리고 윌리엄 베버리지**로 돌아가곤 한다.[13] 이런 맥락에서 가장 대표적인 현대화론자들조차 과거의 이념을 다시 읽으면서 입장을 정하고, 심지어는 늘 새롭다고 자부하는 신노동당의 제3의 길조차 이전에 존재한 제3의 길들에서 근거를 끌어온다. 말하자면 사회민주주의의 과거 자체를 다시 읽고 재해석하며 재규정함으로써 새로운 시대를 위해 이념적 유산들을 정리한다는 점에서, '수정주의'라는 용어의 역사문헌학적historiographical 의미에도 수정주의가 존재한다. 수정주의는 과거와의 단절이 아니라 과거의 재해석·재접합으로 나타난다. 이는 선택적이자, 전형적으로 이념적인 과정이다. SAP가 1980년대에 긴축정책을 변호하면서 케인스주의 경제학자 비그포르스를 다시 읽은 것, 그리고 1994년에 신노동당이 기회의 평등 개념의 재발견을 옹호하면서 크로슬랜드를 재독해한 것은 수정주의의 이러한 역사문헌학적 성격의 사례들이다.[14]

그럼 오늘날 사회민주주의는 도대체 어떤 종류의 이념인가? 제3의 길이, 늘 그랬던 것처럼 새 시대를 위해 변모한 사회민주주의의 한 형태를 의미한다는 것은 논쟁의 여지가 없다. 제3의 길은 자신이 통제할 수 있다고 여긴 수단으로 자본주의에 사회적 얼굴을 부여하려 한 사회민주주

서는 다음의 책을 볼 것. 홍기빈, 《비그포르스, 복지국가와 잠정적 유토피아》(책세상, 2011).

* R. H. Tawney(1880~1962). 영국의 기독교사회주의 사상가. 노동조합운동에 바탕을 둔 탓에 창당 이후 한동안 이념적 성격이 뚜렷하지 않았던 노동당이 1차대전을 거치며 사회주의 이념을 분명히 받아들인 데는 시드니 웨브, 비어트리스 웨브 부부와 함께 그의 역할이 컸다.

** William Beveridge(1879~1963). 2차대전 중에 '베버리지 보고서'를 작성해 완전고용과 보편복지를 전후 영국 정부의 경제사회정책 목표로 제시한 인물. 당적은 자유당이었지만 노동당에 더 크고 지속적인 영향을 끼쳤다.

의의 시도였고, 지금도 그렇다. 하지만 역사적 관점에서 보면, 제3의 길은 지금까지 놀랍도록 근시안적이었다. 제3의 길은 단지 수단의 측면만이 아니라 사회민주주의가 무엇인지 정의하는 근본 가치에서도 옛 사회민주주의와 달라 보이는 수많은 전제와 가정을 포함한다. 게라시모스 모스호나스Gerassimos Moschonas는 연구를 통해, 제3의 길이 "결정적인 이념적 월경越境"이며, 이를 통해 사회민주주의는 "불평등이 본성인 경제 시스템 안에서 평등을 점차 늘리는 정치 세력에서, 훨씬 더 반反평등주의적인 세력들에 맞서 불평등을 좀 더 점진적인 속도로만 늘리는 세력으로" 탈바꿈했다고 하는 탁월한 주장을 내놓는다.[15] 모스호나스의 주장에 따르면, 사회민주주의가 이런 식으로 변형됨으로써 사회개혁주의의 역사적 결절점, 이전 시기의 수정주의에는 전혀 문제시되지 않았던 결절점, 즉 국가의 역할은 탈규제 세력과 시장에 맞서 임금 소득자, 소외 계층 그리고 사회의 가장 취약한 부분을 보호하는 것이라는 관념이 해체되고 말았다. 제3의 길 입장에서 이것은 가혹한 판결이다. 예컨대 월경의 결정적 성격에 대해서는 논란의 여지가 있는데, 왜냐하면 사회민주주의는 시공간을 교차하는 여러 얼굴을 지닌 모순된 프로젝트이기 때문이다. 사회민주주의가 정말 사회의 가장 취약한 부분에 더 이상 관심이 없는지도 논란거리다(달리 보면, 사회민주주의의 역사적 형태가 남성 산업 노동자라는 역사적 주체를 중심으로 조직되었다는 점에서 이전에도 정말 사회의 가장 취약한 부분에 관심이 있었는지 의문을 제기할 수도 있다). 제3의 길이 불평등과 사회적 응집 문제에 대한 강한 관심을 포함한다는 것은 분명하지만, 오늘날 이들 용어의 의미에 대해서는 논란의 여지가 있다.[16] 게다가 제3의 길은 사회민주주의가 전통적으로 그랬던 것처럼 불평등과 사회적 배제 문제를 분명히 자본주의의 효율적 작동과 연결한다. 신노동당은 공정한 것은 곧 효율적이기도 하다고, 신자유주의는 실업과 빈곤의 측면에서 야기하는 사회적 비용 때문에 비효율적이라고 열정적으로 주장했다.[17] 그러나 이런 주장을 마주하며 우리는 오늘날 사회민주주의가 효율적 사회라고 간주하는 게 과연 무엇인지 물음을 던지게 된다.

이 책에서 제3의 길에 대한 나의 관점은 이 노선이 결국 사회민주주의의 자본주의관에 근본적인 이념적 변화를 초래했다는 것이다. 오늘날 사회민주주의는 사회민주주의 역사 속의 이념들과는 구별되는데, 이는 역사적으로 자본주의 구조를 비판하는 주장이었던 것을 이러한 구조를 위한 주장으로 바꿔버렸기 때문이라는 것이 나의 논지다. 이 과정에서 유토피아적 대안 담론은 개량과 효율성의 담론, 즉 지식자본주의의 관리에 대한 담론이 됐다. 1989년 이후 제도권 좌파 안에서는 탈자본주의 대안에 대해 분명 어떠한 진지한 논의도 없었다.[18] 우리가 제3의 길이라고 알고 있는 것은 이러한 급진적 대안의 부재가 만들어놓은 새로운 정치 공간에서 나타난 사회민주주의의 표현이다. 유토피아와 급진적 비판이 사라진 상황에서는 개량과 규제의 영역, 진보를 관리하고 변화를 조종하는 영역만 남게 된다. 이는 한편으로 거대한 변화처럼 보인다. 하지만 다른 한편으로는 이렇게 묻지 않을 수 없다. 이러한 관리주의는 합리화, 개량, 효율성에 대한 사회민주주의의 역사적 담론들과 과연 얼마나 다른 것인가?

이 물음에 답하려면 사회민주주의 사고에서 옛것은 무엇이고 새것은 무엇인지 매우 주의 깊게 접근해야 한다. 그러자면 제3의 길에 대한 역사적 독해, 제3의 길을 사회민주주의 프로젝트 안에 자리매김하면서도 이전의 사회민주주의 사고와는 구분 짓는 점이 무엇인지 변별하는 독해가 필요하다는 것이 나의 주장이다. 나는 '옛것'과 '새것'을 평행선에 놓고 바라보기보다는 제3의 길과 그 지식경제 서사를 사회민주주의 프로젝트의 심장에 자리한 핵심 딜레마라는 측면에서 생각해볼 수 있다고 제안한다. 위에서 논의한 대로 이러한 딜레마들 중 하나는 자본주의에 대한 사회민주주의의 비판과 자본주의를 개량하려는 열망 사이의 관계다. 또 다른 딜레마는 내가 각각 자본을 사회화하기와 사회적인 것을 자본화하기라고 부르는 것 사이의 긴장이다. 이는 자본주의 구조가 사회에 끼치는 영향에 대응해 이 구조에 개입하려는 사회민주주의의 열망과, 역사 속에서 줄곧 사회적 개입을 활용해 경제적 효율성을 창출함으로써 결국은 자본주의가 사회와 사회적 관계에 다시 묻어 들게embedding 만들려는 또 다른 중요한 흐름 사이의 긴장이다.* 사회민주주의와 복지국가는 상품화와 탈상품화 노력 모두에 기꺼이 함께했다.[19] 사회민주주의는 복지자본주의의 역사 내내 경제적인 것과 사회적인 것의 관계에 개입하고 이를 중개·조정하며 행동, 생존, 개입의 무대로서 경제와 사회를 사실상 구축해온 역사적 주체다. 역사를 통틀어 사회민주주의의 다양한 현대화 및 합리화 담론들은 흔히 위기와 붕괴의 관념에 대응해 이러한 관계를 합리적으로 조직화·구조화하는 데 관심을 기울여왔다. 제3의 길 관념은 역사 속에서 참으로 다양한 형태를 띠면서 이러한 위기 관념과 긴밀한 암묵적 관계를 맺으며 위기에서 벗어나 조화와 효율성을 다시 이뤄낼 새로운 길을 찾는 데 관심을 기울인다.[20] 1930년대에는 대공황과 그 사회적 충격으로 인해 합리화 및 사회공학 담론이 케인스주의 경제 교리와 손을 맞잡고 등장했다.[21] 1990년대에는 신자유주의의 사회적 충격으로 인해 시장 통합의 물결 속에서

---

* 칼 폴라니는 그의 대표작 《거대한 전환》에서, 인류 역사의 오랜 시기 동안 사회에 묻어 들어가 있었던[배태 혹은 착근되어 있었던](embedded) 시장(혹은 경제)이 사회에서 떨어져 나와 오히려 이를 지배하려 한 반역의 과정이 근대 자본주의의 역사라고 정리한다. 이러한 폴라니의 시각에서는 시장이 다시 사회에 묻어 들어가야만 근대 사회의 여러 모순이 극복될 수 있다. 칼 폴라니, 《거대한 전환: 우리 시대의 정치·경제적 기원》, 홍기빈 옮김(길, 2009).

32

사회 위기에 대한 새로운 관심이 일었다. 그리고 제3의 길은 지식자본주의가 묻어 들어갈 사회제도를 탐색함으로써 이에 대응한 것이라 볼 수 있다. 이런 노력을 통해 제3의 길은 신자유주의보다는 사회민주주의 역사 속의 합리화 담론과 더 가까운, 때로 전면적이기까지 한 사회적 개입주의를 보여주었다.

유토피아적 비판과 개량 사이의, 자본주의의 조절과 사회적인 것의 합리화 사이의 이러한 긴장들(이 외에도 집단적 진보와 개인적 해방의 긴장, 혹은 경제적 역동성과 평등의 긴장 등등)은 사회민주주의 문법grammaire의 일부다. 이러한 긴장들이 역사 속에서 사회민주주의의 문법을 규정했으며, 지금도 계속 규정하고 있고, 제3의 길의 끝에서도 아마 그럴 것이다. 이들은 수정주의와 현대화 과정의 심장부에 자리한 문제들이다. 제3의 길은 새로운 세상이라 파악된 현실과 관련해서 이 문제들에 새로운 형태를 부여했다. 제3의 길에는 예를 들어 정보통신기술ICT, information communication technology과 개인적 자유의 관계 같은 우리 시대만의 독특한 현상으로 보이는 요소들이 있다. 하지만 이런 요소들조차 19세기 말의 기술과 소외 논의나 1950년대에 풍요사회에 대한 점증하는 기대를 둘러싸고 벌어진 토론 등 과거의 사회주의 논쟁들을 연상시킨다. 지구화된 지식 시대의 개인주의라는 것이 사회민주주의 역사 속의 뿌리 깊은 개인주의적 흐름을 되살리는 것도 비슷한 현상이다. 사실 효율적인 자본주의 사회 외에도, 사회민주주의의 또 다른 유토피아는 부르주아 사회의 구조를 꿰뚫어볼 수 있는 교육을 받고 동시에 행복을 발견할 능력을 지닌 깨어 있는 시민, 자기를 실현한 개인에 대한 이상이다. 지식 시대에 사회민주주의는 그 어느 때보다 더 이러한 유토피아적 개인에 열중한다. 그래서 사회민주주의는 지식사회에 대해 말하면서 의식적으로든 무의식적으로든 자

기 향상과 자기 함양 관념의 오랜 역사적 유산을 파고든다.[22]

이러한 딜레마에 담긴 긴장에 초점을 맞추는 것은 제3의 길이 은폐를 시도했으나 최근 들어 점차 분명해지는 듯한 모순, 긴장, 비일관성을 지적하면서 제3의 길을 폭로하는 한 가지 방식이다. 실제로 사회민주주의 이념의 중요한 측면 중 하나는, 서로 모순되거나 일관되지 않은 것처럼 보이는 입장들이 사회민주주의 이념 안에서, 전통주의자들과 현대화론자들이 끊이지 않는 논쟁을 벌이는 당 안에서 혹은 어쩌면 같은 사람 안에서마저 공존한다는 사실이다. 이러한 긴장들을 해결하기는 쉽지 않다. 이로부터 이념적 비일관성, 담론과 정책 사이의 긴장이나 결함, 심지어는 서로 모순된 수단과 사상이 나타나며, 이런 문제는 그 자체로 해명하고 비판할 필요가 있다. 그러나 이들 긴장은 다른 정치적 미래의 싹일 수도 있다. 이념적 변화는 바로 이러한 비일관성과 긴장들을 둘러싼 논쟁과 투쟁에서 시작되기 때문이다.[23] 제프 일리Geoff Eley가 주장한 것처럼, 역사 연구는 이러한 긴장들을 폭로하고 사회민주주의의 과거 속 미래를 되살림으로써 현재의 그 정통 교리를 비판할 수 있게 해주는 한 방법이 될 수 있다. 비교 방법의 활용 역시 이러한 해방적 잠재력을 지니는데, 왜냐하면 이를 통해 사회민주주의가 뭔가 다르게 생각해볼 가능성을 품고 있다는 것이 드러나기 때문이다.[24]

이 책은 시간과 공간을 교차하는, 사회민주주의에 대한 비교 접근법에 바탕을 두고 있다. 이 방법은 자본주의에 대한 사회민주주의의 관계에 어떤 연속성과 변화가 있는지 질문하기 위해 고안된 것이다. 이 책의 출발점을 이루는 사례들은 이러한 접근법에 더할 나위 없는 기회를 제공한다. 왜냐하면 이 책이 다루는 기간 내내 이들은 놀랍도록 유사하면서도 심각하게 모순된 것처럼, 단짝 친구이면서도 적수인 것처럼 보이기 때문이다. 신노동당은 제3의 길 연구자들의 우선 연구 대상이었지만, 최근 수십 년간 스웨덴 SAP가 겪은 변화는 그만큼의 관심을 끌지 못했다. 스웨덴 사회민주주의는 사회민주주의의 모범 사례로서 전 세계의 사회민주주의와 복지 정책 연구자들 사이에서 거의 우상의 지위를 차지한다.[25] 이들 연구자에게 SAP는 신자유주의에 맞서 왕성한 회복력을 지니며 스웨덴 '모델'의 전통적 가치를 견지하는 것처럼 보인다.[26] 이는 다소 기대와 현실을 혼동한 사고인데, 왜냐하면 스웨덴 사회민주주의는 1980년대 이후 시기에 상당한 이념적 변형을 겪었기 때문이다.[27] 게다가 스웨덴 SAP만큼 관리주의적이며 실용주의적이고 현대주의적인 사회민주주의의 사례도 없다. SAP의 역사적 실용주의와 상대적인 시장 친화성이야말로 이 당이 사회민주주의 정당들 사이에서 두드러져 보이는 이유다.[28] 1990년대 SAP의 담론은―자본주의에 더 비판적이라는 점에서―신노동당의 담론보다 급진적인 외양을 띠지만, 당의 역사를 통틀어 SAP는 전형적으로 개혁주의적이었으며 이 당의 유토피아적 태도도 짧은 막간극에 머물렀고 당을 지배한 생산주의와의 관계 속에서 전반적으로 억제됐다. 이는 영국 노동당주의의 훨씬 더 급진적인 전통 그리고 영국 좌파 사이에 윌리엄 모리스*나 레이먼드 윌리엄스** 같은 유토피아적 사상가들의 영향력이 건재하다는 사실과 대조된다. 그 덕분에 우리는 오랜 세월에 걸친 자본주의와 사회민주

---

* William Morris(1834~1896). 영국의 작가이자 미술가, 공예운동가 그리고 사회주의자. 중세 수공예 전통을 되살리려는 예술운동을 펼치다가 자본주의를 비판하며 열렬한 사회주의 사상가, 운동가가 됐다. 당시 유행하던 국가사회주의 사조 역시 비판하면서 현대의 생태사회주의를 예고하는 독특한 비전을 제시했다. 다음의 책을 참고하라. 에드워드 파머 톰슨, 《윌리엄 모리스: 낭만주의자에서 혁명가로》1, 2, 윤효녕 외 옮김(한길사, 2012).
** Raymond Williams(1921~1988). 영국의 문학·문화이론가. 스튜어트 홀과 함께 문화연구라는 학문 분과를 창시했으며, 에드워드 파머 톰슨, 랠프 밀리밴드 등과 함께 노동당, 공산당 바깥의 신좌파New Left 흐름을 대변했다. 윌리엄 모리스의 사상을 현대 영국 상황에 맞게 계승·발전시키려 노력했다.

주의의 관계 속 긴장을 선명히 그려낼 수 있게 된다. 한 영국인 대담자가 발언한 것처럼, 스웨덴 사회민주주의는 무엇보다 자본주의의 폐지를 결코 원하지 않았고 덕분에 SAP는 훨씬 수월하게 자본주의를 비판할 수 있다. 반면에 "영국의 문제는 오랫동안 마치 자본주의를 폐지하길 바라는 것처럼 보였다는 점이다".[29] 그 덕분에 우리는 오늘날 신노동당이 하고 있거나 하려는 것은 스웨덴 사회민주주의가 역사적으로 해왔던 것을 단지 지구화, 유연 생산 패턴, 개인화의 새로운 시대에 맞춰 다시 하는 것뿐이라는 주장을 검토해볼 수 있다.[30] 이는 정책과 제도 변화의 수준에서만이 아니라, 현대 사회민주주의의 가치와 목표, 담론과 세계관의 규범적 수준에서도, 즉 이념의 수준에서도 분석해야 할 논의라는 게 나의 주장이다.

현대화와 유토피아

1990년대 중반에 등장한 이래, 유럽 사회민주주의 정부들의 출현, 빌 클린턴의 미국 대통령 당선, '제3의 길'을 제목으로 내건 앤서니 기든스의 책 그리고 새로운 중도좌파의 영역을 제시한 블레어-슈뢰더 발표문 등을 거친 제3의 길 관념은 신자유주의가 마침표를 찍으면서 보다 사회적인 무언가가 등장하는 것처럼 보이던 유럽 정치의 잇단 광범한 변화에 조응하는 것이었다.[31] 이에 뒤이은 유럽연합의 리스본 전략* 입안과 '사회적 유럽'에 대한 논쟁 또한 이 과정에서 중요한 이정표였다. 제3의 길이라

---

* Lisbon strategy. 유럽연합이 2010년까지 미국을 추월하겠다는 목표로 입안한 발전 전략. 2000년 3월 리스본에서 열린 유럽연합 정상회담에서 채택되었기 때문에 이런 이름이 붙었다. 경제 개혁, 고용 증대 및 사회 통합의 3대 과제를 추진해 유럽을 고도의 경쟁력을 갖춘 지식 기반 경제로 만든다는 내용이다.

는 관념은 복지국가의 재검토, 1980년대와 1990년대의 탈규제와 시장 자유화 이후 국가 개입의 새로운 수단 발견, 미래 지향으로서 거의 만장일치의 환영을 받은 지식경제를 위한 새로운 경제·사회 정책의 발견 등을 포함한 대형 프로젝트를 칭하는 용어가 됐다.[32] 제3의 길이라는 비유는 신경제에 적합한 맞춤형 시스템 혹은 "최적 정책 혼합"을 탐색하기 위해 사회정책에 제도적으로 접근하는 것을 기술하는 용도로 사회과학계에도 곧바로 수용됐다.[33] 그 결과로 일국 수준에서든 유럽 수준에든 고용가능성 employability, 사회투자, 지식경제 그리고 근로 연계 복지 등 변화에 대한 전 지구적 정언명령에 따라붙는 것처럼 보이는 모든 것과 밀접하게 연계된 현대화 담론이 창조됐다.

기든스만이 아니라 영국의 존 그레이John Gray에서부터 미국의 프랜시스 후쿠야마Francis Fukuyama에 이르는 다양한 논평가들이 제안한 데서 알 수 있듯이, 이러한 자유주의적 중도좌파 명제의 영향력은 상당했다.[34] 데이비드 마퀀드David Marquand가 지적한 바대로, 마치 사회민주주의에 기회가 온 것처럼 보였고 현대에 사회민주주의의 새로운 근거가 생긴 것 같았다.[35] 이러한 근거는 지구화, 개인화, 정보 기술 등의 힘들과 연결되었다. 특히 영국에서는 새로운 경제라는 사고가 새로운 정치를 일궈야 한다는 요청과 함께 나타났는데, 새 정치의 규정적 특성은 계급, 갈등, 이익 등의 관념들과 이념에 대한 거부였다.[36] 제3의 길은 낡고 시대에 뒤진 좌파와 우파를 넘어서 현대에 맞는 실용주의를 통해 규정되는 새롭고 현대적인 정치 공간이었다.[37] 현대화는 개혁의 수단들에 비교조적으로 집중하는 과정이자 자본주의의 새로운 단계에 대한 적응의 논리라 표현됐다.

고삐 풀린 세상이 초래하는 역전 불가능한 변화에 적응하라는 기든스의 주장은 출판된 후 10년 동안 상당한 비판을 받았는데, 특히 지구화와 정보 기술에 대한 묘사에 결정론이 깔려 있다는 점이 표적이 됐다.[38] 현대화는 오늘날의 정치 담론에서 그다지 두드러진 양상을 보이는 키워드가 아니다. 금융 위기로 인해 이 말이 칭하는 바의 상당수, 즉 시장의 자유화, 복지의 시장화가 급속히 효력을 상실한 듯 보이면서 더욱 그렇다. 1990년대 말과 2000년대 초에 정치 담론 중 상당수의 버팀목 노릇을 하던 실용적 개혁 과정으로서 현대화 관념이 지닌 문제는 정책 변화의 규범적 측면과 선택, 의지, 권력 등의 요소—즉, 이념의 영역—를 경시한다는 점이었다. 현대화는 실제 분명히 관련돼 있던 주제, 즉 경제와 사회의 규범적 구축보다는 진화의 필연성으로 묘사되기 시작했다. 현대화는 진보의 본성에 대한 규범적 가정과 계몽주의 가치의 무거운 유산을 수반하는 태생적으로 목적론적인 용어다.[39] 실제로 제3의 길 담론, 특히 정보 기술을 중심으로 한 신노동당의 결정론에는 과학적 사회주의 교리와 이것이 수반한 모든 문제들을 연상시키는 요소들이 있었다. 1968년에 레이먼드 윌리엄스는 현대화 개념이 "자본주의의 목적론", 즉 과학혁명의 찬가 속에 사회 갈등의 목소리를 묻어버리는 기술관료적인 사회 비전이라고 서술했다.[40]

현대화는 중앙집권적 규율과 통치 기능을 통해 힘을 얻는 담론이다. 정치철학자 니콜라스 로즈Nicholas Rose의 말을 빌리면, 현대화 담론은 "권위에 권위를 부여하고", "분자적인 것을 몰*적인 것과" 연결함으로써 통치자와 피통치자 그리고 정부의 역할과 기술을 규정하는 언어다.[41] 현대화 담론은 변화의 어떤 부분은 이야기하지만 다른 부분에는 입을 다문다. 그

---

* 몰mole은 분자의 질량을 측정하기 위한 단위다. 프랑스 철학자이자 정신분석가 펠릭스 가타리가 화학으로부터 몰/분자 개념을 차용해 사회운동에 적용했는데, 그에 따르면 '분자적인 것the molecular'은 다양한 요소들의 자발적인 운동을, '몰적인 것the molar'은 자발적인 운동에 인위적인 질서를 부여하는 것을 뜻한다.

리고 이 과정에서 어떤 경험은 이야기하면서 다른 경험에는 침묵하기도 한다. 새로운 시대라는 주장은 옛것은 더 이상 시의성이 없다는 주장이기도 하다.

제3의 길의 현대화 담론이 끼친 중요한 결과는 제3의 길이 특정한 방식으로 유토피아 관념을 거부하게 되었다는 점이다. 하지만 정치는 어쩔 수 없이 미래를 지향하는 사업이다. 현대화 담론의 핵심 기능은 방향 감각을 다지고 다른 길이 아닌 이 선택된 길을 따라 전진하며 일관성을 창조하는 것이다. 이 과정에서 현대화 담론은 암묵적으로든 아니면 접합된 형태로든 바람직한 미래라는 생각에 기대게 된다. 이 미래를 통해 변화의 궤적이 규정되며 현대화 과정에 의미—어디로 갈 것인지와 그 이유—가 부여된다. 결과적으로 실용주의라고 해서 몰가치 지대에서 벌어지는 정치는 아니다. 오히려 실용주의는 특정 정치를 뭔가 더 현대적이고 합리적이며 진보적인 것으로 재현하는 것 그리고 미래의 다른 선택지를 배제하는 것에 의존하는 특수한 담론 전략이다. 실용주의는 규범적 가정들이 마치 상식적인 가치, 일반적으로 '민중'의 가치인 양 호소한다. 이는 본질적으로 헤게모니 전략으로서, 특정 가치와 경험을 중심으로 합의를 창출하고 다른 것들은 배제하려는 시도다.[42] 1930년대부터 지금까지 이어지는 스웨덴 사회민주주의의 헤게모니는 주류 가치와 합의, 즉 스웨덴 민중volk의 가치에 대한 바로 그러한 호소에 바탕을 두었다. 그리고 이 점에서 이는 당시 유럽에서 두드러졌던 다른 민중-이데올로기들과 유사했다.[43] 이 전략의 성공이야말로 신노동당이 이에 적극 관심을 갖고 영국 유권자 사이에 그러한 가치를 정착시킬 방법을 찾거나 진보적 합의를 추구하게 된 이유다. 실제로 신노동당도 1990년대에 '민중'과 '국민'에 호소했는데, 그 내용은 영국다움Britishness이라는 반복되는 주제를 끊임없이 추켜세우는 것이었다.

　이런 식으로 국민적 화합을 호소하는 것을 통해 제3의 길은 역사적인 민족주의 담론의 요소들, 즉 영국에서는 영국다움에 대해 연설할 필요성을 통해, 혹은 스웨덴에서는 세계 제1의 현대적 국가라는 자기 이미지의 끊임없는 반복 주장을 통해 점점 더 뚜렷이 드러나는 뭔가를 흡수했다. 하지만 제3의 길의 정치는 풍요의 관리에 집중하던 1950년대식 관리주의와도 가까웠다. "만인을 위한 번영"을 통해 사회문제들이 사라지게 되리라는 제3의 길의 희망은 산업의 풍요를 통해 계급 갈등 없는 재분배가 가능해질 것이라던 1950년대 사회민주주의 사상과 무척 닮은 데가 있다. 하지만 1990년대에는 뭔가 달라진 것이 있었다. 전후의 '이데올로기의 종말' 명제*는 매우 낙관주의적인 것이었으며, 모든 사회악이 종식될 날이 멀지 않았다는 기대를 담고 있었다. 제3의 길의 관리주의는 훨씬 더 비관주의적이다. 이는 더 이상 유토피아를 꿈꾸지 않으며 현 상태를 합리적으로 관리하는 것에 만족하는 사회라는 기든스와 벡Ulrich Beck의 위험사회 명제와 보다 긴밀히 연관돼 있다.[44] 게다가 영국의 해럴드 윌슨이나 스웨덴의 타게 에를란데르 같은 전후 사회민주주의 현대화론자들은 근본적으로 기술과 성장의 힘을 믿었다는 점에서 기술관료였다고 할 수 있지만 또한 좋은 사회의 건설을 고민한 이들이기도 했다. 이는 스웨덴에서는 집단적 연대와 공적 책임을 강조하는 '강한 사회Strong Society'라는 개념으로 나타났다.[45] 제3의 길은 이러한 유토피아적 접합을 내던져버렸다. 실제로

---

* 좌파 경력이 있던 미국 사회학자 대니얼 벨Daniel Bell은 1960년도 저작 《이데올로기의 종언The End of Ideology: On the Exhaustion of Political Ideas in the Fifties》에서, 고전적인 정치 이데올로기의 시의성에 의문을 표하면서 냉전 시기 서구와 동구의 이데올로기가 오히려 기술관료적 사회 관리로 수렴한다고 주장했다. 대니얼 벨, 《이데올로기의 종언》, 이상두 옮김(범우, 2015).

지식사회는 1990년대와 2000년대에 사회민주주의 정치에서 미래의 비유로서 중심적 역할을 했지만 좋은 사회에 대한 구체적인 비전을 담은 것은 결코 아니었던 것 같다. 오히려 지식사회는 변화를 영원한 개량의 과정으로 묘사했다. 학습이라는 관념은 학습사회의 관념에서, 혹은 실제 평생학습의 차원에서 이러한 끝없는 변화 과정의 내용을 이룬다. 이런 한에서 제3의 길의 관리주의의 특징인 현대화 관념은 지그문트 바우만Zygmunt Bauman이 목적telos 없는 현대화라고 칭한바, 종착점 없는 현대화의 관념, 유토피아 없는 정치를 떠올리게 만든다.[46] 이제 정치의 초점은 변화 그 자체다. 바우만의 주장에 따르면, 진보 관념이 이렇게 목적에서 운동으로 이동하는 것과 병행해서 미래의 개인화, 즉 유토피아적 열망이 개인의 영역으로 재배치되는 과정이 나타난다. 바우만에게 이는 개인의 자기실현과 행복의 추구이며 이러한 자기표현의 상당 부분은 현대사회의 산물이다. 하지만 이러한 개인화의 다른 측면은 개량의 초점을 더 이상 사회·경제 구조가 아니라 개인적 동기와 행동의 양태에 맞추는 정치 담론이다. 이는 결국 변화의 핵심 무대로서 개인적인 것에 치중하는 현대화 관념으로 귀결된다.

1968년과 1989년 이후, 유토피아는 경멸스러운 단어가 됐다. 유토피아는 좋은 사회에 대한 비전이 길을 잃도록 만든 권위주의적 요소를 지칭하게 됐다.[47] 좋은 사회를 입에 올리길 거부하는 것이 제3의 길의 동기이지만, 모두가 정치적 중앙 공간을 차지하려고 싸우는 시대에 이는 급격히 그 한계가 되기도 한다. 이번에도 개혁주의의 딜레마는 급진적 비판이 개혁의 토대를 의문에 붙인다는 점이다. 게다가 다른 한편으로 개량 담론은 신념을 지탱해줄 유토피아 관념에 궁극적으로 의존한다. 사회민주주의의 최근 믿음과는 달리, 유토피아적 대안이 현 상태의 전복을 요구하는 것은 아니다. 자본주의를 비판한다고 해서 자본주의의 폐지를 요구하는 게 아니다. 자유주의 철학자 찰스 테일러Charles Taylor의 말을 빌리면, 유토피아는 사회가 지금 여기에서 당장 완전히 실현할 것을 요구하는 바에 대한 명령이 아니라 어떤 가능성의 관념, "언젠가 어떤 가능한 조건에서 실현되기는 하겠지만 한동안은 항해의 나침반 역할을 할 삶의 방식"이다.[48] 테일러는 유토피아에서 정치적 상상과 열망의 결정적인 무대를 본다. 현재에 대한 비판이 목소리를 얻는 것은 이런 종류의 열망을 통해서다. 영국과 스웨덴에서 현재 사회민주주의의 고민은 이와 같은 유토피아적 비판으로부터 생겨날 수 있는 더 나은 사회에 대한 이 치열한 비전이 사라졌다는 점이다. 그렇다고 제3의 길이 유토피아적이지 않다는 뜻은 아니다. 궁극적으로 이 책의 각 장은 제3의 길이 실용주의를 자처함에도 불구하고 고도로 규범적인 세계관이며 경제 및 사회조직, 개인과 집단의 관계, 더 나아가 지식사회에서 어떤 종류의 개인이 요구되는지에 대한 널리 퍼진 가정들을 중심으로 의미를 형성해왔다고 주장한다. 이런 유토피아적 가정들이 몰가치적 실용주의인 양 위장하는 것은 위험하다. 그러므로 제3의 길은 정치와 이념의 차원에서 그리고 그것이 기획하는 경제, 사회 및 개인의 차원에서 논의할 필요가 있다.

이념과 역사: 담론과 제도적 변화

이 책이 내심 노리는 바는 이념을 진지하게 다뤄보는 것이다. 즉, 지난 수십 년간 현대 사회과학의 이목을 끌어온 제도적 변화의 논리가 아니라 현대 정치의 세계관과 대결하려는 것이다. 이런 이유에서 이 책이 다루는 사상들은 단지 담론과 수사의 조합만이 아니라 사회민주주의 세계관을 형성하는 요소들, 경제와 사회의 존재론과도 관계를 맺는다. 이념을 진지하게 다루기 위해서는 역사에 도전해야 하는데, 왜냐하면 이념은 전에 없던 새로운 가정들의 조합이 아니기 때문이다. 이념적 변화의 모든 과정은 오히려 과거의 이념에 바탕을 둔다. 게다가 다음 장들에서 확인하겠지만, 현대화는 놀라울 정도로 국민적인 담론이며 각 국민의 자기 이미지를 반영하고 확인한다.[49] 영국과 스웨덴 두 나라에서 신경제의 서사는 국민적 과거의 재현 속에 묻어 들어가 있다. 변화에 대한 반작용도, 그 해석도 국민 문화의 특수성, 더 나아가 국민성의 이해를 배경으로 이뤄진다. 이 과정에서 저 유명한 요스타 에스핑–안데르센의 모델들*이 정체성과 그 수사적 장식을 구축하는 역할을 맡아왔다. 두 나라에는 사회형 모델이나 자유형 모델 그리고 각 모델의 토대를 이루는 "스웨덴다움"과 "영국다움"의 역사적 제도들에 적합한 개혁 전략을 찾아내야 한다는 선입견이 존재한다.[50]

여기에서 나의 논지는 경로 의존성이나 제도 고착성 문제를 넘어선다. 오히려 정치적 변화가 정치의식을 구성하는 가치와 상징들에 의존하는 방식에 주목한다. 1990년대에 SAP는 소속감을 새로 만들어내는 데 관심을 기울인 반면, 신노동당은 책임의 문화를 만들어내는 데 관심을 기울였다는 사실을 생각해보라. 또한 토니 블레어가 2004년 부다페스트에서 개최된 진보 거버넌스the Progressive Governance 정상회의의 연설에서 복지

---

* Gøsta Esping-Andersen. 덴마크 사회과학자 에스핑–안데르센은 1990년 저작《복지자본주의의 세 가지 세계*The Three Worlds of Welfare Capitalism*》에서 복지국가를 자유형, 조합형, 사회형의 세 유형으로 분류했다. 이후 이는 복지국가 모델을 분류·평가하는 교과서적 기준 역할을 해왔다. 요스타 에스핑 안데르센,《복지자본주의의 세 가지 세계》, 박형신·정헌주·이종선 옮김(일신사, 2006).

수당 청구자들을 질타한 반면, 전 스웨덴 총리 예란 페르손Göran Persson*
은 복지가 생산적이라고 발언한 것을 생각해보라.[51] 이러한 차이가 나타
나는 것은 두 나라에서 사회 협약이라고 불리는 바와 복지자본주의를 둘
러싼 규범 및 가치가 서로 다르기 때문이라는 것이 나의 주장이다.[52]

여기에는 과거 수십 년간 사회과학을 지배해온 것과는 다른 역사 개념
이 요청된다. 최근 몇 년간 복지국가의 변화에 대한 연구들은 지구화나 유
럽 통합의 압박에도 불구하고 자본주의의 특수한 변종들의 형태에서 그
리고 국민적 정책 모델의 다양성에서 연속성이 주로 나타난다는 점에서
역사의 역할을 강조했다.[53] 하지만 제도적 경로 의존성은 협소한 역사 개
념이다. 이는 제도적 연속성을 설명하기 위해 과거의 유산들에 의존하며,
정치의식을 구성하고 개혁주의의 변종들이라 불릴 수 있는 바를 창조하
는 정치 문화, 언어, 규범과 가치들에는 그리 큰 역할을 부여하지 않는다.
무엇이 공정하고 효율적인 사회를 이루는 요소들인지에 대한 관념은 정
치 문화에 따라 다르게 나타난다. 정치적 변화는 단지 제도적 다양성이나
수렴의 문제만이 아니다. 이는 복지를 둘러싼 문화적·이념적 유산들 사
이의 새로운 균형을 이루는 문제이며, 어떤 사회를 다른 사회와 구별해주
면서 시대 변화 속에 국민적인 자아상을 유지시켜주는 핵심 가치들의 문
제이기도 하다. 현대성은 결국은 일종의 자기 이해로서, 우리가 어떻게 서
로 어울릴지, 어떻게 현재 우리의 상태에 이르렀는지, 그리고 현대성의 다
른 판본들과는 어떻게 관계 맺을 것인지 등과 연관된 이미지 및 상징의
조합과 분리될 수 있는 게 아니다.[54] 정치경제를 둘러싼 가치들, 자본주의
의 조직화, 시민적 덕 등은 사회적 상상에서 핵심적인 부분이다. 게다가

---

* 사회민주당 소속으로 1996년부터 2006년까지 스웨덴 총리를 역임.

지식경제에서는 역사가 새로운 역할을 맡게 되었다. 포스트포드주의 시대에는 정체성의 공유가 성장 및 번영을 촉진하는 신뢰 관계를 구축하는 것으로 인식되기 때문이다. 우리가 어떻게 한 국민으로서 성장을 이루는가 라는 물음은 우리가 누구인가라는 물음 그리고 국가와 그 국민에게 당연시되는 가치들과 긴밀히 연결되기에 이르렀다. 정체성의 정치는 제3의 길의 필수 구성 요소이며, 이는 제3의 길이 계급을 넘어선 정체성들에 호소한다는 점 그리고 정체성이 곧 브랜드명이기도 한 새로운 경제의 사고로부터 영향을 받았다는 점에서 분명히 드러난다.

모델에서 모델로

스웨덴 정치와 영국 정치의 얼굴은 에스핑 안데르센이 《복지자본주의의 세 가지 세계》를 집필하고 수십 년이 지나면서 크게 변화했다. 실제로 수십 년 동안의 긴축과 개혁을 거치고 난 새 시대에 이르러서는 사회형 모델과 자유형 모델의 경계가 불분명하다.[55] 이 책에서 나는 때로 두 나라의 정책이 서로 흡사할 경우에조차 복지국가를 둘러싼 담론적 유산과 정책 변화를 둘러싼 틀에는 중요한 역사적 연속성이 있음을 강조했다. 이로부터 복잡한 주장이, 다시 말해 국민적 복지 유산들을 새로이 협상하는 과정에서 사회 협약의 역사적 가치들이 결정적 역할을 하는 것으로 보인다는 주장이 도출된다. 이 논의가 중요성을 지니는 것은 정치 담론에서 재생산된 가치들이 정치와 시민의 관계, 한 사회의 시민들 사이의 관계를 구성하기 때문이며, 변화를 말하는 게 정치적으로 가능하게 되는 방식을 결정하기 때문이다. 이런 방식으로 담론의 가치들이 현대화의 내용과 방향을 규정하게 된다.[56] 비비엔 슈미트Vivienne Schmidt는 1990년대 후반에 발표한 논문에서, 스웨덴은 "신자유주의 가치의 침투가 가장 적은" 국가인데 이는 평등과 보편주의라는 스웨덴의 역사적 가치들의 회복력 때문이라고 주장했다.[57] 슈미트는 스웨덴의 현대화 담론이 전후 모델과의 연속성에 대한 강조와 변화의 관념 사이에서 망설이고 있음을 지적했다. 앞으로 이 책에서 전개될 내용에서 분명해지겠지만, 현대화가 국민의 집이라는 역사적 건축물의 "안전을 보호한다safeguard"는 스웨덴식 해석의 중추에는 연속성과 변화 사이의 이러한 동요가 존재한다. 하지만 이렇게 안전보호를 담론상으로 강조한다고 해서 스웨덴에 변한 게 아무것도 없다는 이야기는 아니다. 복지국가의 축소에 대한 연구들은 스웨덴이 1990년대의 위기를 성공적으로 해결했으며 노동시장과 사회정책들을 지켜냄으로써 전후 모델의 제도들과의 연속성을 유지했다고 주장한다. 이는 또한 스웨덴 사회민주당원들 자신의 주장이기도 하다.[58] 하지만 최근 수십 년간 스웨덴 복지국가가 다소 심각한 변화를 겪었다는 것은 틀림없는 사실이다. 모든 정당이 합의한 1994년의 연금 개혁 같은 1990년대 스웨덴의 일부 정책들은 매우 멀리까지 나아갔다. 연금 개혁으로 인해 미래 보상 수준이 거시경제 및 인구 추이에 연동됐으며, 게다가 작지만 상징적인 차원에서 연금기금 내 개인별 저축을 주식시장에 투자할 수 있게 됐다.[59] 1990년대에 스웨덴의 거시경제정책에서도 완전고용이라는 목표가 새로운 정책 규범들로 완전히 대체되는 일이 벌어졌다. 일단 안정성이라는 목표를 달성하자 완전고용도 곧바로 다시 의제에 올라오기는 했지만 말이다.[60] 1990년대의 스웨덴 노동시장정책은 전후 렌-마이드너 모델*의 공급 중시 지향

---

* Rehn-Meidner model. 전후 스웨덴의 임금 조절 시스템. 노총과 경총의 중앙교섭을 통해 임금 소득자 내

및 적극적 노동시장정책과 연속성을 지니는 것으로 보일 수 있지만, 스웨덴 노동시장정책도 고용가능성과 유연성 담론 쪽으로 분명히 이동했으며 이것이 지난 20년간 복지국가 현대화 과정의 구조를 결정했다.[61] 1990년대의 공공부문 구조 개편은 광범위한 현대화의 길을 열어주었다. 스웨덴은 보편주의 원칙과 직접 충돌하는 것으로 보이는 바우처 시스템*을 학교에 도입했고, 이로 인해 경제·사회적 차별이 강화됐다.[62] 이들 대부분은 "안전보호"라는 구호 아래 추진됐다.

신노동당이 집권한 10여 년 동안 영국은 빈곤·실업·기초 교육에 대한 야심 찬 개혁 의제, 사회 및 노동시장 정책을 구성하는 주요 제도의 변화, 교육과 보육에 대한 대대적인 투자를 경험했다.[63] 공공정책연구소** 는 사회정의위원회***의 활동을 검토한 뒤, 신노동당이 자유주의의 역사적 요소들뿐만 아니라 종일 돌봄 전략****과 실업자들을 위한 뉴딜 프로그램*****의 창안 등 스칸디나비아의 제도 배합으로부터 빌려온 요소들에도 바탕을 둔다는 점에서 영국식 사회형 복지의 새 모델을 발전시켰다고

의 소득 평등 강화, 인플레이션 조절, 생산성 향상을 동시에 추구한 독특한 제도다. 이 제도를 설계한 노동운동 진영의 두 경제학자 렌Gösta Rehn과 마이드너Rudolf Meidner의 이름을 따서 '렌-마이드너 모델'이라 불린다. 이에 대해서는 다음의 책을 참고할 수 있다. 신정완,《복지자본주의냐 민주적 사회주의냐: 임노동자 기금논쟁과 스웨덴 사회민주주의》(사회평론, 2012); 신광영,《스웨덴 사회민주주의: 노동, 복지와 정치》(한울, 2015).

* 제6장 참고.
** Institute for Public Policy Research. 신노동당의 정책 생산에 중요한 역할을 한 중도좌파 싱크탱크 (http://www.ippr.org/).
*** Commission on Social Justice. 1992년에 존 스미스John Smith가 닐 키넉Neil Kinnock에 이어 노동당 대표가 되면서 설치한 당내 기구. 일련의 정책 재검토 작업을 통해 이후 신노동당 노선 수립에 영향을 끼쳤다.
**** day-care strategy. 맞벌이 부부를 위해 전일로 유아를 보살피는 보육 서비스.
***** New Deal. 1998년부터 실시된 신노동당 정부의 실업 대책. 실업자에게 실업 수당 지급의 전제조건으로 직업 훈련, 적극적 구직 활동 등을 요구한 대표적인 근로복지정책이다.

주장했다.[64] 여기에는 많은 모순이 존재한다. 스웨덴의 경우에 전통적 가치들을 견지하는 담론과 정책 수준의 중요한 변화 사이에 긴장이 존재하는 것과 마찬가지로, 영국의 담론은 구노동당주의에 대한 신노동당의 단절과 보조를 맞추면서 뿌리 깊이 보수적인 영국 유권자들의 눈치를 보느라 실제 시행된 정책보다 더 조심스러운 경우가 많았다. 예컨대 아동채권*처럼 자산 기반 복지정책의 급진적 재분배 성격을 강화한 것이나 슈어 스타트 프로그램** 같은 일부 정책들은 이들을 둘러싼 틀에 비해 내용 면에서 훨씬 더 급진적인 것으로 보인다. 또 다른 모순은 자유형 모델과 그 자산 조사*** 및 근로복지의 요소들이 스칸디나비아 모델에서 수입한 보편주의의 요소들과 맺는 관계에 있다. 신노동당의 거시-미시 전략의 주요 설계자인 에드 볼스는 나와 가진 대담에서, 뉴딜이 스웨덴의 적극적 노동시장정책에 바탕을 두었다고 말하면서 '유럽고용전략'****을 입안한 스웨덴 재무장관 알란 라르손을 인용했다.*****[65] 그러나 신노동당 초기에 새로운 고용정책의 배후에서 영향력을 끼친 것은 스웨덴이 아니라 클린턴 행정부가 전개한 공급 중시 정책들이었다.[66] 여기에는 교육 투자뿐만 아니라 재활 프로그램******과 "우리가 아는 과거의 복지는 삭감"한다는 서약도 포

---

* baby bonds. 제6장 참고.
** Sure Start program. 1998년부터 실시된 신노동당 정부의 보육정책. 저소득층 가정의 아동을 대상으로 한 맞춤형 보육 프로그램이다.
*** 자유형 복지 모델에서 복지수당 수급 조건으로 제시되는 자산 소유 기준. 한국의 기초생활수급제도에서도 이런 기준에 따라 일정 액수 이상의 자산을 보유한 경우에는 당장의 소득 유무와 상관없이 수당을 지급받지 못한다.
**** European Employment Strategy. 1994년에 암스테르담 조약을 통해 도입된 유럽연합 차원의 고용 전략. 4대 과제로 고용가능성, 기업가 정신, 적응가능성, 기회균등을 내세웠다.
***** 에드 볼스Ed Balls는 신노동당에서 브라운파로 분류되던 경제 전문가로, 2011~2015년에 노동당 그림자 내각의 재무장관을 맡았다. 알란 라르손Allan Larsson은 1990~1991년에 재무장관을 역임한 스웨덴 사회민주당 정치가다.
****** activation program. 제7장 참고.

함돼 있었다.[67] 1990년대에 스웨덴에 대한 신노동당의 관심사는 스웨덴에서 1992년에 빌트 총리*의 보수파 정부가 도입한 바우처 학교였다. 이 개혁은 영국 교육에 시장을 창출하려던 대처Margaret Thatcher의 시도를 모방한 것이었다.

블레어 정부 말기에 스웨덴 모델에 대한 영국의 생각이 바뀌었다. 스웨덴은 브라운파**에게 일종의 유토피아로, 현대적인 사회경제적 합리성과 과감한 현대화 정신을 밝히는 북극광으로 떠올랐다.[68] 2005년 여름에 고든 브라운은 발트 해 고틀란드 섬의 알메달렌***에서 열린 SAP의 연례 경제세미나에 연사로 초청받았다. 이 세미나에서 그는 페르 누데르 재무장관****과 함께 유럽 노동시장의 사회보장과 변화에 대한 공동 연구 프로그램을 출범시켰다. 2005년의 노동당 대회에서 좌파 성향인 컴퍼스 그룹*****은 〈파이낸셜 타임스〉의 전 칼럼니스트 로버트 테일러Robert Taylor가 쓴 "스웨덴, 더 나은 세상은 가능하다는 증거"라는 인상 깊은 제목의 팸플릿을 계기로 "우리는 스웨덴처럼 할 수 있을까"라는 주제의 비공식 회의를 가졌다. 테일러의 팸플릿은 스웨덴을 유토피아적 대안으로 바라보는 영국(그리고 미국) 좌파의 전통에 푹 빠져 있었다.[69] 《사회주의의 미래》에서 크로슬랜드는 평등과 사회 진보가 중간계급의 자유를 질식하지 않으

---

* 칼 빌트Carl Bildt는 스웨덴 중도당 소속의 우파 정치인으로, 1991~1994년에 총리를 역임했다.
** 블레어 정부 말기에 블레어 총리의 지나친 신자유주의 추종, 이라크전쟁 참전에 대해 비판이 일자 노동당 안에서 고든 브라운 재무장관으로 총리를 교체하려는 움직임이 일었다. 이에 동조한 이들을 브라운파 Brownite라 하는데, 블레어파Blairite에 비해 정통 사회민주주의에 더 가까운 모습을 보이려 했다.
*** Almedalen. 스웨덴의 대표적인 휴양지로, 매년 7월에 열리는 정치축제가 유명하다.
**** Pär Nuder. 2004~2006년에 스웨덴 재무장관을 역임한 사회민주당 정치가.
***** Compass Group. 제3의 길이 불신을 받은 이후 노동당 노선을 정통 사회민주주의 이념에 따라 재정립하려 노력하고 있는 좌파 성향 싱크탱크(http://www.compassonline.org.uk/). "다 함께 좋은 사회를 향해"가 모토이며, 다른 싱크탱크들과 달리 캠페인 조직 성격을 강하게 띤다.

면서 달성될 수 있다는 증거로 스웨덴을 활용했다. 마찬가지로 컴퍼스 팸플릿에서 로버트 테일러는 1990년대 위기 이후 혁신된 스웨덴이 사회정의와 경제적 역동성이 결합될 수 있다는 증거를 제시한다고 주장했다.[70]

지난 10년 동안 영국에 대한 스웨덴의 시각도 변화했다. 누구도, 심지어 스웨덴인조차 스웨덴식을 꺼렸던 1990년대 중반에 신노동당의 젊음은 SAP에게도 매력적이었다. 예란 페르손은 1997년 당대회에서 토니 블레어의 공동체주의적 사회주의가 자신의 사회주의이기도 하다고 말했다.[*71] 제프 멀건[**]과 톰 벤틀리[***]는 1998년 스톡홀름을 방문해서 당 본부의 열광적 청중에게 싱크탱크 데모스[****]의 작업을 발표했다. 최근 몇 년 동안 스웨덴 사회민주주의가 스웨덴 모델에 대한 신뢰를 회복시키면서 당의 담론은 시장자유주의뿐만 아니라 제3의 길 프로젝트로부터도 거리를 두게 됐다. 또한 그만큼 1980년대에 SAP 자신이 추진한 제3의 길 실험의 유산도 침묵의 대상이 됐다. 2006년 총선에서 혁신 프로젝트의 영감을 얻기 위해 신노동당에 기댄 것은 SAP가 아니라 스웨덴 우파였다.

---

* 토니 블레어는 집권 초기에 자신의 이념을 '공동체주의적 사회주의communitarian socialism'라 내세웠다.

** Geoff Mulgan. Demos의 창립자. 블레어·브라운 정부의 정책 자문 위원을 역임하며 신노동당의 이념가 역할을 했다.

*** Tom Bentley. Demos의 주요 정책가 중 한 사람. 특히 신노동당 정부의 교육정책 생산에 참여했다. 현재는 오스트레일리아 노동당에서 활동하고 있다.

**** Demos. 신노동당의 정책 생산에 중요한 역할을 한 중도좌파 싱크탱크(http://www.demos.co.uk/).

지식의
정치경제학

2장

이 장에서 나는 지식의 정치경제학이라 불릴 만한 것을 규정하는 특징에 대해 간략히 설명하겠다. 나의 논지는, 자본화의 담론적 논리가 제3의 길 이념의 내용을 채워주며 이 논리를 통해 사회민주주의가 인간의 잠재력—인간의 지식, 재능, 창조성—을 경제적 재화로, 궁극적으로는 자본의 새로운 형태이자 더 나아가 신경제의 원료로 규정한다는 것이다. 사회민주주의에서 이러한 자본화는 새로운 현상이 아니다. 사회민주주의적 수정주의의 전개 과정 중 상당 부분은 자본은 무엇이며 자본주의적 가치는 어떻게 창출되는지 새롭게 정의하는 것이었다. 사회민주주의 성장 담론은 노동의 합리화와 활용에 늘 관심을 기울여왔다. 케인스주의 시기에 사회민주주의는 인적자원과 노동력 자원에 관심을 기울였다. 지식 시대에는 기술혁명에 필요한 인적 자본을 합리화하고 지식 기반 경제를 이끌지적 자원을 활용하는 데 관심을 기울이고 있다.

현대 사회민주주의에서 지식경제가 맡는 역할을 과장해선 안 될 것이다. 사회민주주의는 정보혁명이 있기 훨씬 전에 시의성을 지녔던 현장 실습 같은 전통적인 정책들에 여전히 몰두한다. 하지만 지식경제 사상은 산업사회의 정책들을 원격 학습과 ICT 등 새로운 정책들과 결합할 세련된 서사를 제공한다. 게다가 지식을 상품의 한 형태로 이해하는 입장은 정치경제학의 가정들에 대한 재검토로 이어진다. 산업혁명의 석유 및 강철과는 달리 지식은 우리들 사이에, 지식 노동자의 인적 자본 안에 소재한 것으로 정의된다. 지식은 증기력이 아니라 "두뇌력"이다. 다른 생산요소들이 중요성을 상실하면서 지식과 학습을 통한 노동 요소의 개선이 성장의

원천이 되고 있다.[1]

지식을 이렇게 사람들 안에 자리한 일종의 자본으로 이해하게 되자 이를 실현할 경제 거버넌스의 새로운 수단들도 등장했다. 이에 따라 사회정책, 교육정책, 문화정책이 현대 성장 전략의 일부가 됐다. 이 과정에서 사실상 모든 것이 경제정책의 대상이 되면서 다소 역설적이게도 지구화 시대의 국가 개입 범위는 오히려 확대됐다. 앨런 핀레이슨Alan Finlayson이 지적한 것처럼, 신노동당의 사고에서 경제는 거의 전능한 무엇이다. 신노동당의 거의 모든 정책은 사회 통합을 목표로 하는 것이든 취학 전 아동 교육이나 역사 유산 보존이든, 지식경제의 인적·사회적 자본을 전략적으로 창조하는 역할을 맡는다는 점에서 일차적으로 경제적인 것이었다. 같은 맥락에서 신노동당의 사고에서는 신뢰에서 호기심과 미학에 이르는 거의 모든 사회적·문화적 가치가 동시에 경제적 가치이며, 따라서 정당하게 경제적 개입의 대상이 된다.[2] 스웨덴에 대해서도 똑같이 이야기할 수 있을 것이다. 스웨덴에서는 아동문화의 선도에서부터 환경에 이르기까지 모든 것이 실용적 성장 담론의 틀에 끼워 맞춰진다. 물론 두 나라 사이에는 차이도 존재하며, 이는 뒤에서 살펴볼 것이다.

경제 거버넌스 영역의 이러한 확장은 제3의 길 경제 이론이 주장하는 지식의 자본화와 직접 관련되어 있다.

지식을 경제에 유입되는 중심 상품으로 이해할 경우, 단번에 거버넌스의 이러한 문화적 형태와 마주하게 된다. 결국 문화는 어떤 수준에서는 일군의 공유된 지식이라 할 수 있다. 이렇게 경제적 생산에 대한 분석과 문화에 대한 분석은 서로 융합되기 시작한다.[3]

지식경제 연구에는 이렇게 확장된 경제를 다루는 많은 참고문헌들이 포함되는데, 이는 특히 사회민주주의의 역사에서 특별한 의미를 지닌다. 인간 잠재력, 문화, 교육 등의 관념들은 역사적으로 이윤의 사고와 충돌하는 가치로 언급되던 것들이기 때문이다. 이제 이들은 자본주의적 개량 과정에 동원되기 시작한다. 이 대목에서 내가 서론에서 제시한 주장으로 되돌아간다. 즉 시장의 근본적 수용이라는 점에서는 제3의 길과 '옛' 사회민주주의가 크게 구분되지 않지만, 제3의 길이 하고 있는 일은 역사상 자본주의에 맞선 주장이었던 것을 자본주의를 위한 주장으로 뒤바꾸는 것이다.

신자유주의적 사회민주주의?

이 논의를 위해서 제3의 길이 신자유주의적이라는, 제3의 길 연구의 첫 번째 물결에서 나타난 주장을 다시 검토해보자.

알려진 바와 같이, 지구화가 지배하는 세상에서 케인스주의적 수요 관리와 일국적 경제정책의 종말이 제3의 길 프로젝트의 출발점이었다. '옛' 사회민주주의의 케인스주의 정책들이 거시경제정책과 수요 관리를 통해 국민국가의 경계 안에서 자본을 통제하는 데 집중했던 것과 달리, 1990년대 중반 이후 제3의 길의 핵심 신조는 지구화와 개방경제라는 사고였다. 이 사고에 따르면, 자본은 국민국가의 경계 안에서 통제될 수 없으며 거시경제정책의 범위는 자본의 끊임없는 유동에 따라 경계가 정해진다.[4] 그래서 제3의 길은 현대 자본주의의 성격과 자본의 논리뿐만 아니라 이러한 새로운 세계에서 가능한 국가 개입의 역할과 경제정책의 범위에 대한 재고에 바탕을 둔 정치적 프로젝트라 할 수 있다. 이렇게 지구화의 정언명령

을 중심으로 정치를 재접합하는 것이야말로 흔히 사회민주주의의 신자유
주의화라 묘사되어온 것이다.

영국의 역사적 맥락에서 신노동당의 경제정책들은 시장주의 틀의 근본
적 수용, 단체 행동에 대한 반대 그리고 대처의 노동법 개정을 되돌리는
것에 대한 거부 때문에 대처주의의 연속으로 간주됐다.[5] 가장 비판적으로
평가한 이는 콜린 헤이Colin Hay인데, 그는 신노동당의 정치경제학이 "애
써 자본의 비위를 맞추는 것"이자 "경제 통합, 금융 자유화, 자본 이동의
증대, 즉 간단히 말해 지구화의 명령에 따라 정치적 가능성의 한계선을 재
고하는 것"이라고 기술했다.[6] 자본이 근본적으로 통제 불가능한 유동 상
태에 있다는 정치적 추정에 기댈 경우 거시경제 전략 수준에서 남는 것은,
헤이의 표현에 따르면, 정치·경제·사회적 생존을 위해 자본의 이익이라
고 알려진 바에 적응하는 것뿐이다. 매그너스 라이너Magnus Ryner도 스웨
덴에 대해 비슷한 논의를 제시했다.[7] 이러한 해석에 따르면, 사회민주주
의는 시장의 이익을 위해 강한 국가를 활용하는 것을 비롯해 대처주의가
설정한 이념적 한계선을 받아들인다.[8] 확실히 그런 면이 있다. 그러나 제3
의 길은 자유주의의 사회철학과 통화주의의 경제 교리 모두에 대한 강한
반대도 포함한다. 제3의 길은 이것들이 기능*, 지식, 정보가 주도하는 시
대에 이념적으로 완전히 잘못된 것까지는 아니더라도 최소한 경제적으로
비효율적인 것만은 분명하다고 본다. 기능, 지식, 정보야말로 변화를 이끄
는 힘으로서, 마치 신자유주의가 정치의 정의를 새로 썼던 **것처럼** 정치의
범위 자체를 재고할 것을 요구한다. 헤이와 다른 연구자들이 보여주었듯
이, 제3의 길은 지구화의 현실이라는 전제에 바탕을 둔 정치경제학이라

* 'technology'와 'skill'을 구별하기 위해 전자는 모두 '기술'로, 후자는 모두 '기능' 혹은 '숙련'으로 옮겼다.

할 수 있고, 따라서 지구화가 설정한 한계선 안에서 부의 창출에 일조하도록 사회민주주의 정치의 역할을 재규정한다. 자본을 통제하기가 불가능하기 때문에 정부가 해야만 하는 일은 안정된 틀과 인프라스트럭처를 제공해서 자본과 국내 투자를 끌어들이는 것이다. 하지만 이 전략의 다른 한 축은 자국에서 자본의 가치를, 즉 국민의 인적 자본을 증대시키는 것이다. 외국인 투자를 끌어들이는 일은 이 대목에서 '최상의 두뇌'를 끌어들이기 위한 노동시장정책, 교육정책, 귀화정책과 쌍을 이룬다. 헤이의 표현에 따라 거시 전략을 정보화 시대에 유동하는 금융자본의 비위를 맞추는 것으로 표현할 수 있다면, 미시 전략은 생산적 자본으로 규정되는 이들 인적·사회적·문화적 자원의 자본화라 할 수 있을 것이다. 앞에 소개한 고든 브라운의 발언으로 되돌아가서 이러한 거시-미시 전략을 확인할 수 있다. 즉, '컴퓨터 자판 한 번만 누르면' 자본이 이동하는 경제에서 국민국가의 근본 자원은 기술혁명을 구성하는 '두뇌력', 즉 국민의 잠재력과 재능이라는 것이다.[9] 언술 방식으로 보면, 현대 사회민주주의의 경제정책 영역에서 자본을 통제하려던 과거 노동의 시도는 노동에 묻어 들어가 있는embedded 자본을 통제하려는 시도로 대체됐다. 거버넌스의 새로운 문화적 양식은 이러한 자본을 창조하고 지식 노동자들 안에서 가치와 성향을 바꾸는 것—달리 말해, '인적 자본을 구축하는 것'—을 목표로 한다.[10]

신자유주의는 이를 설명하기에 적합한 개념이 아니다. 지식이 거시와 미시, 국가와 개인, 경제와 사회 사이의 새로운 균형과 새로운 형태의 개입을 요청하는 자본의 특수한 한 형태라는 전제에 기반을 둔 정치경제학이 제3의 길에 대한 보다 정확한 규정이라는 게 나의 주장이다.

긴축의 사회민주주의에서 번영의 사회민주주의로: 제3의 길의 거시─미시 전략

1990년대 중반부터 지식경제가 사회민주주의 정치에 매력으로 다가온 것은 지식경제가 약속하는 새로운 산업혁명이 번영의 조건을 재창조할 것처럼 보였기 때문이다. 다음 장들에서 살펴보겠지만, 경제의 혁명적 변형이라는 이러한 생각은 스웨덴보다는 영국에서 훨씬 더 주목받았다. 영국에서는 이것이 전반적인 혁신 서사와 잘 맞아떨어졌다. 총리실 자문 위원 찰스 리드비터*는 거의 진공 상태에서도 숨 쉬며 살 수 있고 인간의 창의력과 창조성이라는 무형 자원으로부터 마술처럼 성장을 끌어낼 수 있는 시대에 대해 썼다.[11] 하지만 스웨덴에서도 전기철도 구상과 프람파브,** 스프레이*** 등 신설 스웨덴 신경제 다국적기업들의 전망이 당시 1930년대 이래 최악의 불황으로부터 막 벗어나던 사회민주당을 유혹했다.[12]

지식경제에 대한 리드비터의 지나치게 낙관적인 설명은 사실 경제협력개발기구OECD 같은 기구의 지식경제 묘사와 별반 다르지 않다.[13] 이러한 1990년대식 설명들은 지식이 어떻게 재화 및 자본으로 작동하는지에 대한 매우 특수한 가정들에 바탕을 두었다. 지식은 근본적으로 형체가 없는 데다 측정하고 제어하기가 어렵기 때문에 거의 무제한인 자원이자 비경합재****로 가정되는 경우가 많다.[14] 지식은 소비가 또한 생산이기도 하다.

---

* Charles Leadbeater. 지식경제 담론에 큰 영향을 끼친 영국의 저술가로서, 블레어 정부의 정책 자문 위원을 역임했다. "거의 진공 상태에서 숨 쉬고 살아간다"는 표현은 그의 책 제목에서 따온 것이다.
** FramFab AB. 스웨덴의 디지털 마케팅 서비스 업체. 2006년에 LBI International AB에 합병됐다.
*** Spray Network AB. 스웨덴의 포털사이트 spray.se를 운영하는 인터넷 기업.
**** a nonrival good. 한 사람의 소비가 타인의 소비를 배제하면서 이뤄지는 재화를 '경합재'라 하는 반면 한 사람이 소비한다고 해서 타인의 소비가 배제될 필요가 없는 재화를 '비경합재'라 한다.

제3차 산업혁명의 인적 자본이 1970년대와 1980년대의 긴축으로부터 벗어나게 해줄 전례 없는 생산성 확장의 원천임이 입증되리라는 암묵적인 가정, 아니 어쩌면 꿈이 존재했던 것이다.[15] 지식 주도 경제에 묻어 들어가 있는 생산성 잠재력에 대한 이러한 꿈은 전후 사회민주주의의 성장 유토피아의 거울상이다. 1990년대에 신경제를 두고 벌어진 호들갑은 새로운 황금시대에 대한 이런 낙관적 전망으로 설명할 수 있다.

신경제에 대한 과장의 다수는 IT 버블과 함께 종말을 고했지만, 지식경제는 노동력의 기능과 기업 활동 조건에 초점을 맞춘 보다 전통적인 사회민주주의 성장 담론의 대상이기도 했다.[16] 1990년대에 꼴을 갖춘 이 성장 담론에서 중심을 차지한 것은 안정과 번영의 촉진을 위해 고안된 거시-미시 전략의 입안이었다. 영국의 경우는 유럽환율메커니즘* 붕괴를 통해, 스웨덴의 경우는 1992년의 크로나 폭락**을 통해 두 나라 모두 자본 도피의 파괴적인 사회적 결과를 경험했기 때문에 사회민주주의의 생존과 사회개혁 역량은 안정된 거시경제 틀의 수립과 건전 금융의 복구에 달려 있다는 결론에 도달했다.[17] 이로 인해 검약의 표어를 중심으로 구성된 사회민주주의 경제 언어가 출현했고, 장기 안정성을 증진하기 위해 설계된 거시경제 틀 안에 이를 끼워 맞추게 되었다. 영국에서는 거시경제 안정성이 국내외의 신뢰를 구축하고 장기 투자 결정을 촉진함으로써 영국 경제의

* European Exchange Rate Mechanism, ERM. 1979년에 유럽통화시스템European Monetary System, EMS 가입국이 도입한 회원국 통화 간 환율 조정 체계. 회원국 두 나라의 통화 간 변동이 ±2.25퍼센트를 넘지 못하도록 규정했다. 1990년에 그간 비회원국이던 영국도 이에 가입했으나 1992년 9월 16일 이른바 '검은 수요일'에 독일 등 다른 회원국들의 환율 불안과 이에 따른 투기 자본 공세로 파운드화 폭락을 경험한 뒤 곧바로 ERM에서 탈퇴했다.
** 북유럽 3국(스웨덴, 노르웨이, 핀란드)은 1990년대 초 부동산 및 주식 거품이 무너지면서 은행 위기에 빠졌다. 세 나라 모두 국가가 은행의 부실 채권을 매입해 위기를 진정시켰다.

'벼락 경기'와 단절할 열쇠라 보았다.[18] 스웨덴에서는 국내외적으로 경제 위기와 예산 적자 급증의 원흉으로 비난받던 스웨덴 복지국가의 정당성을 재창조하고 건전 금융을 회복하는 것이 거시경제정책 변화의 주된 동기였다.[19] 두 나라에서 이러한 거시 전략은 신공공관리 정책*에 바탕을 둔 공공지출의 새 틀 짜기, 경영 기술 혁신 및 감사와 표준화의 전략적 활용을 통해 구현되는 '비용 대비 가치 증대value for money' 원칙을 포함했다.[20] 차입은 당면 경기 순환에 대한 투자 용도로만 추진해야 한다는 영국의 황금률은 1992년 이후 공공지출에 상한선을 부과한 스웨덴의 예산 최고 한도제utgiftstak와 사촌 지간이었다. 두 나라에서 개혁의 중심 전략은 공공지출에 대한 통제를 강화하기 위해 예산 과정을 재편하는 것이었다. 영국에서는 공공서비스에 대한 기존 대규모 투자를 감시하기 위해 포괄적 지출 점검**을 고안했다. 스웨덴에서는 공공지출에 엄격한 제한을 두기 위해 예산 과정의 철저한 점검을 실시했으며 이는 지금껏 큰 변동 없이 거버넌스 수단으로 활용되고 있다.[21]

공공지출과 공공부문에 대한 이러한 접근은 한편으로 1970년대 이후 공공지출에 제기된 신자유주의의 비판을 반영한 것임이 분명했다. 하지만 다른 한편으로 이는 특히 영국에서는 대처가 공공부문, 그중에서도 국민보건서비스***에 도입한 내부 시장 및 공공연한 사유화와 단절했다. 이에

---

* New Public Management, NPM. 영국의 대처 정부가 처음 도입하고 이후 다른 선진국들로 확산된 공공부문 경영전략. 시장이 다른 어떤 제도보다 우월하다는 전제하에 정부 규모와 역할, 구조와 경영 등을 시장 원리에 따라 재편하는 것이 기본 내용이다. 탈관료·탈정치화를 강조하며, 민간 기업의 경영 기법을 공공부문에 적용하려 한다.
** Comprehensive Spending Review. 2000년대 말 영국 재무부가 도입한 정부 예산 수립 절차. 각 부처 예산을 전년도 예산과 별개로 원점에서 재검토하여 작성하는 것이 골자다.
*** National Health Service, NHS. 1946년에 노동당 정부가 도입한 영국의 무상 공공 의료 체제. 영국 복지제도의 상징과도 같다.

따라 냉혹한 경쟁은 협동과 학습을 통해 모범 사례를 확산시키는 등의 수단으로 대체됐다. 이 과정 역시 '최고 가치 체제'*를 이루는 최선의 방식은 경쟁이라는 사고에 바탕을 두기는 했지만 말이다.[22] 이는 공공부문과 핵심 복지 서비스와 관련하여 여전히 노골적으로 시장 모형에 기반을 둔 접근법이자 소비주의에 호소하는 접근법이었다. 실제로 이러한 접근법은 소비자 입장에서 공공성을 이야기했고, 핵심 서비스 영역에서 수요와 공급의 시장을 창출하기 위해 NPM 정책을 사용했으며, 다름 아니라 공공부문을 사회의 특수 영역으로 다루는 관념을 비판하는 역할을 하기도 했다. 조금 뒤에 다시 다루게 될 이 접근법의 중요한 측면은 공공선**이라는 사고를 공공가치 관념으로 대체한 것이었다. 후자는 비용에 대비한 가치로 정의되었으며, 감사의 전략적 활용을 통해 보장되었다. 이는 전후에 공공부문을 형성한 공공성 사상과는 매우 다른 것이었고, 두 나라 모두에서 공공부문 활동 및 공공부문 노동자에 대한 다소 노골적인 불신과 함께 등장했다. 영국에서 훨씬 더 나아갔던 것은 틀림없지만, 공공부문 비판과 NPM 정책 도입은 1980년대 벽두, 스웨덴 제3의 길의 핵심 요소이기도 했다.[23]

두 나라에서 이러한 의도의 거시정치는 지식, 기능, 혁신의 촉진에 중심을 둔 새로운 미시 지향과 결합됐다.[24] 1990년대에 중소기업 및 기업가 정신을 중심으로 한 새로운 성장 정책과 내생적 성장 이론***의 영향 아래

---

* best value regimes. 1999년에 영국에 도입된 지방자치단체의 공공서비스 지급 체계. 보수당 정부로부터 이어받은 비용 절감 목표와 함께 서비스 질 향상을 중심에 둔 Best Value 지표에 따라 지방자치단체별 성과를 평가한다.
** 다른 곳에서는 public good을 '공공재'로 옮겼지만, '공공가치public value'와 대비되는 경우에는 '공공선'이란 옮겼다.
*** endogenous growth theory. 경제성장의 핵심 요소인 지식, 기능, 창조성이 경제의 외부에서 주어지는

혁신 클러스터* 장려를 중심으로 한 새로운 지역 정책의 **접합**이 등장했다.

내생적 성장 이론은 성장이 지식과 기능에 대한 투자에서 비롯된다고 보며, 이 가정을 통해 ICT와 교육에 대한 국가의 투자가 분명한 역할을 맡게 된다.[25] 1990년대 중반에 내생적 성장 이론은 새로운 공급 중시 경제학**과 결합했는데, 후자는 노동의 양과 질을 증대시키는 것을 목표로 클린턴 행정부에서 경제 및 노동시장정책을 주도적으로 설계한 이들이 발전시킨 것이었다.[26] 공급 중시 경제학의 등장은 여러 가지 면에서, 수요 측면이 권좌에서 밀려나고 1970년대 초부터 케인스주의 타협이 붕괴하면서 나타난 자기 구속의 논리적 결과였다. 하지만 내생적 성장 이론에서 공급 측면이 특별한 역할을 맡게 된 것은 이 이론이 교육과 훈련에 대한 내생적 투자를 강조하기 때문이기도 했다. 공급 측면의 새로운 강조는 케인스주의적 완전고용 담론으로부터 개인의 기능에 초점을 맞춘 고용가능성 담론으로 고용 담론의 변동을 수반했다.[27] 고용가능성 관념은 현대 노동시장의 필요, 위험, 책임 관념이 상당한 변화를 겪었음을 보여준다. 공공의 책임은 이제 일자리 보호나 일자리 창출이 아니라 노동자들이 지구화 시대의 위험을 헤쳐나가는 것을 돕기 위해 인적 자본에 투자하는 데 있다. 기능을 습득하고 유지하는 것은 개인의 책임이다. 고용으로부터 고용가

것이 아니라 경제주체의 이윤 동기에 의해 경제의 내부에서 만들어져 성장 동력이 된다는 이론. 1980년대에 미국 경제학자 로머Paul M. Romer가 처음 주창했으며, 이후 지식경제 이론의 근간이 되었다.

* cluster. 일정 지역에 특정 산업과 이와 연관된 연구 개발 기관들이 모여 일상적으로 정보를 소통하고 새로운 기술을 개발하는 시너지 효과를 일으키는 것을 '산업 클러스터'라 한다. 미국의 실리콘밸리나 이탈리아 여러 도시의 섬유, 피혁 산업 집적지가 대표적인 사례다.

** 1970년대 말~1980년대 초에 케인스주의에 반발해 등장한 신자유주의의 여러 흐름들 중 하나. 유효수요 확대를 통해 경기를 조절하는 케인스주의를 '수요 중시 정책'으로 규정하면서 그 대안으로 법인세 감면 등을 통해 기업 활동을 장려함으로써 경기를 활성화한다는 '공급 중시 정책'을 제시했다. 1990년대 클린턴 정부 시기에는, 단순한 감세가 아니라 기업 활동 기반 조성을 위한 공공투자로 강조점이 이동한다.

능성으로의 담론 변동은 분명히 스웨덴에서 더 큰 의미를 지닌다. 왜냐하면 영국에서 고용에 대한 공공의 책임은 스웨덴에 비해 항상 조건부 성격이 더 강했고 어떤 점에서는 신노동당 집권하에서야 강화되었던 데 반해 스웨덴에서는 이것이 사회민주주의 국가의 심장이었기 때문이다.[28]

공급 측면의 강조는 경제정책과 사회정책을 새롭게 결합시켜 복지 개혁이 성장정책의 필수 요소가 되도록 만들기도 했다. 영국에서 1997년 신노동당 정부의 첫 번째 개혁 조치는 영국은행*에 독립성을 부여한 극적인 결정이었고, 그다음은 실업자를 위한 뉴딜 프로그램 실시였다. 영국 경제의 현대화를 위한 재무부의 생산성 전략은 복지국가 현대화 전략과 긴밀히 결합됐으며, 여기에는 조세 및 복지수당 시스템의 정비, 사람들이 복지수당 수급 대상에서 벗어나 일하게 만든다는 구체적인 목표에 따른 세액 공제의 도입 등이 포함됐다. 뉴딜과 근로연계복지welfare-to-work 프로그램에서 이는 '일해서 갚도록make work pay' 권리와 책임, 동기와 혜택 사이의 관계를 사려 깊고 미세하게 측정하는 것으로 나타났다.[29] 이런 방식으로 효율성을 위해 도입된 거시경제적 틀과 거시 수준의 지출 한계선이, 공급 중시 정책과 복지국가 개입을 통한 복지 주체의 현대화를 분명한 목표로 삼는 거버넌스 수단들과 결합했다.[30] 스웨덴에서는 1990년대의 복지 개혁이 전후 모델과 연속선상에 있는 것으로 여겨질 수 있었는데, 왜냐하면 공급 중시 정책과 경제·사회 정책의 조정은 스웨덴 복지국가의 중심 요소로서 전간기 이후 쭉 발전해왔기 때문이다. 하지만 1990년대의 대규모 실업과 재정 위기, 그리고 새로운 이념적 흐름들로 인해 이들 정책에 자유형 복지 모델의 재활 및 근로복지 전략에 더 유사한 내용이 새롭게

---

* Bank of England. 영국의 중앙은행. '영란은행'이라고도 한다.

덧붙기도 했다.[31]

이에 따라 거시 수준의 상대적인 자유방임주의는 번영을 창출하기 위한 사회민주주의의 역할을 오히려 더 강조하는 것을 내용으로 하는 미시 전략과 병존했다. 이는 영국에서 좀 더 단절적인 성격을 띠었다. 데이비드 코츠David Coates가 지적한 것처럼, 신노동당은 처음부터 부를 창조하는 당으로, 부를 재분배하기보다는 새로 창조하는 것에 더 관심 있는 당으로 스스로를 부각시켰다. 시장이나 기업가 같은 핵심 요소들을 통한 이러한 번영의 찬양은 신노동당이 구노동당 그리고 "세금 거둬 지출하면 된다tax and spend"던 과거 성향과 단절하는 데 중심적인 요소였다.[32] 반면에 스웨덴 사회민주주의는 이미 항상 부를 창조하는 당이었다. 내생적 성장 이론의 주제들을 도입한 스웨덴 사회민주당의 1994년 경제 보고서는 당의 입장이 전후 시기 노동운동의 경제위원회 전통에 굳건히 뿌리내린 것이라고 밝혔다. 물론 기업가와 중소기업 같은 주제들은 사회민주주의 이념에 새로운 요소였지만 말이다.[33] 1990년대를 대비한 경제 전략은 1980년대 당의 케인스주의 폐기에 바탕을 두었고, 여기에 1990년대 초의 보수적 성장정책의 요소들이 더해졌다. 이 시기의 성장정책은 경쟁, 능력, 지식에 중점을 두었다. 역으로 보수파 빌트 정부의 정책은 린드베크 위원회*가 스웨덴 경제를 탈코퍼러티즘**화하고 기업가 정신을 위한 동기 구조를 개선하는 프로그램을 통해 제시한 스웨덴 모델 비판으로부터 영향을 받았다.[34] 1994년에 사회민주당이 권좌에 복귀하자 이러한 주제들은 사회

---

* Lindbeck Commission. 1992~1993년에 당시 스웨덴의 경제 위기 타개책을 마련하기 위해 경제학자 아사 린드베크Assar Lindbeck가 이끈 정책 자문 기구다.
** corporatism. 대기업, 노동조합 등 거대 법인 조직 간 합의에 따라 운영되는 정치체제를 일컫는다. 처음에는 가톨릭 정치 세력이나 남유럽 파시스트들이 계급투쟁을 지양한 국민 화합 체제를 건설한다면서 이를 '코퍼러티즘'이라 칭했으나 나중에는 전후 복지국가의 노사 타협 체제를 묘사하는 데도 널리 쓰이게 됐다.

민주주의의 새로운 성장 개념에 흡수되었다.

지식과 공동선: 동반자 관계의 정치

새로운 성장 이론의 가정에 따라, 신노동당과 SAP 모두 1990년대 중반의 정책을 통해 지식이 노동자가 본질적으로 소유하고 통제하는 특수한 종류의 자본이며 사회적 보상 측면에서 근본적인 외부성*을 지닌다고 주장했다(사회의 지식수준이 높을수록 학습은 더욱 촉진되어 노동력의 숙련도와 적응성이 높아진다, 혁신의 분위기가 더욱 강할 경우에도 그렇다 등등). 그래서 국가는 지식의 창조에 더 큰 책임을 져야 한다. 왜냐하면 시장에 맡겨둘 경우 동기 및 소유권의 결여와 개별 기업에 대한 통제 문제로 인해 근본적인 시장 실패가 나타날 것이고, 이는 지식에 대한 심각한 과소 투자를 초래할 것이기 때문이다. 결과적으로 두 당 모두 국가와 시장의 새로운 균형을 전망하는데, 여기에서 국가의 역할은 지식, 학습, 정보 기술을 위한 인프라스트럭처를 구축하는 것이고 경제적 행위자의 역할은 혁신과 창조—국가의 능력을 넘어선 것으로 여겨지는 과정—를 수행하는 것이다.[35] 구호들이 말해주는 것처럼, 국가가 할 일은 승자를 뽑는 것(혹은 패자를 지원하는 것)이 아니라 진입 장벽과 학습 장애물을 제거하는 것, 기업 활동과 국가 개입을 위한 안정된 틀을 놓는 것, 기업가와 창조성을 촉진하는 것 그리고 클러스터와 네트워크 안에서 이른바 경쟁적 협

---

* externalities. 경제학에서 외부성이란 어떤 경제주체의 활동이 제3자에게 의도하지 않은 혜택이나 손해를 끼치더라도 이에 대한 보상이나 비용 지불이 이뤄지지 않는 경우를 뜻한다.

동을 장려하는 것이다. 스웨덴에서는 지방자치단체와 지방 산업의 지역적 협약에 바탕을 둔 '성장을 위한 동반자 관계tillväxtavtal' 등 일부 지역정책의 새로움에도 불구하고, 이러한 정책이 스웨덴 모델의 코퍼러티즘 유산과 연속성을 지니는 것으로 여겨졌다. 영국에서는 공동선이 일정한 동력으로 작용하는 새로운 경제라는 사고가 신노동당과 재계의 뉴딜, 즉 상호 신뢰와 협력에 바탕을 둔 새로운 '번영을 위한 동반자 관계partnership for prosperity'의 토대가 됐다.[36]

동반자 관계라는 관념 덕분에 국가와 시장의 새로운 관계가 수립됐고, 이는 제3의 길 정치경제학의 중심을 이룬다. 신자유주의와는 달리 여기에는 경제 영역의 공공 책임이라는 강력한 관념이 포함된다. 전후 시기에 사회민주주의가 생산적인 산업 노동력을 위해 철도, 고속도로, 교육, 병원 등의 영역에서 산업경제의 공공재에 대한 책임을 받아들였던 것처럼, 지식경제에서 사회민주주의는 초고속 정보망과 교육, 학습에 대한 공공 책임을 받아들인다. 국가는 만인에게 접근권을 제공한다는 차원에서 이들 중 일부를 실제로 떠맡는다. 스웨덴에서는 전국적인 광대역 네트워크를 구축하는 과정에서 공공투자를 통한 재정 지원이 있었다.[37] 영국에서는 학교 정보망 및 전국적 학습 체계 구축이 BT(브리티시 텔레콤British Telecom)와의 민관 협력*을 통해 실현됐다.[38]

두 나라에서 국가는 공적 지원을 받는 연구와 교육에 대한 권한을 활용해 자원을 특정 연구 및 훈련으로 돌리기도 한다. 즉, 연구 재원 조달이 투자정책의 새로운 형태로 부상한 것이다. 이는 결국 사회민주주의 국가가

---

* public-private partnership. 국가기구가 전담하던 업무에 민간(실제로는 기업)을 참여시켜 이른바 경제적 효율성을 높이면서 동시에 기업의 사업 영역을 확장시켜주는 정책. 주로 민간 위탁, 민관 합작, 부분 사유화 등의 방식으로 나타난다.

무엇이 유용한 지식인가 하는 것에 대해 구체적인 정의를 내리는 것으로 이어진다. 즉, 어떤 지식이 우선시되고 지원될 필요가 있는지를 국가가 정의하며, 이는 다름 아닌 바로 이 지식이 공공선에 기여할 것이라는 기대 아래 이뤄진다. 이는 과거의 산업 계획과 그리 다르지 않다. 스웨덴과 영국의 정책 모두 지식 집약 제품의 수요를 조종하고 특정 산업, 예를 들어 영국의 경우는 NHS의 정보 기술, 스웨덴의 경우는 녹색 기술을 지원하는 방식으로서 공공 조달의 역할을 강조하는 것을 포함하기도 한다.[39] 실제로 시장 혁신을 위한 공공자본의 역할을 이렇게 강조하는 것은 제3의 길의 공공가치 및 공공선 관념 중 일부다. 게다가 국가는 연구 개발에 모험 자본을 제공하고 신제품을 상품화하기 위해 일정한 책임을 떠맡는다. 스웨덴 임노동자기금*의 운명은 아마도 이러한 새로운 형태의 국가 개입이 어떻게 과거의 개입 형태와 관련되는지 보여주는 가장 훌륭한 사례일 것이다. **임노동자기금**은 1970년대에 노동운동의 수석 경제 설계자 루돌프 마이드너Rudolf Meidner가 장기적인 경영 결정에 대한 임금 소득자의 영향력을 강화하기 위한 방편으로 고안한 것인데, 스웨덴 우파 입장에서는 눈엣가시였던 터라 빌트 정부에 의해 폐지되고 말았다. 1990년대에 기금의 자산은 누테크NUTEK(스웨덴의 경제 및 지역 성장을 위한 기관)나 비노바Vinnova(혁신 시스템을 위한 정부 기관) 같은 다수의 반半민간 연구 개발 재단과 정부 기관들을 통해 다시 재계로 집중 투자됐다.[40] 한때 기업 이윤에 대한 임금 소득자의 영향력을 강화하기 위해 설계됐던 기금이 말하자면 신경제를 위한 모험 자본이 된 것이다. 즉, 두 나라의 국가기구는

---

* 임노동자기금에 대해서는 다음의 책이 필독서다. 신정완, 《복지자본주의냐 민주적 사회주의냐: 임노동자 기금논쟁과 스웨덴 사회민주주의》(사회평론, 2012).

단순히 틀을 짜는 것에 그치지 않고 실제 투자정책에 훨씬 더 직접적으로 뛰어들며, 이는 사실상 기업의 투자 결정을 국가가 떠안고 지식 생산의 방향을 조종하는 것으로 나타난다. 기업가 정신, 혁신, 창조성이 국가 개입으로부터 자유로운 사상 경쟁의 시장에서 발생한다고들 하지만, 사실 제3의 길은 국가에 매우 특별한 역할을 부여한다. 그 역할이란 교육 투자를 통해 창의력을 키우거나 경쟁에 박차를 가하는 새로운 수단들을 통해 지식을 창조하는 것이고, 경쟁하는 제품과 서비스의 개발을 통해 지식을 상업화하는 것이며, 사상을 시장화의 대상으로 만드는 지적재산권 체제를 강화함으로써 지식을 상품화하는 것이다.

이런 점에서 제3의 길은 자유방임적인 맨체스터 자유주의*가 아니라, 경제 영역에서 사회민주주의 국가의 새로운 적극적 역할에 바탕을 둔, 고도로 개입주의적인 생산주의다.[41] 여기에서 "새로운"이란 말은 서론에서 제시한 의미, 즉 개입의 역할에 대한 사회민주주의의 역사적 관념에 바탕을 두되 이를 경제 및 가치 생산에 대한 새로운 인식과의 관계 속에서 다시 개념화한다는 것을 뜻한다. 앨런 핀레이슨이 주장한 대로,

교조에 빠진 신자유주의자들이 국가로부터 시장을 해방하려 든다면, 신노동당은 시장 자체가 변화했다고 보기 때문에 시장의 이름으로 국가를 활용하려 한다.[42]

이 대목에서 두 당은 우리가 뒤에 다시 살펴볼 시장의 편익과 한계에 대

---

* 19세기 초에 영국 산업혁명의 근거지 맨체스터에서 리처드 코브던Richard Cobden, 존 브라이트John Bright 등이 이끌던 전투적 자유주의 집단. 자유무역과 자유방임주의를 신조로 삼았다.

해 해석상의 중대한 차이를 보인다. 신노동당은 시장이 공공에 비해 개별 소비자에게 더 효율적인 공급자이며 더 민감하다고 확신한다. 또한 이들은 품질과 효율성을 높이는 힘으로서 이윤의 역할을 찬양한다. 공공서비스에서 시장이 맡는 역할은 신노동당 프로젝트의 심장부에 긴장을 야기한다. 하지만 신노동당이 블레어와 브라운 두 정부 아래서 공공부문의 창조성과 혁신을 자극하는 힘으로서 이윤과 경쟁을 내세운 것은 분명한 사실이다.[43] SAP는 스웨덴 공공부문에서 벌어진 더 앞선 사유화 경험에도 불구하고 복지국가 정책에서 시장이 맡는 역할에 대해 훨씬 더 양가적인 태도를 취한다. 교육정책은 두 당의 서로 다른 태도에서 나타나는 모호성의 좋은 사례다. 두 나라에서 교육은 최근 수십 년 동안 일종의 상품으로 인식되기에 이르렀다. 이 과정은 영국에서 더 노골적으로 전개됐지만, 스웨덴에서도 이에 따라 교육개혁의 구조가 결정됐다. 영국에서는 교육이 공공재 성격을 띠는지에 대한 노동당 내의 기나긴 논쟁에도 불구하고, 교육 영역에 시장을 창출하려는 전략적 시도에 따라 교육정책이 조율됐다. 그 밑바탕에는 이 시도를 통해 효율성, 전달, 다양성, 선택이 보장될 뿐만 아니라 상대적 박탈 지역에 절실하게 필요한 자본이 투입되리라는 기대가 깔려 있었다.[44] 스웨덴의 경우, 바우처 시스템의 도입 이후 유사-학교 시장이 등장한 것이 스웨덴 복지국가의 가장 극적인 변화 중 하나임이 분명하다. 사회민주당은 처음에는 바우처 학교에 반대했고 개혁을 뒤집겠다는 약속까지 했지만, 지금껏 이 쟁점에 손을 댄 적이 없다. 스웨덴 학교 시스템에서는 쿤스캅스콜란*Kunskapsskolan AB** 같은 민간 주체들이 강한 협상력을 확보하게 됐다.[45]

---

* 교육 프로그램을 생산, 공급하는 스웨덴 기업. 회사명은 스웨덴어로 '지식학교'를 뜻한다.

시장에 대한 관점에서 두 당이 보이는 차이의 또 다른 사례는 두 나라에서 역량 저축competence saving, 혹은 개인학습계좌individual learning accounts, ILAs*를 위한 시스템을 도입하려던 시도다. ILAs 이면에 자리한 사고는 평생학습 비용을 국가, 개인, 고용주가 분담하는 시스템을 통해 학습 동기를 향상시킨다는 것이었다. ILAs는 지식을 자본으로 바라보는 사고를 매우 분명히 반영한다. 이에 따르면, 지식은 마치 금융자본처럼 은행 계좌에 저축할 수 있다. ILAs는 2000년에 영국에 도입됐다. 고삐 풀린 민간 공급자가 빠른 속도로 양산되었고 부패가 발생하면서 이 정책은 실패로 끝났다. 영국의 상황에서 ILAs는 개인이 자신의 학습과 공급자 선택에 더 큰 책임을 진다는 생각을 바탕으로 개인의 자기 계발이라는 담론을 통해 틀이 짜여졌다.[46] 스웨덴에서는 역량 저축을 위한 시스템이 1990년대에 시작된 사회민주주의 성장 전략의 일부였지만, 영국과는 달리 시민권의 확대를 강조하는 보편주의 담론을 통해 틀이 짜여졌다. 스웨덴에서는 강력한 수사를 동원해 노동운동의 자기교육 단체들이라는 역사적 제도를 공급자로서 강조했고, 이러한 강조는 이 정책을 통해 지방자치단체와의 협력 아래서 민간 공급자 시장이 등장할 것이라는 사실을 가려주는 역할을 했다.[47]

---

* 블레어 정부의 정책 중 하나. 성인교육에 참여하는 개인에게 현금을 지원하고 해당 고용주에게는 면세 혜택을 주는 제도다. 정보통신 교육에 집중 지원됐다.

자본을 사회화하기: 갈등을 넘어선 정치

동반자 관계의 정치는 경제 영역에서 공공 개입과 강력한 국가에 역할을 부여한다는 점에서 신자유주의와는 분명 거리가 멀다. 그럼에도 불구하고 시장을 사회관계의 중심에 놓는다는 점에서 '옛' 사회민주주의와도 역시 분명 다르다. 영국에서 노동당 당헌 제4조 논쟁의 상징적 중요성은 자본이 대화와 동반자 관계를 통해 공동선, 즉 신노동당이 "만인을 위한 번영"이라 정의 내린 공동선을 위해 작동할 수 있다는 것을 분명히 한 데 있었다. 결과적으로 시장은 사회 진보의 동력으로 인식됐고, 투자와 금융자본을 중개할 뿐만 아니라 '열망의 문화'를 창조하고 동력과 기업가 정신을 자극하는 한 방식으로서 교육정책, 사회정책, 문화정책에 도입됐다.[48] 말하자면 시장가치를 거의 사회적인 것의 일부로까지 증진시키는 데 적극적인 관심을 지닌 어떤 요소가 사회민주주의 정책에 더해진 것이다. 이는 신노동당만의 유별난 일이 아니다. 스웨덴에서도 시장가치 증진은 새 연금 시스템의 적극적 구성 요소다.[49]

자본을 사회화한다는—여기에서는 자본을 공동선의 일부로 만든다는 뜻이며, 따라서 생산수단의 사회화와 혼동해서는 안 된다—이러한 논리는 사회민주주의의 역사에서 새로운 게 아니다. 오히려 서론에서 제시한 대로, 사회민주주의의 특별한 역사적 프로젝트는 자본이 구체적으로 규정된 공동선에 이롭게 작동하도록 만드는 것이다. 19세기 말에서 지금까지 스웨덴의 정책들은 근본적으로 친자본주의적인 접근법을 포함했다. 이 접근법은 '현대화'가 다름 아닌 산업자본주의를 뜻한다며 이를 받아들였다. 또한 스웨덴 모델의 그 유명한 노동-자본 타협은 전형적으로 자본이 공동선을 위해 작동하게 만드는 데 중심을 두었다.[50] 하지만 지식 시대 자본주의에 대한 제3의 길의 인식이 매우 특별한 것은 노동과 자본, 시장과 사회 사이의 이해 차이나 갈등이라는 관념을 부정하는 방식에 있다. 시장을 다른 사회관계들과 연결함으로써 이를 공동선을 위한 힘으로 만드는 것, 그리고 시장의 미덕을 사회 변화의 근본 동력으로 정의하는 것은 연대와 평등이라는 이름 아래 자본을 규율하려는 것과는 다르다. 이것이야말로 신노동당의 동반자 관계 및 공동체 관념이 스웨덴 모델의 토대 구실을 하는 코퍼러티즘 사상과 다른 대목이다. 이를 구별하는 게 중요하다.

지식의 성격을 뚜렷한 외부성을 지닌 비경합재로 보는 이런 특수한 가정은 결국 잘 알려진바, 화해에 대한 제3의 길의 강조 그리고 갈등을 넘어선 정치에 대한 호소로 이어진다. 지식은 학습—그리고 학습은 사회적 활동으로서, 소통과 호혜에 의존한다—을 통해 창조된다.[51] 지식이 주도하는 경제 확장이라는 사고에는 신뢰, 규범 공유와 가치, 동반자 관계, 대화—이 모두는 원자적 갈등보다는 상호연결성과 묻어 들어가 있음em-beddedness을 강조한다—의 재검토가 포함된다. 네트워크 생산에서 경제적 역동성은 비대칭성, 위계제, 갈등보다는 동반자 관계와 대화로부터 비롯된다.[52]

동반자 관계의 사상은 잉여 생산이 국가와 시장의 공동 생산을 통해 이뤄지는 경쟁적 코퍼러티즘의 새로운 형태라 표현할 수 있다. 이는 국가가 산업을 위해 경쟁적 환경을 창출하는 책임을 전적으로 떠맡는 한편 기업이—가족의 경우와 마찬가지로—자신을 둘러싼 공동체와 조화를 이루면서 사회적 덕, 신뢰, 학습을 제공하는 새로운 사회 협약을 통해 작동한다. 제3의 길이 자본주의에 대한 이러한 인식을 포용하는 것은 이를 통해 1970년대의 갈등과 투쟁으로부터 벗어나면서 동시에 신자유주의의 딜레마로부터도 탈출할 수 있기 때문이다. 이를 통해 이해관계 공유*[53]라는 제한된 관념이 새로운 의미를 얻게 되며, 제3의 길이 신좌파와 신우파 모두의 유산인 국가 비판을 이어갈 수 있게 된다. 동반자 관계 관념은 신경제가 시장과 국가의 경계에 대한 구좌파와 신우파의 이해 모두에 도전한다는 전형적인 제3의 길 명제에 바탕을 둔다. 구좌파는, 적어도 신노동당의 주장에 따르면, 혁신과 변화를 조종할 수 있다고 생각하면서도 창조성의 사적 성격과 개인주의를 깨닫지 못한 반면 신자유주의는 경제적 인간과 자유시장이라는 원자적 이론 때문에 학습과 창조 같은 과정의 근본적인 사회적 논리를 인식하지 못했다. 이런 점에서 제3의 길은 지식을 갈등이 아니라 신뢰에 의해 증진되는 재화로 바라봄으로써 사회주의와 신자유주의를 모두 단호히 거부하는 내용을 담고 있다.[54]

동반자 관계의 정치는 스웨덴 모델의 토대를 이루는 바와 유사한 노동과 자본의 새로운 역사적 타협을 반영하는 것이라고 할 수 있다. 스웨덴 모델의 역사적 코퍼러티즘은 분명 신노동당이 당헌 제4조를 개정하면서 제시한 것과 매우 유사한 유기적인 시장 관념에 바탕을 두었다. 이는 지난 수십 년 동안 스웨덴 당 강령의 변화가 영국에 비해 덜 논쟁적이었던 이유이기도 하다(물론 스웨덴에서도 갈등이 없었던 것은 아니지만). 하지만 스웨덴 모델의 코퍼러티즘은 노동과 자본의 서로 다른 이해를 중개하는 것에 바탕을 두었으며, 분명히 보다 광범한 사회적 공동선을 명분으로 시장을 규율하는 한 방식이기도 했다.[55] 이에 반해 동반자 관계에 대한 강조는 역사적 타협이 해결하려 시도한 바로 그 문제를 오히려 회피하는 것

---

* stakeholding. '이해 당사자' 혹은 '이해관계자'라는 뜻의 stakeholder에서 파생된 신조어다. '주주share-holder'와 달리 '이해 당사자'는 주주 외에도 기업의 영향 아래 있는 다른 사회 주체들, 즉 노동자, 소비자, 지역 주민 등을 포괄한다. 이해관계 공유란 주주의 권한을 배타적으로 강조하는 주주자본주의(신자유주의)와 달리 이런 다양한 사회 주체들이 기업, 사회, 국가의 정책 결정 및 이익 분배 과정에 참여해야 한다는 뜻이다.

으로 보인다. 왜냐하면 일차적으로 이익의 차이라는 관념을 인정하지 않기 때문이다. 동반자 관계의 정치는 시장, 국가, 시민 사이에서 이익과 규범이 본질적으로 동일하다고 전제한다. 노사관계에서 동반자 관계 관념은 고용자와 피고용자 모두의 이익을 위해 생산성과 경쟁력의 토대를 제공한다는 신뢰 관계의 전형적 사례다.[56] 크리스 호웰Chris Howell이 주장한 것처럼, 동반자 관계 관념은 신노동당과 재계의 뉴딜, 즉 상호 신뢰와 협력에 바탕을 둔 새로운 '번영을 위한 동반자 관계'의 토대다. 이는 신노동당이 대처가 깔아놓은 노사관계를 계속 이어받아서, 최저임금 등 개별 노동자의 권리를 보호하는 노동조합의 역할을 인정하면서도 단체 행동에는 회의적인 태도를 유지한다는 것을 뜻하기도 했다.[57] 스웨덴에서도 비슷한 상황 전개를 확인할 수 있다. 1990년대에 SAP는 파업을 직설적으로 비판했고, 예란 페르손은 의심의 여지없이 노동조합총연맹LO, andsorganisationen을 기득권이라 규정한 첫 번째 사회민주주의 지도자다. 신노동당도 변화의 방향에 회의적인 노동조합에 바로 이 단어를 갖다 붙인 바 있다.[58] 1997년에 스웨덴 노동조합과 재계가 합의한 '산업 발전 및 임금 결정에 대한 협약industriavtalet'은 새로운 시대를 위한 저 유명한 살트셰바덴협약*의 재연으로 평가받았지만, 후자에 비해 기업 경쟁력을 더욱 강조한 것이었다.[59]

동반자 관계 관념에 따라 지식경제에 필요한 노동조합의 역할이 정해졌다. 그것은 조직 노동의 이익을 대변하는 것이 아니라 1970년대부터 한동안 새로운 기업과 전문화된 생산에 대한 논쟁에서 영감의 원천이었

---

* *Saltsjöbadsavtalet.* 1938년 스웨덴의 경총과 노총이 맺은 역사적 협약. 단체협상에 바탕을 둔 대등한 노사 관계를 정착시키는 대신 노동조합이 파업을 자제하기로 한 것이 주요 내용이다.

던 일본 자본주의에 더 가까운 무엇이었다. 스웨덴 역사가 보 스트로트Bo Ström가 보여주었듯이, 자본주의에 대한 이러한 이해는 스웨덴에서 1970년대부터 노동-자본 갈등 담론이 이해관계 공유 및 공동 결정 담론으로 바뀌는 과정에서 중요한 위상을 차지하게 됐다.[60] 스웨덴 남부의 우데발라에 소재한 볼보Volvo 공장에서 볼보는 노동자와 노동조합이 생산 과정에 보다 직접적으로 관여하는 '토요타주의'를 실험했다. 라이너가 주장한 것처럼, 이 실험은 포스트포드주의에 대한 전혀 다른 비전의 싹을 품고 있었다. 하지만 노동의 협상력을 약화시킨 1990년대 초의 실업난과 함께 이는 사그라지고 말았다.[61] 지식경제의 지배적 노사관계 개념에서 노동자의 영향력이란 실은 영향력과 관련된 것이 아니라 새로운 형태의 인적자원 관리를 통한 생산성 향상에 대한 이야기다. 여기에서 노동조직의 역할은 기능을 생산에 재통합하는 것이다. 신뢰, 충성, 열정을 고취하는 것이 이에 포함된다. 유연 생산에서는 노동자와 그 태도가 생산과정의 중심에 놓였다. 경영의, 실은 테일러주의의 새로운 형태는 노동자의 내면적 자아의 합리적 관리를 지향했다.[62]

민간과 공공의 관계에 대한 제3의 길의 인식을 공공재에 대한 사회민주주의의 역사적 관념과 대조함으로써 이 주장에서 한발 더 나아갈 수 있다. 지식 시대가 도래하면서 민간과 공공 생산 및 소비 사이의 경계는 많은 도전을 받게 된다. 왜냐하면 지식은 특수한 외부성을 지닌 비경합재로 이해되는 경우가 많으며, 이에 따라 공공재의 중요한 특성을 지니게 되기 때문이다. 사실 공공재의 진보적 이론에 지식만큼 기꺼이 힘이 돼주는 자원도 달리 생각하기 힘들다.[63] 실제로 제3의 길에는 공공재 관념이 존재한다. 시장에 대한 제3의 길의 평가는 지식, 정보 등 무형자산의 확산을 특징으로 하는 시대에 시장이 갖는 한계에 대한 토론과 쌍을 이룬다. 그러나 이는 '옛' 사회민주주의의 공공재 관념과는 다르다. 학습과 교육을 예로 들어보면, 시장이 필요로 하지만 직접 할 수는 없는 것에 대한 분석은 공공이 필요로 하면서 동시에 시장이 할 수 없고 하지도 않을 것으로서 공공재를 바라보는 것과는 다르다. 왜냐하면 후자는 자본주의의 핵심 경향에 대한 비판을 함축하기 때문이다. 전후 사회민주주의의 공공재 관념은 산업자본주의의 경향에 대한 바로 이러한 비판으로부터 내용을 얻었다. 앤서니 크로슬랜드 같은 수정주의자들에게 혼합경제는 선진 산업주의의 딜레마에 대한 해답이었다. 스웨덴에서는 공공부문의 확장이 미국 경제학자 J. K. 갤브레이스John Kenneth Galbraith가 주장한 사회적 균형 관념에 바탕을 두었다. 갤브레이스는 만약 소비가 방치된다면 사회적 격차가 더 커질 것이기 때문에 공공 소비를 보다 강화하는 것으로만 풍요의 방향을 조종할 수 있다고 주장했다.[64] 제3의 길에는 생산 결과를 어떻게 공공선 쪽으로 돌릴 것인지에 대한 이러한 논쟁이 없으며, 평등의 창조라는 목표와 관련해서는 더더구나 그렇다. 현대 사회민주주의에는 공공정신이라 할 만한 것 역시 부족하다. 사회에는 그 공적 가치가 이윤 혹은 더 나아가 재산의 사고와 근본적으로 충돌하기 때문에 시장의 통제를 넘어서야 하는 재화들이 존재한다고 천명하는 연대의 정신이 공공재에 대한 사회민주주의의 역사적 관념이었다. 제3의 길에 지식을 공공재로 보는 이론이 존재하기는 한다. 지식이 근본적으로 형체가 없기 때문에 필연적으로 공유재의 일부가 될 수밖에 없는 것으로 보인다는 것이다. 하지만 이것은 공공재에 대한 매우 협소한 관념이다. 이는 예를 들어 지식에 대한 접근권을 확산하는 데 실패하거나 지식에 적절한 재산권을 제공하지 못하는 이중의 실패처럼, 시장 실패의 사상으로부터 규정된다. 이것은 연대의 정신도 아니고, 사적 소비에 대한 제한이나 시장에 대한 균형추로서 공공재를 바라보는 이론도 아니다. 오히려 그 기본 정신은 공공가치의 제공을 시장의 미덕 중 하나로 바라보는 것이다. 예컨대 복지 서비스의 보다 효율적인 전달을 통해, 나아가 학교 및 여타 공공 기구에서 이뤄지는 민관 협력을 통해 창의성과 기업가 정신을 장려하는 것처럼 보다 복잡한 내용을 통해서 시장이 공공가치를 제공한다는 것이다. 그만큼 제3의 길의 공공재 관념은 시장의 한계에 의해서뿐만 아니라 시장의 근본적 장점에 대한 인정, 간단히 시장 정신이라고 불릴 만한 것의 인정에 의해서도 좌우된다. 그래서 교육 영역에서 시장은 효율적인 서비스 제공자만이 아니라 창의성, 기업가 정신, 모범 사례의 주입자로, 결국에 가서는 어떤 지식, 기능, 창의성이 사회에 유용한 것인지에 대한 판정자로 등장한다. 민관 협력과 민자 유치* 같은 정책 혁신은 공공재와 민간재가 시장 논리로부터 보호받던 과거의 영역에서 벗어나 이제는 서로 결합할 수 있다는 생각에 바탕을 두고 있다.[65]

적대를 넘어선 정치 공간, 즉 이념 혹은 사회민주주의 원리가 아니라 실제적인 일 처리에 따라 규정됨으로써 공공선 관념이 공공가치 관념으로 대체된 공간에 대한 호소는 제3의 길 이념의 중심 요소를 이룬다. 1990년대에 신노동당이 한 일은 비록 극단적인 형태이기는 하지만 1980년대 SAP의 제3의 길 실험을 재연한 것이었다.[66]

---

* public finance initiative. 정부나 지방자치단체가 공공 재정뿐만 아니라 민간 자본 투자를 유치해 대규모 공공 설비를 건설하거나 운영하는 방식. 투자의 대가로 민간 자본에게 해당 공공 설비의 독점적 운영권을 보장하는 것이 보통이다.

사회적인 것을 자본화하기

앞서 나는 제3의 길이 경제의 거시 측면과 미시 측면의 새로운 관계를 중심으로 구성된 경제 담론이라 기술했다. 사회민주주의 경제정책에서 이렇게 거시와 미시를 재설정함으로써 역으로 경제적인 것과 사회적인 것 사이의 경계가 다시 설정됐다. 자본을 사회화하는 것의 논리가 시장을 사회 진보의 힘으로서 재접합하려는 현대 사회민주주의의 시도를 그 내용으로 한다면, 제3의 길의 성장정책은 이와 연관을 가지되 다른 논리, 즉 사회적인 것을 자본화한다는 논리를 중심으로 구성된다. 이것은 기본적으로 사회구조를 자본화하는 논리이며, 사회적 관계와 과정에 부 창출 과정의 기원이라는 성격을 부여하는 논리다. 제3의 길을 신자유주의와 근본적으로 구분하는 것은 사회 영역에 정치적으로 개입하기 위해 마련된 그 기본 틀이다.[67]

사회적인 것을 이런 식으로 자본화하는 것이 제3의 길의 정치경제학의 중심 요소다. 비비엔 슈미트는 2000년도 논문에서, 신노동당이 경제 영역에 대한 대처의 신자유주의화를 이어받았지만 그 무대가 사회로 바뀌었다고 주장했다.[68] 제3의 길의 경제 이론은 신경제에서 성장을 이끄는 것이 본질적으로 혁신, 호기심, 창조성—정치나 단체 행동을 통해 유발하거나 통제할 수는 없지만 정치의 산물일 수도 있는 특정한 사회적·문화적 틀에 의존하는 개인적 활동들—이라는 생각에 바탕을 둔다. 지식이 '거기(사회에) 있다'는 사실 때문에, 경쟁적이고 지식 촉진적인 분위기를 보장해야 한다는 국가의 책임에는 사회적 합리화와 사회적 개입주의를 성장정책과 경제 조절의 필수 요소로 강조하는 것이 포함된다. 이는 인적 자본과 지식의 생산을 촉진하거나 반대로 방해하는 사회구조와 제도들에 대한 새로운 강조로 이어졌다. 이런 점에서 현대 사회민주주의가 불평등, 실업 혹은 빈곤 등의 문제에 더 이상 관심이 없다는 것은 진실이 아니다. 오히려 제3의 길은 이들 문제에 지대한 관심을 지니고 있는데, 왜냐하면 이들을 성장정책의 필수 요소로 바라보기 때문이다. 제3의 길은 근본적으로 사회관계들에 관심을 지니며, 그 이유는 이들을 부의 생산자로 바라본다는 데 있다. 차이―현 상태에서 보기에 중요한―는 '옛' 사회민주주의의 경우 불평등을 특정한 자본축적 체제의 효과이자 결과로 바라보는 반면, 제3의 길은 이를 축적의 출발점으로 바라본다는 데 있다.

지적·사회적 자원의 자본화는 인적·사회적 자본의 사상과 함께 내생적 성장 이론의 중심을 이룬다. 인적 자본이라는 말은 지식, 재능, 기능의 전체 수준―따라서 한 사회의 개인들에 체화된 지식 잠재력의 총합―을 칭한다. 이는 '개인들 안에 소재하는' 자본이다.[69] 가장 중요한 것은 인적 자본이 교육 수준과 기능만으로 구성되지 않다는 점이다. 이는 의욕, 팀워크 적합성, 윤리적 가치에 기반을 둔 판단 능력, 문제 해결, 자기 규율 등의 개인적 성향으로 이뤄지기도 한다. 간단히 말해 특정한 지식 촉진적, 성찰적, 혁신적인 개별 인격과 관련된다.[70] 반면에 사회적 자본은 상호관계적 자본, 즉 사람들 사이의 사회관계 안에 소재하는 그런 자본을 칭한다. 사회적 자본은 사회적 상호작용을 통해 창조된다. 즉 가치, 규범, 신뢰와 관련된다. 이들은 학습, 상호작용, 호혜의 규범을 고취하는 사회적 네트워크에 접근할 통로를 개인에게 제공하는 핵심 자원들이다. 사회적 자본 담론은 이들 규범을 생산적인 것으로 간주한다. 자본의 다른 형태들과 마찬가지로 사회적 자본은 잉여를 창조하는데, 이는 효율적 시장경제를 이루는 사회적 규범들의 형태를 취한다.[71] 사회학자 제임스 콜먼James Coleman은 이후 큰 영향을 끼친 논문에서, 인적 자본의 창조가 사회적 자본에 달려 있다고 주장했다. 달리 말해, 지식의 성장은 우리 사회관계의 질에 달려 있다는 것이다. 결과적으로 우리의 사회관계는 경제적 개입의 대상이 된다.[72]

사회적 자본 관념은 영국에서 커다란 관심을 끌었다. 실제로 1990년대 중반 신노동당의 담론에서 현대화 관념은 영국 국민의 인적·사회적 자본의 현대화라는 매우 특별한 의미를 띠었다. 그 수단은 사회적 네트워크, 사람들의 행동과 태도 등의 수준 그리고 노동력의 숙련 수준을 바꾸는 것을 목적으로 하는 정책들이었다. 또 다른 중요한 요소는, 학습이나 사회투자 같은 정책들을 통해 물적 자본은 할 수 없는 방식으로 인적·사회적 자본을 확장할 수 있다는 점이다. 그럼에도 불구하고 인적 자본이 주도하는 경제 확장은 이 자본에 내재한 한계에 따라 그 한계 또한 결정된다. 즉 인적 자본은 궁극적으로 개인에 의해, 개인이 소유한 지식과 학습 능력에 의해 결정되는 셈이다. 마이클 프리든Michael Freeden이 주장한 것처럼, 이렇게 개인과 그 혹은 그녀의 능력이 사회민주주의의 신케인스주의 프로젝트의 심장부에 자리 잡으면서 투자, 확장과 자본화, 개발 가능한 자원, 추출 가능한 잠재력 등을 요청하게 된다.[73] 1970년대의 투자 정치는 2000년대의 이른바 사회투자정책으로 대체됐다. 이 새 정책은 사람들이 보유한 인적 자본에 대한 태도, 의향, 투자를 변화시키기 위해 고안된 것이었다.

마지막 장에서 다시 논하겠지만, 이 대목에서 두 당 사이에는 중요한 차이가 존재한다. SAP의 공급 중시 정책은 때로 사회적 개입주의 성향이 매우 강한 역사적 생산주의에 의존하며, 그 현대적 어법은 신노동당의 조야한 사회적 경제주의와 거리가 있다. 2001년 당 강령은 더 나아가 사회관계의 상업화와 상품화를 거부한다. 따라서 스웨덴의 담론에서는 사회적 자본이라는 단어가 언급되는 경우가 매우 적다.

결론

정치 지형이 이토록 변화하는 바람에 지난 30여 년에 걸친 좌우파 투쟁의 결과인 강제 결혼과 타협에 더 이상 익숙한 딱지를 붙일 수 없게 됐다. 제3의 길은 실용주의 정치의 무갈등 지대에 호소하면서 현대 유럽의 거의 모든 정치 조류들을 무상으로 차용했기 때문에 뭐라 정의 내리기 어렵다. 그러나 현대 사회민주주의에서 신자유주의의 요소를 찾을 수는 없다. 왜냐하면 신자유주의라는 말로 뜻하는 바가 자유시장과 자유로운 개인에 바탕을 둔 경제적·사회적 철학이라면, 이 두 전제 모두 현대 사회민주주의가 거부하는 것이기 때문이다. 데즈먼드 킹Desmond King이 주장한 것처럼, 오히려 만인의 위에 선 냉담한 승자를 만들어내려는 도덕적으로 보수적인 종류의 사회공학을 뜻하는 비자유적 자유주의illiberal liberalism라는 말이 시사하는 바가 더 크다.*[74] 제3의 길은 분명 신자유주의의 중요한 요소, 특히 경쟁이 사회 진보의 동력이라는 사고와 시장이 본질적으로 창조적이라는 관념에 의존한다. 그러나 제3의 길은 이러한 사고들을 부의 창조가 집단 책임 아래 이뤄지는 사회민주주의적 생산주의와 융합시킨다. 신경제에서 이러한 책임은 새로운 영역으로 확대되며 이를 통해 재확인된다. 이런 맥락에서 제3의 길은 '옛' 사회민주주의를 훨씬 넘어서는 명백한 개입주의를 포함한다. 개입이 경제정책을 넘어 사회 영역으로까지 확장되기 때문이다. 실제로 조절의 대상은 경제가 아니라 지식 노동자 안에 소재한 '연성' 혹은 '액체성' 자본, 즉 학습과 고용주 그리고 공동체 전반에 대한 그 혹은 그녀의 태도다. 이 점에서 제3의 길 정책의 여러 측면은 신

---

* 자유주의liberalism에서 liberal의 본래 뜻은 '관대한', '개방적인'이다.

자유주의보다는 사회민주주의 자체의 역사에서 이어져온 사회적 유토피아 담론에, 그중에서도 완전한 인격의 전면적 함양에 대한 페이비언주의*의 관심에 더 가깝다.

* Fabianism. 1884년 런던에서 S. 웨브, B. 웨브 부부와 버나드 쇼 등이 결성한 페이비언 협회Fabian Society가 발전시킨 사회주의사상. 의회정치와 개혁 입법을 통해 사회주의를 실현할 수 있다고 주장함으로써 후대 사회민주주의의 중요한 뿌리가 되었다.

옛 시대와
새 시대를 규정하기:
제3의 길의 기원

3장

스웨덴과 영국의 제3의 길 정책들의 기원과 궤적은 놀라울 정도로 서로 다르다. 현대화의 의미 자체가 스웨덴과 영국에서 각기 다른 함의를 지닌다. 영국의 관점에서 제3의 길 담론의 중심 요소라고 하면 급진적인 새로움과 불연속성의 강조를 내세우는 경우가 많았다.[1] 신노동당 담론에서 현대화는 쇄신renewal이라는 단어와 동의어였고, 이 말은 본래 경제적 · 기술적 변화의 확산이라는 생각과 관련이 있었다. 1990년대 중반에 쇄신은 어떤 경우에는 숨 막힐 정도로 미래학적인 현대화 서사이자, 걱정스러운 미래의 새 천년으로 '빨려들어'가는 대신 '확신을 갖고 미래로 성큼 나아가는' 영국의 비전이었다.[2] 스웨덴 사회민주주의의 경우, 1980년대 초반 최초의 제3의 길 실험으로부터 1990년대 구조 조정 및 예산 삭감 정책에 이르기까지 핵심 비유는 '쇄신'이 아니라 '안전보호safeguarding(slå vakt om)'였다.[3] 변화 과정에 대한 이러한 시각 차이 때문에 지식경제에 대한 두 당의 이해의 틀이 각기 다르게 짜였다. 즉, 영국에서는 "우리가 지금부터 대비하기 시작하지 않는다면 우리를 완전히 덮쳐서 파도에 좌초시켜 버릴" 해일이자 혁명적 변형이었다면, 스웨덴에서는 스웨덴 모델의 진화와 보조를 같이하는 상대적으로 평화로운 변형 과정이었다.[4]

쇄신과 안전보호는 지식 중심의 미래에 대한 완전히 다른 정치적 접근을 담고 있었다. 역으로 이런 미래 비전의 차이는 스웨덴과 영국 노동운동의 과거, 스웨덴과 영국 사회의 최근 정치사가 달랐기 때문에 생겨났다. 신노동당 프로젝트는 대처주의뿐만 아니라 '구' 좌파에 대한, 신자유주의뿐만 아니라 1960년대의 권리 혁명에 대한 대응이었다. 스웨덴 현대사의 특징은 1980년대와 1990년대 초 대립의 시기를 제외하면 극한 반목이 없었다는 점이다. 스웨덴에서는 복지국가와 그 가치를 중심으로 상대적으로 헤게모니가 존재했다. 해외 연구자들이 이 헤게모니를 과장하는 경우가 많기는 하지만, 그럼에도 불구하고 그 덕분에 SAP는 "전 세계에서 가장 성공한 사회민주당"이 됐으며 복지국가의 가치들이 국민 문화에 진지를 구축하게 됐다. 사회민주주의 헤게모니의 이러한 요소—국민의 집이라는 그 역사적 건축물을 중심에 둔 가치 합의의 수립—에는 일장일단이 있다. 이를 통해 복지국가를 이념 공세로부터 지킬 수 있지만, 결국 과거를 관리하는 자라는 SAP의 자기 이미지가 굳어지기도 한다. 전후 시기에 점점 더 중요해진 스웨덴 사회민주주의의 핵심적 정치 문제는 어떻게해야 '자부심을 느끼면서도 만족하지 않을*stolt men inte nöjd*' 것인가, 즉 어떻게 해야 과거와 단절하지 않은 채 이를 보호하는 개혁 전략을 찾아내면서도 계속해서 변화의 당으로 나설 수 있을 것인가이다.[5] 1990년대에 SAP에서 이념 논쟁이 별로 없었던 데다 정책 변화의 중요한 측면들에 대해 유독 침묵했던 것은 다른 이유 외에도 분명 이 당이 '국민의 집'이라는 가치를 반복적으로 재확인했기 때문이기도 하다. 신노동당이라는 정치 프로젝트에서는 접합과, 일부에서 이야기하듯이 정치적 포장이 참으로 중요했던 데 반해, SAP의 중심 전략을 구성한 것은 연속성의 구축과 침묵이었다. 역사는 SAP의 가장 중요한 이념적 자산 중 하나다.

　사회개혁주의를 중심에 둔 일종의 국민적 합의라는 헤게모니의 이러한 측면은 스웨덴 정치사의 우파와 좌파 모두의 유산에 그림자를 드리웠다. 스웨덴 정치사에는 복지국가주의에 대한 오래된 비판이 존재하는데, 이 비판의 기원은 19세기 말로 거슬러 올라가며 복지국가의 발전과 나란히 전개됐다. 오랜 시간 동안 이러한 비판에 윤리적 사회주의나 상호부조 및 협동조합운동의 '제3의 길' 같은 요소들, 문화적 급진주의뿐만 아니라 문화적 보수주의, 신자유주의와 범유럽주의가 합류했지만, 스웨덴 모델의 토대를 문제 삼은 적은 거의 없었다. 스웨덴 사회민주주의는 새로운 지적 흐름을 받아들이는 데 눈에 띄게 소극적이며, 어떤 경우는 지식인을 노골적으로 불신하기도 한다.[6] 이는 스웨덴 사회민주주의의 특징으로 널리 알려진 실용주의의 유산이다. 신노동당이 포스트마르크스주의, 포스트포드주의, 포스트모더니즘 등의 비판적 사조에서 기원했다는 점과 영국 노동당이 좌파의 유산과 계속해서 투쟁하고 있다는 점은, 지난 수십 년간 무엇보다도 논쟁의 부재가 스웨덴의 특징처럼 여겨졌다는 사정과 놀라울 정도로 대비된다.

이 장에서는 1970년대 초부터 현재에 이르기까지 스웨덴과 영국의 제3의 길의 모순되고 복잡한 기원을 추적한다. 제3의 길의 개념적·이념적 상속재산, 즉 신경제에서 지배적 역할을 하는 서사의 계보학이라 불릴 만한 것이 주된 관심의 대상이다. 특히 사회민주주의가 변화 및 변화의 동력, 그리고 구시대에 대한 신시대의 차별성을 어떻게 이해하고 개념화했는지 살펴보겠다.

안전보호의 정치

개인적 선호와 선택, 핵심 복지 서비스의 분권화 등에 대한 호소 그리고 공공지출에 대한 관리자적 접근을 통해 신노동당의 제3의 길은 SAP가 1980년대 초반 제3의 길을 펼치는 와중에 스웨덴 사회민주주의에 선보인 주제들 중 다수를 반복 상연했다.

스웨덴 제3의 길의 방아쇠를 당긴 것은 1979년 SAP의 두 번째 총선 패배였다. 이 패배를 당내 우파의 주요 그룹들은 급변하는 듯 보이는 경제 현실에 맞춰 사회민주주의가 이념적 전제들을 현대화하지 못한 탓이라고 해석했다. '스웨덴을 위한 미래A Future for Sweden'라는 제목이 붙은 당의 1981년 위기 프로그램은 당시 유럽 정치에 존재하던 두 대안, 대처주의와 미테랑식 케인스주의* 사이의 제3의 길을 제시했다. 목표는 공공부문의 비용을 감축하면서 제조업 일자리를 보호하는 것이었다.[7] 이는 불황을 극복하려던 1970년대의 확장정책이 끝났다는 신호이자 동시에 보다 근본적인 무엇, 즉 1970년대 불황의 격랑 속에서 경제를 변형하려면 스웨덴 복지국가의 조직을 원칙적으로 재검토할 필요가 있다는 생각을 담고 있었다. 1981년 프로그램의 핵심은 안전보호였다. 경제 격동기에 SAP의 역사적 성취—복지국가, 혹은 국민의 집—를 지키려면 사회민주주의의 수단들에 대한 근본적 재검토가 필요했다.[8] 새로운 수단들은 전후 사회민주주의 이념과는 완전히 대조적이었고, 그래서 재무부의 '현대화주의자들'과 주로 노동조합에 포진한 '전통주의자들'의 분열이 나타났다. 배열은 조금 바뀌었지만 이러한 긴장은 지금도 스웨덴 사회민주주의의 핵심에 남아 있다.[9]

SAP는 1990년대 중반에 모두가 입을 모아 제3의 길이라 칭하게 되는 바를 처음 선보인 유럽 사회민주주의 정당들 중 하나였다. 영국에서는

---

* 1981년 프랑수아 미테랑François Mitterand 사회당 대통령 후보의 당선으로 출범한 프랑스 좌파연합 정부는 당시 미국 레이건 정부와 영국 대처 정부를 중심으로 확산되던 신자유주의의 초기 양상과는 정반대로 주요 대기업·은행의 국유화, 케인스주의적 팽창 정책을 추진했다. 하지만 이러한 전 지구적 흐름에 대한 역행은 미테랑 정부가 1983년 외환위기를 계기로 긴축정책으로 전환함으로써(이른바 프랑스의 'U턴') 결국 좌절됐다. 이에 대해서는 다음 책을 참고할 수 있다. 장석준, 《신자유주의의 탄생: 왜 우리는 신자유주의를 막을 수 없었나》(책세상, 2011).

1979년에 노동당이 총선 패배 후 좌선회했고, 그 결과로 당이 분열해 로이 해터슬리와 데이비드 마퀀드 같은 현대주의자들이 탈당한 뒤 사회민주당을 결성했다.* 노동당의 1983년 총선 공약집은 대처 정부가 사유화한 공공 설비의 재국유화를 주창했다. 키녁Neil Kinnok이 정책 재검토를 통해 수정주의를 펼치도록 방아쇠를 당긴 것은 1983년 총선 패배였다.** 이정책 재검토 과정을 통해 이후 신노동당을 이루게 될 주제들 중 다수가 모습을 드러냈다. 하지만 노동당은 이미 1970년대 중반 캘러헌 정부 아래서 케인스주의 적자재정 기조를 버렸고, 임금통제를 도입해 '불만의 겨울'을 야기함으로써 대처에게 길을 열어줬다.[10]***

SAP의 수정주의를 부추긴 것은 경제 위기였고, 그래서 스웨덴 제3의 길을 지배한 것은 복지 개혁에 필요한 새로운 경제적 사고를 찾으려는 실용적인 노력이었다. 이러한 새로운 경제적 사고에 영향을 끼친 것은 마거릿 대처의 영국과 로널드 레이건Ronald Reagan의 미국이었다. 사회민주주의자들은 1970년대 말부터 이들 사례를 관심 있게 연구했는데, 그 동기

---

* 로이 해터슬리Roy Hattersley는 1983~1992년에 노동당 부대표를 역임했다. 데이비드 마퀀드는 노동당 하원의원이었으나 1981년 노동당 우파 일부가 탈당해 사회민주당을 창당하자 이에 참여했으며 토니 블레어가 노동당 대표가 된 뒤에 노동당에 복당했다. 해터슬리는 노동당 우파의 대표적 정치가이기는 했지만, 탈당해 사회민주당에 참여하지는 않았다. 저자의 혼동이다.

** 노동당이 1983년 총선에서 참패한 뒤에 전임 마이클 푸트 대표가 물러나고 닐 키녁이 신임 대표로 당선됐다. 키녁은 본래 당내 온건 좌파 성향이었는데, 총선 참패의 원인이 당의 지나친 좌경화에 있다고 보고 정책 재검토 작업을 통해 급진적 정책들을 수정하려 했다.

*** 1974년에 출범한 제2차 윌슨 노동당 정부는 해럴드 윌슨 총리의 돌연한 사퇴로 제임스 캘러헌James Callaghan을 새 총리로 선출해 정권을 이어갔다. 이런 와중에 1976년 영국은 외환 위기에 직면했고 IMF의 강요에 따라 노동당 정부는 케인스주의적 팽창정책을 중지하게 된다. 대처 정부가 등장하기 이전에 이미 영국은 다름 아닌 노동당 정부 아래서 케인스주의를 폐기했던 것이다. 결국 이 때문에 1978년에서 1979년으로 넘어가는 겨울에 임금 인상 억제에 항의하는 공공부문의 대규모 파업이 벌어졌고('불만의 겨울') 그 여파로 실시된 조기 총선에서 마거릿 대처의 보수당이 승리해 18년 장기 집권을 시작하게 된다. 이에 대해서는 다음 책을 참고할 수 있다. 장석준,《신자유주의의 탄생》.

중 하나는 점점 거세지는 스웨덴 우파의 공세를 막아내는 것이었다. 1982
년에 다시 집권하게 된 SAP는 선택의 자유라는 깃발 아래 공공지출의 새
틀을 짜고 일종의 분권화 프로그램을 실행했다. 1980년대 중반에 당은 사
유화와 분권화를 고려하기 시작했고, 이는 1990년대 벽두에 우파 정권이
실시한 스웨덴 공공부문의 대규모 사유화를 예고하는 것이었다.[11] 이 과
정에서 SAP는 에른스트 비그포르스와 구스타브 묄레르* 같은 당 이론가
들이 발전시킨 복지국가를 둘러싼 경제철학의 신조들 중 많은 것과 단절
했다. 특히 주된 단절 대상은 공공지출이 생산적 역할을 한다는 관념이었
다. 즉, 스웨덴 복지국가에서 새로운 제3의 길 이념이 등장한 것은 1980
년대 중반이라고 할 수 있다.[12]

이러한 1980년대식 수정주의는 보다 급진적인 평등 의제, 경제민주주
의, 임노동자기금으로 이뤄졌던 1970년대의 매우 다른 제3의 길과 완전
히 단절했다는 것을 뜻했다. 1970년대의 제3의 길은 자본에 대한 SAP의
역사적 타협에 비판적인 스웨덴 신좌파의 등장으로부터 영향을 받았다.
요나스 폰투손Jonas Pontusson이 밝힌 것처럼, 임노동자기금과 1970년대
의 투자 정치는 SAP의 한계를 부각시키는 계기가 됐으며, 그 결과로 스웨
덴 재계가 중앙 교섭에서 철수하면서 코퍼러티즘이 종말을 맞고 스웨덴
모델이 '붕괴'했다.[13] 그 후 몇 년간 당은 루돌프 마이드너 등 과거의 영향
력 있던 좌파 지식인들을 주변화하기 시작했다. 당이 경제 위기를 쇄신 요
청의 계기로 해석했다는 것은 1960년대 세대의 사상이 매우 영향력 있는
젊은 경제학자 집단에게 패배하고 말았음을 의미했다. 후자가 위기 프로

---

* Gustav Möller(1884~1970). 스웨덴 복지국가의 초석을 놓은 1930년대 사회민주당 정부에서 사회부 장
관을 맡아 보편적 복지정책을 추진하는 데 앞장섰다. 비그포르스와는 경쟁 관계였다.

그램의 집필을 맡았고, 현대화 의제를 제기하기 시작했다. 1990년대에 이러한 '재무부 우파'의 구성원들이 내각과 스웨덴 행정기구의 고위직에 올랐다.[14]

신시대

1960년대와 1970년대 스웨덴의 정치 논쟁은 새로운 질서의 등장이라는 생각보다는 선진 산업사회의 위기에 더 많은 관심을 기울였다. 구조적·장기적 전망의 개념화는 경제 관리주의에 바탕을 두었는데, 이는 '신시대New Times 논쟁'을 배경으로 한 영국 현대화 담론의 기원과는 전혀 다른 것이었다. 영국의 신시대 논쟁은 신좌파 사상의 중요한 측면들을 자본주의의 성격 변화에 대한 논쟁으로 이어주는 통로 역할을 했다. 신시대 논쟁은 1980년대 말에 노동당 바깥에서, 영국 공산당의 평론지 〈마르크시즘 투데이〉*를 둘러싼 느슨한 사상가 그룹 안에서 시작됐다. 이 그룹의 구성원은 포스트마르크스주의자이자 탈식민주의 지식인 스튜어트 홀,** 〈마르크시즘 투데이〉 편집장 마틴 자크, 사회학자 데이비드 헬드David

---

* *Marxism Today*. 1961년에 창간된 영국 공산당의 월간지. 1980년대에 마틴 자크Martin Jacques가 편집장이 된 뒤 에릭 홉스봄Eric Hobsbawm, 스튜어트 홀 등이 편집에 적극 참여하면서 영국 공산당을 넘어선 범좌파의 논쟁 마당이 됐다. 특히 대처주의를 분석하고 노동당을 비판하는 과정에서 이후 포스트마르크스주의라 불리게 될 여러 흐름들(가령, 에르네스토 라클라우Ernesto Laclau와 샹탈 무페Chantal Mouffe의 접합 이론 등)이 이 잡지 지면을 통해 등장하게 된다.
** Stuart Hall(1932~2014). 자메이카 출신으로 영국에서 활동한 문화 이론가. 레이먼드 윌리엄스Raymond Williams, 에드워드 파머 톰슨Edward Palmer Thompson 등과 함께 영국 신좌파 1세대의 대표적 사상가였으며, 1980년대에는 〈마르크시즘 투데이〉 지면을 통해 대처주의에 대한 깊이 있는 분석들을 남겼다. 다음 책에 이 시기의 분석들이 실려 있다. 스튜어트 홀, 《대처리즘의 문화정치》, 임영호 옮김(한나래, 2007).

Held, 역사학자이자 노동당 지식인 데이비드 마퀀드 그리고 스웨덴 마르크스주의 사회학자 예란 테르보른Göran Therborn 등이었다. 그 밖에 이 그룹의 두 젊은 구성원 제프 멀건과 찰스 리드비터가 이후 신노동당 프로젝트에 긴밀히 관여한다.

신시대 논쟁은 경제, 사회, 문화, 정치 활동 영역에 걸쳐서 나타난 위기의 모호하지만 실체가 없지 않은 영향을 놓고 전개됐다. 결국 이 논쟁은 자본주의의 운명에 어떤 중대한 국면이 도래했다는 결론에 도달했다. '신시대'라는 비유는 위의 그룹이 뭐라 해야 할지 알지 못해 그저 '새로운 시대의 새벽'이나 '옛 시대의 풍문' 정도로 묘사한 바를 정식화하려는 시도였다. 지구화, 유연 전문화, 컴퓨터화로 인해 산업 현대성의 근본 성격이 도전받고 있는 것 같았다. 신시대의 배후에서 작동한 직접적인 힘은 대처주의의 부상이었다. 신시대 그룹에게 대처주의는 신자유주의적 포퓰리즘의 일시적 부상을 훨씬 넘어서는 무언가를 뜻했다. 이들은 포스트포드주의, 포스트모더니즘, 개인주의 등의 딱지가 어지럽게 붙은 복잡한 현상들 때문에 결국은 좌파의 위기가 만연하게 된 세상에서 새로운 정치의 헤게모니적 접합을 만들어내는 데 성공한 것이 바로 대처주의라 보았다. 신시대 그룹에게 노동당은 과거의 역사적 논리와 경제·사회 진보에 대한 청사진에 집착하는 뿌리 깊이 보수적인 문화 세력이었다. 남성 가장, 대영제국의 유산을 이어받은 국가, 냉전 등의 요소들로 영국 노동당주의의 토대를 만들어낸 1945년 합의는 허물어졌다.* 과소 투자와 불안정한 성장을 특징으로 하는 1970년대 이후 서방 경제의 변화 때문에 사회 갈등이 늘

---

* 1945년 2차대전 종전과 함께 출범한 클레멘트 애틀리Clement Attlee 총리의 노동당 정부는 완전고용 정책을 펼치고 국민보건서비스를 도입하는 등 영국에 복지국가의 초석을 놓았다. '1945년 합의'란 이 시기에 영국 국민 다수의 지지를 얻은 노동당의 지향을 일컫는다.

어났다. 성 혁명, 마약, 중간계급 정서에 대한 펑크족의 공격 그리고 인종
차별에 맞선 저항 등으로 인해 정체성 혁명이 일어났고 사회협약은 토대
가 흔들렸다. 결국 1989년의 사건들로 세상이 뒤바뀌면서 사회주의라는
집단적 유토피아는 마침표를 찍었다. 사회주의는 더 이상 자본주의를 대
신할 실현 가능한 대안을 제공해주지 못했다. 대신 우파가 급진적 대안의
제공자로 부상했다.[15]

　신시대는 포스트포드주의가 조립라인 생산의 위기를 의미한다고 주장
했다. '베네통 영국'*의 특징은 전산화와 새로운 노사관계에 바탕을 둔 생
산과정이었다. 이러한 새로운 생산 패턴은 새로운 대량 소비 패턴과 쌍을
이루었으며, 이는 개인적 정체성의 추구를 반영하는 것이었다. 대처주의
가 포획한 것이 바로 이러한 힘이었다. 신시대 논쟁은 노동계급의 종말이
임박했다는 알랭 투렌**과 앙드레 고르***의 저작들 그리고 포스트모던 접
합 이론****으로부터 영향을 받았다. 거대 서사는 죽었으며 오늘날 노동계급
정체성은 뚜렷한 역할을 하지 못한다는 것이었다.[16]

　돌이켜보면 신시대 논쟁의 두드러진 특징은 긴장에 가득 찬 지적·정치
적 프로젝트라는 점이었다. 그래서 1990년대에 블레어의 제3의 길을 두
고 내부로부터 폭발하고 만 것이다. 신시대 논쟁은 현대 자본주의에서 핵

---

* Benetton Britain. 베네통은 이탈리아의 의류 유통업체다. 자체 생산 설비 없이 하청업체들이 생산한 의
류를 전 지구적 유통망을 통해 판매하는 새로운 기업 형태를 선보인 것으로 유명하다.
** Alain Touraine(1925~). 프랑스의 사회학자. 사회운동의 분석과 노선 제시로 유명하며, '탈산업사회'라
는 표현을 처음 쓴 이들 중 한 사람이다.
*** André Gorz(1923~2007). 오스트리아 출신으로 프랑스에서 주로 활동한 좌파 사상가. 생태사회주의의
선구자 중 한 사람이며, 자동화와 정보화로 인한 전통적 노동계급의 해체와 비정규직 증대를 예견한 것으로
도 유명하다.
**** 다음 책에서 전개된 포스트마르크스주의 이론을 지칭한다. 에르네스토 라클라우·샹탈 무페, 《헤게모니
와 사회주의 전략: 급진 민주주의 정치를 향하여》, 이승원 옮김(후마니타스, 2012). 2014년에 등장해 스페
인 사회에 돌풍을 일으킨 신생 좌파정당 '포데모스PODEMOS'의 중요한 이론적 기반이기도 하다.

심 경향으로 여겨진 바에 대한 비판이었다. 또한 이를 진보적 대응과 접합하려는 시도이기도 했다. 이 논쟁이 포스트포드주의나 지구화를 찬양한 것은 아니었다. 포스트포드주의에 평등을 강화하는 요소가 없다는 결론을 내리고, 오히려 신시대의 근본 성격이 광범한 사회적 배제와 사회 양극화라고 보았다. 실제로 신시대 선언에는 당시 진행 중이던 노동당의 정책 재검토에 대한 노골적인 비판이 담겨 있었다. 이는 노동당의 수정주의 프로젝트가 당을 대처에 의해 설정된 새로운 조건을 넘어서지 않는 온건 세력으로 리모델링하려는 것에 대한 경고였다. 또한 이 프로젝트가 신시대에 대한 진보적 분석을 생산하지 않고

급진 우파를 약간 세탁하고 인간화한 것에 불과한 형태의 신시대로 귀결되는 것에 대한 경고였다. 이런 문제는 두 가지 요인의 필연적 귀결이었다. 과거의 비전이 붕괴한 뒤 좌파의 실용적 적응, 그리고 새롭고 독자적인 역사적 프로젝트를 탄생시키는 과업의 실패가 그것이었다.[17]

좌파 논쟁을 위한 새로운 강령을 제시하려다가 결과적으로 1990년대 중반 신노동당의 강령이 되는 주제들을 꺼내놓게 된 것은 신시대 논쟁의 역사적 역설이다. 신시대 논쟁의 기원이 마르크스주의였기 때문에 이 논쟁은 생산력과 기술 변화를 강조했고, 이에 따라 스튜어트 홀과 그 밖의 논자들이 제시한 급진 정치 및 접합 이론에도 불구하고 매우 결정론적인 내용으로 기울었다. 이는 변화를 옛것과 새것의 이분법으로 재단하는 설명에, 그리고 변화를 이끄는 것은 기술의 혁명적 힘이라는 해석에 가까워졌다. 가장 중요한 것은 사회민주주의가 이미 철 지난 프로젝트이고 정보와 정체성의 역동적 흐름이 지배하는 세상에는 근본적으로 맞지 않는다

며 이를 폐기했다는 사실이다. 신시대 논쟁에서 사회민주주의는 점차 역사 담론의 주제에 가까워졌고, 이후 신노동당은 1989년의 사건들을 총괄하면서 역사가 사회주의를 추월해버렸다는 결론을 내림으로써 이런 판결을 되풀이했다.

보다 문제적인 역설 중 하나는 신시대 논쟁이 계급을 정치적 재현의 문제로 규정하면서 사회경제적으로 결정된 정체성과 이해관계라는 사고를 거부했다는 점이었다. 과연 이것이야말로 대처의 반反노동계급 포퓰리즘이 다름 아닌 노동계급을 선전 대상으로 삼고 있다는 사실을 이해할 유일한 길인 듯 여겨졌다.[18] 그러나 이 과정에서 개인적 주체가 새로 태어난 좌파의 중핵으로 떠올랐다. 집단적 프로젝트는 사망했다. 대신 신시대 그룹은 개인주의의 일종의 사회적 비전, 이후 제프 멀건이 신노동당의 공동체주의에 도입하게 되는 분권화된 상호부조의 비전을 주창했다.

이러한 발전에 필연적인 요소는 없었다. 에릭 홉스봄, 마틴 자크, 스튜어트 홀은 신노동당 프로젝트가 대처주의의 단순한 연장에 불과하다고 소리 높여 비판했다.[19] 반면 멀건과 리드비터는 신노동당의 정책 자문위원이 돼서 ICT가 주도하는 미래 비전을 만들어냈다. 멀건의 1997년 저작 《접속성Connexity》에서 미래를 주도하는 것은 네트워크 기술의 3대 법칙이었다. 첫째는 컴퓨터의 역량이 24개월마다 2배로 늘어난다는 무어의 실리콘 혁명의 법칙*이고, 둘째는 네트워크의 가치가 그 사용자 수치의 제곱만큼 기하급수적으로 늘어난다는 메트칼프의 네트워크 성장의 법칙**

---

* 인텔의 공동 설립자 고든 무어Gordon Moore가 1965년에 발표한 법칙. 본래는 반도체 집적 회로의 성능이 18개월마다 2배로 증가한다는 내용이었다.
** 1993년에 조지 길더George Gilder가 처음 발표하고 이후 로버트 메트칼프Robert Metcalfe가 발전시킨 법칙.

이며, 셋째는 네트워크에 묻어 들어가 있는 창조성은 그 사용자의 다양성과 다양화, 즉 네트워크화된 지성의 총합에 달려 있다는 카오*의 법칙이다.[20] 이런 세상에 집단적 유토피아가 설 자리는 없다. 지식이 끊임없이 만물을 변화시키기 때문이다.

내가 말하고자 하는 바는 당신이 도달하고자 하는 종착점을 묘사하는 데 동원되는 사고, 즉 17세기나 19세기 등에는 대중적인 유토피아 사상이었던 것이 지식이 커다란 역할을 하는 사회와는 모순될 뿐이라는 사실이다. 왜냐하면 지식의 본성은 끊임없이 바꾸고 변형하는 역동적인 것이라서 종착점의 비전이란 존재할 수 없으며, 진화의 발생 방식을 통제하는 과정 같은 비전만 가능하기 때문이다. 그중 하나는 민주주의다. 그중 하나는 교육에 대한 광범한 접근권이다. 그중 하나는 아마도 시장경제다. (……) 당신이 비전을 가질 수 있는 대상은 오직 만물을 끊임없이 모조리 바꾸는 지식의 수단들뿐이다.[21]

포스트모던 국민의 집

스웨덴 정치는 1980년대에 신좌파 유산에 대한 사회민주주의의 단절 그리고 안전보호에 몰두했기 때문에 신시대에 대한 세련된 분석이 거의 없었다. 생산 질서의 변화나 현대 자본주의의 성격에 대한 관심이 많지 않았던 것이다. 대신 점차 불안정해지는 세계경제에서 스웨덴의 수출 의존형 경제를 보호하는 데 따르는 어려움에 대해 1960년대 말부터 우려가

---

* John Kao. 미국의 중국계 경영 컨설턴트로, 기술 혁신에 대한 저작들을 발표했다.

커졌다. 시대 변화에 대한 스웨덴식 해석은 포스트포드주의의 거대 이론 보다는 개인주의의 부상을 복지국가의 집단적 연대에 대한 위협으로 그리고 이기주의, 상업주의, 사회적 파편화와 결합된 힘으로 보는 매우 스웨덴적인 관점에 집중됐다.

SAP는 1981년 위기 프로그램 이후의 몇 년 동안 선택의 자유를 복지국가 재편 의제의 중심에 놓으면서 개인주의라는 주제를 수용했다. 1984년에 당시 미래부 장관이던 잉바르 칼손*은 새로운 사회민주주의 유토피아, 개인에 바탕을 둔 유토피아를 주장하는 프로그램을 작성했다.[22] 올로프 팔메**는 '국민의 집'이 사회적 비전으로서 시효를 상실했다고 설명하면서 사회민주주의의 역사적 역할은 인간 잠재력을—국가의 관료 구조 안에 가둬놓는 게 아니라—해방하는 것이라고 주장했다.[23] 개인주의는 SAP의 《1990년대 프로그램90-talsprogrammet》의 주요 주제이기도 했다. 벨벳혁명*** 시기에 그리고 경제 위기가 스웨덴 복지국가의 물적 토대를 타격하기 3년 전에 집필된 이 프로그램은 해당 문서가 '물질적 복지'와 '정신적 빈곤'이라고 이름 붙인 바의 간극이 늘어나는 것이 스웨덴 사회의 주된 위협이라고 보았다. 사회민주주의 복지국가는 국민을 물질적 안녕의 담요로 따

---

* Ingvar Carlsson(1934~). 사회민주당 소속으로 1986~1991년, 1994~1996년 두 차례에 걸쳐 스웨덴 총리를 역임했다.

** Olof Palme(1928~1986). 사회민주당 소속으로 1969~1976년, 1982~1986년 두 차례에 걸쳐 스웨덴 총리를 역임했다. 스웨덴 복지국가가 전환기에 들어선 1970년대에서 1980년대 초까지 사회민주주의의 원칙을 견지하면서 새로운 시대에 대응하기 위해 노력했다. 1986년 총리 재임 중 남아프리카공화국의 아파르트헤이트(인종분리) 정책에 반대한다는 이유로 괴한의 총격을 받아 암살당했다. 전 세계적으로 오스트리아의 브루노 크라이스키Bruno Kreisky, 서독의 빌리 브란트Willy Brandt와 함께 전후 사회민주주의의 대표적 지도자로 기억된다. 다음 책을 참고할 것. 하수정, 《올로프 팔메: 스웨덴이 사랑한 정치인》(후마니타스, 2013).

*** 1989년 동유럽 여러 국가들에서 국가사회주의를 무너뜨린 일련의 민중혁명을 일컫는다. 그중에서도 특히 구 체코슬로바키아에서 일어난 평화혁명을 가리킨다.

뜻하게 감싸주었지만, 이러한 물질적 안전의 둥지 안에서 소외감이 늘어났고 소속감을 갖지 못한 집단들이 증가하고 있었다. 프로그램은 이를 가치의 문제로 보았다. 프로그램의 주장에 따르면, 스웨덴 사회민주주의의 역사적 강점은 물질적 개혁을 위한 실용적 프로그램을 좋은 사회의 가치에 바탕을 둔 윤리적 주장, 즉 집단적 프로젝트가 의미를 갖게 만든 비전 및 이상과 결합해왔다는 점이었다. 1980년대 말에 이 집단적 프로젝트는 미래 비전을 이끌어내는 역할을 맡기에는 역량이 소진된 것처럼 보였다. 신시대 논쟁이 상황을 바라본 방식과 달리, 문제는 사회민주주의 프로젝트의 붕괴가 아니었다. 사회민주주의가 스웨덴 사회에서 계속 시의성을 갖는지에 대해서는 의문이 제기되지 않았다. 오히려 문제는 SAP의 역사적 접합이 그 역량을 소진한 것처럼 보이는 상황을 만든 진보에 있었다. SAP 프로그램은 스웨덴이 몇 세대 만에 가난하고 고립된 농업국가에서 주위 세계와 긴밀히 연결된 선진 기술 경제로 발전해온 과정을 상술했다. 이에 따라 문화적 유행과 소비주의가 스웨덴 사회에 점점 더 큰 영향을 끼쳤다. 이는 좋은 일이 아니었다. 프로그램의 주장에 따르면, 스웨덴 사회에서는 빨라지는 기술 변화 속도에 대한 두려움이 커지고 있었다. 유전공학 연구와 컴퓨터 기술의 진보는 오래된 익숙한 세상을 뒤집어 놓았다. 이로 인해 사람들은 이상을, "우리 모두와 각자의 한정된 삶을 넘어서 지속될 무언가"를 열망하게 되었다. 정치는 이 커다란 물음에 답할 수 없는 것 같았다.[24]

공동의 역사적 사명 ─국민의 집 건설─ 에 대한 공감은 노동운동의 대오를 훨씬 넘어선 강력하고 단결된 힘이었다. 그러나 이제 이 공감은 점차 약해지고 있고, 이념적 합의는 빛이 바래고 있다.[25]

1980년대와 1990년대의 스웨덴 사회에는 복지국가 건설처럼 민중을 하나로 모을 선명한 목표가 더 이상 없었다. 포퓰리즘과 소유적 개인주의로 인해 파편화와 이기주의, '우리 공통 가치의 약화'가 나타났다. 지식의 확산은 사람들이 권위에 대한 믿음을 잃었으며 새로운 참여 경로를 요구한다는 것을 뜻했다. 포스트모더니즘은 문화와 사상의 영역에서 이러한 파편화가 표현된 것이었다. "한때 안정적이었던 공동의 내적 중핵이 다양한 색깔과 다양한 얼굴의 외양 아래서 균열을 일으키고 있다." 파편화와 다양성이 미래의 역동적 힘으로 드러날지 모르지만 이는 불안, 두려움, 신뢰와 연대의 쇠퇴, 장기 여정에 대한 걱정—"우리의 물질적 복지 속의 정신적 빈곤의 느낌"—을 뜻하기도 했다.[26]

1980년대의 사회민주주의 수정주의가 신자유주의 언어로 나아갔던 것과는 달리, 1990년대 프로그램은 윤리적 사회주의로 거슬러 올라가면서 사회민주주의 사상의 보다 장구한 연속성에 훨씬 더 굳건히 두 발을 디뎠다. 이 프로그램은 1960년대 말을 풍미한 소외와 사회적 배제 등의 주제들을 힘주어 강조했다. 이 문서는 민중보다는 제도에 더 음조를 맞추는 사회민주주의의 태도를 경고했으며, 노동계급 해방이 노동계급 스스로의 산물이어야지 일부 전위적 엘리트의 소산이어서는 안 된다는 노동운동의 오래된 시각에 도대체 어떤 일이 일어났는가 하는 수사적 질문을 통해 SAP가 보수적인 세력이 됐다고 암시했다. "우리의 사명은 민중의 창조적 잠재력을 해방하는 것이다. 가둬놓는 게 아니라는 말이다 (……) 뭔가에 헌신하는 삶을 해방해야지, 질식시켜선 안 된다."[27]

1990년대 프로그램은 신시대 논쟁에서 등장한 것과는 다른 종류의 사회적 개인주의의 비전을 제시했다. 이는 스웨덴의 특별한 사회적 개인주의 및 상호부조 전통에 호소했다. 프로그램은 스웨덴 사회에 독특한 기풍이 존재한다고 언급했다. 이 기풍은 자기 교육 및 상호부조를 중심으로 조직돼 19세기 말 스칸디나비아 노동운동의 길을 연 강력한 사회운동 및 노동자 조직, 즉 민중운동*folkrörelse*에 바탕을 둔 것이었다. 이는 상호부조, 자발적 협동, 우애와 연대 그리고 '우리는 함께함으로써 성장한다'는 인식에 바탕을 둔 기풍이었다. 1990년대 프로그램에서 민중운동은 정부, 즉 국가 기구의 대립물이었다. 프로그램은 이러한 연대와 상호부조의 기풍이 복지국가의 확장기 동안 혹시 압박을 받았을지도 모른다고 지적했다. 이제 이것은 물질뿐 아니라 이상으로도 충만한 사회를 위해 "선진 서비스 경제에 어울릴 사회적 기풍"으로서 부활해야 한다.[28]

이러한 사회적 개인주의의 부활의 수단은 일종의 문화혁명, 즉 스웨덴 문화에 이러한 호혜와 자기 계발의 본능적 감각을 되살리기 위해 설계된 문화정책과 교육의 영역을 확장하는 것이었다. 프로그램의 주장에 따르면, 문화는 위대한 해방의 원동력이며 개인의 해방을 실현함과 동시에 스웨덴 사회에 신뢰와 가치를 재건할 통로였다. 프로그램은 이러한 새로운 문화정책 논의를 사회에서 지식이 차지하는 역할의 확장과 연결했다. 물질적 복지가 실현된 사회에서는 민중의 성장과 잠재력이 정치의 중심에 놓여야 한다. 민중의 창조적 잠재력을 해방하는 것이 1990년대 사회민주주의의 주된 과제였다.[29]

젊은 나라: 작업장

신시대 논쟁의 주제들 중 다수가 신노동당 이념의 핵심 신조가 되기는 했으나, 이 논쟁에는 자본주의 비판이 포함돼 있었다. 나중에 시야에서 사라지기는 했지만 말이다. 앨런 핀레이슨이 주장한 것처럼, 신시대론을 뒷받침한 포스트포드주의 해석으로 인해 새로운 생산 질서에 대한 비판은 점차 사라져버렸다. 대신 기술결정론적인 '과학기술미래technofuture'를 지지하기 시작했으며, 이에 따라 정보 기술과 지구화에 대한 적응이 현대화의 중심 요소가 됐다.[30] 1990년대 신노동당 강령은 정책 재검토를 통해 도입된 주제들을 중심으로 구성됐는데, 이는 신시대 논쟁의 일부 주제들을 노동당주의의 틀 안에서 수용한 것이기도 했다. 정책 재검토에서 주목한 것은 노동 숙련과 교육의 역할 그리고 ICT의 더욱 커지는 중요성 등을 중심으로 한 현대화 서사의 탄생이었다.[31] 1997년 신노동당 공약집에서 이는 극적인 제3차 산업혁명으로서 지식경제를 중심에 둔 정언명령이 됐다. 이제 국가의 생존은 지식 및 정보의 논리에 대한 적응에 달려 있다는 것이었다. 미래 영국의 성공은 이렇게 열린 새로운 기회를 활용하면서 지구 시장에서 벌어지는 새로운 경주의 선두 주자로서 새로운 역사적 위상을 점할—"영국을 세계의 전자 작업장으로 만들"—능력에 달려 있었다.[32] 세계 질서가 치열한 경쟁의 장이라는 세계관에 따라 지구화는 누구는 이기고 누구는 뒤처지는 경주였고,

그 이유는 어떤 나라도 미래의 번영을 계속 보장받을 수 없기 때문에 국가의 흥망성쇠는 눈 깜짝할 새라는 데 있습니다. 숙련되고 유연하며 진취적이고 창조적인 쪽이 경주에서 승리할 것입니다. (……)[33]

세계의 작업장이란 1838년 디즈레일리*가 하원 논쟁에서 처음 쓴 말로

---

* Benjamin Disraeli(1804~1881). 19세기 영국의 최전성기에 보수당을 이끈 정치가다. 노동 대중을 영국

빅토리아 시대의 관념이다. 이는 산업 성장, 도시화, 자본주의의 전당에 대한 빅토리아 시대의 자부심의 비유적 표현이다.[34] 역사학자 트리스트럼 헌트*는 이렇게 서술한다.

산업화와 도시화는 서로 손 맞잡고 오래된 관행들을 박살냈으며 유럽 대륙이나 북아메리카에서 상업적·군사적 경쟁자들이 등장하기 전까지 영국을 세계의 작업장이라는 권좌에 앉혔다. 영국이 선두에 서 있었다. 공포와 경이, 고립과 흥분, 불평등과 도시의 기회, 이 모두가 현대의 외양을 갖추고 영국에서 처음으로 등장했다.[35]

1990년대 중반의 신노동당에 지식경제는 이러한 과거의 영광스러운 산업적 우위를 복원할 기회를 뜻했다. 전자 작업장 혹은 고든 브라운이 말한 '지식 공장들'은 기업가 정신과 혁신의 빅토리아적 세계에 존재하는 독특한 개량 및 진보 관념의 비유적 표현이었다.

신노동당 강령은 산업 세계의 지도자라는 영국의 과거 위상이 점차 허물어졌다는, 널리 퍼진 위기 및 몰락 서사에 바탕을 두었다. 대처주의는 영국 사회에 전쟁을 선포했고 실업과 빈곤을 야기했다. 몇 십 년 동안 산업 및 서비스의 과소 투자가 지속됨으로써 제조업이 몰락했고, 영국은 이미 석탄과 강철 수준을 훨씬 넘어선 세상을 따라잡는 데 실패하고 말았다. 영국의 엔지니어링과 제조업은 인도와 중국의 창의력에 두 손을 들었다. ERM 폭락, 즉 영국의 유럽환율메커니즘 유지 실패는 영국의 으뜸가는 제

지배 체제에 통합하려는 개혁적 보수주의, '한 국민one nation' 보수주의를 추진했다.
* Tristram Hunt(1974~). 영국의 젊은 역사학자로 현재 노동당 하원의원이기도 하다.

도, 즉 파운드 스털링*의 신뢰가 허물어짐을 상징하는 사건이었다. 1997년에 신노동당이 집권하자마자 영국은행에 독립성을 부여한 것도 무척 상징적이었다. 이는 경제적 책임감으로 무장한 새로운 노동당의 신중함과 신뢰성을 상징할 뿐만 아니라 역사 의식 속에 대영제국의 심장으로서 핵심 위상을 점하던 국민적 제도가 소생했음을 상징하기도 했다.[36]

　'쇄신'이란 이렇게 위기로 가득 찼던 과거와 단절하는 것이었고, 정보 기술과 지구화의 힘이 지배하는 시대에 새로운 영국의 미래를 건설하는 것이었다. 쇄신은 '더 나은 영국', '세계 속에 확고한 위상을 점한 영국'을 건설한다는 의제를 제기했다. 이러한 새로운 영국은 "최고 전성기가 우리를 기다린다고 자신하며" 의지와 사기로 충만한, 젊음을 되찾은 새 나라였다.[37] 쇄신은 처음부터 신경제 사상에 단단히 결박된 비전이었고, 여기서 지식경제와 정보 기술은 현대화 전략의 토대로 위상을 확고히 했다. 젊은 나라란 영국이 역사 속에서 그토록 성공적으로 반복해온 대로 기술 및 경제 변화를 포용하는 나라, 지구화의 도전을 받아들이는 나라였다. 1997년 공약집은 영국이 "위대한 역사를 지닌 위대한 나라"임을 천명했다. 영국인은 "위대한 국민"이었다.[38] 고든 브라운은 1998년 런던 시장 관저 연설에서 이렇게 말했다.

　　현대적인 영국은 변치 않는 영국적 가치, 영국 국민의 가치에 토대를 둡니다. 또한 영국의 모든 시민들을 위해 영국을 보다 번영하는 나라로 만들어야 한다는 결의 위에 세워집니다. 그리고 우리의 선조들이 그랬던 것처럼 실패한 교리를 거부하고 현대화 및 개혁에 나서는 새로운 세대의 의지에 의해 움직입니다.

---

* 영국 파운드화의 공식 명칭.

즉, 새로운 세상에서 자신의 역할을 수행하고 영국 국민의 잠재력을 실현할 태세를 갖춘 영국입니다.[39]

이런 식으로 신노동당은 특별한 영국적 가치라는 관념에 바탕을 두면서 과거의 특별한 위대함에 현대화 과정을 결부시킨다는 쇄신의 비전을 제시했다. 영국다움에 대한 이러한 강조는 신노동당의 현대화 프로젝트의 필수 구성 요소였고, 거버넌스를 무엇보다 문화와 정체성의 거버넌스로 접근하려는 태도에서도 그대로 나타났다. 이에 따라 경제·사회·노동시장 정책의 개혁 의제는 "새로운 세상에 맞게 위대한 영국의 자질—근면성, 창조성, 개방성의 미덕—을 실현하는" 것으로 칭송됐다.[40] 지구화와 지식경제는 창조성, 유연성, 기업가 정신 등 영국적 가치에 딱 맞는 것으로 개념화됐다. 고든 브라운의 연설에서 영국인은 "역사의 조류에 따라" 단련되고 외세의 잇단 침략 경험으로 굳세진 섬나라 민족이었다. 이러한 해양적 경험 덕분에 '개방성'이 만들어졌으니, 브라운의 표현에 따르면 이는 지구화와 그 경쟁 압박을 기꺼이 받아들일 태세를 뜻한다. 영국적인 것이란 농업혁명에서부터 신경제에 이르기까지 혁신적이고 기업가적인 것이다.[41] 1997년 연설에서 브라운은 전시에 오웰George Orwell이 주장한 잉글랜드English의 천재성이라는 관념을 만지작거리면서 '영국British의 천재성'에 대해 말했다.

만약 당신이 영국 사람들에게 영국인만의 독특한 자질이 뭐냐고 묻는다면, 영국적인 것이란 창의적이고 창조적이며 적응력이 강한 것이고, 영국인들은 열심히 일하고 빨리 배운다는 대답을 들을 것입니다. 영국인에게는 공정성—만인을 위한 기회—을 추구하는 강한 본능이 있습니다. 그리고 영국인은 최선의 경우

항상 해외를 바라보며 국제적 전망을 갖고 새로운 사상과 문화에 관대합니다. 이것들이 전통적이고 역사적이며 항구적인 영국인의 자질입니다. 이것들이 수세기 동안 영국인의 성격을 형성하고, 조지 오웰이 영국의 천재성이라 칭한 바를 구성한 자질입니다. 이러한 자질들 즉 창의성, 적응력, 근면성, 학구열, 공정성, 개방성이 19세기에 성공의 토대를 놓았습니다. 게다가 이것들은 다름 아니라 21세기에 한 나라가 성공하려면 꼭 필요한 자질이기도 합니다. 지구 시장과 정보 시대는 창의성과 창조성, 더욱더 빨라지는 변화에 발맞추는 적응력, 학습 문화 그리고 만인을 위한 기회에 대한 신뢰를 요청합니다. (……) 우리는 이러한 가치들을 재확인하고 영국의 천재성을 재발견해야 합니다.[42]

잉글랜드의 천재성이라는 오웰의 관념은 전쟁에 지지 않을 뿐만 아니라 불평등과 특권이라는 불의를 받아들이지 않는 오뚝이 같은 영국인다움을 뜻했다. 사실 이는 사회주의를 주장하려고 꺼낸 표현이었다.[43] 반면 영국의 천재성에 대한 고든 브라운의 찬양은 지구자본주의를 주장하기 위한 것이었다. 그의 주장에 따르면, 영국인은 쇠퇴기를 거치면서 인내와 국민적 자부심을 잃었지만 이를 되살림으로써 "우리가 직면한 최대의 도전에 맞서고 현대 영국이 시대의 최선두에 서기" 위한 힘을 얻을 수 있다. 영국적 방식이란 영국 국민이 "변화에 숙달해서 이를 우리의 강점으로 만드는" 타고난 능력을 갖추었다는 사실에 대한 확신을 바탕으로 변화를 두려워하지 않고 이를 포용하는 것이다. 영국의 천재성은 현대화에 대한 일종의 본능, 불가피하고 지속적이며 '가차 없는' 변화를 끌어안으려는 의지다. 영국의 천재성을 통해 영국은 새로운 세계경제의 전 지구적 성공담에서 주인공 중 하나가 될 수 있다.[44]

국민적 단합과 영국 국민의 역사적 가치에 대한 이러한 호소로 인해 빅토리아 시대가 국민 단합, 사회 조화, 산업 성공의 지나간 유토피아로 떠올랐다. 브라운에게 이는 사회 통합의 시대이자 집단적 개량에 헌신하던 시대였다. 또한 국가적 목표에 대한 공동의 인식을 통해 "기업가적 활력이 책임 및 상호부조와 함께하던" 시기이기도 했다. 말하자면 현대 영국 문화에서 사라지고 없는 것을 역사에서 발견할 수 있다는 것이었다. 첫 번째 산업혁명에서 그랬던 것처럼 제3차 산업혁명에서도 스코틀랜드 계몽주의 철학자가 자본주의의 도덕적 유익성의 옹호자로 나선 것이다.* 브라운의 독해에 따르면, 자유에 대한 존 로크John Locke의 논고들은 복지정책에서 신노동당이 제시한 권리-책임 의제의 도덕적 입장을 지지해주는 문헌이 됐다. 애덤 스미스의 도덕 감정 사상 또한 브라운의 맥락에서는 기능의 시대에 기회를 늘릴 기반이 되는 근면성을 의미했다.[45]**

이런 방식으로 지식경제가 산업 진보의 특별한 과거와 연결되었다. 영국인다움의 가치—근면성, 유연성, 창조성—는 대영제국의 역사적 경험으로 다져진 역사적 가치가 됐다. 이에 따라 창조성, 창의성, 적응력은 신경제에 필요한 새로운 요구들이 아니라 영국 국민의 천성적이고 불가결한 면모, 영국과 영국인이 '부흥'의 과업에 딱 들어맞도록 만들어주는 국민성의 요소들로 규정됐다. 이렇게 해서 현대화 관념은 경제적·기술적 변화의 힘이나 시장이 영국 국민에게 강요하는 게 아니라 온전히 영국인의 참된 본성으로부터 비롯된 과정으로 요약됐다. 이는 고도로 전략적인 담론으로서, 이 덕분에 현대화는 극적인 변화의 위협이 아니라 실은 이미

---

* 18세기 스코틀랜드 계몽주의 철학자 애덤 퍼거슨Adam Ferguson, 애덤 스미스Adam Smith 등은 산업자본주의 등장 초기에 이를 이론적으로 정당화하는 역할을 했다. 한편 고든 브라운 역시 스코틀랜드 출신이다.
** 흔히 자유시장을 옹호한 것으로 알려져 있는 애덤 스미스는 그의 또 다른 대표작《도덕 감정론The Theory of Moral Sentiments》(1759)을 통해 시장의 근저에서 이를 규제하는 역할을 하는 인간의 도덕 감정을 강조했다.

영국인의 본성이었던 것을 재발견하는 과정이 되었다. 현대화는 단지 영국인의 심층 의식 어디인가에 숨겨진 이러한 속성들을 끄집어내 이에 기대를 걸고, 브라운이 주장한 그대로, 영국의 천재성을 활용하는 문제가 되었다.[46]

늙은 나라: 도서관

스웨덴 정치도 역사에 집착하지만, 과거의 참고 지점이 다르다. 영국의 경우 미래로 나아가는 길은 빅토리아 시대의 작업장을 경유했지만, 스웨덴에서는 그 경유지가 국민의 집이었다. 영국에서는 유연성과 기업가 정신이라는 영국적 가치들을 동원해 신경제를 치장했다면, 스웨덴의 담론에서는 지식경제가 특별한 스웨덴다움의 가치—연대, 평등, 사회보장—와 결부됐다.

지난 수십 년 동안 스웨덴 사회민주주의 담론에는 영국과는 달리 상처많은 과거와 단절해야 한다든지, 아니면 제3차 산업혁명에 적응해야 한다는 주장이 없었다. 스웨덴의 현대성 및 현대화 관념은 연속성에, 즉 현대화를 경제·사회 개혁의 다소 연속적인 역사적 과정으로 바라보는 사고에 바탕을 두었다. 이는 부분적으로는 1990년대 상황과 관계가 있다. 신노동당의 쇄신 서사 그리고 제3차 산업혁명이 영국의 얼굴을 영원히 바꿀 것이라는 강조는 과거와 단절해야 한다는 전반적인 필요성에 의해 뒷받침되었으며, 완전히 새로운 미래를 추구하는 새로운 역사적 프로젝트를 자임했다. 스웨덴에서는 급진적 변형의 담론이 우파로부터 나왔다. 1990년대 초반의 빌트 정부에게 ICT와 지식은 복지국가와 스웨덴 모델의 코퍼러티즘뿐만 아니라 과거의 모든 것이 소멸될 획기적 변화의 서사 중 일부였다.[47] 즉 지식경제 사상은 시스템을 변화시키려는 신자유주의 프로젝트의 일부였고, 이에 반해 사회민주주의는 스웨덴 모델의 전통 안에 버티고 서 있어야 했다.

지식경제에 대한 스웨덴식 해석은 역사상 북유럽 현대성의 기둥이었던 독특한 사상과 선전 문구에 바탕을 두었다. 폴란드 역사학자 카시미에시 무시알Kasimierz Musial이 보여주었듯이, 다름 아닌 북유럽 모델, 스칸디나비아 모델, 혹은 스웨덴 모델이라는 관념은 사회주의와 자본주의 사이의 전형적인 진보적 중도 노선, 과거의 강력한 사회운동에 뿌리를 둔 사회 개혁과 민주제도의 합리주의적 문화 등의 형태로 나타나는 일종의 제3의 길 '청사진'을 강하게 암시한다. 스칸디나비아 모델이나 북유럽 진보성이라는 관념에는 이들 사례 자체가 특수하다거나 특정한 도덕적 자질 덕분이라는 사고가 담겨 있다. 즉 스칸디나비아에는 특정한 의식의 틀, 정신적 능력이 존재해서 그 덕분에 더 나은 상태로 나아가는 변화가 필연적인 것으로 인정받게 됐다는 생각이 담겨 있는 것이다.[48]

현대성을 사실상 의인화하는 이러한 사고는 스웨덴을 자본주의와 사회주의 사이의 중도라고 규정한 1930년대 마키스 차일즈*의 유명한 논평 이후 북유럽 국가들을 둘러싼 신화의 일부가 됐다.[49] 하지만 이는 스웨덴 사회민주주의의 널리 퍼진 자기 이미지이기도 하다. 합리적 개혁의 본능을 지니고 있다는 식의 자기 이미지 말이다. 이러한 자기 이미지는 1990년대 중반, 스웨덴이 1930년대 이후 경험해보지 못했던 수준으로 실업이

---

* Marquis Childs(1903~1990). 미국 언론인으로 1930년대에 당시 막 사회민주당 정부 아래서 복지국가의 기틀을 놓던 스웨덴을 방문한 뒤《스웨덴: 중도Sweden: The Middle Way》를 집필했다. 이 책을 통해 사회민주당 정부의 정책이 스웨덴 바깥에 널리 알려지게 되었다.

치솟으면서 흔들렸다. 스웨덴은 불과 하룻밤 사이에 전 세계의 모범 국가에서 〈월스트리트 저널*Wall Street Journal*〉과 〈파이낸셜 타임스*Financial Times*〉 지면의 논평가들이 고소해하며 난타를 퍼붓는 샌드백 신세가 되고 말았다.[50] 전 총리 예란 페르손은 스웨덴이라는 선진 산업국가의 정부 수반이 국제통화기금IMF, International Monetary Fund의 젊은 경제학자 그룹 앞에서 스웨덴 복지국가의 기본 원리를 변호하기 위해 워싱턴으로 날아가야 했던 참으로 굴욕스러운 순간을 거듭 회고하곤 했다.[51] 사회민주주의가 권좌에 복귀하고 나서 첫 몇 해는 예산 삭감 및 노동조합과의 충돌과 관련한 힘든 결정으로 피가 마를 지경이었다. 그러나 1990년대 중반 들어서 예산 적자가 해결되고 모든 경제지표가 호전되자 위기의 기억은 급속히 퇴색하는 듯했다. 이로써 1990년대는 사회민주주의의 성공담에서 잠깐의 고장 정도였던 것으로 정리됐다. 예란 페르손이 1997년 순스발 당대회에서 스웨덴 복지국가를 호박벌의 비유를 들어 표현한 것을 주목해보라.

호박벌을 상상해봅시다. 육중한 몸과 빈약한 날개를 보면, 날지 못해야 맞습니다. 하지만 날아다닙니다. 여름마다 돌아와 물망초와 데이지 사이를 오가며 불가능한 일을 가능케 합니다. 이른바 분석가들이 스웨덴 경제를 바라본 방식도 이와 같습니다. 우리는 중력의 법칙을 무효로 만듭니다. 우리는 세금을 많이 걷고 거대한 공공부문을 운영합니다. 하지만 그럼에도 스웨덴은 날아다닙니다. 더구나 우리가 나는 방식은 다른 많은 이들의 질투를 불러일으킬 정도입니다.[52]

마침내 위기관리가 과거지사로 여겨지고 당이 미래를 내다볼 수 있게 된 1990년대 말은 사회민주주의 논쟁사에서 결정적인 순간으로 기록됐다. 사회민주주의의 미래와 새 천년을 떠받칠 이념을 집중적으로 다룬 회의와 세미나가 연이어 열렸다.[53] 신노동당의 미래학적 쇄신 서사와는 정반대로 스웨덴의 논의는 과거로 돌아가자는 형태를 취했다. 때로 이는 과거의 성취에 대한 복고 취향의 보고와 스웨덴의 독특한 길sonderweg이 여전히 유효하다는 긍정으로 나타나기도 했다. 1990년대의 사회민주주의 문헌들은 '스웨덴은 살기 좋은 사회'라는 간증으로 시작하곤 했다.

스웨덴은 불공평하고 가난한 사회로부터 위대한 평등, 뛰어난 복지, 세계를 주도하는 다국적 기업들의 유일무이한 조합을 지닌 나라로 한 걸음 한 걸음씩 발전해왔다. 이것은 자랑할 만한 발전이다. 이러한 진보는 강력한 연대와 협동 의식의 발전과 함께 이뤄졌다. 이러한 발전을 통해 노동조합과 고용주들이 유례없이 좋은 관계를 맺었고, 공공부문과 재계가 협력할 수 있었으며, 아무도 질병이나 노년을 걱정하지 않아도 되고, 누구나 교육과 자기 계발의 권리를 누린다. 민주주의는 우리 사회의 모든 부분에 깊이 뿌리내리고 있다. 미래의 도전을 힘 모아 함께 해결할 수 있다는 우리의 믿음 덕분에 우리는 이 세기를 헤쳐나갈 수 있었다. 이제 우리는 새롭고 그만큼 거대한 도전을 제기하는 새로운 세기를 마주하고 있다. (……) 사회민주주의는 민주주의, 협동, 공정성, 연대에 바탕을 두고 미래를 건설하기를 바란다. 우리는 다 함께 어깨 걸고 새 천년을 향해 발걸음을 내디딘다.[54]

이 과정에서 당이 1980년대 제3의 길 시기에 단절 대상으로 삼았던 많은 것들이 당의 담론에 되돌아왔다. 그리고 1980년대에 당이 가까이 하지 않으려 한 관념, 즉 국민의 집 관념은 지식 시대를 위한 인기 있는 미래 비유로 되돌아왔다. 이러한 '고전' 사회민주주의 유산으로의 복귀가 1980년대 제3의 길과의 극적인 단절이나 갈등 혹은 논쟁 없이 이뤄졌다는 사실은 시사하는 바가 크다. 이는 차라리 과거 이념으로 조용하게 복귀하는 방식으로 나타난 재접합 과정이었으며, 전후의 가치들을 조용히 뒷문으로 다시 불러들이는 과정이었다. 무엇보다도 이러한 변화는 수사학적인 것이었다. 수사는 에를란데르 시절을 닮아가기 시작했지만, 정책 변화에 대해서는, 재조명된 국민의 집 수사가 당의 제3의 길 정책 및 복지국가 변화와 어떤 관계를 맺는지에 대해서는 이상하게도 별다른 논쟁이 없었다. 위기 와중 혹은 그 이후의 스웨덴 사회 상황에 대한 분석도 거의 없었다. 1997년 당대회에서 환멸을 느낀 한 참석자는 사회민주주의 수사와 변화하는 스웨덴 사회가 이렇게 서로 어긋나는 현상에 대해 혼란스러움을 토로했다.

우리가 그토록 자랑해온 우리의 아름다운 복지사회가 최근 몇 년 동안은 아주 낡아빠진 것처럼 치부됐어요. 이걸 어떻게 받아들여야 합니까? 이상한 방식으로 우리는 일종의 구빈법 사회를 향해 나아가는 것만 같습니다. 가난한 이들은 더 가난해지고 부자는 더 부유해졌어요.[55]

사회민주주의는 스웨덴 사회에서 벌어진 경제적·사회적 변화의 이러한 인상에 대해 별로 할 말이 없었고, 그 과정에서 사회민주주의가 맡는 역할에 대해서는 더더욱 그랬다. 대신 연속성의 담론에 기댔으며, 이를 통해 1990년대의 경험은 침묵과 주변화의 대상이 됐다. 이런 방식으로 지식 사회 사상이 국민의 집의 부활이라는 사회민주주의 서사의 일부가 됐다. 신노동당이 지식경제를 빅토리아 시대의 작업장과 공장으로 돌아가는 것으로 이야기했다면, 전 당대표 잉바르 칼손으로부터 페르손에 이르는 스웨덴 사회민주당원들은 지식경제가 스웨덴 정치사와 사회민주주의 국가의 발흥에 굳건히 결박돼 있다고 말했다. 이에 따라 지식사회는 19세기 말에 문자 해독력을 확산시키고 노동운동의 중요한 토대 역할을 한 자기 교육운동의 논리적 연장이라고 이야기됐다. 1990년대에 지방 전문대학이 설립된 것은 노동운동 초기에 학습 서클을 통해 글을 읽을 줄 알게 되고 정치적으로 각성한 노동계급이 역사적으로 형성된 것에 비견됐다. 공부 모임은 지식사회를 위한 조직화의 모범—지식을 모으고 경험을 함께 나눔으로써 모두가 서로를 돕는 교육의 모범—으로 칭송받았다. 스웨덴에서 지식경제에 대한 묘사로서 대영제국의 작업장에 해당하는 것은 공공도서관인 민중문고*folkbiblioteket*, 즉 이동식 도서관의 순회로 시작해 결국에는 각 마을의 중심 기관으로 자리 잡은 민중 도서관들이었다.[56]

이렇게 해서 지식이 중심이 된 미래가 스웨덴의 오래된 민주주의, 연대, 평등의 전통에 필수 불가결한 무엇으로 개념화됐다. 이러한 이해에 따르면, 다음 천년은 미래를 위해 이러한 스웨덴의 독특한 역사적 성취를 과연 보존할 수 있을지에 따라 달라지게 된다. 이는 현대화를 중단 없는 개혁·개량 의식으로 바라보는 관념, 지식을 특정한 개혁주의적 합리성의 도구로 바라보는 사고에 바탕을 둔다. 신노동당에게 지식경제가 근면성과 경쟁력이라는 영국인의 본능에서 연유하는 것이었다면, 스웨덴에서 지식 시대에 만인의 해방을 이끌게 될 것은 바로 문자 해독력, 민주주의의 확장, 노동계급 연대였다. 지식은 전 지구적 경쟁 우위를 확보하기 위한 제로섬 게임의 경쟁재가 아니라 보다 행복하고 민주적이며 연대적인 사회와 자기실현을 위한 재화, 보편적 복지국가의 원리에 대한 이해와 함께 개인들에 내재한 재화였다. 지식은 인간 성장을 위한 수단이었다. 박식하며 교육받은 젊은 개인들은 졸업장뿐만 아니라 사회에 대한 헌신, 세상에 대한 관심 그리고 '이 나라에서 우리가 공유하는 가치들'에 대한 겸손을 통해 성장할 것이며 통찰력을 키워나갈 터였다.

지식은 인간을 자유롭게 하며 새로운 지평을 열어줍니다. 지식은 인간에게 권능을 부여하며 민주주의를 심화합니다. 이성의 힘을 통해 우리는 미신으로부터 벗어납니다. (……) 이로써 사실, 진실, 경험적 지식에 이르게 됩니다. 우리가 현실을 있는 그대로 바라보게 될 때 우리는 어떻게 하면 사회가 개선되고 발전할지도 알게 됩니다. 이런 식으로 인간의 지식은 창조성과 역량을 고취합니다. 더불어 사랑과 연대가 발전합니다. 또한 연대와 협동의 여지가 생깁니다. 지식의 발전을 통해 우리는 민중의 무한한 잠재력을 어떻게 개척할지 알게 됩니다.[57]

즉, 지식은 경제 현대화의 추동력이 아니라 국민의 집이라는 원칙을 보호하는safeguarding 수단으로 개념화됐다.

이러한 논의는 스웨덴다움의 역사적 구성을 포함하고 있었다. 신노동당의 현대화 사상의 내용을 채운 영국다움의 구성만큼 영향력이 넓지는 않았지만, 현대성을 문자 해독력, 민주주의, 연대로 규정한 것을 보면 이는 분명히 확인된다. 페르손은 1990년대 말에 스웨덴인은 전 세계에서 가장 박식한 국민이라고 말했다. "우리는 다른 나라 사람들보다 더 많이 읽고 이해할 수 있다." 이러한 성공담을 통해 민주주의와 문자 해독력이 에릭슨* 같은 스웨덴 다국적 기업들의 성공과 연결된다. 역사적으로 이들 기업은 지식 집약적인 고부가가치 제품으로 세계 시장에 진출하면서 "우리의 타고난 자원을 바탕으로 혁신과 기술 변화를 만들어냈다". 덧붙여 스웨덴 노동조합은 기술 변화의 수용과 경제구조 변화에 대한 적응에 기

* Ericsson. 스웨덴의 정보통신 기업.

꺼이 나서는 등 항상 현대화의 편에 서왔다. 이렇게 끊임없는 변화와 현대화를 추진하는 능력이야말로 미래의 길을 여는 역사적 자산이었다.[58]

이러한 담론 구성을 통해 현대화는 내부로부터 출현한 무엇, 즉 스웨덴의 영혼 안에 묻어 들어가 있는 본능이 되었다. 영국의 정치 문화에서는 현대성이 번영과 경쟁의 시장을 통해 규정된 데 반해 스웨덴에서는 현대화가 연대와 협동의 확대 과정이었다. 그러나 이러한 현대화 담론의 기능은 두 나라에서 모두 유사했다. 즉, 다른 대안이 아닌 특정한 길을 추구하는 것에 정당성을 부여하는 역할을 했다.

결론

1990년대와 그 이후에 사회민주주의 이념이 민중, 국민 게다가 심지어는 국민성에 호소한 것은 기이한 현상이다. 정치 무대에서 포퓰리즘적 접합을 차단할 필요성, 그리고 사회민주주의의 핵심 지지 기반에서 늘어나는 반이민 정서와 인종주의가 여기에 영향을 끼친 것은 분명하다. 신노동당의 영국다움 관념에는 분명 잉글랜드 중산층에 대한 대처의 호소가 그림자를 드리우고 있다. 스웨덴의 경우는 페르손 시기에 유행한 복고 취미 안에 복지국가의 가치를 스웨덴 국민의 천부적 가치로 보는 낭만적 담론 구성이 담겨 있었다. 국민과 민중에 대한 호소 자체는 사회민주주의 이념에 전에 없던 일은 아니지만, 현대 사회민주주의에서 영국다움과 스웨덴다움이라는 주제들이 맡는 역할은 사회민주주의가 한때 노동계급 중심성을 국민적 수준으로 격상시켰던 방식과는 다른 데가 있다. 오늘날 국민적 정체성 담론은 윤리, 도덕, 국민적 정체성—정치투쟁의 범위를 넘어선 가치들—을 중심으로 한 정치적 프로젝트의 재발명 작업 중 일부다. 국민적 단합의 호소는 변화를 둘러싼 갈등을 잠재우는 한 가지 방식이다. 역사는 잠재적 파괴성을 지니며 다수의 집단에 피해를 주는 경제적 변화 과정에 정당성의 근거가 됐다. 신노동당의 필사적으로 현대주의적인 미래학과 SAP의 국민의 집 향수는 이들이 함축하는 변화에 대한 접근이 서로 다름에도 불구하고 동일한 현상의 징후였다. 덧붙여 지식 시대는 경쟁 우위의 여러 형태로서 신뢰, 정체성, 문화가 상종가를 치도록 만들었으며, 덕분에 이러한 민족주의적 표현들이 더욱 힘을 얻게 된 것으로 보인다. 이 문제는 이후의 장에서 다시 다루겠다.

자본주의?

4장

앞서 살펴본 대로, 지식경제가 진보적인 경제라는 생각의 중심 요소는 지식이 내재 자본이기 때문에, 즉 노동자들 안에 소재하기 때문에 노동자를 자본 소유주로 만들어주기도 한다는 점, 그리고 지식을 중심으로 조직된 자본주의 단계에는 노동과 자본의 갈등에 대한 좌파의 전통적인 이해를 타파하는 무언가 내재해 있다는 점이다. 고든 브라운의 1990년대 중반 저술에서 지식경제는 '새로운 경제적 평등주의', '기회의 경제'의 출발점이었는데, 그 이유는 현대 경제를 이끄는 힘이 바로 민중의 잠재력이라는 데 있다.[1]

이러한 상황 인식은 현대 사회민주주의에 대한 두 가지 지배적인 해석으로 이어졌다. 첫째는 앞 장에서 논의한 것으로서, 지구시대의 지식경제가 근본적으로 무형체성을 특징으로 하기 때문에 정치를 통해 인적 자본의 전략적 역할을 강화해야 한다는 생각이다. 이것이 제3의 길 정치경제학의 내용을 뒷받침하는 전제이며, 이를 통해 번영의 창출에서 국가와 공공 개입의 역할이 강조된다. 인적 자본의 전략적 역할에 대한 이러한 가정으로부터 두 번째 결론이 뒤따른다. 그것은 지식경제가 자본축적 논리와 분리된 무엇이라는 것, 이런 자본주의 질서에 내재한 어떤 요소 덕분에 인간 잠재력의 발전이 힘을 얻는다는 것이다. 낙관주의자들에게 지식경제는 보다 괜찮은 종류의 자본주의, 보다 사회적인 경제 질서, 인간 잠재력을 파괴하기보다는 이에 의존하는 어떤 질서로 보인다. 찰스 리드비터의 1998년 저작에서 지식경제는 포스트자본주의 유토피아, 즉 공장과 광산의 중노동 대신 그 자리에 상상력과 창조성이 들어선 세상의 약속이었다.[2]

프랑스 경제학자 다니엘 코엔Daniel Cohen이 주장한 것처럼, 지식경제는 인적 자본의 시대, 즉 자기 탐구와 학습 과정을 통해 해방이 착취를 대신하는 근본적으로 보다 인간적인 형태의 자본주의가 될 수 있다.[3] 이에 따라 제3의 길은 자본의 종말이라 표현해도 좋을 관념을 포함하게 된다. 잠재력이 이끄는 경제는 잠재력의 해방이라는 과거 사회주의의 구상을 마침내 실현시키게 될 것이라는 가정 또한 마찬가지다.

잠재력을 실현한다거나 개인의 재능을 옭아매는 자본주의의 족쇄를 푼다는 것은 사회민주주의의 고전적인 해방emancipation 관념이다. 여기에는 규제받지 않는 시장자본주의는 상당수 사람들의 잠재력과 재능이 낭비되는, 심각하게 비효율적인 사회를 낳을 수밖에 없다는 사회민주주의 사상이 반영돼 있다. 잠재력의 해방이라는 수사는 초창기 차티스트운동과 윤리적 사회주의로부터 전후의 혼합경제 논쟁에 이르기까지 영국과 스웨덴 두 나라의 노동운동에 중심적인 요소였다. 하지만 제3의 길 이념에서는 잠재력의 새로운 경제적 영향력이라는 가정이 과거 자본주의와 결합됐던 문제들에 대한 전면 재검토로 이어졌다. 기회경제에서는 틀림없이 사람들이 기회를 자유롭게 손에 쥐며 자신들에게 내재한 잠재력을 실현할 수단들을 확보할 것이다. 만인이 그 혹은 그녀의 잠재력을 완전히 실현한다는, "현재의 자신과 자신에게 잠재한 미래 가능성 사이의 간극을 메운다"는 이러한 자유의 사상이 제3의 길의 해방 관념이다.[4]

하지만 해방이 지식경제의 지배적 측면은 아닌 것 같다. 포스트포드주의 생산 질서가 일부에게는 해방의 잠재력을 뜻할 수도 있지만 또 다른 일부에게는 착취의 새로운 형태, 이미 분명한 현실이지만 정치와 사회과학이 아직 충분히 이해하지 못하고 있는 사회관계를 초래한다는 것이 상당수 분석들의 결론이다. 지식경제에 존재하는 해방과 착취의 긴장은 다니엘 코엔이 던지는 딜레마—만약 인적 자본의 시대가 한편으로 보다 인간적인 형태의 자본주의를 약속하는 것이라면, 다른 한편으로 이는 인간 잠재력과 인간존재가 자본의 한 형태라는 참으로 경제주의적인 이해를 동반하는 것이기도 하다는—의 측면에서 생각해볼 수 있다. 아무래도 지식경제는 노동-자본 갈등의 최종적 종식을 뜻하기보다는 오히려 노동자의 내적 자기의 활용exploitation을 통해 상품화를 완성하는 것이 될지 모르겠다.[5]

신경제에는 확실히 지식의 활용이라는 생각이 검토해볼 가치가 있음을 보여주는 여러 측면들이 있다. 예를 들어 지식경제에 대해 비판적인 저자들은 정보 기술과 유연 전문화가 노동자들의 역량을 강화하기는커녕 오히려 고용주와 피고용자의 연결을 해체하고 시공간에 대한 책임을 확대함으로써 분업을 한 단계 더 심화시킨다고 주장했다. ICT는 사람들을 접속하는 해방의 기술이기만 한 것은 아니며 소외의 기술이기도 하다. 유연 전문화는 모순된 경향을 보여주는 생산양식인데, 왜냐하면 다수의 과업들에 대한 책임을 피고용자 개인에게 집중하면서 생산 사슬에서 그 혹은 그녀를 교체 가능한 무엇으로 만들기도 하기 때문이다.[6] 대린 바니Darin Barney가 주장했듯이, 우리의 두뇌를 '웨트웨어'*로 비하하는 것은 결국 "사람들을 비트bits로 다루는" 경제철학이기도 하다.[7] 이런 철학에는 사회적 영향과 결과가 뒤따른다. 유연 생산 패턴의 사회적·문화적 영향에 대한 중요한 분석가 중 한 사람인 미국 사회학자 리처드 세넷Richard Sennett은 인간성의 파괴에 대해 말했다. 즉 재능, 기능, 손재주가 외주 하청, 컨설턴트 문화, 단기 이익 추구 때문에 파괴되면서 자존감과 자부심이 붕괴한

---

* wetware. 소프트웨어, 하드웨어에 견줘서 인간의 두뇌를 칭하는 속어.

다는 것이다.[8] 이는 지식경제에 대한 극단적인 관점이다. 세넷의 주장에 따르면, 신경제는 지식과 기능을 키우기는커녕 소멸시킨다. 예를 들어, 교육 시스템이 배출한 교양 있으면서도 고용가능성을 지니지 못한 젊은이들은 정보혁명을 통해 지식과 잠재력의 가치가 감소하는 현실과 자기실현의 꿈이 서로 충돌하는 것을 경험한다. 교육에 대한 개인적 투자의 보상은 예측할 수 없고 불안정하기만 하다. 유연성과 고용가능성에 대한 편협한 규정으로 인해 잠재력과 재능은 표준화된 재화가 되고, 결국 공허해진다. 세넷은 재능과 기능의 가치 저하가 무용성이라는 유령을 낳는다고 주장한다. 즉, 경제·사회적 위상이 일차적으로 재능 및 지식의 부족으로 규정되는 다수의 인간 집단들이 등장한다는 것이다.[9] 기회의 경제학에 대한 브라운의 가정과 극명히 대비되는 것은, 고숙련 경제skills economy에서는 단지 최소한의 지식 보유 엘리트만 필요할 수도 있기 때문에 기회가 풍부한 게 아니라 오히려 희소하다는 점 그리고 기회의 분배도 최적 상태에 미치지 못한다는 점이라 할 수 있다. 이런 시각에 따르면 평생학습정책의 의미가 전혀 달라진다. 이는 지식 공장에서 일하도록 지식 노동자를 준비시키고 잠재력을 교환 가능한 기능으로 환원하는 훈육, 합리화, 더 나아가 표준화의 정책이 된다.

이는 사회민주주의 정치에는 실망스러운 전망이 아닐 수 없다. 그리고 우리는 이것들로만 제3의 길을 평가해서는 안 된다. 기능과 잠재력에 대한 제3의 길의 접합은 지식경제에 진보적 잠재력을 부여하려는 사회민주주의의 열망의 표현이다. 하지만 이런 방식을 통해 사회민주주의는 그 과거 이념의 중요한 요소들을 침묵시키려는 것처럼 보인다. 이 장에서는 현대 사회민주주의가 현대 자본주의와 그 안에서의 자신의 역할을 어떻게 인식하는지 살펴본다. 1990년대와 2000년대에 두 당은 지식과 월드와이드웹에 적응하기 위해 당헌을 개정했다. 두 당헌의 차이는 오늘날 자본주의란 무엇이며 사회민주주의가 이에 어떻게 대응해야 하는지에 대한 매우 다른 이해를 표현한다. 자본주의를 둘러싼 영국과 스웨덴 노동운동의 역사적 유산이 다르다는 점, 그리고 시장과 사회의 관계에 대한 이해의 차이가 널리 퍼져 있다는 점이 그 원인이다.

자본의 종말

지식이 '내부'에, 즉 지식 노동자의 머릿속에 소재한 자본이기 때문에 지식경제가 노동자를 자본 소유주로 만들며 이에 따라 지식경제가 노동과 자본의 갈등에 종지부를 찍을 것이라는 고든 브라운의 주장으로 돌아가보자. 신경제가 기회를 열어준다는 고든 브라운의 주장은 〈잠재력의 정치The Politics of Potential〉라는 팸플릿에서 확인할 수 있다. 이 글은 좌파의 새 정치를 선언한《좌파 재발명하기Reinventing the Left》에 실렸는데, 이는 1990년대 중반에 신노동당 강령을 구성하는 데 중심적인 역할을 한 책이다. 이 글에서, 그리고 이후에 나온 페이비언협회 팸플릿 〈공정이 효율이다Fair is Efficient〉에서 브라운은 신노동당 수정주의의 중심 교리를 정리했다. 실제로 브라운의 기고는 노동당의 주요 현대화론자이자 산업사회 계급 역학의 핵심 분석가인 앤서니 크로슬랜드와의 역사적 대화를 염두에 둔 것이었다.[10]

앤서니 크로슬랜드가 1956년에 발표한 사회주의의 미래에 대한 유명한 주장은, 20세기에 자본주의가 근본적인 변형을 거쳐서 이제는 도대체 자본주의를 말한다는 게 가능할지 의문이 들 정도라는 것이었다. 그는 기술 변화, 주식회사 법인을 통한 소유의 분산, 관리자 계급의 등장, 과거의 자본 소유 엘리트가 사실상 사라지게 만든 변화 등이 이러한 과정을 촉발했다고 보았다. 크로슬랜드에게 이는 사회민주주의에서 특정 교리, 특히 생산수단 국유화 원칙을 폐기할 때가 됐다는 것을 뜻했다. 현대 자본주의에서는 이제 소유가 아니라 혼합경제에서의 민주적 영향력과 사회정의가 핵심 문제라는 것이었다.[11]

고든 브라운의 해석에서 지식 시대는 크로슬랜드의 수정주의보다 한 걸음 더 나아간다. 네트워크 생산은 피고용자가 자본 소유주로 부상하게 만든다는 점에서 관리 자본주의조차 이제 종말을 고한다는 것을 뜻한다. 브라운은 사회주의의 목적이 "잠재력의 실현"이라고 단언했다. 좌파 정치는 규제로부터 벗어난 자본주의 사회에서 발생하는 잠재력의 낭비를 중단시키는 것을 목표로 삼아야 하며 "사람들이 현재의 자신과 자신에게 잠재한 미래 가능성 사이의 간극을 메울 수 있게" 해야 한다.[12] 하지만 개인의 열망과 기능이 어느 때보다 드높아진 시대에 이러한 오래된 목적을 실현하자면 그 방식이 달라야만 한다.[13] 잠재력의 해방은 더 이상 변화로부터 민중을 보호하는 게 아니라 권능을 부여하는enabling 비전', 즉 개인들에게 사신의 삶을 스스로 통제할 길을 제시하는 비전이이야 힌다. 잠재력이 착취의 힘에 맞선 새로운 협상력으로 여겨지는 시대에 잠재력의 도전은 시장과 국가의 재검토를 요구한다. 왜냐하면 현대에 잠재력을 구속하는 것은 경제구조만이 아니라 국가구조이기도 하기 때문이다. 구좌파는 국가의 제도와 관료 기구가 개인의 잠재력을 구속하는 기득권이 될 수 있다는 점 혹은 '개인을 희생하면서 권력이 사적 자본뿐만 아니라 국가에 집중될 수 있다'는 점을 보지 못했다. 잠재력은 사회조직화의 새로운 형태, 잠재력의 실현을 촉진하는 형태를 요구한다. 이에 따라 사회주의는 새로운 역할을 맡게 된다.

사회주의만의 독특한 기여는, 그 덕분에 우리가 보통 사람들을 짓누르는 권력의 뿌리 깊은 이해관계 및 축적과 맞서기 위해서뿐만 아니라 잠재력의 실현을 촉진하려는 목적으로 적극 개입하기 위해서도 사회—협동하는 공동체—의 역량이 필수적이라는 점을 알게 됐다는 점이다. 달리 말해, 우리 각자의 잠재력을 촉진하자면 우리 모두의 힘이 반드시 필요하다.[14]

그래서 기회경제의 사상은 잠재력 관념과 공동체 관념을 서로 강하게 연결했고, 또한 이를 통해 시장이 잠재력을 해방하는 중심 수단임을 분명히 했다. '개인의 자유를 강화하기 위해 삶의 수단들을 통제한다는 것'은 곧 경제가 그 일부에 불과한 환경 전반을 통제한다는 뜻이다. 브라운의 해석에 따르면, 이런 점에서 좌파의 두 가지 근본 전제는 잘못된 것이었다. 첫째는 해방이 생산수단의 통제에서 비롯된다는 것이고, 두 번째는 공공의 이익이 시장의 존재와 충돌한다는 것이다.

백 년 전 자본의 노동 착취에 대한 사회주의의 해답은 사적 자본을 폐지함으로써, 혹은 적어도 통제함으로써 공공의 이익을 개선하는 것이었다. 자본이 소수의 이익을 위해 노동을 착취하는 것에 대한 진짜 해답은 자본이 어떻게든 폐지되는 게 아니라 노동이 공공이익을 위해 자본을 활용할 수 있는 환경을 만드는 일임을 이제는 대다수가 받아들일 것이다. 실제로 경제의 성공과 실패가 자본보다 지식에 대한 접근에 달려 있는 상황에서 개인의 해방은 사적 자본의 폐지보다는 차라리 노동 가치의 강화로부터 비롯된다.[15]

말하자면 잠재력의 시대에 사회주의의 근본 가정은 오류다. 현대 경제에서 "소수의 이익을 위해 자본이 노동을 착취하는 것에 대한 진짜 해답"은 자본을 폐지하는 게 아니라 "노동이 공공이익을 위해 자본을 활용할수 있는" 환경을 만드는 것이다. 이는 동반자 관계의 정치를 지식 시대에맞는 혼합경제의 새로운 형태로서 이념적으로 정당화하는 것이다. 이에따라 "자유의 가치는 낡은 좌파 교조로부터 해방"된다.[16]

　게이츠켈*이 시작한 노동당 당헌 제4조 개정 작업의 최종 결과는, 시장을 공동체의 중심 부분이자 개인의 잠재력을 해방하는 중심 배역으로서인정하는 것이었다. 시드니 웨브**가 작성하여 1918년에 채택된 과거의제4조는 다음과 같았다.

　　육체 및 지식 노동자들에게 그들 산업의 모든 결실과 그 가장 공평한 분배를
　　보장하기 위해, 이를 가능케 할 생산, 분배 및 유통 수단의 공동소유와 가능한
　　한 최선의 행정 시스템, 각 산업 혹은 서비스의 통제를 실시한다.

　블레어가 나중에 말했듯이 근육이 아니라 두뇌로 경쟁하는 시대[17]를 위해 1995년에 통과된 새로운 제4조는 다음과 같다.

---

* Hugh Gaitskell(1906~1963). 1955년부터 사망할 때까지 노동당 대표를 역임했다. 노동당의 잇단 총선패배에 대한 처방으로, '생산수단 공동소유' 원칙을 제시한 노동당 당헌 제4조를 개정하려 했다. 그러나 이는 어나이린 베번Aneurin Bevan 의원을 중심으로 한 당내 좌파와 노동조합의 반발로 실패하고 말았다. 1995년에 토니 블레어가 노동당 당헌 제4조의 개정에 성공함으로써 30여 년 만에 그의 뜻이 관철됐다 할 수 있다.
** Sydney Webb(1859~1947). 페이비언협회에서 활약한 사회주의 사상가. 부인 비어트리스 웨브와 함께영국 노동당, 노동조합운동에 개혁주의적 사회주의 이념과 정책을 전파하는 데 앞장섰다. 말년에는 소련의사회주의 실험에 공감을 표하며 급진화하기도 했다.

노동당은 민주적 사회주의 정당이다. 당은 우리 공동의 노력을 통해 우리가 홀로 성취하는 것보다 더 많은 것을 성취하며, 이로써 우리 각자를 위해 우리의 진정한 잠재력을 실현할 수단이 창조되고, 우리 모두를 위해 권력, 부, 기회가 소수가 아닌 다수의 수중에 있는 공동체가 만들어진다는 것을 믿는다. 그 공동체에서는 권리를 누릴 때 그만큼의 의무 또한 지닌다. 그리고 연대, 관용, 존중의 정신으로 다 함께, 자유롭게 살아간다.[18]

생산수단의 소유에 대한 과거 사회주의의 강조는 공동체에 대한 강조와 자본주의와의 오랜 갈등은 더 이상 중요하지 않다는 확신으로 대체됐다.[19]

당헌 제4조의 개정을 통해 노동당은 유럽 사회민주주의 정당들이 오랫동안 밟아온 수정주의의 길을 따랐다. 보다 극단적인 형태를 취하기는 했지만 말이다. 공동체 관념에는 국민 단합에 대한 노골적인 호소가 담겨 있었고, 이는 앞 장에서 논의한 영국다움의 가치에 바탕을 두었다. 이러한 국민 단합의 호소는 신노동당이 노동당주의를 소수 계급 정치를 넘어선 프로젝트로 위상을 재설정하는 데, 잉글랜드 중산층 유권자에게 호소하는 데 그리고 정치적 중앙 공간을 장악하는 데 중심적인 요소가 되었다. 쇄신 구상의 핵심 요소는 세계관으로서의 사회주의와의, 이념과의 명확한 단절이었다. 신노동당 계열 잡지 〈리뉴얼〉*은 창간호에서 이념ideology의 중간에 하이픈을 넣은 신조어 idea-ology를 선보였는데, 이는 사회민주주의의 가치들이 아니라 '실제 일 처리'의 실용적 전망에 의해 규정되는

---

* *Renewal*. 1993년에 닐 로슨Neal Lawson(현재는 온건 좌파 성향의 싱크탱크 '컴퍼스'에서 활동)이 창간한 잡지. 노동당과 공식적 관계는 없었지만, 토니 블레어, 제프 멀건 등 초기 신노동당 노선 수립을 주도한 인물들의 토론장 역할을 했다. 현재도 Lawrence & Wishart(과거 영국 공산당 부설 기관이었고 현재는 독립적 좌파 출판사)에서 발간되고 있다. http://www.lwbooks.co.uk/journals/renewal/contents.html.

사고 경향을 지칭하는 것이었다. 신노동당이 착수한 현대적 거버넌스 프로젝트와 '새 정치'의 창조는 이념의 거부와 국민적 공동선의 지지를 토대로 추진됐다. 공동체는 좌우 분열을 넘어선 정치 공간을 점유해야 한다는 주장의 근거라는 점에서 새 정치의 핵심 비유였다. 블레어가 1998년의 페이비언협회 팸플릿에서 제3의 길 개념을 처음 제시했을 때나 이후 온라인 공간 넥서스*에서 토론이 벌어지던 때에 제3의 길은 좌와 우의 정치적 이분법을 넘어선 정치 프로젝트로 입장을 선명하게 잡았다.[20] 1997년 노동당 총선 공약집은 시대에 뒤진 이념적 교조와 교의로부터 가치들을 해방하고 현대 세계에 맞게 적용했다고 주장했다. 공약집은 '모든 방면의' 사람들, '열심히 일하며' '규칙을 지키고' '의무를 다하는' 사람들, 즉 사실상 노동당의 오랜 골칫거리였던 잉글랜드 중산층에 부응하겠다고 약속했다. 이는 국민적 이해에 따른 공동선, '공유된 목적의식'에 대한 호소였다. 이는 사회적이기는 했지만, 사회주의는 아니었다.[21]

　노동당의 가치들을 국민적 공동선으로 재접합하려는 노력은 스웨덴의 역사적인 '국민의 집' 관념과 놀라울 정도로 유사하다. 후자 역시 국민적 쇄신의 비전이었고, 역시 위기 관념의 확산을 배경으로 탄생했다.[22] 전간기에 유럽 대륙 사회민주주의 정당들은 국민적 단합과 민중의 가치늘에 호소하는 개혁주의의 길을 선택했다. 스웨덴에서 국민의 집 비유는 SAP가 소수 계급 정치의 당으로부터 국민정당으로 재탄생하는 데 성공했음을 표현하는 것이었다. 국민의 집 관념은 과거와의 단절을 약속하고 사회민주주의를 미래와 '만인을 위한 번영'의 매개자로 내세웠다는 점에서 필

---

* Nexus. 1998년에 영국 정부가 개설한 온라인 토론 공간. '온라인 싱크탱크'를 표방하며, 앤서니 기든스, 데이비드 마퀀드 등이 제3의 길에 대해 토론을 벌였다. 1999년에 폐쇄됐다.

사적으로 현대주의적인 관념이었다. SAP는 1930년대의 정책들을 통해 경제·사회적 합리화 및 현대화 의제에 착수했다. 1938년에 이 당은 1990년대에 신노동당이 영국 재계에 뉴딜을 약속한 것과 마찬가지로 스웨덴 재계와 새로운 협약을 맺고 노사관계의 평화를 약속했다. 신노동당 공약집은 1930년대에 SAP가 모든 스웨덴인을 위한 집을 만들겠다고 약속했던 것처럼 영국 국민들과 서약을 맺겠다고 약속했다.[23]

지식자본주의

전간기에 스웨덴 사회민주주의는 국유화를 폐기하고 급진적 변혁의 방도로서 실용적 개혁주의를 택했다.[24] 이들은 20세기 내내 일련의 역사적 타협을 통해 시장 친화적 태도를 거듭 확인했다. 급진화됐던 시기인 1970년대에는 노동자에 대해 말하길 중단하고 대신 '공동노동자coworkers' 혹은 더 나아가 '이해관계자stakeholders'를 이야기했다.[25] 역설적으로 1990년대에 개정된 당 강령은 당 이념의 반자본주의 주제들을 새롭게 강조하는 모습을 보였는데, 이는 현대화에 대한 비판에 어느 정도 양보한 결과였다. 잠재력의 해방적 논리에 대한 브라운의 논의와는 정반대로 SAP는 지식경제가 본질적으로 자본주의적 질서라고 언급했다. "자본주의 생산 질서에서는 이윤을 어떻게 획득하는지 그리고 그 과정에서 사회, 환경, 인간 존재에 어떤 대가를 초래하는지와 상관없이 이윤이 다른 모든 이해관계의 위에 선다."[26]

산업혁명이 거대한 사회 갈등으로 이어진 것과 마찬가지로 지식경제는 어떤 점에서는 인적 자본과 노동의 위상을 강화하지만 동시에 노동과 자본의 충돌을 더욱 첨예하게 만들기도 하는 새로운 생산 질서다. 자본의 힘이 증가하는 것은 이들이 더 이상 물질적 생산요소와 국경에 구애받지 않기 때문이다. 이에 따라 자본은 사회민주주의 정부와 노동의 이해관계에 따른 통제로부터 자유로워진다. 이러한 위상 강화 덕분에 "합리화와 자원보전에 대한 자본주의의 내적 무능력이 경제·사회적 불의를 낳는 내적 경향만큼이나 분명히 드러난다". SAP 강령에 따르면, 이것의 사회적 영향은 엄청나다. 서구 국가들에서는 자본의 이익을 위해 노동력의 막대한 부분이 수익성과 고용가능성이 없다는 이유로 생산 바깥으로 내몰렸다. 게다가 신기술 도입에 따른 생산 합리화로 인해 현재 고용 중인 노동자도 건강과 능력의 손상을 입었다. "자본주의의 금전적 가치의 사고"가 정치와 문화에 스며들었고, 이러한 "생각에 대한 권력"은 자본의 이익을 강화하는 데 복무한다. 돈이 모든 좋은 것의 척도가 된다. 그 결과는 신뢰와 연대를 상실한 차갑고 비정한 사회다. 당 강령은 자본이 경제와 사회에 대해 권력을 행사할 권한을 거부한다는 점에서, 자본의 이해관계와 시장이 진보의 방향과 인간적·사회적·문화적 관계의 상업화나 상품화를 지배하게 되는 변화 과정을 거부한다는 점에서, 그리고 노동과 자본이 대립하는 곳에서 사회민주주의는 항상 노동의 편이라는 점에서 SAP가 반자본주의 정당이라고 단언한다.[27]

즉, SAP는 신경제 단계에 들어서 자본주의의 근본적 힘이 얼마간 마술적으로 바뀐다고는 생각하지 않는다. 반대로 지식경제에서 자본주의의 착취 경향이 그 형태를 바꿀 뿐이라고 본다. 당 강령에는 계급에 대한 긴 토론이 실리게 되는데, 이 논의에서 계급은 자본 소유자들과 노동 소유자들의 구별에 대한 사회민주주의의 전통적인 강조로부터 벗어나 있다. 새로운 생산 질서는 이 관계를 변화시키지만, 폐지하지는 않는다. 말하자면 이는 자본과 노동의 구별을 첨예하게 만드는 동시에 다른 측면에서는 자본에 대해 노동의 중요성을 강화하기도 하는 양날의 칼과 같은 변화다. 중요한 점은 강령이 지구화로 인해 소유와 책임의 관계가 약화됐다고 주장한다는 것이다. 자본은 사회적 책임과 분리된 익명의 것이 됐다. 단기 이익을 추구하는 자본주의는 피고용자들에게 생산 압박을 가중시키는 반면 고용주의 책임은 줄여준다. 이론적으로 보면, 지식의 중요성이 늘어날 경우 생산에 대한 노동의 통제력이 강화될 수는 있지만 그렇다고 이것이 새로운 노동시장 바깥에서 얼마간 항구적으로 늘어나는 집단들에게도 진실일 것 같지는 않다. 이들 집단은 역량을 강화하기는커녕 자본 권력에 점점 더 종속되는 모습을 보인다. 실제로 스웨덴 사회는 비생산적인 국외자 집단이 늘어나는 것을 우려하고 있다. 경영을 둘러싼 계급 분할이 종식될 것이라는 브라운의 단언과는 반대로 스웨덴 당 강령은 계급 관계의 새로운 세 꼭짓점에 대해 말한다. 그 세 꼭짓점이란 금융 및 지식 자본을 소유한 계급, 지식을 소유한 계급 그리고 국외자들로 이뤄진 하층 계급—지식을 소유하지 못한 사람들, 즉 지식이라는 측면에서의 프롤레타리아트—이다.[28]

이러한 스웨덴식 해석은 정치의 역할을 신노동당의 새 정치와는 근본적으로 다르게 규정하는 결론으로 이어진다. 변화가 개인의 잠재력을 실현할 기회를 낳기만 하는 것은 아니다. 산업자본주의가 조직 노동계급의 운동을 초래한 것처럼, 자본주의의 최신 변형은 새로운 사회적 갈등 또한 낳는다. 결국 강령의 주장에 따르면, 신기술이 수반하는 불평등은 그 자체로 변화의 힘이 될 것이다. 스웨덴의 담론에 의하면 이것이야말로 '기회'다.

새로운 생산 질서가 만들어내는 기회의 힘은 예나 지금이나 소수의 이익을 위해 거스르기에는 너무 강력하다. 오늘날 이 힘이 자본의 이익에 맞게 왜곡돼 있는 것은 지구화의 불가피하고 불변하는 결말이 아니다. 이는 정치를 통해 타파될 수 있다.[29]

기회의 내용이 무엇인지에 대한 이런 해석은 신노동당의 해석과는 거의 정반대인 것처럼 보인다. 기회는 신경제가 던져주는 무엇이 아니라 신경제가 창조하는 위험과 갈등 안에 자리한다. 변화는 경제적으로 결정된 과정이 아니라 경제적 요소가 촉발하는 사회적 대응에 의해 결정되는 것이다. 즉, SAP 강령은 갈등 관념을 계속 유지하고 있다. 한때 사회민주주의와 복지국가의 틀을 짠 이해관계와 사회적 대응이 미래 자본주의의 운명도 결정할 것이다. 변화는 인간이 만드는 것이다.

이런 점 때문에 SAP가 이미 오래전에 폐기한 마르크스주의의 유산에 새삼 집착한다고 생각한다면, 이는 오해다. 2001년에 당은 강령에서 마침내 소유 관련 조항을 삭제했다.[30] 이에 따라 생산수단의 국유화를 천명하는 과거의 조항("민중이 생산과 분배의 결정권을 쥔다*bestämmanderätten över produktionen och dess fördelning ska läggas i hela foltes händer*")이 소유 원칙을 민주적 통제 원칙으로 대체한 "민주적 생산 질서"로 바뀌어 새롭게 정식화되었다. 이는 전간기로 거슬러 올라가는 당의 전통적 수정주의를 확인하는 단순한 형식적 절차로 보인다. 그러나 예란 페르손의 당대회 연설에 따르면, 2001년 강령에서 이는 특히 월드와이드웹 시대의 현대 민주주의 개념과 조화를 이루는 사회주의 비전을 대변하는 것이었다.[31]

사회의 모든 권력은 함께 사회를 이루며 사는 사람들로부터 나와야 한다. 경제적 이해관계가 민주주의를 지배하도록 허용돼선 결코 안 된다. 반대로 민주주의가 경제와 시장의 조건을 결정해야 한다. (……) 사회민주주의는 민중이 시민이자 개인으로서 발전과 사회 변화에 영향력을 끼치는 사회질서를 창조하길 원한다. 우리는 모든 사람이 시민, 임금 소득자, 소비자로서 생산조직과 생산 결실의 분배 그리고 노동 생활의 조건을 변화시킬 수 있는 경제 질서를 추구한다. 사회민주주의는 이러한 민주적 이상에 따라 사회 전반의 구조와, 사람들이 사회 안에서 맺는 관계가 결정되길 원한다. 우리의 목표는 계급 격차도 없고 성차별도 없으며 인종 분리도 없는 사회, 편견과 차별이 없는 사회, 모두가 다 필요한 존재이고 모두가 다 제자리를 지니는 사회, 만인이 동등한 권리와 값어치를 지니는 사회, 모든 어린이가 자유롭고 자율적인 성인으로 성장할 수 있는 사회, 모두가 자기 삶을 통제할 수 있고 평등, 연대, 협력을 통해 공동선을 증진할 사회적 해법을 만들어가기 위해 분투하는 사회다.[32]

당의 국유화 조항 개정에서 결정적인 요소는 시장과 자본주의의 구별이었다. 민주적 생산 질서의 경우에 시장과 그 안에서 활동하는 기업가들은 민주사회의 필수 요소로 인정받는다. 2001년 강령에 따르면, 시장을 용인할 수 있는 이유는 자본의 이익을 위한 착취 시스템인(그래서 용인할 수 없는) 자본주의와는 반대로, 시장은 단지 재화의 효율적 교환을 위한 시스템이며 따라서 용인할 만한 재분배 메커니즘이라는 데 있다.[33] 게다가 시장은 스웨덴 복지국가에 반드시 필요한 물질 자원을 제공한다. 즉, 시장은 중립적이며, 이념적 우려를 불러일으킬 대상이 아니다. 하지만 민주적 생산 질서의 정의定義에는 사회 안에 공동선 사상처럼 시장의 이해관계와 충돌하는 근본적인 사회적 이해관계가 존재한다는 사실의 인정이 포함된다. 스웨덴 담론에서 이러한 공동선은 번영이 아니라 연대를 통해 규정된다.

자유와 평등은 개인의 권리에 대한 것일 뿐만 아니라 개인의 잠재력의 토대
가 되는 공동선을 위한 집단적 해법과도 관련된 것이다. 개인은 타인과의 상호
작용을 통해 발전하고 성장하는 사회적 존재이며, 개개인의 복지에 중요한 것
중 상당수는 타인과 함께 해야만 창조될 수 있다. 이러한 공동선은 연대를 전제
한다. 연대는 우리 모두 서로 상대를 필요로 하며 최선의 사회는 상호 고려와 존
중 위에 세워진다는 깨달음에서 비롯된다. 만인은 우리의 집단적 해법에 영향
력을 끼칠 동등한 권리와 가능성을 지니며, 동등한 책임을 진다. 연대가 개인의
향상과 성공을 배제하는 것은 아니지만, 일부가 자기 이익을 위해서 다른 이들
을 이용하도록 허용하는 이기주의는 용납될 수 없다.[34]

이 단락은 신노동당이 공동체를 언급한 단락과 아주 유사하지만, 근본
적인 차이도 존재한다. 스웨덴에서는 연대와 공동선이 시장과 대립하는
가치들이고, 시장에 대한 통제 요소로서 작동한다. SAP 강령은 시장가치
와 인간의 가치는 충돌한다고, 사회민주주의는 사회적·문화적·인간적
관계의 상업화와 상품화에 맞선다고 천명한다.

사회민주주의는 자본과 시장이 사회적·문화적·인간적 관계들을 지배하고
상업화하도록 허용하는 식의 발전에는 반대한다. 시장 규범이 인간 존재의 가
치들이나 사회·문화 생활의 틀을 결정하도록 허용해선 결코 안 된다.[35]

시장은 핵심적인 사회적 이해관계가 존재한다는 사실을 인식할 능력이
없기 때문에 당 강령이 '사회적 재화social nyttigheter'라고 칭하는 것들을 제

공하는 규범으로 용납될 수 없다. 사회재는 이윤의 원리나 수요-공급 메커니즘이 아니라 필요의 원리를 지침으로 삼아야 하는 핵심 복지 서비스·재화들이다. 말하자면 당은 시장이 공급자 역할을 하는 것을 부정하지는 않지만, 시장 정신ethos은 거부하는 것으로 보인다. 당은 시장 정신이 공공 정신과 거리가 있다고 본다. 하지만 사회재는 공공재kollektiva nyttigheter라는 문제적 단어를 피하려고 만들어낸 신조어다. 틀림없이 그 이유는 당이 과거에 필수 공공재로 간주해서 시장 논리로부터 보호해야 한다고 했던 핵심 서비스, 가령 보육, 병원, 교육, 주거에서 시장을 허용한 데 있다. 이는 시장에 대한 SAP의 매우 모호한 입장을 드러내주는 징후다. 당은 민주적 생산 질서가 시장에 한계를 가한다고 주장하지만, 그 한계가 어떤 것들인지에 대해서는 계속 모호한 입장을 취한다. 다음 절에서 소개하겠지만, 실제로 당 강령은 서비스 공급자가 '실제 일처리'를 바탕으로 선택돼야 한다고 언급하는데, 이는 공공선이 아니라 비용 대비 가치의 원리에 바탕을 둔 어법이다.[36]

사회주의와 평등

전후 시기에 풍요가 제기하는 딜레마에 대한 사회민주주의의 답변은 복지국가와 혼합경제를 통해 사회적 이동성과 평등을 조화시키려는 시도였다. 풍요사회에서 나타나는 '기대 상승 혁명revolution of rising expectation'과 필요 및 기호의 다양성 증가는 사회민주주의의 평등 관념에 도전하는 것으로 보였지만, 때마침 크로슬랜드나 비그포르스의 수정주의 사상, 즉 평등을 통해 개인의 자유가 달성될 수 있다는 생각이 등장했다. 사적 소비 증가가 끼치는 영향에 균형을 맞추려면 풍요에는 평등이 필요 없는 게 아니라 오히려 더 많이 필요했다. 이런 식으로 평등 원칙과 다양성 원칙, 실은 선택의 자유 사이에는 어떠한 갈등도 없게 된다. 반면 1990년대에 사회민주주의는 평등이 풍요와 불화한다고 주장했다. 번영의 창조가 우수성과 성취의 공정한 보상에 달려 있다고 보았고, 서비스 영역에서 선택과 다양성에 대한 개인의 기대 상승이 집단적이고 보편적인 해법, 그중에서도 결정적 영역인 교육에 위협이 된다고 주장했다.

이는 평등주의 원칙, 평등과 다양성의 균형에 대한 재검토로 이어졌다. 이에 따르면, 지식 시대의 개인주의는 개인적 재능, 잠재력, 기능이 번영을 이끄는 핵심적 힘으로 떠오르는 것과 더불어 평등주의의 재고를 통해 개인적 차이에 길을 내줄 것을 요구한다. 그래서 사회민주당원들은 기존의 평등 관념을 꺼리고 대신 기회의 평등으로서의 평등 관념을 지지하기 시작했다. 후자를 통해, 잠재력을 결정하는 구조로부터 개인이 자신의 잠재력을 실현하는 데 이용할 수 있는 기회 쪽으로 초점이 이동했다. 기회의 평등 관념을 지식 시대에 사회민주주의의 이념적 전제가 자연스럽게 진화한 것으로 보는 경우가 많았다. 지식 시대에는 소득 및 사회경제적 지위의 격차보다는 각자의 재능을 계발하는 것이 개인의 자기실현에 더 중요해지며, 경제가 유연성, 경력 향상, 교육의 형태로 기회를 제공한다는 것이다. 잠재력을 중심으로 조직된 자본주의 질서에서는 사람들이 자신의 개인적 잠재력과 독특한 재능을 추구할 수 있어야 한다. 비록 그 결과로 경제적·사회적 결과의 차이가 생기더라도 말이다. 이는 바로 앤서니 크로슬랜드가 한때 '재능의 지대地代'라고 칭했던 바다. 그의 주장에 따르면, 개인의 재능 계발과 성취에 대한 보상은 정당한 것이었다. 그렇지 않다면 이는 개인이 발전할 권리에 대한 과도한 침해가 될 테니 말이다. 풍요사회에서 사회주의의 목적은 이제 결과의 평등이 아니라 만인에게 성공의 기회를 부여하는 것이었다. 극빈과 물질적 결핍은 더 이상 가장 시급한 관심사가 아니었고, 산업경제를 통해 계층 이동과 향상의 기회가 제공되는 것처럼 보였기 때문이다.[37] 에른스트 비그포르스도 우수성에 대한 보상은 계급 격차를 고착시키지 않는 한 이념적 원칙에 위배되지 않는다고 믿었다.[38]

능력주의는 현대 사회민주주의의 지식사회 사상에서 새로운 의미를 지닌다. 이런 흐름에 따르면, 한편으로 경쟁적 지식사회에서는 개인의 교육 투자뿐만 아니라 개인의 재능도 보상을 받아야 하며, 다른 한편으로는 잠재력의 절실한 필요성 때문에 평등의 이상이 과거지사가 되어버린다.

영국에서 기회의 평등에 따라 평등 개념을 재접합하는 과정에서 내용을 뒷받침한 것은 풍요와 평등의 관계에 대한 전후 논쟁이었다. 기회의 평등 관념에는 사회민주주의 국가의 중심 역할이 기회를 증진하고 삶의 기회 탐색을 개인에게 맡기는 것이라는 신노동당의 새로운 거버넌스 구상이 반영돼 있었다. 신노동당의 해석에 따르면, 기회의 평등은 자유에 대한 적극적 관념으로서, 능동적 시민이 자기 잠재력을 실현할 수 있도록 허용하는 것이었다. 이는 열망, 향상, 성취를 허용하고 또한 사회에 존재하는 다양한 재능을 인정하는 평등 개념이었다.[39] 이는 크로슬랜드뿐만 아니라 존 롤스,* 로널드 드워킨** 같은 철학자들의 사회정의 논의에도 바탕을 두

---

* John Rawls(1921~2002). 미국의 철학자. 대표작《정의론A Theory of Justice》(1971)을 통해 진보적 자유주의의 사회정책들을 뒷받침할 철학적 논리를 제시했다. 결과의 불평등은 이를 통해 최빈층의 처지가 개선되는 상황이 열릴 경우에 허용될 수 있다는 명제는《정의론》의 대표적 주장 중 하나다.
** Ronald Dworkin(1931~2013). 미국의 철학자. 법철학자로서 민주주의에 부합하는 법률과 도덕의 역할에 대해 사색했고, 개인의 선택에 따른 보상은 인정하되 지능과 재능의 차이에 따른 자원 분배의 불평등은 인정하지 않는 평등 이론을 전개했다.

었다. 그중에서도 특히 최빈층의 처지가 개선되는 상황이 열리는 경우, 혹은 특권과 자원의 부당한 상속이 아니라 재능을 추구한 결과일 경우에는 결과의 불평등이 허용될 수 있다는 생각이 주목을 받았다. 바로 다음 장들에서 살펴보겠지만, 이는 책임의 관념과도, 특히 기회를 포착할 책임이 개인에게 있다는 생각과도 강하게 연결돼 있다.[40]

기회의 평등은 잠재적으로 매우 급진적인 관념이다. 이를 통해 삶의 기회, 열망, 자기실현이 해방적 정치의 핵심에 놓이게 되며, 개인을 역량을 지닌 자율적 개인으로 보게 된다. 이는 사회 안에 기회가 불공평하게 분배되어 있다는 사실을 인정한다. 기존 평등 관념에서 물질적 재분배가 강조됐던 것과 달리, 기회의 평등에는 기회를 증진·재분배하며 이를 생애 주기 전반에 걸쳐 확대하고 사회집단들 사이에 분배하는 정치의 역할에 대한 강조가 포함돼 있다. 이는 예컨대 숙련 수준을 높인다거나 특권 집단이 독점하던 사회적 네트워크의 접근 통로를 확대하는 것에 대한 강조로 나타난다. 평생학습을 이런 방식으로 이해할 경우 이는 분명 매우 급진적인 평등 의제가 될 수 있다.

신노동당에게 기회의 평등은 평등에 대한 보다 능력주의적인 관념을 정착시키고 구노동당주의의 '하향 평준화'와 단절하려는 시도를 의미했다. 신노동당에게 평등은 개인의 창의력을 옥죄는 답답한 관념이었다. 평등은 '만인을 똑같은 틀로 찍어내고' 창의력을 목 졸랐다. 그런 점에서 평등은 만인을 위한 번영이라 정의된 공동선 관념과 충돌하는 것이었다. 왜냐하면 신노동당의 눈에 번영은 재능과 능력의 차이에서 비롯된 기업가 정신과 창조성에서 발원하는 것처럼 보였기 때문이다. 과거 사회민주주의의 전제를 거의 180도 뒤집은 이런 관점에서 볼 때, 기회의 경제에서 평등을 추구한다는 것은 잠재력의 낭비를 낳을 뿐이었다. 1990년대 중반의 신노동당에게 기회의 평등은 경쟁, 기업가 정신, 신경제의 시장 논리를 중심으로 한 서사와 딱 들어맞았다. 기회를 포착하고 지식사회의 사다리에서 그 혹은 그녀의 경쟁력을 증대시키는 개인적 능력과 개인의 생존을 강조하는 가운데 사회 통합적 요소들은 경시되었다. 이는 지식경제를 개인들이 손에 쥐어야 할 기회의 옥토로 해석하는 것과 직접적으로 연관되었다. 기회의 평등에서 중심 요소는 경쟁이었고, 신노동당은 경쟁을 인간 잠재력 실현의 추동력으로 보았다.[41]

신노동당의 평등 관념 폐기는 '옛' 사회민주주의에 대한 이들의 전형적 시각에서 비롯됐다. 사회민주주의 프로젝트에서 평등은 원래 생산수단 사회화나 결과의 절대적 평등의 문제가 아니었다. 역사적으로 사회민주주의에 평등 관념이 중요했던 것은 오히려 그것이 좋은 사회라 불릴 만한 목표를 실현하기 위한 주된 동기라는 데 있었다. **평등**은 사회의 모든 구성원들의 평등한 가치를 실현하려는 유토피아적 열망이었다. 틀림없이, 이것이야말로 신노동당의 기회의 평등 관념이 크로슬랜드의 기회의 평등 관념과 갈라지는 지점이다. 크로슬랜드가 결과의 절대적 평등이 복지국가주의를 추구하는 사회에 바람직한 원리가 아니라고 주장한 것은 틀림없는 사실이지만, 그는 기회의 평등 원리만으로는 불충분하며 이것이 잠재력을 해방하기는커녕 오히려 좀먹는 치열한 경쟁과 낭비의 사회를 낳을 것이라고 믿기도 했다.

세습 시스템에서는 경쟁이 제한되는 데 반해 능력주의에서는 일반화된다. 그리고 경쟁 영역과 자기 향상의 범위가 증가할수록 기회를 잡는 데 실패할 확률도 틀림없이 증가한다. 세습 사회는 기회의 증가를 거부하지만 또한 그렇기 때문에 기회를 잡지 못했다는 패배감과는 거리가 멀다. 그러나 만약 모두에게 기회가 있는데 단지 10퍼센트만이 성공한다면, 90퍼센트는 패배감을 느낄 테고 자존감의 상실로 고통받을 것이다. 게다가 보상이 불평등할수록 실패로 인한 좌절감은 더욱 커질 것이고 경쟁은 더욱 무자비해질 것이며 경쟁자에게 자행되는 편협함은 더욱 심해질 것이다. (……) 결국 성취는 소수에게 집중된다. (……) 무자비하고 불안하며 공격적이고 탐욕스러운 사회, 이것이 기회의 평등을 추구한 결과로 나타날 사회의 모습이다.[42]

이런 점에서 기회의 평등은 사회주의의 지도 원리가 되기에 부족하다. 크로슬랜드에게 평등이 열망으로서 갖는 중요성은 대체될 수 있는 게 아니었는데, 그 이유는 바로 평등이 목적에 이르는 수단이 아니라 사회민주주의의 규정적 원리라는 데 있었다. 크로슬랜드는 성취의 차이와 재능의 추구가 사회 번영의 토대를 이룬다는 것을 인정했다. 그러나 그는 지능이 사회 안의 다른 형태의 능력이나 우수성보다 우월한 것으로 격상되어야 할 이유를 찾지 못했다. 실제로 그는 《사회주의의 미래》에서 지능의 원리에 따라 엄격히 조직된 사회에 대해 경고했다.[43]

SAP는 결과의 측면을 포함한 평등 관념을 여전히 견지한다. 스웨덴의 평등─스웨덴어로는 *jämlikhet*─관념은 평등을 효율성 및 역동성과 같은 비중으로 다루지 않는다는 점에서 자유주의 전통과 다르다. 스웨덴에서는 평등을 바로 이러한 힘들을 위한 전제조건으로 본다. 스웨덴식 평등 관념은 사회보장, 연대, 자유의 관념과 강하게 연결돼 있다. 그래서 SAP는 당의 지식사회 담론을 통해 평등이 개인적 창조성의 전제 조건이라고 주장했다. 당 강령은 자유롭고 평등한 개인들이 사회주의의 목적이라고 천명했다.[44] 자유는 각 개인이 발전할 권리, 자신의 삶을 통제할 권리, 사회의 틀을 짜는 데 참여할 권리다. 이러한 자유는 평등에 의존하며 보상의 심각한 불균형과는 화합할 수 없다. 불균형은 자유의 토대를 이루는 연대를 파괴하기 때문이다. 이런 점에서 민주적 생산 질서는 생산 결과물의 공정한 분배를 전제한다.[45]

하지만 공동체에 대해 언급한 신노동당의 당헌 개정 조항이 기회의 평등이라는 신조어를 통해 평등 개념을 재규정한 것과 마찬가지로, SAP의 2001년 강령도 평등 개념을 개정해서 개인의 재능과 성취의 차이에 대해 개방적인 입장으로 돌아섰고 계급 분석으로부터도 멀어지는 모습을 보였다. 계급이 여전히 중요한 의미를 지니지만 창조성과 다양성의 새 시대에 불평등을 분석하는 틀로는 불충분하다는 것이었다. 당대회 토론에서 페르손이 주장한 바에 따르면, 평등은 차이를 기쁘게 받아들여야 한다. "우리의 차이는 너무나 멋진 것"이기 때문이다.[46] 이로써 사실상 결과에서 기회로 초점이 이동했다. 강령에 따르면, 평등은 출발점의 차이에도 불구하고 모든 개인에게 자신의 삶을 만들면서 동시에 사회를 만드는 데 참여할 동등한 기회*förutsättningar*를 제공하는 것을 뜻했다. 이것의 전제 조건은 차이가 새로운 위계제와 권력 및 영향력의 격차로 이어지지 않는 선에서 남과는 다르게 선택하고 발전할 권리다.[47]

신노동당이 사회주의 원칙과 단절한 데 비하면, 2001년 강령에서 사회민주주의의 목적으로서 평등 관념을 재정식화한 과정은 비그포르스와 여타 사상가들의 발자취를 따랐다는 점에서 새로운 출발로서 급진적인 성격이 덜하다. 그럼에도 불구하고 스웨덴 사회민주주의 정치에서도 평등 관념은 선택의 자유 관념과 사실상 공존하게 됐다. 선택의 자유 관념은 1980년대에 사회민주주의 이념에 도입되었고, 이후 스웨덴 복지국가를 철저히 재편하는 데 이념적 기반 구실을 했다. 1980년대에 당이 국민의 집 원칙을 재검토하는 과정에는 신자유주의적 자유 관념의 조심스러운 평가가 포함됐는데, 이는 당 이념에 선택권*valfrihet*, 즉 선택의 자유로 소개됐다. 선택권—신노동당이 크로슬랜드를 들먹인 것처럼—은 SAP가 1950년대 에를란데르의 수정주의적인 선택의 자유 관념을 들이댔다는 점에서 모호한 관념이었다. '강한 사회' 사상과 복지국가의 연대 원리를 개괄하는 많은 문헌들에서 에를란데르는 공공서비스 확장과 보편적 복지국가 덕분에 대다수 민중에 선택의 가능성이 열림으로써 선택의 자유와 평등이 손잡고 함께한다고 주장했다.[48] 즉, 선택의 자유는 복지국가에 제도화된 연대와 평등에 대한 공공의 헌신을 필요로 한다. 1980년대에 선택의 자유는 더 이상 공공 책임의 문제가 아니라 다양한 공급자들과 스웨덴 복지국가의 서비스 사이에서 선택하는 개인 소비자의 문제였다. 2001년 당 강령의 정식화는 스웨덴 복지국가 발전의 토대가 된 보편주의와 다양성의 요구 사이의 관계를 재검토한 긴 과정의 총결산이라 할 수 있다. 당의 수사에서 나타나는 평등의 강조와 1980년대, 1990년대 복지 개혁의 나침반이었던 선택의 자유 원리 사이에는 근본적인 갈등이 나타났다. 이와 관련해 가장 좋은 사례는 뒤에 다시 살펴보게 될 바우처 학교 쟁점이다.

결론

제3의 길의 1990년대식 수정주의는 한편으로 사회민주주의 역사에서 그보다 먼저 진행되어온 수정주의 과정의 정점이라 할 수 있다. 사회민주주의의 가치들은 결코 정체된 적이 없다. 오히려 모스호나스가 주장한 것처럼, 사회민주주의의 역사는 사회민주주의 현대화의 역사다.[49] 역사 속에서 경제구조 변화의 시대는 사회민주주의를 주창하고 해석하려는 새로운 시도를 낳곤 했다. 그럼에도 불구하고 제3의 길은 사회민주주의의 과거와의 근본적 단절로 인식됐다. 사회민주주의의 핵심 가치들—무엇보다도 평등의 가치—이 그 자체로 목적이 아니라 다른 목적에 이르기 위한 수단들에 불과하며, 시대에 따라 수단으로서의 지위도 달리 바라봐야 한다고 주장했기 때문이다. 평등은 다양성, 정보 흐름, 지식의 끊임없는 확산의 시대에는 적합한 원리가 아니었다. 인간 잠재력과 창조성이 이끄는 경제는 사회민주주의에게, 재능과 성취의 차이가 사회조직화의 정당한 원리임을 인정할 것을 요구했다. 평등은 신노동당에게 길을 잃은 유토피아, '사회주의의 악몽'이었다.[50] 당헌 제4조 개정은 고통스러운 과정이었다. 게다가 그 이후 노동당 안에는 평등 관념의 복구를 요구하는 목소리가 분출했다.[51]*

스웨덴의 경우 SAP의 정치 프로그램 수정은 역사 속에서 훨씬 더 빈번하게 일어났던 일이다. 그래서 1990년대와 2000년대의 변화는 그다지 급진적이지 않았고 어쩌면 사회민주주의 이념 안에서 이미 날이 무뎌진 변화를 형식적으로 인준한 것에 불과했을 수도 있다. 하지만 당 강령 개정은 사회민주주의의 영혼 그리고 현재의 역할과 과거 유산 사이의 연관성과 무관하지 않았다. 강령의 가장 급진적인 입장—"사회민주주의는 자본과 시장이 사회적·문화적·인간적 관계를 지배하도록 놓아두기를 거부한다"—은 지난 몇십 년 동안 핵심 정책에서 나타난 시장화와는 극히 대조를 이루는 것이었다. 수사와 정책의 간극을 은폐하고 사회민주주의의 가

---

* 노동당이 2015년 총선에서 패배하고 에드 밀리밴드가 대표직을 사임한 뒤 실시된 당직 선거에서 당내 급진좌파 '사회주의 캠페인 그룹Socialist Campaign Group' 소속의 제러미 코빈Jeremy Corbyn 하원의원이 당대표로 선출되는 이변이 발생했다. 이는 노동당이 평등의 당으로 돌아오길 바라는 당 내외의 목소리들이 승리한 결과라고 할 수 있다.

치들이 과거와 다르지 않음을 단언함으로써 이러한 정책 변화를 추진할 수 있었던 것도, 어쩌면 20세기로부터 물려받은 당의 언어와 이념을 부분적으로 급진화한 덕분이라고 할 수 있을 것이다.

성장의 정치

5장

2장에서는 제3의 길의 정치경제학이 새로운 자본 개념을 중심으로 구성됐다는 점을 검토했다. 이는 사람들 안에 소재하며 사회적·문화적 관계를 창조하는 것을 특성으로 하고 지식, 기능, 잠재력의 형태를 띠는 자본이다. 제3의 길 담론은 지식의 자본화를 중심으로 구성된 경제적 언어라 이해할 수 있다. 이러한 자본화에 따라 우리는 개인의 잠재력과 재능, 창조성을 신경제의 핵심 자산, 사실상 그 원료로 바라보게 된다. "19세기가 천연자원에 의존했다면, 21세기는 인적 자본에 의존한다. 현대 기업과 부의 창출은 사람들의 발전에 달려 있다."[1]

신경제에서 성장의 열쇠는 이러한 자산을 시장성 있는 재화로 변형함으로써 지식을 자본과 가치로 전환하는 것이다. 달리 말하면, 성장은 사람들의 발전에 달려 있다.

여기에서 잠깐 성장이라는 근본적으로 모호한 관념을 짚어보자. 성장은 강력한 진보 관념이다. 보다 나은 상태로의 지향, 특정한 종류의 잉여의 축적, 보다 나은 질 혹은 최소한 보다 많은 양으로의 사물의 성장 등을 함축하기 때문이다. 우리는 이것이 경제적 성장을 뜻한다고 암묵적으로 전제하는 경우가 많다. 하지만 성장에는 당연히 다른 많은 의미들이 있으며, 현대성의 역사적 전개 과정에서도 이 말은 다른 많은 의미를 지니곤 했다. 그만큼 성장은 자본처럼 역사적으로 특수한 개념이다. 즉, 사회적·경제적 변화에 따라, 그리고 각 시점時點마다 전략적 가치를 이룬다고 간주되는 바의 정의가 바뀜에 따라 의미가 변화하는 개념이다. 결과적으로 성장 정책들—가치와 번영의 촉진을 목표로 하는 정치 행위들—에는 무엇이 가치이고 무엇이 개량으로 간주되는지가 반영된다. 성장에 대한 현대적 정의는 이를 경제적 성장, 즉 GDP의 양적 측정을 통해 표준화된 자본 축적과 국민 총소득의 성장으로 보는데, 이렇게 된 것은 생각보다 최근의 일이다. 이는 전쟁 직후, 미국의 영향 아래 유럽 경제를 재건하던 시기에 처음 등장했다. 성장을 경제의 직선적 확장 과정으로 보는 관념은 산업주의의 개념적 발명품으로서, 경제를 유기적이고 생태적인 시스템으로 보던 관념을 대체했다.[2] 이러한 성장의 재개념화와 연동해 사회주의 논쟁에서는 성장을 문화적·인간적 발전으로 보던 인식으로부터 경제적 번영을 노동계급 진보의 토대로 보는 쪽으로 무게 중심이 이동했다.[3] 개인적계발과 인간적 성장의 관념은 산업주의와 연동되기 시작했고, 산업주의 자체는 지속적 개량의 문화로 이해되기에 이르렀다. 이는 산업주의가 개인적—그리고 문화적—성장을 파괴한다고 보던 유토피아 사회주의 사상가들의 관점과는 정반대다. 산업주의는 진보와 동일시됐으며, 이는 스웨덴 사회민주주의의 생산주의에서도 마찬가지였다.[4]

제3의 길은 영국의 윌리엄 모리스와 레이먼드 윌리엄스, 스웨덴의 리카르드 산들레르* 같은 유토피아 사상가들로부터 앤서니 크로슬랜드, 에른스트 비그포르스, 타게 에를란데르 같은 산업 풍요의 이론가들에 이르기까지 성장을 놓고 사회주의 역사에서 벌어진 논쟁 속의 긴장에 바탕을 둔다. 하지만 이와 더불어 최근 몇십 년 동안의 유산 역시 제3의 길의 근거가 된다. 제3의 길은 자유 및 기업가 정신과 연결된 신자유주의적 성장

---

* Rickard Sandler(1884~1964). 스웨덴의 사회민주주의 정치가. 41세의 젊은 나이로 총리를 역임(1925~1926)했으며, 총리 재임 중에는 특히 군비 감축을 위해 노력했다. K. 마르크스《자본》의 스웨덴어 번역자이며, 마르크스주의에 바탕을 둔 사회민주당 1920년 강령의 작성을 주도했다. 1912년에 노동자교육 협회ABF, Arbetarnas Bildningsförbund를 설립한 것으로도 유명하다.

개념뿐만 아니라 1960년대 후반의 풍요 비판과도 연속성을 지닌다.

지식경제의 성장 개념에 담긴 특별한 의미 안에 이러한 서로 다른 사상의 조류들이 반영돼 있다. 성장은 학습 과정을 통해 발생하는 인적 자본의 확장에서 비롯되므로 성장과 학습 관념은 거의 동의어가 된다. 이렇게 해서 학습은 개성의 함양뿐만 아니라 경제적 확장 과정으로도 개념화된다. 현대의 성장 관념에는 실은 이중 구속이 존재한다. 여기에서 성장이라는 단어는 경제적 축적 과정을 지칭하기도 하고 개인적 성장 과정을 칭하기도 한다. 제3의 길의 성장 담론은 생산성과 이윤 관념뿐만 아니라 자기 계발과 자기실현의 관념에도 관심을 기울인다. 이렇듯 경제적이면서 개인적인 과정은 서로 아무 마찰도 없는, 거의 동일한 것으로 가정된다.

이 이중 구속은 현대 경제 담론에서 나타나는 가치 생산의 거의 모든 핵심 비유에서 반복된다. 이는 교육이 사회개혁뿐만 아니라 경제개혁의 중심 수단으로, 사실상 새로운 형태의 산업정책으로 부상하는 것을 통해서도 분명하게 표현된다.[5] 현대 교육정책은 경제적이면서 동시에 사회적인 합리화의 수단이자 호기심 많고 혁신적인 개인의 자기 탐색의 수단이다. 이는 문화정책에서도 마찬가지로서, 이 역시 1990년대에 새로운 형태의 성장정책으로 부상했다.[6]

이러한 성장의 이중 구속은 사회민주주의의 역사에서 낯선 모습이 아니며, 자본주의의 역사에서도 마찬가지다. 오히려 사회민주주의 역사 전반에 걸쳐 산업 진보 사상은 개인의 규율화, 산업 인간형의 정치적 창출이라는 형태를 취했던 것이 사실이다. 이는 자기실현의 가치를 기술 및 경제적 현대화의 요구에 적응시킨 과정이라 할 수 있다. 사회민주주의의 현대화 관념이 산업 변화에 대해 갖는 함의와 개인 발전에 대해 갖는 함의 사이에는 중요한 긴장이 존재한다. 실제로 사회민주주의의 해방 관념은 본질적으로 효율성 관념과 관련된다. 사회민주주의의 다양한 현대화 담론은 개인 차원의 계발과 경제적·사회적 진보 차원의 성과 총합 사이의 관련성을 강조해왔다. 결과적으로 사회민주주의 담론 안의 개량, 성장, 해방, 효율성 그리고 심지어는 문화적 요소들 사이에는 강한 연계가 존재한다. 제3의 길 담론 중 만인의 잠재력을 해방한다는 당의 수사 그리고 이러한 잠재력을 생산적 자본으로 전환하는 것을 목표로 하는 성장정책에 반영돼 있는 것이 바로 이러한 긴장이다.

잠재력 탐색하기

영국과 스웨덴에서는 1990년대 중반 이후에 인간 잠재력, 지식, 창조성을 중심으로 짜인 성장 전략이 등장했다. SAP는 지식 시대를 위한 새로운 성장 프로그램을 들고 1994년에 권좌에 복귀했다. 이 프로그램에서 경제성장*tillväxt* 개념은 인간의 창조성*skapande*으로 다시 정의됐고, 인간 성장과 실현의 자연스러운 과정으로 표현됐다. 실제로 이는 벡산데*växande*라는 단어로 개념화됐는데, 이는 인간 성장을 뜻했다. 마치 인간 성장과 경제 축적이 동일한 과정이기라도 한 것처럼 말이다. 성장은 "꿈꾸고 사고하며 창조하길" 바라는 인류의 문제였다. 이는 "지식에 대한 인간의 갈구"에서 기원하는 것이었다.[7] 영국의 경우는 정책 안에 '만인의 잠재력을 추출할' 경제적 필요성이 보다 노골적으로 언급됐다. 1998년의 경쟁력 백서《경쟁력을 갖춘 우리의 미래*Our Competitive Future*》는 신경제에서 경쟁력을 확보할 길은 "우리의 가장 가치 있는 자산들, 즉 우리의 지식, 기능, 창조성을 활용하는 방식"에 있다고 주장했다.[8] 이런 식으로 인간 잠재력과 창조

성이 사회민주주의의 새로운 번영 창출 전략에서 중심 위치를 차지하게
됐다. 사실상 이들은 새로운 형태의 재화로서 활용하고 써먹을 대상이 됐
다. 스웨덴의 담론은 영국에 비해 더 낭만적—"우리는 다함께 무궁한 인
간 잠재력을 탐색한다"—이었지만 메시지는 동일했다. 즉, 나라 안의 두
뇌력을 최대한 활용해 전 지구적 지식 경주에서 경쟁력을 확보한다는 것
이었다. 〈스웨덴 혁신 전략〉*은 유럽 리스본 전략에서 따온 문구들을 동
원해 2010년까지 스웨덴을 유럽에서 가장 경쟁력 있는 지식 기반 경제로
만들겠다고 공언했다.[9]

이렇게 성장을 창조성, 잠재력, 재능의 문제로 재정의함에 따라 교육과
학습을 둘러싼 새로운 틀 짜기가 시작됐다. 그 일환으로 교육 및 학습 정
책은 사람들이 생산적 잠재력을 발휘하게 만드는 것을 목표로 하는 성장
전략의 일부가 되었다. 〈스웨덴 혁신 전략〉이 강조하는 바에 의하면, 혁신
과정은 혁신적인 사람들 속에서 시작된다. 성장정책은 혁신 의식을 진작
해야 하기 때문에 교육 및 유아기 학습 정책은 점차 어린이들의 독창적인
사고 및 행동 능력을 육성하고 창조성을 가르치는 내용으로, 말하자면 모
든 아동이 재능을 발휘하도록 만드는 내용으로 가득 차게 됐다.[10]

지식 시대에는 "어떤 아동도 뒤처지지 않게" 만드는 것이 도덕적 명령
일 뿐만 아니라 경제적 명령이기도 하다. "우리 같은 규모의 국가는 어떤
아동의 능력도 결코 낭비할 수 없으며, 어떤 청년의 잠재력도 버릴 수 없
고, 어떤 성인의 재능도 추출하지 않은 채 남겨둘 수 없다."[11]

스웨덴에서는 낯익은 제도인 유치원 푀르스콜란*förskolan*은 이제 평생학
습의 첫 징검다리로 인식되면서 새삼 중요해졌다. 이에 따라 1998년 유치

---

* Swedish Innovation Strategy. 스웨덴 정부가 향후 10년을 내다보면서 제출하는 성장 전략 보고서다.

원 교육이 최초로 교과과정을 배정받았다. 유아기 학습의 목표는 놀이, 교육학적 가르침, 재미를 통해 학습 문화를 키우고 이에 따라 창조성도 키우는 것으로 규정됐다. 학습하는 개인의 사회적 성향, 창조성과 상호작용의 활기찬 과정은 어린이들의 놀이를 통해서 만들어진다. 사회민주주의의 수사에서 유치원 교육개혁의 목적은 어린이들이 성장하고 자신의 재능을 발전시키도록 돕는 것이라고 표현됐다. 전통적으로 스웨덴 사회민주주의는 아동기의 상업화라 불리는 바를 거부했는데, 이러한 입장은 아동기 학습은 "어린이들을 어린이답게 두는" 것이어야 하며 유아에게 직업 활동의 요구를 적용해서는 안 된다는 선언을 통해 1990년대에도 반복되었다.[12] 한편 〈스웨덴 혁신 전략〉에는 유치원부터 고등학교에 이르기까지 창조성을 가르치고 기업가 정신 및 위험 감수risk taking 등 적극적 태도를 육성할 목적으로 전국적인 기업가 정신 프로그램이 포함됐다. 유아기 학습의 경우 이 전략은 어린이들의 놀이를 통한 문제 해결 능력의 촉진을 지향했고, 동시에 고등학교의 경우에는 학생들이 스스로 작은 기업을 설립하도록 했다.[13] 이런 방식으로 유치원 교육은 성장 및 기업가 정신과 직접 연결됐다.

창조성, 잠재력, 재능은 모두 제3의 길의 성장 담론에서 매우 특별한 의미를 지니는 관념이다. 스웨덴과 영국에서 창조적 사고는 비판적으로 생각하고 변화를 불러일으키며 문제들에 대해 새로운 해답을 찾고 독창적인 착상을 제시하는 능력으로 정의된다. 창조성은 위험 감수, 주도성이자 지식의 새로운 결합을 찾아내는 능력이다. 창조성을 통해 학생들은 혁신적, 진취적인 태도를 지니고 지도력을 갖출 기회를 얻는데, 이 모든 자질은 결국 기업가의 주요한 특성이다. 창조성의 고양을 목표로 한 정책들은 청년들의 자존감 확보를 돕고 이들이 자신만의 관심과 재능을 찾도록 지원하는 것을, 즉 이들이 한 사람의 개인으로 성장하도록 돕는 것을 그 내용으로 한다. 1990년대 스웨덴에서는 아동문화가 새삼 주목받으며 정부가 아동을 위한 예술과 문학에 투자하기 시작했다. 정부는 이를 통해 어린이들의 성장을 돕고 이들의 내면 깊숙이 자리한 포부를 실현할 수단을 제공하길 기대했다.[14] 그러나 여기에서 '성장한다'는 것은 개인적 성장이면서 동시에 경제적 성장이라는 매우 모호한 과정을 가리킨다. 이 학습 과정에서 어린이들은 자기 자신을 위해서뿐만 아니라 자라서 다음 세대의 경쟁력 있는 기업가들이 되리라는 기대에 부응하기 위해서도 창조성을 갖춰야 하는 것이다. 영국에서는 1997년 '재계 선언'*을 통해 처음으로 전국 교과과정에서 창조성을 강조하자는 제안이 나왔다. 이후 1997년 〈학교 백서Schools White Paper〉가 이를 수용했고, 그 결과 창조성을 위한 전국 교과과정이 수립됐다. 블레어의 유명한 발언에 따르면, "기업가 정신은 이 사회 회의실에서 시작되지 않는다. 교실에서 시작된다".[15]

기업가는 지식경제의 부 창출 과정에서 결정적인 고리다. 왜냐하면 사회 안에서 기업가란 막연하고 아직 꼴을 갖추지 못한 여러 독창적 발상들을 유용한 지식, 즉 경쟁력을 지닌 제품이나 서비스 형태의 시장 상품이 될 수 있는 지식으로 전환하는 개인들이기 때문이다. 다른 원료들과 마찬가지로 재능과 창조성의 잠재 가치는 이를 응용하고 이용하여 개인의 창조성을 돈으로 바꾸고 국가를 부가가치 생산 사다리의 위쪽으로 올릴 수 있는지에 달려 있다. 현대의 창조성 관념은 유용성 및 응용성이라는 사고와 본질적으로 관련돼 있다. 이렇게 해서 이 관념에는 무엇이 지식이고 창

---

* Business Manifesto. 영국 상공회의소British Chamber of Commerce가 2년마다 발표하는 정책 제안이다.

조성인지에 대한 매우 규범적인 사고가 반영된다. 가격이 비싸게 매겨지는 것은 창조성 자체라기보다는 이렇게 이용 가능한 형태의 창조성이다. 이것의 궁극적 의미는, 인간 성장 과정이 시장에 적용될 수 있는지 여부와 상업화 가능성에 따라 규정된다는 것이다.

　신경제에서 혁신 관념의 명시적 내용을 이루는 것은 창조성 관념이다. 즉, 발전 관념은 더 이상 발명의 과정, 말하자면 새로운 구상이나 제품을 생각해내는 과정이라기보다 오히려 끊임없이 새로운 응용과 용법을 찾아내는 과정이다.[16] 창조성은 새로운 구상과 새로운 용법을 끊임없이 발전시키는 것을 내용으로 하는 일종의 경제적 확장을 뜻한다. 영구적인 혁신의 세계에서는 경쟁 우위를 끊임없이 재확인해야 하며, 노동력의 숙련은 부단히 향상되어야 한다. 그렇지 않으면 경쟁력은 사양길에 접어든다. 이런 점에서 창조성, 재능, 잠재력의 의미는 본질적으로 신경제의 필요성 그리고 지식경제에 유용한 지식이라는 특별한 관념과 관련된다. 궁극적으로 창조성은 변화하는 세상에서 자기 자신을 위해 새로운 기회를 생각해낼 줄 아는 창조적 노동자들을 키워내는 문제가 된다.[17]

　창조적인 학생들이라면 평생에 걸쳐 다양한 경력에 적용해야 할지 모르는 급변하는 세상에 대비할 것이다. 많은 고용주들은 연관성을 인식하고 빛나는 아이디어를 갖고 있으며 혁신적이고 소통에 능하고 (……) 문제를 해결할 줄 아는 사람들을 원한다. 달리 말하면, 창조적인 사람들을 원한다.[18]

학습과 의식 함양

창조성 관념이 이렇게 일종의 개인화된 현대화 과정—여기서 독창성의 목적은 위험을 감수하고 기업가적 성격과 유용성 중심의 사고를 갖게하는 데 있다—으로 바뀐 것에는 앞선 장들에서 문화, 태도, 성향의 거버넌스로서 논한 새로운 거버넌스 양식이 반영돼 있다. 학습이란 기본적으로 기능 습득이 아니라 적성 혹은 더 나아가 문화적 규범의 문제이며, 이런 점에서 각 개인이 매우 어린 시절부터 단련할 필요가 있다는 인식에 따라 유아기 학습과 어린이가 강조된다. 이는 개량improvement을 기능·태도의 수요 변화에 따른 개인적 적응의 형태로, 사람들 안에서 발생하는 과정으로 이해하는 매우 특수한 인식이다. 영국에서는 학습이 "부단한 자기 계발self-improvement의 문화"이자 "의식과 상상력의 부단한 교육과 발전"이다.[19] 이는 교육을 유능하고 교양 있는 시민을 양성하는 수단으로 보는 사회민주주의 사상의 역사적 유산에 기댄 수사다. 그러나 또한 사회민주주의 역사 속의 중요한 사상 조류, 즉 교육을 평등·민주주의와 관련짓는 사고에 역행하는 듯 보이는 시각이기도 하다.

제3의 길은 사회민주주의 교육관의 주된 긴장, 즉 한편으로 자기실현 및 자율성을 고민하는 유토피아적 이상과, 다른 한편으로 자본주의의 보다 효율적인 작동을 위해 필요한 기능 및 역량을 갖춘 생산적 노동자의 양성 수단을 교육에서 찾는 기술관료적 지향 사이의 긴장에 새로운 의미를 부여한다. 사회민주주의의 역사에서 두 전략 모두 해방적 의의를 지녔지만 그 방식은 아주 달랐다. 전자는 교육 시스템을 거부하는 비판이면서, 동시에 지식이 지배적 생산 질서의 가치들을 재생산한다는 인식으로 작동한다. 반면 후자는 바로 그 질서의 향상이야말로 개혁으로 나아가는 길이라 여긴다. R. H. 토니나 리카르드 산들레르 같은 사회주의 사상가들에게 교육은 자기실현을 더욱 진전시키고 평등의 급진적 이상을 촉진하는 과정이었다. 교육은 개인주의가 초래한 의식의 파편화와 기계로 인한 노동자의 소외로부터 벗어나게 한다는, 즉 자기를 회복시킨다는 점에서 잠재력을 실현하는 수단이었다.[20]

스웨덴에서는 바로 이러한 평등주의의 이상으로부터 민중교육folkbildn-ing, 즉 자기교육운동과 초기 노동운동의 학습 서클이라는 전통이 자라났다. 이 전통은 사회주의적 자기 창조를 강조하는 강한 규율과 결합되기도 했지만 말이다. 스웨덴 사회민주주의의 역사에서 교육을 둘러싼 토론의 핵심은 빌드닝bildning(교양 교육)과 우트빌드닝utbildning(교육 훈련) 관념이 빚어내는 긴장이다. 빌드닝을 옮길 적절한 영어 단어가 없지만, 굳이 번역한다면 수양cultivation이나 교화civilization 정도가 되겠다. 이는 자기 탐색과 자기 함양 과정을 뜻하는 독일어 단어 빌둥Bildung(교양)에 가깝다. 이 시각에 따르면 학습과 지식은 세계를 이해하기 위한 도구이며, 여기에는 고급 문화 및 엘리트 교육이라는 강한 역사적 의미가 남아 있다. 이러한 빌드닝은 우트빌드닝, 그러니까 특히 기능 및 직업 훈련의 형태를 띠는 교육과 상반된다. 역사적으로 민중교육은 학문 연구와 직업훈련의 이러한 분열을 거부하면서 등장했다. 이는 지식을 사회의 권력 구조를 이해하고 그 틀을 짜는 데 참여하기 위한 도구로 보는 급진적 담론에 바탕을 두었다. 민중교육은 상호 부조와 자유의 원리를 토대로 구축됐으며, 노동자들을 사회·정치적으로 각성한 시민으로 세우는 역할을 했다. 자기교육운동은 지금도 스웨덴 사회의 중요한 제도로 남아 있다.[21]

말하자면 사회민주주의 전통에서 지식 관념은 자기 함양과 깊이 결합돼 있는데, 여기서 자기 함양이란 사회 안에서 사회·경제 구조에 대해 각

성함으로써 이에 질문을 던질 수 있게 되는 과정, 즉 해방의 한 형태이다. 교육은 자본주의경제 그리고 자본주의사회의 기득권에 대한 사회민주주의 비판의 일부였다. 이렇게 교육을 급진적 도구로 바라보는 인식은 전후 시기 들어 바뀌기 시작했다. 이 무렵 사회민주주의는 점차 교육을 경제적·기술적 변화에 적응함으로써 생산적 경제를 일굴 수 있는 숙련된 맞춤형 노동력을 배출하는 수단으로 보게 된 것이다.[22] 에를란데르 시절의 스웨덴과 윌슨 시절의 영국에서 교육의 확장은 인적 자본 논의와 연결됐다. 이 논의에 따르면, '의식의 함양'이란 본질적으로 산업경제를 위해 숙련 노동자를 창출하는 과정이었다. 1950년대와 1960년대에 교육 기회의 확대는 산업경제를 수립하려는 사회민주주의 프로젝트의 일부였다. 노르웨이의 역사학자 프랜시스 세예르스테드Francis Sejersted가 지적한 것처럼, 스웨덴 사회민주주의의 생산주의와 성장 지향은 지식에 대한 뿌리 깊은 기술관료적 시각을 시사하는 것이었다. 인적 자본 이론은 1960년대 스웨덴의 종합 교육 확립 과정을 구성하는 강력한 요소였는데, 이후에 등장한 급진적 세대는 이 프로젝트를 표준화된 학습의 '지식 공장들'이라며 일축하게 된다.[23]

교육을 둘러싼 이러한 생산주의적 경향은 현대 사회민주주의의 역량, 고용가능성, 평생학습 등의 관념에서 반복된다. 신노동당의 교육관은 분명히 웨브 부부, 크로슬랜드, 윌슨, 캘러헌으로 거슬러 올라가는 영국 노동당주의 내의 기술관료적 조류에 바탕을 둔다. 윌슨에게 교육은 과학 시대에 걸맞은 교양 있는 노동계급을 창출하는 문제였다.[24] 신노동당에게 평생학습은 지식 인간, 즉 끊임없이 학습하는 유연한 기업가적 인격을 만들어내는 일이다. 평생학습정책은 지식경제에서 삶을 영위할 수 있는 "잘 교육받고 잘 준비된 적응력 강한 노동력"을 창조하기 위한 것이다.[25] 신노

동당의 숙련 전략 중 일부는 개방대학Open University을 모델로 한 산업대
학Ufl, University for Industry을 설립하는 것이었다. 개방대학은 학문 연구에
접근할 길이 차단당한 노동자들에게 원격으로 보수補修교육을 실시하는
것을 주목적으로 하는 대학을 창설하려던 '기술의 백열'* 시도의 일부로
1967년에 개교했다. 산업대학의 목적은 ICT와 통신 학습을 활용해 기업
이 필요로 하는 기능을 제공하고 "새 세기에 필요한 기능을 학습·습득하
려는 적극적인 자세를 확산시키는" 것이었다.[26]

스웨덴에서는 실업에 맞서고 노동력의 역량을 증진시킬 필요성에 부응
하기 위해 1990년대에 지방 단과대학들을 통한 고등교육이 확장됐다.[27]
동시에 지식사회의 사상을 계기로 대안적 교육 관념과 민중교육 전통의
르네상스가 일어났다. 1990년대와 2000년대의 사회민주주의 담론은 기
술이 급변하고 비판적 사고의 필요성이 증대하는 시대에 교육의 대안적
가치를 키우는 민중교육의 정신이 그 어느 때보다 중요해졌음을 선언했
다. 말하자면 민중교육은 교육의 다른 영역에서 벌어지는 상업화·시장화
에 맞서 대안적인 급진적 정신이 우위에 서도록 보장해야 할 공적 책임의
일부, 더 나아가 주류 교육 시스템에서 낙오한 개인들을 위한 대안적 경로
로 인식되었던 셈이다.[28] 1990년대 중반 이후 사회민주주의판 성장 서사
가 부상하자 빌드닝 역시 역량 저축, 평생학습, 고용주 주도 훈련 과정 등
의 새로운 수단을 통한 개인 계발 경로로 인식되면서 놀라운 부활을 경험
했다. 지방 단과대학 설립을 통해 고등교육이 확장되거나 정부가 '지식 승
강기' 프로그램**을 통해 장기 실업자들의 기능 향상을 추진한 것은 빌드

---

* White heat of technology. 1964년에 출범한 제1기 해럴드 윌슨 노동당 정부가 과학기술 발전에 바탕을
둔 경제성장을 표방하며 내건 구호.
** Kunskapslyftet. 제6장 참고.

닝을 위한 정책으로 규정됐다. 하지만 이것은 점점 더 시장성 있는 기능, 고용가능성, 기업가 정신에 중점을 둠으로써 민중교육의 급진적 구상보다는 기술관료적 이상에 더 가까워지는 듯 보이는 낯설고 자기 배반적인 빌드닝 관념이었다.

이런 방식으로 오늘날 사회민주주의는 지식사회의 학습과 교육에 뿌리를 둔 잠재력 해방과 자기 해방을 말하면서 사회민주주의 역사 속의 중요한 갈등, 즉 '의식 함양'의 진짜 의미와 관련한 상반된 해석들 사이의 갈등에 대해서는 입을 다문다. 제3의 길은 인간 성장의 측면에서 성장을 언급하고 경제적 개량이자 개인적 계발이라는 이중의 과정으로서 교육을 강조하는 가운데 지식 및 교육 관념 안의 이러한 긴장을 무시하며, 자기 계발과 경제 개량이 같은 것이라고 전제한다. 신노동당이 자기 계발 문화를 창조하자고 말할 경우 이것이 함축하는 자기 계발 구상에서 계발이란 예술, 음악, 시를 익히고 사랑하도록 교육하는 데 주안점을 둔다는 점에도 불구하고, 실은 신경제가 요구하는 성향을 습득한다는 뜻이다. "우리 스스로를 지식과 이해력으로 무장한다"는 것은 혁신 및 기업가 정신과 연결된다. 예술이 가져다주는 보다 풍요로운 삶은 "오늘날 국가 경쟁력의 중심에 있는 지적 자본을 발전시키기" 위한 수단이다. 탐구심을 증진하고 영혼에 양식을 제공함으로써 기업에는 부가가치가 생긴다. 학습은 학업 성취 미달의 악순환을 깨고 신뢰와 독립을 다진다. 신뢰와 독립은 다름 아니라 신경제의 노동시장에서 개인의 성취와 성공에 필요한 도구이다.[29] 이런 방식으로 R. H. 토니의 급진적인 자기 탐색 관념은 페이비언협회의 생산성 사상과 합쳐지게 된다. 왜냐하면 제3의 길은 개인의 자기실현과 시장 효율성이 결국에 가서는 동일한 목적, 즉 학식 있는 개인들로 이뤄진 보다 지성적인 사회로 귀결된다고 전제하기 때문이다.

경쟁 우위의 정치: 정체성을 브랜드화하기

스웨덴과 영국에서는 신경제의 성장 담론이 두 나라의 정체성에 대한 서사와 결박돼 있다. 그 이유는 국민적 정체성의 가치들이 경제적 가치이자 성장과 번영의 원천으로도 규정된다는 데 있다. 이에 따라 창조성에 대한 담론은 지금까지 논한 바보다 한 걸음 더 나아가게 된다. 이제 창조성은 사람들 안에 소재하며 정치를 통해 육성되고 실현될 수 있는 것만이 아니다. 이는 국민국가의 공동 문화유산 안에 소재하며 집단 기억과 역사에 뿌리를 둔 것이기도 하다. 창조성은 영국과 스웨덴 모두에서 영국 및 스웨덴의 정체성에 담긴 독특한 무엇—항상 새롭게 생각하고 좋은 아이디어를 내놓는 국민적 성향—으로 규정된다. 스웨덴인은 "창조적이고 호기심 많은 국민"이다. 영국은 "창조성이 만발한 섬"이다. 실제로 이는 경쟁 전략의 필수 구성 요소다. 두 나라 모두 유럽 국가들이 '친디아Chindia(중국과 인도)'의 저임금 경쟁을 차단할 수는 없다고 여긴다. 따라서 독창적이고 창조적이며 참신하게 됨으로써, 즉 "다른 나라를 추격하는 게 아니라 선도하는" 능력을 통해 부가가치 사슬의 보다 높은 부분에서 경쟁을 벌여야만 한다.[30] 여기에는 새로운 전 지구적 분업에서 유럽의 경쟁 우위는 창조성의 유산에 있다는 분명한 전제가 있다. 유럽 문화가 품고 있는 계몽주의 유산의 목록이 성장의 원천이 된다는 것이다.[31]

이렇게 해서 문화유산이 신경제에 활용될 수 있는 일종의 창조성의 은행, 누구나 뽑아 쓸 수 있는 지식의 가상 저장고가 된다. 제3의 길의 성장 정책들은 국민적인 창조 자원과 학습 자료로서 역사 유산, 건축물과 디자인, 도서관과 박물관에 대한 새로운 관심을 불러일으켰다. 교육을 성장의 주요 수단으로 이해함으로써 교육과 경제 정책 사이에 새로운 친화성이 나타난 것처럼, 새로운 성장정책의 발전도 문화·무역 등의 정책 영역 간 교류, 자문 위원회·디자인 태스크포스·문화 산업 등 새로운 제도들의 범람을 낳았다. 산업화의 여명기에 공업의 성공과 세련된 사회정책들이 과시 대상이 됐던 것처럼, 스웨덴과 영국의 예술, 디자인 제품, 음악이 세계 무역박람회에 진보의 상징으로 전시됐다.[32] 신경제의 형체 없는 세계에서는 외양, 형식, 특별한 브랜드와 결합된 가치들이 경쟁 우위의 핵심 요소다. 이런 논리에 따라 국민적 정체성과 속성도 성장 전략의 필수 구성 요소가 됐다. 오늘날 한 국가를 대표할 만한 브랜드명의 창조는 국민적 전형stereotypes의 자본화라 불릴 만한 것에 점점 더 깊이 관여하고 있는 각국 정부에게 전략적인 관심사다. 또한 이 과정에서 이런 국민적 전형이 끊임없이 재확인되기도 한다.

영국을 다시 젊게 만들려는 신노동당의 전략 중 일부는 영국이라는 트레이드마크와 이 나라의 이미지를 갱신하는 것이었다. 1990년대에 신노동당은 단지 대중음악과 트렌디한 예술을 칭송할 뿐만 아니라 창조 산업—브릿팝*, 브릿아트**, 영국 요리, 영국 패션 등등 성공적 수출 상품들—의 경제적 평가를 통해 젊은 정치적 프로젝트로 자처하고자 노력했다.[33] 이 중 상당수는 '멋진 브리타니아Cool Britannia'라는 표어로 기억된다. 총리가 팝 스타나 예술가들과 어울린 유명한 다우닝 가*** 연회 같은 다소 기회주의적인 행태들이 많은 조롱을 받기는 했지만, 이는 현대 자본주

* Britpop. 1960년대 비틀즈 열풍 이후 지속적으로 세계 대중음악을 선도하고 있는 영국 대중음악을 일컫는 말.
** Britart 혹은 Young British Artists. 1980년대 말에 등장해 각광받은 영국의 시각예술가들을 일컫는 말. 이 중 다수는 런던 골드스미스 대학의 미술 학사과정 출신이다. 대표적인 작가로는 데미언 허스트Damien Hirst, 트레이시 에민Tracey Emin 등이 있다.
*** 다우닝 가는 영국 총리 관저가 위치한 곳이다. 흔히 '다우닝 가 10번지'라고 하면 총리 관저를 뜻한다.

의에서 문화의 역할이 광범한 재평가를 받는 현상의 일부였다.[34]

'멋진 브리타니아'의 기원은 〈영국이라는 트레이드마크: 우리의 정체성을 쇄신하기British TM; Renewing Our Identity〉라는 제목의 1997년 데모스 보고서였다. 이 보고서의 메시지는 영국이라는 트레이드마크가 안타까운 처지에 있다는 것이었다. 수십 년 동안의 쇠퇴 끝에 바로 그 영국적이라는 관념이 세상을 지배하는 자랑스러운 나라에서 "과거나 회상하는 한물 간 나라, 외풍이 심한 낡은 집들만 있는 구불구불한 푸른 언덕과 왕실 의례의 테마파크 같은 세상"이 되어버렸다. 외양이 높이 평가받는 시대에 영국적이라는 것은 이렇게 영국 산업에 커다란 짐이 돼버렸다. 해법은 단도직입적으로 말해 "브랜드를 개정하는" 것이었다. 경쟁 우위를 위해서는 영국다움이라는 의미 자체를 보다 현대적이고 역동적인 것으로 재고할 필요가 있었다. 영국United Kingdom은 마치 법인 기업들이 자사 브랜드명과 상표를 관리하듯 주의 깊게 관리할 필요가 있는 트레이드마크였다. 잘 관리된 국민적 정체성은 해당국 기업들에게 긍정적인 외부 효과를 발생시키며, 따라서 정부의 과제 중 하나다. 즉, 사회민주주의가 다시 고안한 국가 역할의 일부이자, 기업을 위해 가장 좋은 조건을 창출해야 한다는 임무 중 하나다.[35]

'멋진 브리타니아'라는 아이디어는 포스트모던 역사학자 베네딕트 앤더슨이 제시한 '상상된 공동체'라는 관념*의 기이한 조합에 바탕을 두었다. 새로운 이야기의 공유와 함께 기업 영역에서 직접 차용한 노골적인 관리자적 접근이 필요하다는 주장에서 이를 확인할 수 있다.[36] 역사는 경쟁

---

* 영국 역사학자 앤더슨Benedict Anderson은 《상상의 공동체Imagined Community》에서, 민족이 근대 시기에 특정한 집단적 경험의 문화적 구성을 통해 만들어진 '상상된 공동체'라고 주장했다.

력 있는 상표로 전환될 수 있는 공동의 과거에 관한 이미지 및 서사의 원천이 되었다. 데모스에 따르면, 브랜드 개정은 영국다움의 역사적 서사와 미래의 요소들을 새롭게 서로 조정하는 것이어야 한다. 이러한 새로운 조정점은 제국, 크리켓, 다문화주의 사이의 어딘가에 있었다. 즉, 살만 루슈디Salman Rushdie, 니틴 소니Nitin Sawhney, 오즈왈드 보텡Ozwald Boateng 같은 영국 작가, 아티스트, 디자이너에 대한 찬양을 통해, 다양성과 제국의 과거 식민지 유산이 영국의 국민성은 창조적이라는 관념의 일부로 통합됐다.[37] 하지만 다양성으로 인해 이 프로젝트 안에 중대한 긴장이 나타나기도 했다. 영국다움의 집단적 기억에서 시장성이 별로 없는 과거 제국 시절의 경험을 지워버리는 것이 쉽지 않음이 드러난 것이다. 영국의 성공적인 브랜드 개정을 위해 "영국의 과거에 대해 여전히 씁쓸한 기억을 지닌 구 왕국 내 모든 지역, 즉 아일랜드로부터 이란까지의 순회"가 필요할지 모른다는 데모스 보고서의 순진한 제안은 '다인종 영국의 미래 연구위원회'*의 보고서에 의해 기각됐다. 이 보고서는 '룰 브리타니아'**식 사고방식'이 영국이라는 상상된 공동체를 재검토하는 데 주된 문제라고 언급했다.

영국은 스스로의 제국주의적 정체성을 저버리지 못하는 듯하다. 영국인은 "우리는 결코, 결코, 결코 노예가 되지 않으리"라고 믿는 것으로 보인다. (……) 그러나 스스로를 노예로 만들지 않고서는 (……) 세상의 60퍼센트를 식민화하

---

* British Commission on the Future of Multi-Ethnic Britain. 영국의 좌파 싱크탱크 '러니미드 기금 Runnymede Trust'이 1997년에 설립한 인종 다양성 문제 연구 기관. 비쿠 파레크Bhikhu Parekh가 위원장을 맡고 있으며, 영국 정부에 다인종, 다문화 문제에 대해 다수의 보고서를 제출했다.
** Rule Britannia. 1740년에 제임스 톰슨의 시에 토머스 아르네가 곡을 붙인 영국의 유명한 애국 가요다. 후렴구는 이러하다. "다스려라, 브리타니아여, 파도를 다스려라 / 브리튼인은 결코 노예가 되지 않으리."

기란 불가능하다. 우리의 문제는 영국이 자기 자신을 결코 이해해본 적이 없으며 과거 식민주의 시절이든 지금이든 우리 경험의 프리즘을 통해 자기 자신을 바라보고 이해하길 고집스럽게 거부해왔다는 것이었다.[38]

식민주의 과거에 순응해서 이를 경쟁 우위로 전환시키려는 한편의 시도와, 다양성에 대한 다른 한편의 보다 급진적인 비판이 빚는 이러한 긴장이 영국다움에 대한 신노동당의 토론에서 반복적으로 수면 위에 떠올랐다. 이는 정체성 자체가 경합적 성격을 지닌다는 사실에 대한 증거이자 진보적 정체성과 포퓰리즘 사이의 미묘한 경계선을 보여주는 것이었다.[39]

스웨덴에서 다양성은 매우 경합적인 쟁점이다. 그리고 무엇보다도 스웨덴의 창조산업은 푸르른 삼림과 금발 여성의 나라라는 스웨덴의 이미지를 재생산하는 데 관심이 있는 것 같다. 국가 브랜드화는 1990년대에 대중음악이나 스웨덴풍 디자인 같은 수출 상품의 새로운 강조와 연동되면서 성장 전략의 중심 요소로 떠올랐다. 1998년 정부의 디자인 관련 법안은 디자인정책이 스웨덴 제품에 독특한 스웨덴 정체성을 부여함으로써 판매에 결정적인 기여를 한다고 규정했다. 스웨덴 디자인이 지닌 경쟁 우위는 스베리게빌덴Sverigebilden, 즉 '스웨덴의 이미지'라고 불리는 뭔가와 국제적으로 결합된 게 분명했다.[40] 2004년에 〈스웨덴 혁신 전략〉은 스웨덴의 긍정적 대외 이미지의 투영이 혁신 전략의 결정적 부분, "스웨덴을 돋보이게 만들고 스웨덴이 상징하는 가치와 제공하는 가치를 강조하는" 전략의 일부라고 규정했다.[41]

그럼 스웨덴의 이미지란 무엇인가? 역설적으로 이는 2001년 사회민주당 강령이 스웨덴이라는 브랜드명의 구성 요소 중 하나인 상업주의와 갈등하는 가치라고 규정한 바로 그 가치들이다. '멋진 브리타니아' 논쟁의 경우와 마찬가지로, 스웨덴을 브랜드화하려는 시도는 스웨덴만의 자산과 스웨덴의 특성에 대한 이해에서 출발한다. 스웨덴에서 이는 스웨덴다움의 가치들, 즉 연대, 협력, 평등이다. 문화부 장관 레이프 파그로츠키Lief Pagrotsky는 스웨덴의 이미지에 대한 연설에서, 올로프 팔메와 안나 린드*의 유산이 "존경을 불러일으키면서 스웨덴의 긍정적 이미지를 강화하는" 전통이라고 언급했다. 무엇보다도 스웨덴의 이미지는 "우리를 혐오하는 이들조차 어쨌든 스와질란드나 스위스와 구별하게 만드는" 명성 높은 복지 모델에 바탕을 둔다.[42]

성별 평등, 연대, 민주주의는 모두 진보적 스웨덴의 브랜드명을 이루는 구성 요소들이다. 스웨덴이라는 브랜드명은 더 이상 1990년대 초의 위기에 찌든 스웨덴 관념이 아니라 근본적으로 긍정적인 자산을 연상시킨다. 따라서 스웨덴을 프로파일링한다는 것은 국민의 집의 가치, 세상의 모범으로서의 그 상징적 가치, 즉 '품격 있는 사회'에 기대를 건다는 것이다.

스웨덴에는 프로파일링이 필요하다. 프로파일링은 다르게 된다는 것, 눈에 띄는 프로파일을 지니며 배경 화면에 묻히지 않는다는 것, 시류를 거스른다는 것, 과감히 다른 길을 택하고 다른 가치를 표현한다는 것을 뜻한다. 우리 스웨덴인에게는 남들의 이목을 끄는 다수의 가치와 의견이 있다. 예를 들어, 우리는 많은 돈을 우리 사회의 부드러운 인간적 가치들, 즉 평등과 환경, 아동의 사회적 지위, 가족정책 등에 쓴다. 우리는 다른 나라들이 흔히 보다 인간적인 사회로 여기곤 하는 그런 사회다. 이는 결코 부끄러워할 게 아니다. 따라서 우리는 남들을

---

* Anna Lindh(1957~2003). 스웨덴 사회민주당 정치가. 여성으로 1998년 외무부 장관이 됐고, 차기 총리로 유력시됐다. 그러나 팔메 전 총리처럼 2003년 괴한의 습격을 받아 숨을 거두었다.

따라 하려 해서는 안 된다. (……) 우리는 이런 식으로 우리 스웨덴인 스스로 품격 있는 사회의 조직 방식이라고 생각하는 바를 결정했다는 사실을 당당히 내세워야 한다. (……) 이것은 매우 효율적이며, 매우 강력하다. (……)[43]

말하자면 스웨덴 모델의 진보성—연대, 평등, 품격—은 경제적·사회적 정의라는 차원에서만 모범인 게 아니다. 스웨덴 산업의 마케팅 전략이라는 측면에서도 그렇다.

이렇게 국가 브랜드화가 활발히 추진된 것은 1990년대 중반부터 2000년대 중반까지의 시기에 영국과 스웨덴 두 나라의 정치의식에서 나타난 운세 역전의 좋은 사례다. 이들은 부채에 시달리는 국민경제를 위해 국제 자본의 신뢰를 되찾으려던 굴욕적이고 고통스러운 시도에서 성공담의 브랜드명을 관리하는 입장으로 신세를 뒤바꾼 것이다. 아마도 레이프 파그로츠키의 다음 발언보다 이를 더 잘 표현한 말은 없을 것이다. "1990년대에 나는 정부 채권을 팔았다. 이제 나는 스웨덴을 팔고 있다."[44]

문화의 가치

1990년대의 성장 전략에서 문화는 경제적 축적과 노골적으로 연계된 성장 개념의 일부가 됐다. 사회민주주의 역사의 내부로부터 바라볼 때 이는 특별한 의미를 지닌다. 왜냐하면 레이먼드 윌리엄스가 지적한 것처럼, 사회민주주의의 역사에서 문화는 자기실현 및 행복—'하나 됨'—과 본질적으로 관련된 계발improvement의 관념이며, 노동자를 자신의 노동 산물로부터 분리시키는 분업이 초래한 파편화와 균열의 해독제이기 때문이다.[45] 초창기 노동자 길드와 차티스트운동 시절부터 사회민주주의는 자본주의가 노동계급의 조화로운 자기自己를 파괴한다는 문화적 비판을 담고 있었다. 이러한 접합에는 예컨대 공예 운동과 윌리엄 모리스의 사상, 혹은 스웨덴 공예의 사회적으로 보수적인 미학 등 향수를 불러일으키는 것부터 문화와 경제에 대한 레이먼드 윌리엄스의 계보학적 비판이나 민중교육의 평등주의적 이상 같은 급진적인 것까지 다양한 변종이 있었다. 제3의 길은 문화적 성장정책의 접합을 통해 대안적 가치 질서라는 이러한 역사 속 문화 관념과 단절하면서 이를 여타 상품과 마찬가지인 시장 상품으로 변형시키는 것으로 보인다.[46]

스웨덴에서 영국의 창조 산업 강조와 쌍을 이룬 것은 문화, 디자인, 음악을 점차 핵심 수출 상품으로 인식하기 시작한 새로운 사회민주주의 문화정책의 발전이었다. 문화에 대한 1995년 정부 백서는 혁신 전략의 일환으로 신경제에서 문화가 적극적인 역할을 맡아야 한다고 주장했다.[47] 이러한 생각의 기원은 급진적인 문화정책을 주장한《1990년대 프로그램》으로 거슬러 올라간다. 하지만 이는 문화를 둘러싼 사회민주주의의 이념적 유산에 대한 중대한 단절을 상징하는 것처럼 보이기도 했다. 1952년에 입안된 최초의 SAP 문화정책 프로그램은 대중문화의 상업화와 새로운 문화 시장의 출현에 맞선 대응으로 등장했다. 당은 이러한 경향을 거부하는 입장이었다.[48] 이는 1970년대에 사회민주주의 문화정책의 발전을 통해 더욱 강화됐는데, 이 정책의 주된 역할은 문화적 표현을 보호해서 시장을 넘어선 영역으로 유지하는 것이었다.[49] 문화의 상업화에 대한 이러한 거부는 1990년대의 문화정책에서 몇 번이나 반복됐고, 2001년 당 강령은 문화적 표현의 상업화, "자본과 시장이 문화를 지배하고 상업화하게 만드는 발전"을 선명하게 거부했다.[50] 문화는 시장 형성의 수단이 아니라 인격의 성장과 자율성의 수단이다. "지식과 문화를 통해 사람들은 성장하고 시야를 넓히며 사고와 창조 능력을 해방시킬 기회를 얻는다. 이는 경제적·사회적 엘리트들이 사고에 대한 권력을 쥐려고 끊임없이 시도하는 것에 맞설 결정적인 균형추다." 하지만 이는 경제적 성장의 수단이기도 하다. "지식과 문화는 인간의 자유와 성장 혹은 사회적 진보와 경제적 성장의 도구다."[51]

여기에는 현대 성장 관념의 모호성이 반영돼 있으며, 상업화에 대한 거부는 흥미롭게도 SAP 자체의 경제정책과 어긋난다. 그럼에도 불구하고 스웨덴 사회민주주의는 상업화가 소외 집단의 문화 접근권에 끼친 부정적 영향 때문에 난처한 입장에 처하곤 한다. 그래서 시장이 문화적 표현의 다양성에 대한 위협이 된다고 경고하는 것이다.[52] 반면에 신노동당은 시장을 창조성을 이끄는 힘이라 보고 소비주의를 정체성의 표현이라 보는 입장의 연장선에서 문화의 상업화와 시장화를 소외 집단의 문화 접근권을 확장할 수단, 민주화의 수단이라 인식했다. 신노동당은 상품으로서의 문화를 민주주의 및 접근권과 연결하는데, 이는 이후에 살펴보겠지만 교육의 경우에도 마찬가지다. 대중문화와 대중예술에 대한 신노동당의 찬가에는 시장화를 대중에게 문화를 전파하는 한 방식으로 바라보는 이러한 사고가 담겨 있다. 이것의 결과는 비평가들이 '대중masses'에 대한 일종의 대상화라고 보는 현상으로 이어졌다. 그러면서 문화정책은 '민중people'을 문화적으로 선호하는 사고에 바탕을 두기도 한다.[53]

문화를 상품과 동일시하는 사회민주주의의 인식이, 문화 제도들을 수요와 공급 원리에 바탕을 둔 시장 모델에 노출시킨 1980년대 신자유주의 정책들의 유산에 그 바탕을 두고 있다는 것은 분명하다. 그러나 제3의 길은 문화를 근본적으로 개인의 행복 및 사회 진보에 관련된 것으로 보는,

문화적 가치에 대한 훨씬 더 폭넓은 관념도 포함하는 것으로 보인다. 스웨덴에서는 디자인이 수출 상품에 그치지 않는다. 이는 더 나은 집과 작업 환경을 통해 개인의 복지를 증대하는 것이기도 하다. '만인을 위한' 디자인은 취약 집단들에 권능을 부여하고 이들의 역량을 강화하려는 것이다. 이런 점에서 좋은 디자인은 경쟁력 있는 수출 제품을 위한 수단일 뿐만 아니라 경제적·사회적 변화를 서로 화해시키기 위한 수단이며 물리적 계획에 장애인들의 필요가 고려되도록 보장하기 위한 수단이 됐다.[54] 영국에서는 문화가 강력한 공동체들과 시민적 쇄신을 북돋는다는 점에서 중요했다. 문화부 장관 테사 조웰Tessa Jowell은 문화가 자신의 고유한 맥락에서 차별적 가치를 지닌다고 거듭 강조했다. 문화는 "미래를 과감히 열망하는 한 방식"이었다. 또한 "사랑의 포옹"이자 뿌리 없는 소외의 시대에 "자신의 자리를 찾는" 한 방식이기도 했다. 두 나라에서 문화는 안정성과 정체성의 원천이자 무형의 소속감의 원천으로서 강조된다.[55]

이렇게 문화를 신뢰, 사회적 응집, 정체성을 다지는 수단으로 강조하는 것은 경제적·기술적 변화가 만연하고 그 영향으로 개인의 삶과 집단 정체성이 파괴되는 현실과 분명하면서도 매우 복잡한 관련성을 지닌다. 모든 것이 풀어 헤쳐진다고들 하는 시대에 문화는 우리를 하나 되게 하는 수단으로 떠오른다. 집단적 기억, 유산, 역사, 도서관, 기록 보관소 등이 변화하는 세상에서 안정성을 북돋워주는 내용을 담은 듯 보이는 정체성 정치의 일부가 된다. 집단적 기억에 쉽게 접근할 수 있게 해주는 정책들, 예컨대 기록 보관소의 디지털화나 잊혔던 박물관 소장품의 전시 등은 개인과 사회의 연결을 강화하는 한 방식이다. 아이러니하게도 낡은 산업사회의 유산—오래된 수력 사용 작업장, 증기력 사용 공장, 거대 제조업 설비—이 여기에서 새로운 역할을 얻었다. 어쨌든 육체노동의 과거와 전자 미래의 연결 고리를 이루는 노동계급 문화의 유물로서 말이다.[56] 글래스고, 뉴캐슬, 말뫼, 예테보리 같은 과거 공업도시들에서는 문화가 도시 재생의 원천이다. 영국의 경우 이러한 도시 변형 과정은, 빅토리아 시대에 건축과 디자인이 위풍당당함과 미래 희망을 전염시키는 공적 공간을 창조하고 공공 정신을 다지는 수단이었던 것과 정치적인 차원에서 맥을 같이한다.[57] 창조산업부 장관이었던 제임스 퍼넬James Purnell이 강조한 대로, "한때 우리는 세계의 작업장이었지만, 이제 우리는 세계의 창조적 허브가 되어야 한다."[58]

여기에는 경제적·문화적 가치가 서로 융합되는 질서의 추구가 반영돼 있다. 교육과 마찬가지로, 문화는 경제와 사회에 보다 강하게 결합됨으로써 산업 성공의 수단이자 동시에 보다 행복한 개인을 창조하는 수단이 된다. 이는 모호한 과정이다. 현대 사회민주주의가 문화의 급진적 잠재력을 높이 평가하는 이유 중 하나는 아마도 정치적 유토피아 비전이라 할 만한 게 달리 없다는 사실인 것 같다. 사회민주주의 경제정책은 문화의 상품화뿐만 아니라 이에 가치를 부여하려는 시도를 보여준다. 1990년대에 문화정책은 과거 수십 년 동안의 만성적 예산 부족 상태에서 벗어났다.[59] 그러나 문화적인 것을 경제적 차원에서 표현함에 따라 문화적 가치가 경제적 재화가 되고, 사회민주주의 이념에서 문화의 역할이 근본적으로 바뀌는 과정이 뒤따랐다. 문화를 새로운 창조 산업 혁명의 원천으로 바라보는 제3의 길의 접근법은 문화를 비판 기능 중심으로 바라보는 사고를 황폐화시킬 가능성이 있다. 제3의 길의 가장 급진적인 문화적 접합은 문화를 새로운 세상에서 제자리를 찾고 완전한 시민이 되는 수단인 일종의 자기실현으로, 개인주의의 표현으로 규정한다. 제3의 길이 생산에 대한 참여를 자기실현의 1차적 정의로 보기 때문에 오늘날 이러한 정의와 언명은 노동시장 담론과 매우 밀접한 관계에 있다. '자신의 자리와 목적을 찾는다'는 것은 자신의 재능과 기능이 쓰일 곳을 찾는다는 사고와 매우 밀접한 관계에 있는 미사여구다. 여기에는 신경제의 토대 역할을 하는 응용 가능성 사상이 반영돼 있다. 궁극적으로 이러한 가치들은 경제적인 것과 연결된다. 그래서 젊은이들이 역사적 유산을 접할 경로를 제공하기 위해 고안된 '영국 청년 뿌리 프로그램British Young Roots Program'은 창조성과 기업가 정신을 북돋는 영향을 끼치는 것을 또 다른 동기로 삼는다. 역사적 유산은 우리의 정체성 의식에 중요하다는 차원을 넘어서 새로운 산업, "다른 광산이 폐쇄된 시대에 유일하게 남아 있는 광산"*이기도 하다.[60]

이런 방식으로 제3의 길은 자신의 문화 관념이 보다 커다란 경제적·사회적 개량의 서사 안에 묻어 들어가게 만드는 반면 새로운 생산 질서와 신기술의 효과에 맞선 대응으로서 그것이 갖는 잠재적 역할에 대해서는 입을 다문다. 아름다움에 대한 윌리엄 모리스의 사상은 이제 평등과 사회변혁의 급진적 주장이 아니라 시장성 있는 제품을 상업화하자는 주장이 된다. 마치 스웨덴에서 디자인이 복지사회에서 맡는 역할을 정치적으로 강조하면서도 결국에 가서는 경쟁력 있는 수출 상품으로 다루는 것처럼 말이다. 모리스에게 산업주의는 장인 기예의 훼손과 대량생산이라는 점에서 예술과 충돌하는 것이었으며, 따라서 모리스가 보기에 문화는 급진적인 해방의 이상에 속하는 것이었다. 사회주의가 실현할 평등을 통해서만 예술과 문화는 개화할 수 있는 것이었다.[61] 같은 정신에서 스웨덴 사회민주주의는 전후 시기에 예를 들어 툰넬바나tunnelbana, 즉 스톡홀름 지하철 등의 공적 공간에 예술을 접목하려던 시도 등을 통해 대규모 문화

---

* 대처 정부 시절 영국의 광산이 대부분 폐쇄된 것을 염두에 둔 표현이다.

민주화 프로젝트에 착수했다. 반면 현대 사회민주주의에 문화 가치와 시장가치는 사실상 같은 것이다. 이러한 입장은 문화를 사회 안의 가치들 중 우리에게 진정 소중한 것은 무엇인지에 대한 성찰로 바라보는 레이먼드 윌리엄스의 사고와는 상반되는 것이다. 윌리엄스의 표현에 따르면, 문화는 시장의 "거짓" 가치와 대비되는 "참된 가치가 결정되는 항소법원"이다.[62]

문화에 대한 제3의 길의 접근법에는 본질적으로 복고적인 요소도 있다. 이를 통해 사회민주주의 이념에서 문화가 지니고 있던 유토피아적 비판으로서의 잠재력이 희석되는 것 같다. '멋진 브리타니아'라는 구상은 홍콩 조차가 끝난 대영제국의 부정할 수 없는 마지막 순간, 그것도 불안한 새천년을 맞던 순간에 등장했다.[63] 새천년을 위한 신노동당의 거대 문화 프로젝트는 본초 자오선이 지나는 런던 그리니치 구에 미래 전시관으로 건설된 밀레니엄 돔Millennium Dome이었다. 신경제의 기괴한 기념탑으로 우뚝 선 이 돔은 빅토리아 시대 만국박람회의 노골적인 패러디에 다름 아니었다.[64] 스웨덴에서는 1920, 1930년대 기능주의의 미학적 유산에 대한 끊임없는 환기를 통해 국민의 집의 기억에 우호적인 관심을 보이는 것이 1990년대 디자인 전략의 내용 중 하나였다.* 최근에는 전간기 스웨덴에 상당한 관심이 쏠리면서 1990년대에 위험한 사회적 유토피아주의자로 낙인찍혔던 사회공학자 알바 뮈르달Alva Myrdal과 군나르 뮈르달Gunnar Myrdal이 2000년대 들어 합리적 사회 변화의 정당한 주창자이자 모더니즘 미학의 창조자로 재평가받고 명성을 되찾았다.[65] 1990년대에는 스칸

---

* 지금도 북유럽 건축, 가구 등에 영향을 끼치고 있는 기능주의가 처음 유행한 것은 스웨덴 사회민주당이 '국민의 집'이라는 구호 아래 복지국가의 기틀을 놓기 시작한 1920~1930년대였다.

디나비아와 국제 경매시장에서 기능주의 시기의 매물을 구매하려는 광풍이 일었다. 스웨덴 디자인이 수출 상품으로서 거둔 성공의 밑바탕에는 끊임없는 사회개혁을 통해 합리적으로 계획된 사회라는 스웨덴의 이미지가 있다. 이런 현상의 이면에는 과거의 영광을 안전하게 보호하는safeguarding 과정이 곧 현대화라는 스웨덴식 사고로 돌아가는, 일종의 복고 취향이 존재한다.

결론

스웨덴의 사례가 증명하듯이, 문화에 대한 현대 사회민주주의의 평가는 모호하다. 그리고 문화, 창조성, 정체성의 역할에 대한 사회민주주의의 토론은 경합이 벌어지는 무대다. 즉 문화의 가치를 둘러싸고 서로 경쟁하는 담론들의 싸움터라고 하는 게 아마도 가장 적합할 것이다. 문화의 비경제적이고 형체가 없으며 무한한 가치들에 가치를 부여한다는 차원에서 감정·평가한다는 것과, 문화적 표현을 상품으로 전환한다는 것 사이에는 미묘한 경계선이 존재한다.

대중음악계에 대한 신노동당의 몰두는 〈뉴 뮤지컬 익스프레스〉*가 청년 실업자를 위한 뉴딜 프로그램에 반대하면서 끝이 났다. 이들이 반대한 이유는 이로 인해 산업 공동화 지역의 젊은 음악인들이 그간 생계 수단이던 실업 급여를 더 이상 받지 못하게 된다는 데 있었다.**66 대중음악이 신

---

* *New Musical Express*. 1952년에 창간된 영국의 대중음악 주간지.
** 신노동당 정부의 '뉴딜' 프로그램은 청년 실업자들이 실업 급여를 받는 대신 직업훈련을 받거나 적극적 구직 활동에 나설 것을 요구했다. 이는 한국의 고용보험제도에도 커다란 영향을 끼쳤다.

노동당으로부터 높은 평가를 받은 것은 도시 재생의 중요한 원천이자 성
공한 수출품이기 때문이었지 정치적 표현이라서가 아니었다. 아이러니하
게도 성공한 영국 창조 산업의 다수는 맨체스터나 런던 같은 도시의 실업
과 사회적 주변화로부터 생겨났으며, 정치적 표현, 특히 대처주의 비판의
중요한 원천이기도 했다. 제3의 길의 문화정책은 포스트모던 문화를 포
용했지만, 이는 정치적 비판이라는 맥락이 아니라 개인적 소비주의라는
맥락에서 이뤄졌다. 신노동당은 1960년대 말에 영국 신좌파로부터 태동
한 비판적 문화 연구에서 매우 선별적으로 근거를 끌어왔다. 이는 문화적
재편을 권력 구조에 도전하는 한 방식이 아니라 개인의 소비주의적 선호
에 대한 호소로 이해했다. 티머시 비웨스Timothy Bewes가 강조한 것처럼,
경제적 비전과 구별되는 어떠한 문화적 혹은 이념적 비전도 존재하지 않
는다는 점을 통해 문화와 정치의 관련성이 규정되며 이러한 규정을 통해
자본주의 세상의 가치가 긍정되는 영역, 이것이 바로 문화정책이다.[67]

지식사회

6장

산업경제가 산업사회의 사상과 담론을 수반하는 것과 마찬가지로, 지식경제 사상은 지식사회라는 새로운 사상을 수반한다. 과거의 정치가 그랬던 것처럼 현대 정치에서도, 기술적·경제적 변화가 이에 조응하는 사회 영역의 현대화 과정과 함께해야 한다는 생각이 현대화 관념의 한 축을 이룬다. 1970년대 이후 사회과학과 정치에 존재해온 지식사회 사상은 산업사회에 대한 이해가 제조업 공장의 사회적 위계제를 모델로 삼았던 것처럼 분명 네트워크 구상을 모사한 것이었다.[1] 정보 기술과 네트워크 생산 구상은 상호 연결된 개인들로 이뤄진 사회구조를 낳았다. 평평하고 비위계적인 포스트포드주의 생산의 발상은 평등한 이해관계자들의 사회라는 관념에 고스란히 반영됐다. 앞서 살펴보았듯이, 이러한 흐름의 결과로 그간 정치 활동의 토대 구실을 하던 계급 및 집단 이해의 사고가 붕괴했고, 이에 따라 변화의 과정에서 사회민주주의가 도대체 무슨 역할을 해야 하는지에 대한 재검토가 이루어졌다. 사회 변화를 이끄는 힘이 '기계적' 변화이며 이해관계의 매개와 계급투쟁 사이의 변증법이라는 오래된 사회 변화관은 지식자본주의 시대에 들어서 사회 변화가 평화롭고 진화적이라는, 즉 유기적 성장과 통합의 과정이라는 사고에 자리를 내주었다.

사회민주주의는 이렇게 사회적인 것의 재개념화에 기꺼이 개입한다. 지식자본주의 사상은 사회적 필요에 대한 사회민주주의의 이해와 개인적·집단적 성취 사이의 관계에 중대한 함의를 지닌다. 지식, 학습, 개인적 자기실현, 추진력의 시대에 빈곤이라는 생각은 열망의 빈곤, 즉 희망과 야심의 개인적 결여라는 신노동당의 관념으로 바뀌었다. 구조적인 사회적 불평등은 사회의 짜임새라는 유기체적 사고와 관련하여 검토되면서 통합과 배제의 문제가 됐다. 기회가 추동력이 되는 경제에서 재분배란 이른바 신경제가 생산한다고 여겨지는 기회를 재분배하는 일인 셈이다.[2]

이러한 사회적 접합들은 모두 모호하다. 개인의 속성에 초점을 맞춘다는 점에서 이들은 대단히 개인주의적이지만, 일정한 구조적, 더 나아가서는 사회적 강조를 포함하기도 한다. 예를 들어, 포부가 부족하다는 관념 혹은 기회의 평등이라는 문제적 개념은 기회를 포착하는 능력 같은 개인적 성향과 능력에 초점을 맞춘다. 하지만 이들은 기회를 결정하는 구조적 제한, 즉 '잠재력을 속박하는' 사회구조에 대한 일정한 강조도 포함한다. 제3의 길은 정치경제에 대한 문화적 접근에 따라 이러한 사회문제들을 문화적 용어로 번역하는 경향이 있다. 사회정책은 문화정책이 되며, 개인의 행위와 성향에 초점이 맞춰진다.[3]

네트워크화된 학습사회라는 사회민주주의의 구상은 사회적인 것과 경제적인 것의 상호의존을 강조한다는 점에서 분명히 신자유주의에 맞선 대응이다. 앞서 논의한 것처럼, 제3의 길은 사회정책과 경제정책의 화해를 온몸으로 표현한다. 제3의 길 담론에서 학습과 교육은 '단지' 사회문제만이 아니다. 이들은 경제성장과 직접 관련된다. 한편으로 이는 수십 년의 신자유주의 시기 이후 사회민주주의가 사회 불평등과 사회정의에 대한 진지한 고민을 되살리고 있음을 의미한다. 이들 문제가 사회와 경제를 합리적으로 조직화하는 데 핵심이라고 보기 때문이다. 다른 한편, 제3의 길의 사회 담론에는 복지자본주의의 전제들을 뒤집어서 바라보게 하는 무엇인가 존재한다.[4] 19세기 중반 사회문제의 토론 과정에서 사회적인 것 the social이라는 개념을 창안하게 된 것은 사회문제와 빈곤을 개인의 통제를 넘어선 과정으로, 경제적 변혁의 산물로 재접합하는 것과 관련돼 있었다. 산업자본주의하의 경쟁, 시장 자유화, 자유경쟁, 사회적 책임 회피로 인해 사회조직이 파괴돼 버렸다. 그 결과, 사회적인 것과 경제적인 것은 서로 심각하게 적대적인 관계가 됐다. 생산 조직에 개입하는 사회정책은 이런 상황에서 효율성을 회복시킬 수단이었다. 유럽의 복지자본주의 관념이 뜻하는 바가 바로 이것이다. 즉, 자본주의 구조에 대한 국가 주도의 개입을 통해 보다 효율적인 경제 및 사회조직을 만들어내는 것이다. 이는 물론 복지자본주의에 대한 자유주의적 관념과는 다르다. 후자는 기업의 사회적 책임 및 자선, 상호부조, 자조, 시장 자유주의의 관념과 연결된다. 실제로 사회적 경제에 대한 19세기 유럽의 논쟁은 자유방임 정치의 변종에 맞선 대응이었다. 당시 자유방임 정치는 '맨체스터 자유주의'라 불렸는데, 왜냐하면 영국 면방직 산업의 시장 이해관계에 따라 통제됐기 때문이었다.[5] 신노동당은 이러한 자유주의 유산의 상속자다.[6]

사회적인 것을 '공동체community'라 보는 신노동당의 관념은 사회를 뭔가 기계적이고 폭력적인 것으로 보는 '구좌파'의 사회관에 맞선 대응이었다. 후자는 사회 투쟁의 산물로서, 역사적으로 산업사회에 특수하게 나타나는 것이었다. 스웨덴에서는 사회정책이 국민의 집의 유산 그리고 전후 SAP의 '강한 사회' 구상의 연속선상에 있는 듯 보였다. 하지만 사회 society—스웨덴어 삼헬레samhälle—라는 관념은 분명히 1970년대 말 이후 지속된 스웨덴 정치 문화의 변화에서 매우 중요한 지점들 중 하나였다. 1990년대에 SAP는 과거 이념에 뿌리를 둔 수사들로 회귀했지만, 사회와 시장의 관계는 표면 아래에서 점차 균열을 키웠다.

현대 사회민주주의의 복지국가 구상은 다음 장에서 구체적으로 다룰 것이다. 이 장에서는 각 당이 사회 영역, 지식과 경제의 관계, 지식사회를 어떻게 이해하는지가 관심의 대상이다. 간단히 말해, 현대 사회민주주의에게 지식사회 사상은 과연 어떤 종류의 사회 비전인가?

공동체

신노동당의 현대화 프로젝트의 일부는 사회 영역을 재검토하고 사회생
활의 혼란을 보다 일관되고 조직된 무엇으로 길들이거나 진정시키려는
시도였다. 1994년에 노동당 당헌을 개정하면서 노동당 이념의 중심에 놓
이게 된 공동체 관념은 이러한 사회 화합의 추구를 담고 있었다.[7]

공동체는 R. H. 토니의 윤리적 사회주의로부터 자유주의, 사회민주주
의, 사회보수주의의 요소들에 이르기까지 영국 정치 문화의 복잡한 역사
유산들이 담긴 개념이다. 이 개념에 대한 최선의 표현은 아마도 신노동당
이념의 또 다른 일부라는 것, 범죄와 반사회적 행위에 대한 담론에서 나타
나는 사회적 권위주의로부터 글래스고와 리버풀의 도시 경관에서 건축이
맡는 변혁적 역할, 혹은 ICT의 사용을 통한 시민들의 정치 및 서비스 참
여 증가 등의 급진적이고 심지어는 유토피아적이기까지 한 담론에 이르
는 다수의 부차적 서사들, 이념들, 대항 이념들이라는 것이겠다.[8] 하지만
공동체 관념이 복잡한 기원을 지니고 있음에도 불구하고 신노동당의 공
동체주의communitarianism는 공동체주의의 전통 중 특정 요소에만 매우 선
별적으로 의존하며 다른 요소에 대해서는 입을 다문다. 철학자 새러 헤일
Sarah Hale이 지적한 것처럼, 신노동당은 토니의 우애적인 공동체관에 기
대면서도 그가 풍요를 비판한 것 그리고 공동선의 이름 아래 개인의 행위
를 다스리는 데 바탕을 두는 공동체주의 해석을 지지하면서 사회주의를
주창한 것에 대해서는 침묵한다.[9]

신노동당 강령은 사회 위기가 광범하게 확산되고 있다고 판단했다. 신노동당이 집권한 뒤 제일 처음 실시한 정책들—실업자, 근로 가정, 공동체 등을 위한 뉴딜 프로그램 그리고 다우닝 가에 사회 배제 대응실Social Exclusion Unit을 설치한 것—은 사회 퇴보에 대항하려는 시도였다. 신노동당은 사회민주주의의 계급 분석에서 벗어난 용어들로 이러한 사회 위기를 다룰 프레임을 구축했다. 집권 초기부터 신노동당은 사회문제를 바라보는 특정한 프레임을 제시했는데, 이는 뚜렷하게 문화적이면서 그 주요 구성 요소가 미국식 빈곤 담론과 유사했다.[10] 신노동당을 비판한 많은 이들이 주장한 대로, 사회적인 것에 대한 이들의 사고는 개인들을 자격 있는 자와 자격 없는 자로 나누는 전형적인 이분법 그리고 가난한 이들을 의존적이고 위험한 일탈자로 보는 널리 퍼진 관념과 함께했다. 학습과 열망의 문화를 창조함으로써 배제의 악순환을 깨는 것에 대한 문화적 강조는 개인의 일탈을 대상으로 하는 매우 훈육적인 접근법 그리고 노골적으로 개인의 행위와 태도를 교정하기 위해 고안된 정책들을 수반했다. 신노동당에게 사회 위기는 경제 위기, 사회에 대한 대처의 공격, 핵심 공공서비스에 대한 수십 년간의 투자 부족 등의 결과만은 아니었다. 근본적인 사회가치들이 허물어진 데 따른 결과이기도 했다. 이는 분명 사회질서 그리고 "누더기가 되고 찢긴" 사회의 짜임새에 관심이 집중된 위기 서사였다.[11]

공동체주의는 시민권의 윤리적 미덕에 직접 호소하는데, 이 덕은 우리가 도덕적 · 사회적 책임을 지닌 개인으로서 서로에게 지는 임무와 의무로 규정된다. 사회적 덕—노동 윤리, 학습열, 의무감 같은—은 사회질서를 창조하고 경제 번영의 토대를 제공하는 신뢰 관계를 통해, 호혜와 인정을 통해 육성되는 것으로 여겨진다. 사회적 시민권의 권리라는 측면보다는 책임이라는 측면을 강화하는 쪽으로 사회 협약을 개정함으로써 1960년대 말과 1980년대의 개인주의 유산과 단절하는 것이 공동체 관념의 중심 요소였다. 말하자면 신노동당의 개인주의는 고삐 풀린 개인의 비전이 아니었다. 사회라는 거미줄과 덕성의 역사적 유대를 통해 권능을 부여받은 민중의 비전이었다. 시민적 쇄신 과정은 이러한 시민권적 덕의 환기를 통해 시작되는 것이었고, 개인 잠재력의 해방은 공동체에 대한 근본적 책임의 실현에서 비롯되는 것이었다.[12]

공동체 관념의 핵심에 자리한 것은 개인적·집단적 성취의 상호관계에 대한 재검토였다. 신자유주의와는 반대로 신노동당은 개인주의가 공동선을 위한 힘이라고 보았다. 이런 방식으로 개인주의와 경쟁은 공동체의 선을 위한 힘, 개인적 효용을 초월하는 힘(그럼에도 불구하고 개인적 효용을 추구하는 가운데 생겨나는)이 됐다.[13] '공동체'의 토대를 이루는 연대 관념은 경쟁 본능—'만인을 위한 번영'으로 이끌 본능—에 바탕을 둔 그런 연대였다. 공동체는 자기 계발의 추구가 동력이 되면서도 동시에 이러한 계발을 위해 사회적 상호의존이 맡는 역할을 인정하는 내용으로 사회적인 것을 제시하는 비전이 됐다. 공동체 관념의 핵심에는 시장이 있었다. 공동체주의는 시장이 사회적인 것에 파괴적인 영향을 끼치는 것을 막아야 한다거나 사회적 대의를 위해 이윤 추구 활동을 조종하겠다고 나서지는 않는다. 이 논의에서 시장은 사회에 묻어 들어가 있으면 되는 것이다. 왜냐하면 경쟁의 미덕을 촉진하는 데, 열망과 창조성과 '부단한 계발의 의욕'을 일으키는 데 시장이 결정적인 역할을 한다고 보기 때문이다. 사회적 기업가 정신 프로그램이나 민관 협력 같은 정책들이 시장에 사회적 역할을 부여함으로써 이러한 계발의 문화를 창조한다.[14]

공동체는 매우 유기체적인 사회관이었다. 이는 갈등을 거부하는 신노동당의 입장을 반영해 기이할 정도로 비정치적인 모습을 보였다. 공동체는 합의와 조화, 가치 공유를 통한 통합 등이 지배하는, 정치를 넘어선 장으로 이해됐다.[15] 이는 사회 변화가 자생적 진화의 전형적이며 조화로운 과정이라고 보았다. 공동체는 '자조', '자치', '상호부조'의 삶을 사는 개인들로 구성된 자기 제어 유기체였다. 국가 개입이나 공공 관료제의 파괴적 역할로부터 자유로운 이러한 호혜의 유대가 공동선을 구성했다.[16] 상호부조, 호혜, 상호의존에 대한 강조에는 공동체 관념과 컴퓨터 네트워크 구상 사이의 분명한 유비가 있었다. 미국 철학자 아미타이 에치오니*는 공동체주의의 한 변종을 제시해 신노동당에 중대한 영향을 끼쳤는데, 사회적인 것을 종종 거미줄web로 정의하곤 했다. 신노동당이 에치오니에게 주목하게 만든 다우닝 가 정책자문위원 제프 멀건은 자신의 1997년 저작 《접속성》을 통해, 공동체란 자기표현을 위해 노력하지만 자기 존재의 완전한 실현을 위해서 사회적 네트워크에 통합되는 데 의존하는 개인들이라고 정의했다. 멀건에게 '접속성'이란 가이아Gaia, 즉 생명권圈**이나 전자 네트워크 등의 다른 유기체들―복잡한 상호의존을 바탕으로 구축되고 자체 생존을 위한 질서에 의존하는 모든 시스템―과 유사한 사회생활 및 사회구조 진화의 논리적인 한 단계였다.[17] 신노동당이 거버넌스 수단으로서의 인터넷과 정보 기술에 열광한 것은 상호 연결의 새로운 형태를 창조함으로써 사회의 유기적 짜임새를 복구하려는 열망의 표현이었다.[18] 이는

---

* Amitai Etzioni(1929~), 미국 철학자이자 사회학자. 본명은 베르너 팔크Werner Falk로 독일에서 태어났으나 유대계라서 나치를 피해 미국에 정착했다. 1960년대부터 스스로 '공동체주의'라고 이름 붙인 운동을 전개해왔다. 공동체주의의 여러 버전들 중에서 그의 사상은 특히 공동체 안에서 개인의 권리와 의무, 자율성과 질서의 균형을 강조함으로써 자유주의와 보수주의의 통합을 추구하는 것이 특징이다.
** 영국의 생명과학자 제임스 러브록James Lovelock이 제창한 '가이아' 가설에서 지구 생명권을 일컫는 말이다. 가이아 가설은 지구를 단순한 혹성이 아니라 생물과 무생물이 상호작용하면서 진화하는 하나의 유기체로 보자는 주장이다. '가이아'는 본래 그리스신화에서 대지의 여신의 이름이다.

사회민주주의의 전통적인 사회 투쟁 관념과는 아주 다른 것이었다. 네트워크에 통합 혹은 배제되는 것으로 규정되는 거미줄은 유기체처럼 성장한다. 1990년대 중반 신노동당 이념에 따르면, 사회는 노동-자본 갈등의 조직된 이해관계에 따라 움직이는 기계적 관념이자 격심한 계급적 이해관계와 분쟁이 지배하는 영역이었다. 반면에 공동체 사상은 유기적 총체성을 의미했다. 신뢰와 상호 책임감은 중요한 사회적 미덕이었다. 하지만 그만큼 중요한 또 다른 사실은 이러한 덕이 특수한 종류의 (사회적) 자본의 창조에도 직접적인 역할을 한다는 것이었다.

  신노동당이 사회 질서에 관심을 갖게 된 데는 사회적 응집에 대한 관심뿐만 아니라 경제적 역동성이 사회적인 것으로부터 시작되는 과정이라는 인식도 한 동기가 됐다. 신노동당의 사고에서 공동체는 열망과 기회가 존재하는 곳이다. 공동체의 역할은 '학습열'을 장려하는 것인데, 이것은 신노동당 담론에서 사회적 이동과 경제적 역동성을 이끄는 기본적인 힘이다. 말하자면 기회경제는 사회적인 것에 개입해서 이러한 재화를 창조·분배하는 데 달려 있다. 사회의 짜임새에 열중하는 것은 단지 사회 조화에 대한 관심 때문만은 아니며, 사회의 유기적 짜임새가 인적·사회적 자본을 실제로 엮어주는 역할을 하기 때문이기도 하다.[19] 이런 식으로 공동체 관념과 자본 관념 사이에는 강한 연계가 존재했다.

  미국 정치학자 로버트 퍼트넘Robert Putnam의 저작이 나온 이후 사회적 자본이라는 말은 1990년대 정치 담론에 눈에 띄는 영향을 끼쳤다.[20] 퍼트넘은 시민사회의 사회적 네트워크가 경제 혁신, 소유권, 협력의 증진에 결정적인 요소라고 주장했다. 미국에서 사회적 자본이 급속히 쇠퇴하고 있다는 그의 주장은 클린턴 행정부에 강한 영향을 주었고, 공동체주의의 성공을 이끈 보이지 않는 힘으로 작용했다. 하지만 사회적 자본 개념에는 훨씬 더 뿌리 깊은 기원이 있다. 이는 1916년에 미국의 공교육을 둘러싸고 벌어진 논쟁으로 거슬러 올라간다. 이 논쟁에서 연방정부가 사회적 자본에 투자하는 것의 중요성은 공장 생산의 투자에서 자본이 맡는 역할에 비유됐다.[21] 이에 따라 사회적 자본은 합리적 사회조직에 대한 경제적 이해관계의 문제가 됐다.

현대 경제·정치 담론에서 사회적 자본을 둘러싼 경제적 주장은 사회적 자본 덕분에 개인이 사회적 네트워크에 접근할 통로를 확보하게 되며 이 네트워크야말로 기회에 대한 접근 여부를 결정한다는 것이다. "문제는 당신이 무엇을 아느냐가 아니라 누가 당신을 아느냐다."[22] 열망이 기틀을 다지고 의무감, 학습열 같은 사회 협약의 규범들이 창조되는 것은 가족, 공동체, 회사 등의 사회적 제도들—상호 호혜 및 신뢰 관계로 구성된 모든 제도들—을 통해서다. 그 결과, 신노동당의 가족정책은 사회적 자본을 육성하고 자녀들에게 공동선에 대한 헌신 및 시민적 가치들을 주입하는 부모의 역할을 강조하게 됐다. 가족이 최초의 결정적 학습 단계가 전개되는 장소라는 것이 그 이유다.[23] 두 부모 가정 다음으로는 회사도 사회적 자본의 창조에 결정적인 제도다. 회사를 통해 협력이 증진되고 신뢰와 충성심이 다져진다고들 하기 때문이다.[24]

사회적 자본 관념은 사회적 응집과 경제적 효율성의 밀접한 관계에 대한 제3의 길의 주장에 잘 들어맞는다. 다양한 방식으로 이 담론은 경제적인 것과 사회적인 것을 결합시키는 사회민주주의의 전통, 그리고 사회적 불평등이 초래하는 낭비에 대한 사회민주주의의 역사적 관념의 연속선 위에 있는 듯 보인다. 예를 들어, 사회적 자본의 문제가 곧바로 사회적 배제에 대한 논쟁을 다루는 프레임이 됐다. 하지만 사회적 자본 관념은 제3의 길 내의 긴장을 보여주는 것이기도 했다. 이는 사회적 쟁점들을 경제적 논법의 영역으로 옮기려는 시도였다. 이런 점에서 사회적 자본 관념은 한때 페이비언 경제학이 자유방임 경제학에 대한 비판을 제시했던 것과 유사하게 신자유주의에 대한 일종의 사회민주주의적 비판을 포함했다. 이는 심지어 사회적 자본이 공공재라고까지 주장하기도 했다.[25]

사회적 자본 담론은 영국 계급사회, 특히 퍼블릭 스쿨*과 옥스퍼드, 케임브리지 출신의 '학연'에 대한 중요한 비판을 담고 있었다. 그럼에도 불구하고 사회적 자본 관념은 계급이나 평등 관념과는 이상하게도 분리됐다. 사회적 네트워크에 대한 개입의 강조는 권위주의적 논리로 기울었다. 즉, 사회적 자본이 네트워크와 사회적 규범을 통해 창조되는 것이라면, 나쁜 사회적 자본을 창조하거나 사회적 자본을 파괴하는 그런 형태의 사회적 네트워크는 제재받아야 한다는 것이었다. 이를 통해 ASBOs** 같은 새로운 개입 수단이 등장했고, 일탈 행위를 범죄시하는 사회적으로 보수적인 존중 의제,*** 제도들이 제정됐다.[26] 시장의 미덕은 사회적 자본 관념의 주된 측면이었다. 자산 조사에 바탕을 둔 복지정책 등이 사회적 자본 논의에서 결정적인 역할을 했다. 왜냐하면 자산을 보유할 경우 금융 이해 능력을 갖추고 저축 문화를 확립하며 소유 의식을 함양하는 등의 미덕이 증진된다고 보기 때문이다. 그래서 ILAs와 아동채권****—이는 급진적인 재분배

---

* public school. 글자 그대로 옮기면 '공립학교'이지만, 영국에서는 정반대로 독자적인 선발 제도를 지닌 13~18세 대상의 사립학교를 뜻한다. 역사적으로 영국의 상류계급과 상층 중간계급 자제를 위한 지배 엘리트 양성기관 역할을 해왔다.
** 반사회적 행위에 대한 명령asocial behavior orders. 1998년 블레어 정부가 도입한 제도. 이를 통해 욕설, 과도한 음주 등 경미한 '반사회적 행위'를 형사 절차가 아닌 행정명령으로 제재할 수 있게 됐다.
*** Respect agenda. 2005년 총선에서 블레어는 ASBOs 등의 정책들을 하나로 묶어서 '존중 의제'라 부르면서, 지역공동체가 나서서 '반사회적 행위'를 규제하는 것이 그 목표라고 주장했다.
**** 아동채권baby bonds의 공식 정책명은 '아동 신탁 기금Child Trust Fund'이다. 2005년에 도입된 이 정책의 골자는 2002년 9월 1일 이후 태어난 모든 아동에게 은행 계좌를 개설해 250파운드 상당의 바우처를 지급한다는 것이다. 일종의 저축 문화 장려책인데, 2011년 보수당 정부에 의해 폐지됐다.

정책의 잠재력을 지닌다—은 사회적 자본 구축의 논리를 프레임으로 삼았다.[27] 하지만 사회적 자본 관념은 공공재 이론을 제공하는 데는 실패했다. 사회적 자본은 개인적 재화 관념에 의존하고 이에 따라 개인적이고 경제적인 효용 및 선호에 의존하는 개념이다. 궁극적으로 사회적 자본은 사회적 위계제에서 개인이 경쟁력을 갖추기 위해 확보하는 개인적 자원이다. 이런 식으로 사회적 자본 관념은 사회민주주의의 현대 전략 중 자본을 사회화하는 것과 사회적인 것을 자본화하는 것 사이의 긴장을 보여준다. 사회적 자본 관념에는 분명히 자본에 대한 사회적 비판의 싹이 담겨 있었다. 하지만 이는 사회관계가 사실상 자본의 여러 형태들로 전화한다는 점에서 사회적인 것에 대한 유별나게 경제주의적인 접근이기도 했다. 사회화를 추진하는 경향이 있음에도 불구하고, 사회적 자본 담론은 자본주의의 보다 사회적인 형태를 창조하는 데 관심을 기울이기보다는 경제적 효율성을 창조하는 새로운 방식을 찾는 데 골몰했다.[28] 또한 사회적 자본 논쟁은 평등, 재분배, 사회정의의 사상에 대한 신노동당의 거북한 입장을 드러냈다. 공동체의 논리를 사회 쟁점의 프레임으로 삼는 것은 평등을 언급하지 않으면서, 그래서 결국은 자본주의를 비판하지 않으면서 재분배 문제를 다루려는 신노동당의 전략이었음이 틀림없다. 공동체를 강조함으로써 신노동당의 정치는 사회의 구조적 요소들과 사회문제들을 강조하지 않게 됐다. 오히려 국가가 책임을 질 경우 공동체의 자생적 사회조직이 파괴된다고 비판하면서 그 일환으로 '구조' 개념을 폐기해버렸다.

사회

공동체주의는 스웨덴에서는 영국과 같은 영향력을 행사하지 못했다. 스웨덴의 1990년대와 2000년대 정치 담론은 주로 보편주의와 국가 책임에 관심을 기울였다. 1990년대에 아미타이 에치오니가 스톡홀름을 방문했을 때, 환영 모임의 분위기는 다우닝 가의 그것과는 사뭇 달랐다. 스웨덴인의 시각에서는 무엇이 행위의 분명한 규범이 되어야 하는지를 놓고 철학적 추상화 작업을 벌이는 것에 어떤 좋은 점이 있는지 이해하기 힘들었다. 더구나 그 추상화 작업이 한 미국인의 것이라면 말이다. 에치오니의 회고에 따르면, 당시 총리였던 잉바르 칼손의 반응은 영 쌀쌀맞았다.[29]

그럼에도 신노동당의 현대적 공동체주의와 현대 스웨덴 정치의 사회철학 사이에는 많은 유사점이 있다. 스웨덴 사회민주주의 전통은 사회 협약을 놓고 너무 지적인 논리를 전개하는 것을 주저하는 경향이 있다. 이 현상은 스웨덴 복지국가의 가치들이 전통과 역사에 깊이 뿌리 내렸으며 스웨덴인의 영혼에 일종의 정신적 진지를 구축해놓았다는 인식과 관련이 있다. 복지국가 가치의 중립화라는 이러한 암묵적 전제는 그 자체로 현대 공동체주의의 가정들과 유사하다. 둘은 많은 한계를 공유하는데, 그중에서도 특히 공동 경험과 공유된 정체성으로서 역사에 호소한다는 점이 두드러진다. 역사학자 헨릭 베르그렌Henrik Berggren과 라르스 트래고르드 Lars Trägårdh는 스웨덴에서 활발한 토론을 불러일으킨 2006년 저작에서 스웨덴 복지국가가 스웨덴다움이라는 특별한 관념, 즉 연대, 평등, 개인주의의 가치들을 국민적 정체성의 일부로 보는 역사적으로 뿌리 깊은 의식 위에 서 있다고 주장했다.[30] 복지국가의 가치들을 바로 이렇게 스웨덴 국민의 천부적 가치들로 보는 시각은 스웨덴 사회민주주의의 이념 전략에서 중요한 부분이다. 사회민주주의의 핵심 이념 요소들 중 다수, 무엇보다 먼저 국민의 집 관념은 전간기에 국민 단합과 사회질서라는 보수주의 담론으로부터 강탈해온 것이었다.[31] 첨예한 이념적 대립의 격변기였던 1980년대와 1990년대에 문제가 된 것이 이러한 '천부적' 사회민주주의 질서였다. 따라서 1990년대 중반부터 사회민주주의 담론에서 '강한 사회'와 '국민의 집' 관념이 부활한 것은 마치 이것이 진정 국민적 가치인 양 사회철학 영역에서 일종의 헤게모니를 재창조하려 한 시도였다고 봐야 한다. 전 총리 예란 페르손은 그의 글에서 블레어를 자주 인용하고 공동체에 대한 임무와 의무라는 주제를 모방하면서 공동체주의의 주제들을 만지작거렸다.[32] 1990년대에 국민의 집 관념이 복귀한 것은 다문화주의와 사회적·문화적 다양성에 대한 토론의 증가에 대한 분명한 대응이기도 했다. 사회민주주의는 이러한 논쟁이 복지국가에 무엇보다 중요한 요소인 공동체에 위협을 가한다고 보는 경향이 있었다.[33]

삼헬레 관념은 스웨덴 정치사를 통해 내용이 만들어지는 과정에서 독일 제도주의, 뿌리 깊이 보수적인 강단사회주의의 영향을 받았다.* 역사적으로 이는 시장과 사회의 고도로 유기적인 관계를 뜻했으며, 그에 따르면 사회적 합리화는 자본주의 효율성을 위해 반드시 필요한 것이었다. 보수파 경제학자 구스타프 카셀**과 사회주의자 군나르 뮈르달 같은 다양한

---

* '강단사회주의kathedersozialismus'는 1870년대에 독일에서 아돌프 바그너, 구스타프 슈몰러 등이 주창한 사회과학 사조. 당시 독일 사회에서 막 발흥하던 영국식 자유주의와 마르크스주의를 동시에 비판하면서 사회개혁 입법만으로 자본주의의 폐해를 교정할 수 있다고 주장했다. 이러한 주장은 비스마르크의 사회보험제도 도입에 커다란 영향을 주었다. 주창자 중 한 명인 바그너는 대표적인 반유대주의 극우 보수 논객이었다.
** Gustaf Cassel(1866~1945). 스웨덴의 경제학자. 스톡홀름 대학 교수를 지내며 크누트 빅셀 등과 함께 스톡홀름학파를 이끌었다. 각기 스웨덴 자유주의와 사회주의를 대표하는 경제학자인 베르틸 올린과 군나르 뮈르달이 모두 그의 제자다.

사상가들이 이러한 인식을 공유했다.[34] 역사 속에서 이러한 유기체적 접근은 때로 공동선을 명분으로 내건 급진적인 사회적 개입주의로 이어졌다. 사회적인 것의 개념으로서 삼헬레의 또 다른 특징은 이론상 국가와 시민사회를 구분하지 않는다는 점이다. 삼헬레 관념은 오히려 시장, 국가, 시민을 하나의 유기적 총체로 종합하려는, 19세기 말에 시작된 야심에 근거를 둔다.[35] 이는 역사적으로 규정된 가치와 전통이라는 사회적 맥락 안에서 공동체를 구성한다는 공동체주의의 가정 그리고 시장을 공동선의 일부로 보는 공동체주의 인식과 다를 바 없다. 하지만 주로 시장이 맡는 역할 측면에서 삼헬레의 역사적 의미와 현대 공동체주의의 공동체 관념 사이에는 중대한 차이가 있다.

19세기부터, 하지만 특히 1930년대 이후의 스웨덴 모델 발전 과정에서 삼헬레의 사상은 공동선의 이상 아래 시장과 그 경쟁의 힘 그리고 이윤을 통제하는 것에 바탕을 두었다. 이에 따라 시장자본주의를 규율하고 사회적인 것에 대한 시장의 파괴적인 영향을 막는다는 것이 삼헬레 사상의 주요 내용이 됐다. 1950년대와 1960년대 사회민주주의의 '강한 사회' 사상은 발전된 시장사회에서는 사회적 책임도 확대돼야 한다는 관념에 바탕을 두었다. 이는 의심의 여지 없이 사회의 위에 선 시장정신이 아니라 시장의 위에 선 사회정신이었고, 그만큼 노동시장과 복지정책의 스웨덴식 모델에 토대가 되어주었다. 게다가 삼헬레 관념은 현대 공동체주의가 전제하는 것과는 전혀 다른 호혜 관념에 호소한다. 스웨덴식 사회 관념은 계약의 비유, 즉 국가와 시민의 계약이라는 사고, 나아가 권리와 책임의 계약이라는 사고에 바탕을 두지 않는다. 오히려 이는 필요의 상호 인정이라는 측면에서 규정된 호혜 관념에 바탕을 둔다. 이는 국민의 집 비유에서 통합과 소속의 원천으로 표현된다. 스웨덴 전통에서 공동선을 구성하는 것은 사회적 시민권의 의무라는 측면이 아니다. 그렇기는커녕 공동선의 구성은 근본적인 민주적 권리와 사회적 권리의 적극적인 실행에 달려 있다. 개인적·집단적 성취는 근본적으로 상호 연관된 관념이며, 사회민주주의 전통에서 성취 관념은 보편주의 사상과 긴밀히 연결된다. 이에 따라 삼헬레 관념은 사회 변화를 시민권의 권리라는 측면이 주도하는 과정으로 보는 사고에 바탕을 두게 된다.[36]

지식이 일종의 민주적 자본이라는, 보편적 복지국가의 가치들을 보호하는 도구라는 SAP의 강력한 주장에 담겨 있는 것이 바로 이러한 인식이다. SAP의 2001년 강령은 지식사회를 이렇게 규정한다.

만인에게 지식에 대한 접근 통로를 제공하는 것은 계급 패턴을 파괴하는 데 결정적 역할을 한다. 지식과 역량은 점점 더 노동 생활에서 개인의 기회를 결정하는 생산수단이 되어가고 있다. 이러한 수단에 접근할 수 있는지 여부의 차이가 사회적 격차를 늘리며 사회의 모습을 바꾼다. 고도의 지식과 역량은 계급 장벽을 무너뜨린다. (……) 최근 부상하고 있는 새로운 생산 질서는 정보에 바탕을 두고 구축된다. 오늘날만큼 정보 흐름이 중요했던 때는 없으며, 현대 정보 기술은 이와 함께 지식의 실질적 민주화를 수반한다. 그러나 지식이 초래하는 권력은 정보에 대한 접근 통로의 문제만이 아니라 정보를 자주적으로 해석하고 평가하며 사회적 맥락을 검토하고 가치들로부터 사실을 식별해내는 능력의 문제이기도 하다. 오직 이러한 능력들을 통해서만 지식의 민주화는 가능하다. 사회민주주의의 과제는 지식과 교육을 바탕으로 구축되며 만인에게 동등한 조건으로 개방되고 접근 가능한 참된 지식사회를 창조하는 것이다.[37]

이런 점에서 지식은 연대와 보편주의로 이뤄지며 민중의 비판적 사고

능력에 바탕을 둔 사회민주주의 사회를 건설하는 도구다. 이러한 덕목들은 시장에 대한 통제 수단으로 인식된다. 신노동당이 공동체 관념과 자본 관념을 서로 강하게 연결시키는 반면, SAP는 사회가 민주주의를 통해 규정되는 영역이라고 이야기한다. 스웨덴 담론에서 사회적 자본 관념이 언급되는 경우는 거의 없지만 그럼에도 언급되는 사례가 있다면 자기교육운동, 즉 민중교육이 각성한 민주 시민들로 구성된 전략적인 사회적 자본이라는 논의를 들 수 있다.[38] 이는 또한 스웨덴식 역량kompetens 관념, 더 나아가 사회적 역량social kompetens, 즉 지식사회에 필요한 기능과 지식이 뜻하는 바이기도 한다.

1990년대 초에 빌트 정부의 경제 전략을 통해 역량 관념이 중요해지게 됐다.[39] 하지만 1990년대 중반에 사회민주주의가 지식사회를 중심으로 한 서사를 접합하기 시작하면서 역량 관념에는 민주주의와 개인적 역량 강화empowerment의 사상이 부가됐다. 평생학습과 역량 저축을 통해 향상되고 강화된 개인 역량은 시민권에 따른 권리로서, 보편적 복지국가 건설의 또 다른 전진으로서 접합됐다. 영국과 마찬가지로 당시 스웨덴에서도 역량을 다루는 프레임은 신경제에서 개인이 이루는 성취와 경쟁력이라는 중대한 문제였다. 스웨덴이 영국과 달랐던 것은 이것이 새로운 생산 질서 그리고 만인을 향상시킴으로써 아무도 낙오하지 않게 만든다는 목표의 중요성과 연결됐다는 점이다. 말하자면 역량은 시장에 대한 비판을 접합하는 개인의 능력을 포함한 역량 강화 및 정치적 자원이라는 맥락에서 자본이었다.[40] 하지만 여기에는 모순이 가득했다. 궁극적으로 사회적 역량은 고용가능성 개념, 즉 포스트포드주의 노동시장의 수요에 따른 기능의 개인적 보유와 긴밀히 연결되기 시작한 노동시장 담론의 일부다. 이는 사회적 역량을 시민권적 역량으로 보는 관념이 점차 시장 역량으로 보는 관

넘으로 변천했고, 사회민주주의 정치의 역할이 각성한 민주 시민의 육성
으로부터 경쟁력 있는 국민의 형성으로 재배치됐음을 반영한다.

덧붙여 사회적 역량 관념에는 매우 분명한 문화적 구성 요소가 있다. 영
국의 사회적 자본이 근면, 의무, 페어플레이—모두 영국다움의 정의에 포
함되는 요소들이다—와 관련된 것처럼, 스웨덴에서도 사회적 역량 관념
은 국민의 집이라는 역사적 공동 경험에 뿌리를 두고 있다고 여겨지는 가
치들에 근거한다. 말하자면 사회적 역량은 스웨덴어, 스웨덴의 관습 그리
고 특히 스웨덴 모델의 문화와 관행을 포함하는 '스웨덴에 특수한' 지식으
로 규정되는 경향이 있다. 이러한 스웨덴에 특수한 역량의 일부는 "사람들
의 목소리가 들리게 만들고" 작업장 저항을 통해 생산 패턴에 영향을 끼
치는 능력이다. 일자리를 찾는 이주민들은 흔히 이런 기량이 부족하다고
간주된다. 이런 이유로 사회적 역량 관념은 스웨덴 노동시장의 구조적 차
별 문제의 일부라고 여겨졌다. 이는 역량에 대한 특정한 수요에 부응하지
못하는 것을 신체장애 및 결점과 동일시하는 시각이며, 사회적 자본 관념
이 일탈을 부각시키는 것과 결코 다르지 않은 태도이기 때문이다. 사회적
역량이라는 말은 가치들의 문화적 특수성을 강조함으로써 배제적 담론이
됐고, 특수한 국민적·문화적 공동체와의 관련성에 의존하게 됐다.[41]

지식과 시민권적 덕

신노동당의 공동체 관념은 책임과 의무가 사회 협약의 접착제 역할을
하는 곳으로 사회 영역을 바라보는 비전이다. 시민권적 덕virtues of citizen-
ship에서 중심은 권리의 자각이 아니라, 의무 관념의 확산을 통한 보다 커

다란 공동선에 대한 애착이자 책임감이다. 노동 다음으로는 교육이 책임감을 북돋고 "능력 있고 존경받을 만한 시민"을 창조하는 기본 수단으로 작용한다.[42] 이 과정은 아동기에 시작된다. 1990년대 중반 이후 영국의 교과과정은 시민권 교육의 일환으로 주위 공동체에 대한 책임과 의무를 강조해왔다. 이는 분권화 이후 스코틀랜드와 웨일즈에서 교육이 자신의 권리를 자각한 개인을 육성하는 데 기여해야 한다고 강조하는 교과과정을 채택한 것과는 상반된다. 스코틀랜드에서는 책임 있는 시민의 자질을 "기존 관습과 현 상태에 도전하는 시각을 포함해 교양 있는 시각을 발전시키고 사안을 비판적으로 검토하는 능력"이라 정의했는데, 이는 분명 스칸디나비아 국가들의 교과 과정으로부터 영향을 받은 어투다.[43]

교육이 책임 문화를 육성하는 한 경로라는 영국식 강조는 교육을 유치원 때부터 시민권에 따른 권리의 지식, 타인의 필요에 대한 각성 등을 통해 친밀감의 문화를 육성하는 수단으로 여기는 스웨덴 사례와 대비되는 측면이 있다. 스웨덴에서 시민권이란 작업장에서, 정치에서, 지역공동체에서, 학교에서 사회를 이루는 구조에 영향을 끼치는 데 필요한 지식을 지니는 문제다. 이런 점에서 스웨덴 사회민주주의 담론에서 교육 관념은 전통적으로 평등 관념 그리고 평등한 개인을 육성하는 과정을 내용으로 하는 시민권과 긴밀히 결합돼 있다. 후자의 사례로는 유치원을 위한 알바 뮈르달의 '평등 프로그램'을 들 수 있다.[44] 오늘날 SAP의 유아기 학습 프로그램은 유아기 학습을 서로 다른 배경과 조건을 지닌 아동들에게 동등한 출발선을 제공하고 타인의 상황을 이해하도록 자극하며 협동의 중요성을 가르치는 전략적 경로로 인식한다.[45] 유치원을 위한 〈전국 교과 과정 National Curriculum〉에는 다음과 같은 내용이 언급된다.

유아기 학습은 민주주의의 토대다. 우리 사회의 민주적 가치들을 다지는 것이 그 임무다. 인간 생명의 존엄성, 개인의 자유와 고귀함, 모든 개인의 평등한 가치, 성별 평등, 가장 약한 이들과의 연대가 유치원이 어린이들에게 가르쳐야 할 가치들이다. 나 자신과 타인의 권리가 강조돼야 한다.[46]

이렇게 민주적이고 연대적인 시민을 창조하는 수단으로 유아기 학습을 강조하는 것은 학습과 교육을 시민권의 수단이자 노동계급 합리성을 위한 급진적인 해방의 도구로 바라보는 스웨덴 정치 문화의 오랜 전통에 바탕을 둔다. 위에서 민중교육이 어떻게 지식사회의 사상에서 새로운 중요성을 얻게 됐는지 살펴본 바 있다. 민중교육은 주류 교육 시스템에서 낙오한 사회 내 여러 집단들과의 연대를 창출함으로써 사회 통합을 이루는 수단으로도 여겨진다. 공동체 관념이 사회 변화가 조화로운 진화 과정이라고 강조하는 데 반해 사회 관념은 이해관계들이 서로 융합되고 균형을 이루는 전형적으로 사회적인 과정이 변화를 이끄는 것으로 본다. 지식은 전략적 도구이자 더 나아가 일종의 비판적인 사회적 자본이다. 이는 노동운동의 역사에서 그랬던 것과 마찬가지로 다름 아닌 변화의 방향, 즉 사회진보*samhällsutvecklingen*에 영향을 끼치기 위해 사회와 경제에 대한 통찰과 민주주의를 활용하는 문제다.

평등과 능력주의: 승강기와 사다리

한편 스웨덴의 일부 상황 전개는 지식을 평등과 민주주의의 재화로 바라보는 바로 이러한 관념에 도전하는 것처럼 보인다. 장담컨대 제3의 길의 성장정책을 통해 지식과 교육이 상품이 되는 바람에 부차적인 입장에 처하게 된 것은 다름 아닌 이러한 사고다.

지식과 교육에 대한 접근권을 민주화하는 것이 1990년대 사회민주주의의 의제 목록에서 상위에 있었음은 의심할 여지가 없다. 영국과 스웨덴은 지난 10년 동안 교육에 상당한 투자를 했으며, 박사학위자의 수를 대학 입학 정원의 10퍼센트로 늘린다는 스웨덴의 목표처럼 야심찬 정치적 목표를 입안했다.[47] 어떤 점에서 이는 1960년대에 교육을 소수 엘리트의 특권으로부터 노동계급을 위한 종합교육으로 바꾸려 했던 사회민주주의 정책의 다음 행보라 할 수 있다.

교육 시스템에 전해 내려오는 서로 다른 제도적 유산에 의존하다보니 스웨덴과 영국의 사회민주주의 교육개혁의 범위는 매우 다르게 나타난다. 인문 중등학교grammar schools와 종합 중등학교comprehensive schools의 분리 그리고 엘리트적 '퍼블릭' 스쿨이 차지하는 중요성은 영국 계급사회의 결정적 특성이다. 종합교육 대 적성과 능력에 따른 선발 형태의 교육이라는 쟁점은 노동당 역사에서 지속적인 논쟁거리 중 하나였다. 나아가 이는 영국 노동당의 진정한 한계 중 하나였다고도 할 수 있다. 당은 자주 인문 중등학교의 존재에 의문을 던졌지만 이를 차마 폐지하지는 못했는데, 이는 이 제도가 영국 중간계급에 중요했기 때문이기도 했고 노동당 스스로 이런 중간계급 특권에 도전하길 꺼렸기 때문이기도 했다.[48] 이론상으로 인문 중등학교는 1965년에 윌슨 정부하에서 폐지됐지만 이 조치가 실제로 이행됐는지는 불투명했으며, 이마저도 이후 보수당 정부 아래서 중단됐다. 그 결과, 영국에서는 사실상 인문 중등학교와 11세를 대상으로 한 선발 제도가 잔존했다. 블레어가 1996년 당대회에서 "교육, 교육, 교육"을 강조한 것은 매우 상징적이었으며, 학교 시스템의 철저한 개혁에 대한 좌파의 기대를 불러일으켰다.[49] 10년이 지나자, 신노동당이 대처주의의 중요한 주제들 중 다수를 이어받고 있음이 분명해졌다. 그중에서도 교육 영역에서 시장이 맡는 역할에 대한 숭상, 선택과 다양성의 찬양은 당내 좌파에게는 능력에 따른 선발 제도가 기만적인 가면을 쓴 채 다시 등장한 것으로 보였다. 2005년에 노동당 교육 법안에 대해 뒷좌석 의원들*은 반란표를 던졌다.[50]

스웨덴 교육 제도의 경우는 평등주의의 입장에서 출발점이 보다 양호했다. 1992년 빌트 정부가 바우처 시스템을 도입하기 전까지 사립학교는 스웨덴에서 별로 중요한 역할을 하지 못했다. 주로 소수 스웨덴 상류계급과 외국 외교관 자제를 상대하는 몇 안 되는 기숙학교가 그 전부였다. 이런 학교들은 어떤 점에서도 영국 퍼블릭 스쿨이 개인의 학력을 결정한 것과 같은 역할을 하지 못했다. 1842년 이래 스웨덴은 만인에게 개방된 초등교육 시스템, 즉 국민학교folkskolan를 설립해 스웨덴 국민의 문자 해독력을 역사상 유례없이 높은 수준으로 끌어올렸다. 이에 더해 1962년 이후에는 단일한 종합교육 시스템을 운영했다. 뒤이어 1960년대 말에는 성인교육의 접근 통로를 확대하고 확대일로의 복지국가에 교육받은 공무원들을 충원하려는 목적으로 고등교육 개혁이 추진됐다.[51] 1990년대에 SAP가 다시 집권당이 되자 직업교육과 인문교육의 분리를 폐지하는 방향으로 개혁을 더욱 진전시켰다. 이때 모든 직업교육 프로그램에 이론적 요소들이 포함됐고 모든 학생을 대상으로 한 대입 학력평가라는 구상에 따라 단일한 통합 대입 자격시험 제도가 제정됐다. 많은 이들이 이러한 직업훈련

---

* Backbenchers. 영국의 하원의원들 중 내각이나 그림자 내각에 참여하지 않는 일반 의원들을 가리키는 말. 계단형으로 된 하원 의석의 앞부분에는 각 당 지도부가, 뒷부분에 일반 의원들이 앉았던 데서 유래한다.

프로그램의 폐지가 결국 기능 수준의 퇴보를 초래할 것이라고 비판했다. 적지 않은 학생들이 이론 수업을 따라가지 못했지만, 2006년 총선에서 당시 야당이던 SAP는 직업교육과 현장 실습에서 인문교육 비중을 더욱 늘리겠다고 공약했다.[52]

SAP의 정책은 매우 평등주의적 접근법을 지향하면서 능력주의를 거부하는 것이었다. 그래서 교육 기회의 집단적인 확대를 강조했고, 누군가는 다른 이들의 위에 올라설 수 있어야 한다는 생각에 반대했다. 1990년대에 SAP의 중점 개혁정책은 쿤스캅스리프테트*kunskapslyftet*, 즉 '지식 승강기 knowledge lift'였다. 이는 다수의 실업급여 수급자들이 성인교육에 참여해 신경제에서 성공 가능한 기능을 습득하게 하려고 고안된 것이었다. 다른 개혁 조치들로는 비도시 · 교외 구역에 지역 단과대학들을 설립해서 새로운 사회집단을 고등교육에 충원하고 이를 통해 차별에 대항하려던 정책이 있었다. 이러한 개혁정책들의 경우, 2006년 총선 구호였던 '알라 스카 메드*alla ska med*', 즉 '모두가 함께 간다'는 관념을 내용으로 하는 '승강기'라는 동일한 평등주의적 수사가 프레임 역할을 했다.[53] 1990년대에 바우처 시스템이 도입된 이후 스웨덴 학교 시스템에서 벌어진 극적인 변화에 비춰보면, 이는 다소 거짓말 같은 느낌을 준다. 바우처 시스템으로 인해 학교 간에 사실상 완전한 특성화와 경쟁이 시작됐던 것이다.[54]

바우처 학교*는 1992년에 빌트 정부에 의해 도입됐다. 이는 영국 교육에 시장을 도입하려던 대처의 시도 그리고 다양성, 학부모의 선택, 시장 분화라는 사고로부터 영향을 받았다. 이에 맞서 사회민주당은 다시 집권

---

* voucher schools. 스웨덴의 바우처 교육 시스템에서는 국가가 학부모들에게 교육비를 지원하지만 부모는 자녀를 공립학교에 보낼 의무가 없다. 학부모는 공립학교와 사립학교 중에서 선택할 수 있다. 이 시스템을 통해 활성화된 사립학교들을 '바우처 학교'라 부른다.

하면 이 조치를 폐지하겠다고 공약했지만, 실제 집권한 뒤에는 약속을 지키지 않았다. 바우처 시스템 도입으로 인해 공립학교들과 학생 유치 경쟁을 벌이는 반半사립 '자유학교'들이 넘쳐나게 됐다. 이제 바우처 학교들은 스웨덴 학교 시스템의 중심 요소이며, SAP는 이 문제를 놓고 심각하게 양분돼 있다. 아니, 실은 이 문제는 SAP가 가장 두드러지게 침묵하는 쟁점이다.[55] 동시에 바우처 학교는 고참 사회민주당원들이 이념적 변질의 사례로 언급하는 많지 않은 개혁 조치들 중 하나다. 왜냐하면 이 덕분에 중간계급 학부모들이 자기 자녀를 공립학교에서 철수시킬 수 있게 됐고, 그래서 교외 구역에 사회적·인종적 차별이 뿌리내리고 있기 때문이다.[56] 반면 당의 현대화론자들에게 바우처 학교는 보다 개인주의적인 시대에 어쩔 수 없이 필요한 양보다.[57]

다수의 '자유'학교는 발도르프나 몬테소리* 같은 특별한 교육 방법을 실행하는 학교들이다. 그래서 많은 사회민주당원에게 호소력을 지니며, 사회민주주의 역사 속의 대안적 교육관과도 조화를 이루는 것으로 보인다. 한편 그 밖의 고등학교들은 무용이나 체육 혹은 음악 전문학교 혹은 종교학교다. 당은 종교가 교육의 일부를 이룬다는 생각에는 공감하지 못하기 때문에 후자에 대해서는 반대 입장이다.[58] 한편 전국 교과과정에서 가치에 바탕을 둔 구성 요소가 강조되기 시작했다. 1980년대의 교과과정은 교육의 역할이 "노동 생활과 사회의 틀을 짜는 데 비판적이고 적극적인 역할을 수행하도록" 독려하는 것이라고 언급했고, 주위 세계와의 연대에 대해서도 이야기했다. 1994년에 보수파 정부가 제시한 교과과정에서

---

* 발도르프Waldorf 교육은 독일의 신지학자 루돌프 슈타이너가 설립한 발도르프 학교에서 시작된 대안 교육 방식이다. 몬테소리Montessori 교육은 이탈리아의 교육학자 마리아 몬테소리가 개발한 영유아 교육 방법이다.

는 이러한 강조가 자유에 대한 자유주의적 개념과 기독교 윤리에 바탕을
둔 보다 개인주의적인 문구, 즉 "각 학생이 그 혹은 그녀만의 특별한 재능
을 발견할 수 있도록 함으로써 책임 있는 자유 안에서 사회생활에 참여할
수 있게 만드는 것"으로 바뀌었다.

보편적 종합교육에 바탕을 두던 스웨덴 학교 시스템이 선택과 바우처
에 바탕을 둔 시스템으로 바뀜으로써 학교 시스템과 평등 및 연대의 원칙
사이에 위험한 충돌이 발생하고 있다. 학교의 특성화로 인해 각 학교가 학
생 유치 경쟁을 벌일 수 있게 됐고, 이로 인해 낙후 지역의 지방 학교들은
돈 쓸 데는 늘어나는데 재원은 부족한 형편이다. 이는 다양한 재능과 능력
을 칭송하면서 교육을 사회집단들의 만남의 지점으로 여기는 당의 사고
와 역행하는 것으로 보인다. 이러한 변화의 결과로 스웨덴의 교육 관념은
지식을 민주적 자원이자 근본적인 공공재로 보는 오랜 이상에서 교육을
시장 상품으로 여기는 쪽으로 변천했다. 영국과 마찬가지로, 이 시스템의
필수 전제조건은 전국 시험에 의한 표준화 과정을 통해 학부모들이 자녀
의 성적과 학교의 실적을 점검할 수 있도록 하는 것이다.[59]

그럼에도 불구하고 지식사회가 일종의 집단적 승강기이며 따라서 성취
가 항상 보편주의의 가치들에 바탕을 둬야 한다는 SAP의 강조는 변화를
경쟁적 쟁투의 과정으로 보는 신노동당의 방식과 상반된다. 위에서 논의
한 대로, 지식사회에 대한 영국식 비유는 '경주'와 '사다리'로서, 둘 다 누
군가는 이기고 누군가는 진다는, 사회 변화에 대한 지나치게 경쟁적인 사
고를 반영한다. 사다리는 근본적으로 능력주의적인 관념이며, 여기에서
성취는 개인의 선천적 재능의 성공적 육성에 달려 있고 개인의 성공에서
나타나는 차이는 자본주의 구조의 불공평한 결과가 아니라 이러한 재능
에 대한 정당한 보상이다. '기회의 사다리'는 페이비언주의에 기원을 둔

비유다. 시드니 웨브에게 기회의 사다리는 기능에 따른 사회 계급의 관리주의적 분할을 의미했다. 이를 통해 노동자는 직업훈련과 현장 실습의 시스템을 맴도는 반면 가장 똑똑한 이들에게는 이론교육을 통해 공무원이라는 자리에 이르는 오솔길이 열린다.[60] 직업훈련과 인문교육의 분리라는 영국 교육 시스템의 이러한 이중성은 끈질기게 이어졌고, 신노동당 역시 직업훈련과 현장 실습이 노동시장에 진입하는 경로라고 계속 강조했다. 많은 이들은 이런 전통이 고숙련 전략의 창조를 방해하는 역할을 했다고 주장한다. 이는 공정한 주장은 아니다. 왜냐하면 직업교육의 수준과 가치를 높이는 것도 그만큼 강조됐기 때문이다. 하지만 '기회의 사다리' 관념이 지배적이라는 사실은 신노동당 이념에서 능력주의가 중심 역할을 한다는 것을 보여준다.

능력주의는 사회민주주의의 역사에서 매우 모호한 개념이다. 능력주의적 사회질서는 세습 특권이 아니라 실력에 바탕을 둔 개인적 성취를 약속하며, 이는 결국 역사상 노동운동을 억눌러온 계급 특권의 파괴로 이어진다. 이런 점에서 이는 심원한 사회변혁과 관련한 매우 급진적인 관념이다. 하지만 마이클 영Michael Young이 저서《능력주의의 부상The Rise of the Meritocracy》(이 책은 1960년대 종합교육에 대한 논쟁 중에 처음 출판됐다)에서 경고한 것처럼, 능력주의는 지능과 재능의 차이를 불평등의 정당한 원천으로 인정하며 사회적 위계제의 핵심에 자리한다.[61] 이런 관점에서 능력주의는 자본주의 권력 구조를 이해하고 질문을 던질 도구를 박탈당한 대중을 통치하는 지식 소유 계급이 성장하고 있다는 위험을 보여준다. 여기에서 능력주의는 사회 변화가 아니라 사회질서를 대변한다. 스웨덴의 민중교육 같은 초기 사회주의자들의 자기교육운동은 능력주의 교육 시스템과 이를 통한 부르주아 엘리트의 재생산에 맞선 대응이었다.[62]

하지만 스웨덴의 사회민주주의 교육정책은 SAP의 역사적인 성장 지향에서 연유한 일종의 인적 자본론으로부터도 내용을 끌어왔다. 종합교육에 대한 스웨덴의 논쟁은 능력주의 논의 그리고 학교교육에서 평등이 영재들을 억누를지 모른다는 우려를 포함했다. "만약 노동계급이 평등을 빌미로 그 최상의 인재와 잠재적 정치 지도자를 빼앗긴다면, 이는 불행한 일일 것이다." 그러나 당은 보편주의가 활용 가능한 모든 두뇌로부터 최대한의 잠재력을 뽑아내는 전략이라고 주장함으로써 이러한 딜레마를 해결했다.[63]

신노동당은 능력주의 원리를 포용했을 뿐만 아니라 찬양하기까지 했다. 이들의 주장 중 일부—경제에 필요한 것은 지식 엘리트가 아니라 모든 민중의 창조성이라는 생각, 혹은 소수가 아니라 다수의 자기 계발 문화를 창조하는 것이 과제라는 생각—에는 말하자면 '모든 아동의 쓸모를 발견하기'와 같은 인적 자본론으로부터 자극받은 평등주의적 열망이 반영돼 있다.[64] 1997년 이후 교육 수당에, 학교 건물과 ICT에, 교사 급여에 상당한 투자가 이뤄졌다. 신노동당은 표준 기반 교육을 강조하면서 수업의 질, 결과의 민주화에 초점을 맞추었고 기초 기능과 문자 해독 능력에 보다 많은 중요성을 부여했다. 그러나 신노동당은 '평등'을 '기회의 평등'으로 재정의하면서 사실상 평등주의적 사회질서의 비전을 능력주의의 비전으로 대체해버렸다. 교육정책에는 매우 강력한 능력주의의 요소들이 포함됐는데, 여기에는 경쟁력을 확보할 길이 개인의 재능을 완전히 실현하도록 독려하는 데 있으며 이것은 평등의 원리와 충돌한다고 보는 생각이 반영돼 있었다. 야당 시절 준비한 첫 번째 〈학교 백서Schools White Paper〉에서부터 수월성秀越性의 언어가 교육의 프레임이 됐고, 이에 따라 학습 과정 모니터링의 엄격한 기준이 도입됐으며 학업 성취도가 낮은 학교는 폐교 위험에 처했다. 정부의 역할은 교육의 방향을 조종하던 것에서 통제하는 쪽으로 바뀌었고, 여기에는 학업 성취 미달의 제재, '실패에 대한 비관용'으로 명명된 내용의 실시가 포함됐다. 이러한 관념은 학교와 교사들에게 우선 적용됐지만, 나중에는 개별 학생도 적용 대상이 됐다.[65]

실패에 대한 비관용은 치안 영역에서 가져온 비유다. 이를 통해 '성공에 반비례해서' 실패를 처벌하는 매우 권위주의적인 수월성 담론이 들어서게 된다. 수월성의 언어는 재능의 차이에 갈채를 보내고 학교와 개인의 실적을 모두 주의 깊게 모니터링한다는 점에서 능력주의적 성격이 강하다. 다우닝 가의 교육정책 자문 위원이었던 마이클 바버Michael Barber는 나와의 대담에서, 수월성의 표준화와 모니터링은 모든 사람이 앞으로 나아가도록 이끈다는 점에서 창조성의 필수 전제 조건이라고 밝혔다.[66] 수월성은 시장 및 경쟁과도 직접적인 관계가 있다. 논란이 된 '아카데미 프로그램'*에 따르면, 실패한 학교는 창조성과 추진력의 주입을 위해 시장의 인수 대상이 될 수 있다. 신노동당의 정책은 교육 시장에서 경쟁력을 확보하고 최상의 학생들을 유치하며 수월성을 추구한다는 목표 아래 학교의 특성화를 장려하기도 했다. 이는 '포스트종합교육 원리'라고 높이 평가받았다. 다양한 재능을 적극 지원함으로써 종합교육의 정신을 더욱 심화시키는 원리라는 것이었다. 블레어 정부의 키워드 중 하나였던 다양성은 어떤 아동도 뒤처지지 않도록 보장한다는 것을 뜻했다. 그 수단으로는 학업 성취도가 낮은 학생의 특별 지원뿐만 아니라 우등생을 위한 특별학급 편성

---

* Academies Program. 블레어 정부가 2000년부터 실시한 학교 제도. '아카데미'로 지정된 학교들은 국고 지원을 받으면서도 한편으로는 일반 공립학교들과 달리 민간투자를 유치할 수 있다. 교육 내용은 전국 교과 과정을 따르지만, 지방자치단체의 감독을 받지는 않는다. 주로 중등학교가 '아카데미' 지정 대상이지만, 일부 초등학교에도 적용된다. 교원노조는 이 제도의 시행에 반대했다.

도 있었다.[67]

즉, 능력주의는 현대 교육정책의 조직 원리다. 실제로 제3의 길이 평등과 개인주의의 관계를 재협상하는 과정에서 그리고 신노동당의 사회질서 비전에서 능력주의에 대한 높은 평가가 핵심적인 역할을 했다. 능력주의는 새로운 사회민주주의 프로젝트의 결정적 성격이자 그 새로운 정치 공간의 일부가 됐다.

분명하게 말하건대 우리의 목표는 정부와 민중의 관계가 중앙 통제나 자유방임이 아니라 동반자 관계인 공공서비스 시스템에서, 정치적 좌파의 기본원리인 만인에게 개방된 기회의 주장을 흔히 정치 영역의 권리 개념과 결합되곤 하는 수월성의 추구와 결합시키는 것이다.[68]

학습사회: 결론

사회민주주의의 역사에서 능력주의는 평등의 이름 아래 급진적 사회 변화를 요구하는 관념이자 자본주의 사회구조가 개인을 짓누르는 것을 비판하게 만드는 관념이었다. 능력주의는 평등의 비전으로서, 독창적 재능이 아니라 성취가 사회적 서열의 정당한 토대라고 보는 시각이었다. 반면 현대 사회민주주의에게 능력주의는 사회가 개인적 재능을 중심으로 조직된다고 보는 시각이다. 이것의 내용을 채워주는 것은 인적 자본론이며, 여기에서는 '최상의 두뇌들'로부터 최대의 잠재력을 끌어내려는 경제적 열망을 충족하기 위해 재능에 따라 사람들이 차등화된다. 신노동당 정부의 교육정책은 수월성의 확산과 접근권에 대한 강조에도 불구하고 사회 변화보다는 사회질서에, 계층 이동보다는 사회의 유기적 짜임새에, 평등보다는 '잠재력 추출'에 더 관심을 쏟았다. 사회민주주의는 세습 특권이 비효율적이고 낭비적이라며 반대하지만(또한 자산 조사에 기반을 둔 복지 등의 수단을 통해 상속 특권을 공격하기도 했지만), 크로슬랜드와 비그포르스가 분명히 경고한 것은 다름 아니라 재능에 따른 사회질서의 찬양이었다.[69] 게다가 리처드 세넷이 주장한 것처럼, 잠재력이 우리들 사이에 숨어서 발견·발굴되길 기다리는 무엇이라는 바로 그 관념에는 본질적으로 능력주의적인 요소가 있다. 이러한 접근은 환경을 등한시하며, 적절한 기회만 주어진다면 어떤 개인이든 사슬을 풀어 내면에 숨은 잠재력을 해방할 수 있다고 가정한다.[70] 이는 경제적인 것에 의해 규정되는 사회적 비전이다. 실제로 신노동당은 지식사회보다는 지식경제를 더 많이 이야기했다.

반면 SAP는 수사의 차원에서 평등주의적인 지식사회라는 사회 비전을 고취하고자 노력한다. 이 비전에서는 모든 사회집단들이 변화 과정에 영향을 끼칠 실질적인 기회를 지니며, 사회민주주의 국가가 핵심적인 사회적 가치들, 그중에서 무엇보다도 연대라는 공동선을 보호한다. 이 사회관에 따르면 사회조직이란 계급 및 이해관계의 불일치로 이뤄지며, 이해관계는 지식이 결정적인 역할을 하는 민주적 과정을 통해 융합된다. 그러나 사회민주주의는 이러한 사회관의 자부심 어린 선포를 통해 마치 스웨덴 사회가 여전히 페르 알빈 한손과 타게 에를란데르의 사회인 양, 그리고 마치 사회민주주의 정책들이 아직도 1950년대의 그것들인 양 이야기한다. 현실로부터 기이하게 괴리된 담론인 것이다. 역사학자 프랜시스 세예르스테드가 주장한 것처럼, 1970년대 이후의 시기는 삼헬레 관념이 해체되는 과정, 스웨덴의 담론에서 시민사회, 시장, 개인의 관념들이 자율적이며 심지어는 서로 경쟁하는 영역들로 등장하는 과정이라 할 수 있다.[71]

스웨덴에서 바우처 학교 같은 사유화 정책은 분명히 이러한 개념, 즉 개인의 선택을 집단적 해결과 대립시키는 것에 바탕을 둔다. 1990년대 스웨덴 복지국가의 제도적 변화를 통해 사회민주주의의 연설과 팸플릿에 투영된 연대적 시민이 아니라 효용을 극대화하려는 개인에게 호소하는 정책들이 들어섰다. 이런 정책이 재생산하는 가치들은 연대가 아니라 선택과 경쟁이다. 바우처 학교는 국민의 집 원리와 충돌하는 새로운 사회 개념이 출현하는 현상의 일부인 셈이다.

민중에게
투자하기

7장

제3의 길 담론의 전형적인 특징은 화합할 수 없을 것 같은 대안들을 화합시키고 제3의 경로 혹은 둘 사이의 타협책을 찾자고 주장한다는 것이다.[1] 특히 제3의 길이 복지국가적 개입에 대한 실용적 태도를 통해 해결했다고 주장하는, 효율성과 사회정의의 악명 높은 딜레마가 이러한 사례다. 이는 사회민주주의의 역사에서 낯선 일이 아니다. 이 책의 첫 장에서 논의한 대로, 서로 화합할 수 없을 것 같은 대안들, 특히 자본주의의 효율성과 평등 사이의 딜레마를 화합시키려고 시도하는 것은 사회개혁주의의 기본 원리 중 하나다. 사회민주주의는 전후 시기부터 줄곧 복지국가가 사회정의를 실현하기 위해 시장에 개입하는 수단일 뿐만 아니라 경제적 효율성을 창출하는 수단이기도 하다고 보았다. 즉, 시장에 맞서는 게 아니라 시장을 위한 도구라는 것이었다.[2]

1990년대와 2000년대에 영국 노동당과 스웨덴 SAP는 유럽 전체에서 사회적 시민권과 복지국가적 개입에 대한 접근법의 변화에 발맞춰 경제효율성과 사회정의의 긍정적 관계가 자신들의 현대화 전략의 일부라고 강조했다. 1990년대 중반부터 신노동당은 공정한 것이 곧 효율적이며 사회정의와 효율성 사이에 상충하는 점은 없다고 주장했다. 실제로 이러한 주장은 노동당이 국가사회주의와 신자유주의라는 '시효 만료된' 대안들 사이의 중도좌파 지대에 위상을 재설정하는 데 중요한 요소였다. 1997년에 노동당은 '뉴딜'을 약속했다. 전후의 베버리지 모델*과 단절하여 경제·

---

* 윌리엄 베버리지William Beveridge가 주도하여 작성한 〈베버리지 보고서〉가 전후 영국 복지국가 건설

사회 정책 사이의 새로운 상호 상승 작용을 창출하고 복지국가적 개입의 새로운 '적극적' 형태를 위한 기틀을 놓겠다는 것이었다.[3] 어떤 점에서 이 과정은 바로 이러한 경제·사회 정책 사이의 긴밀한 관계 그리고 적극적인 공급 중시 지향에 의존했던 스웨덴 모델을 떠올리게 만드는 것이었다.[4] 역사적으로 스웨덴 사회개혁주의의 언어는 신노동당 강령을 구성한 바로 그 화합의 요소들, 무엇보다 먼저 경제 효율성과 사회정의가 손 맞잡고 함께 간다는 생각을 중심으로 구성되었다. 여기에는 스웨덴에서 복지국가가 시장의 부정적 결과를 교정하는 수단일 뿐만 아니라 경제에 대한 생산적 투자와 성장의 전제 조건으로도 인식됐다는 사실이 반영돼 있다. 이러한 역사적 접합은 복지국가가 성공적인 경제 변형의 필수 조건이라는 SAP의 최근 주장과 사회민주당 지도부가 "변화 속의 사회보장security in change"*이라 일컫는 바를 통해 반복된다.[5]

하지만 겉으로 보기에는 비슷해 보이는 이러한 현대화 담론들 사이에는 중요한 차이가 있다. 이런 차이를 통해 사회 협약을 둘러싼 서로 다른 담론 유산 그리고 복지국가의 사회형 모델과 자유형 모델의 대립이 논의의 대상으로 돌아오게 된다. 나의 주장은 사회와 경제가 어떻게 조직되어야 하는지에 대한 존재론적·이념적 인식에, 그리고 무엇이 효율적 사회를 구성하는지에 대한 정의에, 즉 효율성에 서로 다르게 접근한다는 것이 이러한 차이의 중심 요소라는 것이다. 이러한 관념들의 핵심에는 사회적 시민권에 대한 서로 다른 이해가 있다.

의 초석이 됐기 때문에 흔히 전성기의 영국 복지 체제를 '베버리지 모델'이라 부른다. 그 특징은 보편주의에 바탕을 두면서도 최저 생활수준 보장에 중점을 둔다는 점이다.

* security는 물론 '안정'이라는 뜻이지만, 사회적 맥락에서 쓰이면 '사회보장'의 함의를 지닌다. 그래서 이 책에서는 대체로 '사회보장'으로 옮겼다.

비용과 투자: 사회투자 전략과 생산적 사회정책

사회적 것이 특별한 종류의 자본, 즉 사회적 자본이 생산되는 영역이라는 신노동당의 인식은 이러한 자본에 투자하기 위해 설계된 새로운 거버넌스 수단, 이른바 사회투자 전략의 출현으로 이어졌다.[6] 사회투자라는 방안은 신노동당의 현대화 전략 서사 그리고 근본적인 영국적 능력들에 투자하자는 이 전략의 주장에서 중심 요소였다. 영국 산업의 기계와 자본에 대한 물적 투자와 나란히 영국 국민의 사회적 자본에 대한 사회투자가 추진된 것이다.[7]

지난 십여 년간 유럽 복지국가들에서 부상한 사회투자 전략은 제2장에서 논의한 정치경제 원리들에 대한 재검토와 긴밀히 연결된, 새로 출현한 국가 개념의 일부다. '사회투자 전략'에서 복지국가가 개입이라는 역할을 떠맡는 핵심 목적은 공공지출과 국가 개입을 활용해 '민중에게 투자'하는 것이다. 즉, 민중을 시장으로부터 보호하는 게 아니라 반대로 지식 중심의 미래에서 성공하는 데 필요한 기능과 기회를 이들에게 제공하는 것이다. 특히 이는 가장 쉽게 미래의 틀에 자신을 맞출 수 있는 사회 내 집단에 적용된다. 이에 따라 사회투자의 사상은 복지국가의 활동과 집단에서 우선순위의 변동을 초래했다. 어린이들이 나라의 결정적인 미래 사회적 자본으로서 특별한 타깃이 됐다. 1990년대에 아동 및 가족 정책—아마도 신노동당의 가장 중요한 성취일 텐데—이 강조된 것은 "모든 어린이의 잠재력에 대한" 전략적 투자라는 이유에 따른 것이었다.[8]

신노동당의 사회정책 의제는 여러 면에서 급진적이었다. 아동 빈곤을 근절하겠다는 서약, 전국적 종일 돌봄 전략* 수립 혹은 통계상으로 개인의 미래 생애에 매우 중요하다고 나타나는 유아기에 개입함으로써 미래의 사회적 배제를 막기 위해 고안된 슈어 스타트 프로그램*이 그 사례들이다. 이들 프로그램은 최초로 아동이 국가 책임의 대상이자 개혁의 중심 영역이 됐다는 점에서 영국 정치 문화를 지배해온 자유주의 복지 철학과의 단절을 의미했다.[9] 하지만 사회투자 전략에는 사회 개입을 둘러싼 통치성의 변화가 반영돼 있으며, 이는 인적·사회적 자본 위에 구축된 새로운 경제를 직접 언급한다는 점에서 드러난다.[10] 사회투자의 사상은 사회정의에 대한 신노동당 경제적 서사의 일부였고, 이 서사를 통해 사회정책은 사실상 새로운 형태의 경제정책으로 전환됐으며 경제적 보상이 주된 동기로 작동하는 복지 프레임이 구축됐다. 이러한 경제적 언어는 분명 고도로 전략적인 기능을 한다. 이는 도덕 혹은 이념이 아니라 실용주의 논법에 따른 평등주의 의제였다. 이렇게 해서 평등은 공동선과 양립할 수 있게 됐고, '영국다움'이라는 가치의 범위 안에서 실현 가능하게 됐다. 하지만 이는 마치 사회정의와 평등이 경제적 원리이기라도 한 양 이들 주제를 매우 공리주의적인 입장에서 다루는 담론을 낳았다.

사회정의에 대한 경제주의적 접근으로 인해 사회적 시민권에 대한 이해에는 근본적인 변화가 나타났다. 제인 젠슨Jane Jenson과 데니스 마틴 Denis St. Martin이 주장한 것처럼, 사회투자 전략은 사회정책의 시간적 차원이 변화하고 있음을 보여준다. 여기에서 가장 긴급한 것은 바로 지금 여기 개별 시민들의 사회보장이나 복지가 아니라 복지 주체들의 이른바 미래의 지대地代 수익가능성future rentability이다.[11] 또한 루스 리스터Ruth Lister가 설득력 있게 논한 것처럼, 사회투자국가의 등장은 우리의 아동관

---

* 제1장 참고.
* 제1장 참고.

212

이 '아동-시민'으로부터 '미래의 시민-노동자'로 변천하고 있음을 의미한다.[12] 이제 정책의 주된 초점은 어린이들에게 보다 나은 아동기를 제공하고 보다 의미 있는 삶을 주도하도록 돕는 게 아니다. 설령 이것이 사회투자국가의 수사에서 필수적인 측면이라 할지라도 말이다. 그보다는 어린이들로 나타나는 미래의 전략적 두뇌력에 투자하는 것이다. 아동은 사실상 자본 투자의 대상이 됐다.

유럽 복지자본주의의 긴 역사에서 보면, 사회정책에 대한 신노동당의 경제적 담론은 새로운 게 아니다. 오히려 현대 사회정책의 발전에 따라붙는 투자 담론의 최신 변종이라 할 수 있다. 사회정책이 사회적 자원의 효율적인 할당을 위한 경제적 수단이라는 사고는 복지국가 통치성의 필수 구성 요소다. 실제로 유럽식 복지자본주의 관념 그리고 이에 따른 사회적·경제 *sozial ökonomie*라는 역사적 관념의 핵심에는 사회정책을 일종의 경제 정책으로 보는 시각이 자리한다.[13] 산업시대에는 사회정책의 프레임이 케인스주의적인 인력 및 육체노동 담론을 벗어나지 않았지만, 오늘날은 사회적·인적 자본의 효율적인 이용이 관심사다.[14]

사회투자 사상의 토대 역할을 한 효율성 관념은 시장 효율성과 직접 연결됐고, '옛' 베버리지식 복지국가가 근본적으로 비효율적이며 비용 부담이 크다는 비판을 포함했다. 신노동당의 '새로운 복지 협약'은 공공지출에 대한 새로운 접근법을 포함했는데, 이는 '낭비적'이라고 간주된 영역으로부터 지식 중심 미래에 전략적으로 중요한 영역으로 공공지출의 방향을 옮겼다. 핵심적인 차별점은 '좋은 지출'과 '나쁜 지출', 즉 투자와 비용의 조심스러운 분리였다. 좋은 지출은 사람들이 일하도록 만들고 교육과 학습을 확대하기 위해 계획된 지출이었다. "……좋지요, 이런 지출이라면 괜찮습니다." 나쁜 지출은 "일해야 할 실업자와 복지수당 수급자에게 지출하는 것이죠. 이런 것은 나쁩니다. 이런 지출은 줄이고 싶습니다."[15] 비용 대신 투자를 지향하도록 감독하고 "우리의 낭비를 뿌리 뽑으며" 투자가 성과를 내도록 보장하기 위해 정교한 감사 및 표준화 시스템이 설계됐다. 본래 이는 공공서비스 경영과 공공부문 개혁에 적용하려는 것이었지만, 복지의 내용과 복지 주체도 낭비 제거의 적용 대상이 됐다.[16]

'투자'와 '비용'은 중립적인 경제적 개념이 아니다. 이들은 진보와 퇴보의 강력한 비유다. 투자를 구성하는 것과 비용을 구성하는 것 사이의 차이는 어느 정도 임의적이다. 어쨌든 비용과 투자 모두 과거로부터 비롯한 재원을 요구한다. 궁극적으로 비용으로서 지출을 구성하는 것과 투자로서 지출을 구성하는 것 사이의 차별점은 지대 수익가능성에 대한 기대다. 비용은 자본 낭비를 초래한다는 점에서 재정에 부담이 된다. 반면에 투자는 미래 수익을 기대하며 재원을 사용한다는 의미다. 복지 프로그램에 적용될 경우, 이 용어들은 특정 사회 프로그램에 기대되는 경제적 역할의 경험적인 기술이 아니다. 그보다는 비용을 대변하는 자와 투자를 대변하는 자에 대한 뿌리 깊이 규범적인 기술을 담고 있다. 사회투자라는 영국식 구상은 '영국 사회정의위원회British Commission on Social Justice'의 보고서를 통해 처음 등장했고, 이후 철학자 앤서니 기든스가 제3의 길에 대한 논저에서 수용했다. 이는 시민권에 대한 신노동당의 공동체주의적 의제 그리고 의존의 문화와 단절함으로써 복지 예산에서 비용 부분을 삭감하려는 신노동당의 관심과 강력히 연결돼 있다. 사회투자국가는 새롭고 적극적인 복지국가, 성취와 열망을 진작하는 국가다. 이 국가는 "보조금 실패"와 관계없다. 이는 "성공에 투자"한다.[17]

이러한 복지 접근법은 복지 및 사회 정책이 잠재적으로 시장 효율성과 충돌한다고 보는 명백한 자유주의의 유산에 바탕을 두었다. 신노동당에

게 영감을 준 것은 바로 사회민주주의적인 사회개입주의다. 그러면서도
이는 영국의 진보적인 복지 전통의 중요한 유산들, 즉 리처드 티트머스*
의 보편적 권리 부여entitlement 사상, 사회적 시민권의 변혁적 역할에 대
한 T. H. 마셜**의 강조 등과 단절했다.[18] 사회투자 전략은 일부 영역에서
는 보다 급진적인 사회정책 의제를 주도했지만, 빅토리아 시대의 유산을
환기시키는 사회정책 접근법을 포함하기도 했다.[19] 사회적 시민권에 대한
신노동당의 도덕적 접근법에서 볼 때, 신노동당이 슈어 스타트 프로그램
을 주력 정책으로 내세운 것은 아동은 흠잡을 데 없는 백지이자 '자격 있
는 빈민 대 자격 없는 빈민'의 이분법과 상관없다고 간주했기 때문이라는
결론을 피하기 힘들다. 개혁의 한 영역으로서 슈어 스타트 프로그램은 영
국다움의 가치들의 맥락과 자유주의적 사회협약 안에서도 실현 가능했
다. 그리고 어린이들에 대한 투자는 복지수당 청구자들을 '엄중 단속'하고
권리 부여의 조건을 강화하는 전략들과 병행해서 추진됐다.

　　그만큼 사회투자국가의 사상은 특정한 효율성 관념에 의존한다. 이는
궁극적으로 사회정책이 나태와 의존을 위한 비용이라고 보는 시각으로
후퇴한다. 그리고 이러한 시각에 따르면, 민중의 잠재력을 질식시키는 대
신 실현하기 위해서는 사회정책은 제한되고 통제되며 재설계돼야 한다.

　　이는 역사적으로 스웨덴 복지정책의 내용을 이루었던 효율성 관념과는

---

* Richard Titmuss(1907~1973). 영국의 사회학자. 런던경제대학LSE 교수를 지내며 사회정책 연구를 처
음으로 대학의 학문 분과로 정착시켰다. 전후 영국 복지국가에 커다란 영향을 끼쳤다는 점에서 흔히 스웨덴
의 군나르 뮈르달과 비교되곤 한다.
** Thomas Humphrey Marshall(1893~1981). 영국의 사회학자. 1950년에 발표한 논문 〈시민권과 사회
계급Citizenship and Social Class〉에서, 시민권을 18세기의 '공민적civil 시민권', 19세기의 '정치적politi-
cal 시민권', 20세기의 '사회적social 시민권'으로 나눠 그 역사적 발전 과정을 정리했다. 이 중 '사회적 시민
권' 개념을 통해 마셜은 복지를 시혜가 아니라 권리로 바라보는 복지국가 철학을 제시했다.

매우 다른 것이다. 1930년대 이후 계속 발전해온 스웨덴 복지국가의 담론 기반에서 핵심적인 관념은 복지국가와 그 사회정책이 시장의 영향력을 완화하기 위한 비용이 아니라 효율적인 산업경제를 위한 생산적 투자라는 생각이었다. 결핍 상태의 민중을 보조한다는 앵글로색슨식 함의와는 정반대로 역사상 스웨덴의 복지 관념은 사회경제적 효율성, 즉 경제와 사회의 효율적 작동에 대한 총체적 접근을 의미했으며, 여기에는 개인의 좋은 삶과 사회 진보의 여러 측면들이 포함됐다.[20] 말하자면 복지는 경제적이면서 동시에 사회적인 원리다. 스웨덴 복지국가의 생산주의 이면에 자리한 것이 바로 이러한 효율성으로서의 복지 원리였다. 비그포르스 같은 사회민주주의 사상가나 구스타프 묄레르 같은 보편주의의 설계자에게 평등과 사회정의는 도덕적일 뿐만 아니라 경제적이기도 한 원리로서, 계획경제의 핵심에 자리해야 하는 것이었다.[21]

신노동당의 사회투자 담론과 마찬가지로, 이러한 생산주의도 여러 얼굴을 지닌 담론이어서 앞의 장들에서 논의한 바 있는 사회화와 자본화 사이의 긴장을 보여주었다. 한편으로 생산주의는 복지국가와 보편주의 원칙의 등장을 단지 재분배 원리만이 아니라 효율성 원리로 경제적 차원에서 옹호하는 논리를 제공했다. 이런 식으로 생산주의는 사회적 시민권을 명분으로 시장을 규제하자는 주장을 뒷받침했다.[22] 다른 한편으로 스웨덴 모델의 생산주의는 때때로 사회적인 것에 대한 경제주의적 접근에 뿌리를 둔 철저한 사회공학의 유산에 의존하곤 했다. 스웨덴의 보편적 사회정책은 노골적으로 인간의 양과 질에 주목한 1930년대의 인간 소재*män-niskomaterialet* 담론으로부터 탄생했다.[23] 어린이들을 국민국가의 근본적 경제 자원으로 규정한 이 담론은 아동복지에 대한 국가의 책임이라는 사상을 낳았으며 가족정책이 국가 개입의 정당한 영역으로 발전하도록 만들었다. 출산율 감소와 노동계급의 빈곤, 이 두 문제에 대한 합리적인 사회경제적 해법은 양육 부담을 나눔으로써 어린이들의 훌륭한 자질을 배양할 기회도 늘리는 동시에 사회에 기여할 수 있도록 준비시키는 것이었다. 이러한 양육 비용 분담의 강조가 현대 복지국가가 등장하는 과정에서 중심 요소가 되었다. 실제로 이는 투자의 언어를 프레임으로 삼았다.[24]

즉, 복지에 대한 스웨덴의 생산주의적 접근과 신노동당의 사회투자 사상 사이에는 시간을 가로지르는 유사성이 있다. 그럼에도 불구하고 현대의 사회투자 전략은 몇 가지 중요한 지점에서 스웨덴의 역사적 담론과 구별된다. 이러한 지점들은 단순히 둘의 배경을 이루는 특수한 역사적, 경제적, 사회적 맥락으로만 설명될 수 없으며, 오늘날 경제적인 것과 사회적인 것의 정의가 변화하고 있고 이념 또한 변화 중이라는 맥락에서 논의될 필요가 있다. 1930년대에 사회정책을 생산적 투자로 보았던 사고는 당시 막 등장하던 케인스주의의 논리에 따라 프레임이 구축됐고, 사회문제의 구조적 원인이라는 사고와 이어졌다. 이는 자본주의가 불안정하기로 악명 높으며 사회적 자원을 파괴하는 성향이 있다는 비판의 일부였다. 게다가 당시 막 출현 중이던 보편주의 철학과의 연결을 통해 스웨덴의 이런 생산주의적 사회정책 담론은 사회적 시민권에 바탕을 둔 구조적 사회변혁론과 연결됐다. 이런 점에서 자신에게 영향을 준 보수적 담론과 구별된 셈이다.[25]

그렇다고 지난 십여 년간 스웨덴 역사학자들이 밝혀낸 초기 스웨덴 사회정책의 뿌리 깊이 규율적인 측면이나 국민의 집의 '어두운 면'이 희석되는 것은 아니다. 유럽의 다른 나라들과 마찬가지로 스웨덴에서도 효율성 담론은 인간이 생산적 혹은 재생산적 자본이라는 관념에 바탕을 둔 철저히 사회공학적인 개입주의의 수단을 탄생시켰다. 어떤 점에서 1930년대 이후 쭉 발전해온 스웨덴 사회정책의 보편주의는 '반사회적 요소들'의 체계적인 배제에 의존했다. 그 수단은 불임정책 같은 것들로서, 이는 비록 적용 대상의 수라는 점에서는 미미했지만 분명 스웨덴 복지국가의 핵심적 특징이었다.[26] 그럼에도 불구하고 스웨덴의 상황 전개와 파시즘의 우생학 사이에는 결정적 차이가 있었는데, 그것은 스웨덴의 효율성 담론은 개인의 권리라는 역사적 전통 안에 묻어 들어가 있어서 공리주의적 사회공학에 맞선 방파제 역할을 했다는 점이었다. 덕분에 파시즘과 사회민주주의의 결정적 차이가 여실히 드러났다. 스웨덴에서는 사회공학의 생산주의 담론이 보편주의 원리와 융합됐다.[27] 오늘날 스웨덴의 담론에 사회적 자본 관념이 거의 존재하지 않는 것은 아마도 이와 결합된 인간의 자본화 논의가 스웨덴의 어두운 정치적 기억을 일깨우기 때문일 것이다.

반면에 신노동당의 사회투자 담론은 공동선이 규율과 의무를 통해 창출된다는 관념의 유행과 연동돼 있다. 번영 및 효율성과 결합된 것이 사회적 시민권의 책임 측면인 반면 시민권의 권리 측면은 근본적으로 의존성, 나태 그리고 '낭비'와 결합돼 있다. 게다가 사회투자 담론은—사회적 자본과의 연결을 통해—신노동당의 공동체주의 의제 그리고 범죄, 반사회적 행위, 비행을 사회적 자본의 문제이자 또한 전략적 투자 대상의 영역으로 보는 신노동당의 인식에서 중심적 위상을 점한다. 이러한 영역에서 사회투자란 사회적 비용 지출의 예방을 목표로 하는 정부 활동을 뜻하며, 이런 점에서 이는 스웨덴의 생산적 사회정책, 즉 사회문제에 대한 예방적 접근법과 공유하는 바가 있다. 그러나 무엇이 이를 야기했는지에 대해서는 시각이 근본적으로 다르다. 스웨덴의 투자 비유는 경제적·사회적 계획과 보편적 복지국가라는 구조적 수단을 통해 실업 및 빈곤 문제를 '해결'하는 것을 목표로 한다. 투자의 이러한 측면은 사회투자국가의 사고방식에는 존재하지 않는다. "범죄에도 엄중하게, 범죄의 원인에도 엄중하게"라는 유명한 구호의 결과는 유럽에서 가장 높은 수감 비율이었다. 이런 영국의 전략이 스웨덴 사회정책의 생산주의와 공유하는 것은 국민의 미래 두뇌력의 가치를 증대시키는 복지국가의 역할, 그리고 효율성 이념에 맞지 않는 요소들의 제재에 대한 중상주의적 강조다. 예를 들어, 총리 직속 전략실의 한 정책 보고서는 개인의 행위를 규제하는 것이 전통적인 복지정책보다 비용 면에서 더 효율적이라고 주장했고, 이에 따라 이러한 접근법에 '징벌적 보편주의'라는 이름을 붙였다. 이는 사회 내 일부 집단의 사회적 권리의 상대적 확대가 반드시 다른 집단의 조건과 제재를 강화하는 조치와 함께 이뤄지는 그런 종류의 보편주의다.[28]

안전망과 도약판: 사회보장과 기회

복지국가가 생산적 투자라는 경제적 주장은 SAP의 전후 이념의 주된 특징이었고, 이는 당의 수사로부터 거버넌스 수단에 이르는 복지국가의 전 영역에 담론 기반을 제공했다. 전후 시기 내내 경제적·사회적 계획에 영향을 미친 개념은 사회적 효율성 samhällsekonomisk effektivitet 으로서의 효율성 관념이었고, 이는 사회 프로그램이 성장에 미치는 영향뿐만 아니라 인간 복지에 끼치는 효과까지 고려했다. 1950년대와 1960년대의 공공부문 확장은 예산에서 '생산적 지출'로 간주되었지 소비는 아니었다. 반면에 1980년대 SAP의 제3의 길 실험에서 중심 요소는 바로 복지국가를 생산적 투자로 보는 이러한 시각과 단절하는 것이었다. 1970년대에 경제 위기가 닥치고 당이 두 차례나 총선에 패배하자 당내에서는 복지국가를 둘러싼 경제적 전제들의 타당성을 놓고 전면적인 논쟁이 벌어졌다. 이는 당내 우익에 속한 현대화론자들이 공공지출이 지나치게 낭비적이고 비효율적이라는 비판을 통해 정당성을 얻는 과정이었다. 사회경제적 효율성 개념 대신 비용 효율성 개념이 들어섰고, 비용-편익 분석과 신공공관리 모델을 통한 실험이 뒤따랐다. 당은 개인적 동기부여와 책임이라는 관념을 만지작거렸다(제3장 참고). 스웨덴 복지국가에서 1990년대 초에 시작된 사유화의 이면에는 이러한 이념적 원리들이 도사리고 있었다. 1982년에 시작된 위기관리정책을 통해 개인의 사회보장은 금융 안정성에 비해 부차적인 것이 되어버렸고, 당은 사회정책의 생산적 역할 그리고 복지국가에 경제적 이점이 있다는 당의 관념에 대해 입을 다물고 말았다.[29]

하지만 페르손 지도부하에서 당의 고전적 유산을 되찾고 1980년대에 있었던 제3의 길 실험과 단절하려고 노력함에 따라, 당은 과거의 접합을 재발견하여 이를 다시 이념의 핵심에 놓다.[30] 1990년대의 성장 담론은 스웨덴 모델의 전제들 그리고 복지국가는 생산적 투자이므로 지식경제 구축에 필수적이라는 사상을 옹호했다. "우리는 복지국가를 계속 건설해 나가야 한다. 변화 속에서 사회보장은 혁신을 고취하며, 성장의 힘을 제공한다. 민중이 과감히 나서도록 보장하라. 사회보장은 보다 역동적인 경제를 만든다."[31] 경제가 원활하게 작동하도록 하려면 사회보장을 줄여야 하는 게 아니다. 더 많은 사회보장이 필요하다.

이는 신노동당과는 근본적으로 다른 현대화 과정 분석에 바탕을 두었다. 신노동당은 현대화 과정이 위험과 기회에 의해 그리고 이러한 요소들을 취하여 성공으로 전화시키고자 하는 개인의 의지에 의해 움직인다고 보았다. 복지국가 현대화에 대한 신노동당의 접근법은 위험을 감수하는 개인들에게 그 초점을 맞추었다. 신노동당은 현대의 조건에 맞춰 국가 책임의 사상을 재발명했지만, 기회를 포착하는 것은 기본적으로 개인의 책임이라는 인식이 이와 함께 했다. 사회투자국가는 '도약의 발판'이기도 했다. 이는 국가를 사람들이 추락해도 살아남게 해주는 안전망이 아니라 사람들로 하여금 공중으로 뛰어오르게 만드는 트램펄린으로 바라보는 관점이었다.[32] '사다리'나 '경주' 같은 신노동당의 다른 비유들과 마찬가지로 도약판 역시 철저히 능력주의적인 관념이다. 이는 높은 곳을 두려워하거나 도약에 실패한 이들보다는 출세를 위해 한번 높이 도약해보려는 의지로 충만한 이들에게 더 관심을 기울이는 것이다. 신노동당의 복지 수단들은 격려와 강제의 미묘한 균형을 통해 사람들을 떠밀어 도약하도록 하기 위해 고안된 것이었다.[33]

반대로 변화 과정에 대한 스웨덴의 시각은 현대화의 위험에 주로 강조점을 두었다. 신노동당에게 현대화 과정의 모토가 기회였다면, 스웨덴에서 그것은 사회보장이었다. 고든 브라운은 변화가 없다면 사회보장도 있을 수 없다고 입이 닳도록 이야기했지만, 스웨덴 당 지도부는 사회보장 없이는 변화도 있을 수 없다고 역설했다.[34] 이는 변화 자체나 지구화 혹은 기술의 '불가항력적' 힘을 부정하는 것은 아니다. 차라리 구조 변화의 성패가 복지국가를 유지하고 방어하는 능력에 달려 있다는 것이 SAP의 주장이다. 그 이유는 복지국가가 줄타기를 하던 사람들이 발끝으로 몸을 돌리다가 나락으로 떨어지는 것을 막는 사회 안전망이라는 데 있다. 복지국가를 둘러싼 SAP의 생산주의적 담론 그리고 거대 공공부문이 원활한 구조 변화의 필수 조건을 창출한다는 점에서 현대 경제에 없어서는 안 될 요소라는 사상에 근거를 제공하는 것이 바로 이러한 담론이다. 1950년대와 1960년대에 사회민주주의는, 사회보장이 없는 상태에서는 지나친 경직성이 야기되기 때문에 급속한 구조 변화를 위해서도 사회보장에 대한 굳건한 국가적 헌신이 필요하다는 주장을 통해 공공부문 확장을 옹호했다. 구조 변화에 처하게 되면 이런 구조 이행의 시기에 개인이 직면하는 위험을 다루기 위해 집단적 책임이 필요하게 된다는 것이었고, 변화에 따른 위험 증가에 대해서는 개인의 안녕이 입은 손실을 보상하려는 공공부문과 복지국가의 보다 강력한 헌신으로 대응해야 한다는 것이었다. 노동의 이동성과 개인적 적응을 주장한 렌-마이드너 모델의 고도로 생산주의적인 지향도 연대의 필요성과 복지국가의 집단적 노력에 대한 인식에 바탕을 두었다. 이런 점에서 사회보장은 성장 및 자유의 요소들과 긴밀히 결합된 생산적인 힘이다. 반면 지구화와 급변하는 세계가 야기하는 불안정은 잠재력을 파괴하고 야망을 좌절시키는 매우 파괴적인 힘이다.[35]

사람들이 미래를 두려워한다면, 잠재력을 실현하지 못할뿐더러 이를 자각하지도 못할 것입니다. 실업으로 인해 생계가 위협 당할까봐 걱정하는 여성이라면 더 높은 수준의 교육을 추구하기 위해 사직하거나 기능이나 창의력을 발전시키기 위해 사업을 시작할 여력이 없겠지요. 해고의 경제적 결과를 두려워하는 남성이라면 경영진의 결정을 비판하려고 목소리를 높이거나 새로운 방법이나 시장을 찾는 위험을 감수하지 않을 테고요. 노동시장에서 안정을 보장받지 못한다고 느끼거나 미래를 신뢰하지 못하는 이런 한 쌍은 자녀를 갖거나 가족을 꾸리길 망설일 것입니다.[36]

불안정이 비효율을 낳고 성장을 방해하는 반면, 사회보장은 용기 있는 개인들을 낳는다. 이들 개인은 과감히 지출하고, 창조성을 발휘하며, 작업장에서 의견을 표명할 뿐 아니라, 비판하고 공부하면서 또한 가족을 부양한다. 사회보장이 성장을 낳는다.

이로써 기회가 추동력을 담당하는 신노동당의 담론과는 근본적으로 다른 변화 및 개인적 동기부여 관념이 등장한다. 스웨덴 사회민주주의가 보기에 개인들은 능력도 있고 호기심도 많지만, 위험과 공포에 적극 대응하지는 못한다. 오히려 이들은 연대의 본능을 통해 힘을 얻는다. 이러한 스웨덴식 해석에 따르면, 현대화 과정을 이끄는 힘은 사회보장이 낳는 개인의 안정과 대담성이다. 실제로 창조성은 안정으로부터 비롯된다. 사람들이 과감히 창조성을 발휘하고 기업가가 되며 위험을 감수하도록 안정을 보장하라. "민중이 창조적인 민중이 되도록 안정을 보장하라. 채찍질 때문이 아니라 당당한 개인으로 성장하기 위해서 지식 추구의 의지로 움직이는 민중이 되게 하라."[37]

이는 영국식 담론에서 창조성이 경쟁으로부터 발원한다는 점과 대비될 수 있다. "생산성 향상의 자극은 보다 강력하게, 그리고 재능과 혁신에 대한 보상은 최대한 보장할 것."[38]

개인과 복지국가 모두의 측면에서 이러한 스웨덴의 담론은 매우 낭만적이다. 그래서 스웨덴 우파뿐만 아니라 SAP 내 현대화론자들조차 이를 가리켜 적절한 변화를 방해하는 "사회보장 중독"이니 "인정 과잉 증상"이니 하면서 일축하는 경우가 많다. 2006년 총선 선거운동 와중에 이런 논의가 분분했다. 모르긴 해도 경제적 변화와 복지국가 조직 변화가 동시에 진행되면서 야기된 지난 십여 년간의 불안정 효과에 대한 토론을 억누르는 것도 이러한 낭만적 담론일 것이다. 1980년대와 1990년대 당 이념의 변화에서 핵심은 바로 이 사회보장 관념에 있다. 오늘날 사회보장의 내용에는 개인이 과거에 가정되던 것보다 더 높은 수준으로 위험을 감내한다는 전제가 포함된다. 또한 사회보장 관념의 현대적 의미에는 개인의 책임 증대와 동기부여에 대한 의미심장한 강조가 담겨 있다.

'변화 속의 사회보장'의 의미는 이행의 시기에 개인에게 안정을 보장하는 강력한 사회 제도들이 변화 및 역동적 노동시장과 함께할 필요가 있다는 것이다. 그 수단 중에서 특히 중요한 것은 사회보험 시스템을 통한 높은 수준의 보상이다.[39] 사회보장 시스템은 '변화의 교량'이다. 즉, 사람들을 위로 튀어오르게 만드는 트램펄린이 아니라 사람들로 하여금 한 경제로부터 다른 경제로 발걸음을 옮기게 하는 오솔길이다. 유연성에 대한 이러한 접근법이 영국의 그것과는 전혀 다르다는 점에는 의문의 여지가 없다. 첫째, 사회보장이 변화의 장애물이 아니라 그 필수 조건이라고 주장한다는 점에서 그렇고, 둘째, 사회적 위험에 대한 높은 수준의 보상이 근본적으로 인적 자본 투자라고 주장한다는 점에서 그렇다.[40] 그럼에도 불구하고 '변화 속의 사회보장'은 실업의 책임을 사실상 공공 영역에서 개인으로 옮긴 현대 노동시장 담론에 바탕을 둔다. 이러한 개념상의 누수 현상은 최근 영국과 스웨덴 노동시장정책의 새로운 친화성에서 분명히 나타난다. 북해의 한쪽에서 고든 브라운은 특히 유럽 사회 모델의 상황을 들먹이며 안정된 개인의 중요성을 강조했다. 북해의 다른 한쪽에서 스웨덴 정책 결정자들은 점차 동기 부여, 당근과 채찍에 대해 논쟁하기 시작했다. 2005년 알메달렌의 스웨덴 사회민주당 경제 세미나에서 고든 브라운이 연설을 한 이후, 스웨덴 재무부와 영국 재무부는 〈변화의 교량*The Bridges of Change*〉이라는 제목의 공동 보고서를 작성했다. 이 보고서는 창조적인 개인을 위해 사회보장이 중요하다고 언급했지만, 유연성과 고용가능성이라는 영국식 언어에 크게 의존했다. 그 주된 메시지는, 정부의 책임은 민중에게 투자해 기회를 만드는 것이고 이 기회를 포착하는 것은 민중의 책임이 된 세상에서 보호해야 할 것은 일자리가 아니라 민중이라는 것이었다.[41]

복지와 근로복지 사이에서: 권리와 책임

신노동당의 복지 뉴딜은 명백히 최근 수십 년간 정치철학과 사회과학에서 유행했던 계약주의로부터 내용을 끌어왔다. 뉴딜은 궁극적으로 "일해서 갚아라"로 정식화된 "책임이 없으면 권리도 없다"는 언어 안에 묻어들어가 있었다.[42] 이는 개인의 책임이라는 관념, 무엇보다도 생산 참여의 의무에 크게 의존했다. 지식 시대에 근로의무는 교육의무를 통해 보완됐다. 때로 시민권에 대한 이러한 '적극적' 접근법이 스칸디나비아의 영향과 스웨덴식 적극적 노동시장정책에 근거한다는 주장이 나왔다. 그리고 신노동당의 근로복지* 전략은 스웨덴 모델에서 강력한 사회적 권리가 근로의무에 대한 강조와 결합됐던 것과 그리 다르지 않다.[43]

영국, 미국 연구자들이 가끔 정반대로 묘사하기는 하지만, 스웨덴 복지국가는 결코 게으르거나 약한 이들을 위한 자선 시스템이었던 적이 없다. 오히려 그 핵심에는 근로윤리가 있다. 이로 인해 역사적으로 사회정책에서 다양한 사회집단들이 소중한 노동 예비군으로 규정되었고, 노골적으로 이들의 생산 잠재력 실현을 목표로 하는 복지 수단들이 탄생했다. 역사상 일할 권리라는 해방적 담론과 일할 의무라는 규율적 담론 사이의 경계선은 미묘했다. 의미 있는 고용의 권리는 20세기 초 노동운동의 중심 요구였다.[44] 베버리지 보고서 이후 영국에서 전개된 상황과는 달리 스웨덴에서는 이런 노동운동의 요구를 통해 적극적 노동시장정책이 발전했고,

---

* workfare. 흔히 '근로복지' 혹은 '일하는 복지'로 번역된다. 하루빨리 노동시장에 (재)진입하거나 이를 위해 직업훈련을 받는 것을 전제로 복지수당을 한시 지급하는 것이 주 내용이다. 김대중-노무현 정부 시기에 '생산적 복지'라는 이름으로 한국에도 큰 영향을 주어서 가령 한국의 고용보험제도는 처음 제정될 때부터 노골적으로 근로복지의 성격을 띠었다.

일자리의 조직과 할당을 담당하는 거대 국가 관료 기구가 수립됐으며, 소득 연계 원칙에 바탕을 둔 사회보험 시스템이 구축됐다.[45] 이런 방식으로 스웨덴에서는 사회적 권리가 근로 원칙에 직접 결박됐다. 스웨덴 사회민주주의 이념은 스웨덴 사회에 널리 퍼진 근로윤리를 내용으로 삼는다. 이런 윤리를 공유하지 않는 것으로 보이거나 아니면 그 단어의 사회민주주의적 의미를 그대로 따를 경우 생산적 시민이 될 수 없는 다양한 집단과 개인들의 존재가 SAP의 역사 내내 당을 심각한 고민에 빠뜨렸다. 이는 단지 연대 관념을 시험에 부치는 문제만은 아니다. 노동시장 바깥에 존재하는 사회집단들은 스웨덴 복지국가의 재분배 체계에서 토대 역할을 하는 보편주의 원칙에 걸림돌이 된다. 왜냐하면 이 보편주의의 중심 사상이 마르크스K. Marx의 "각자 능력에 따라 생산하고, 필요에 따라 분배한다"는 원칙*에 가까운 호혜의 원리이고, 그래서 '만인의 생산 참여'를 강조하기 때문이다.[46] 이에 따라 비록 자격 있음/없음의 자유주의적 이분법은 아닐지라도 생산적/비생산적의 이분법이 존재하게 되며, 후자를 어떻게 전자로 전화시킬지에 관심을 기울이게 된다. 스웨덴 복지국가의 토대에 놓인 이중성, 즉 노동시장 참여에 바탕을 둔 사회보험 시스템의 강력한—보편적인—권리 부여와, 노동시장 바깥의 집단에 대한 자산 조사에 기반을 둔 훨씬 취약한 권리 부여 사이의 이중성이 여기서 비롯된다.[47] 최근 수십 년 동안 보편적 복지와 조건부 복지의 긴장은 더욱 첨예해졌고, 이와 동시에 복지, 사회보장, 재활** 같은 개념들의 의미는 점점 더 모호해졌다.[48]

---

* 마르크스가 〈고타 강령 비판〉(1875)에서 높은 단계의 코뮌주의 사회의 생산 및 분배 원리로 제시한 정식. 가장 처음 이 정식을 제시한 사람은 프랑스 사회주의자 루이 블랑(1811~1882)이라고 한다.
** activation. '재활(혹은 자활)'은 근로복지정책에서 실업자를 유효 노동력으로 노동시장에 복귀시킨다는 뜻으로 쓰인다.

하지만 복지와 노동의 관계에 대한 스웨덴식 접근법이 자유형 모델의 근로복지 전략과는 근본적으로 다르다는 점을 지적할 필요가 있다. 근로복지 전략은 생산 참여에 따라 조건부로 권리를 인정하며, 여기에서 권리란 의무의 완수를 통해 획득하는 무엇이다. 그래서 근로복지 전략은 개인의 올바른 행위는 무엇인지 정의하고 규제하는 협약 등의 수단들에 크게 의존한다.[49] 반면에 스웨덴의 생산주의는 사회적 권리 부여와 사회보장의 확대가 생산 참여의 필수 전제라는 사상에 바탕을 두었다. 여기에서 가장 강조되는 것은 일할 의무가 아니라 사회에 생산적으로 기여할 개인의 권리였다. 국가가 일자리를 책임져서 만인이 능력에 따라 참여할 수 있게 만듦으로써 이러한 권리의 실현이 결정된다고 보았다는 점을 주목해야 한다.[50]

이는 근로복지와는 분명 다르다. 여기에는 신노동당이 단절의 대상으로 삼은 사회민주주의 전통이 반영돼 있다. 신노동당은 새로운 근로윤리를 찾는 과정에서 고비용의 스칸디나비아식 적극적 노동시장정책보다는 미국식 근로복지 협약을 선호했다. 사람들이 일하도록 만든다는 야심 찬 목표에도 불구하고 복지수당 수급 조건이 증가하는 만큼 서비스의 질이나 실업자에 대한 지출을 늘려 이를 보완하는 경우는 거의 없었다. 영국의 적극적 노동시장정책 지출은 여전히 유럽에서 최하위다. 게다가 지금까지도 주로 강조되는 것은 결코 일자리의 질이 아니라 얼마나 많은 사람들을 복지수당 수급자 명단에서 일터로 옮겼는가라는 양적 차원이다(물론 양적 목표에서 질적 목표로 강조점을 옮기는 중이라고는 하지만 말이다).[51] 이 대목에서도 영국식 전략은 개인의 행위를 다스리는 게 비용 면에서 구조에 개입하는 것보다 더 효율적이라고 본다. 한편 스웨덴 복지국가의 근본적 변화는 적극적 노동시장정책의 역할 그리고 근로와 복지 사이의 구획 변화와 관계가 있다. 이 과정에서 실업자가 잠재적인 생산적 시민 아니면 게으름뱅이라고 보는 사회민주주의의 시각 역시 시험대에 올랐다.[52]

스웨덴에서는 1991년에서 1993년 사이에 실업이 4퍼센트 안팎의 마찰적 실업에서 16퍼센트의 대량 실업으로 증가했다. 1994년에 권좌에 복귀한 사회민주당은 실업률을 2000년까지 4퍼센트로 줄이겠다고 약속한 상태에서 예산 적자의 폭증에 직면했다. 사회민주당 정부는 결국 이 목표를 달성했다. 비록 이후 실업률이 다시 상승하기는 했지만 말이다. 사회민주당 정부는 '지식 승강기' 프로그램을 통해 다수의 실업자 집단을 훈련 및 교육에 참여시켰고, 그 결과 이들은 더 잘 준비된 상태에서 경기 회복을 맞이하게 됐다. 또한 사회민주당 정부는 높은 수준의 실업 급여는 인적 자본에 대한 생산적 투자이자 잠재력의 낭비를 막는 길이라고 주장하면서 실업 급여를 실직 전 소득의 80퍼센트로 되돌렸다(이는 원래의 90퍼센트에 비해 여전히 10퍼센트 낮다).[53] 하지만 장기 실업자여서든 아니면 이전에 고용된 적이 없어서든 이 80퍼센트 기준이 적용되지 않는 개인들과 관련해서는 적극적 노동시장정책의 설계와 내용이 의미심장한 변화를 겪었다. 거의 항구적으로 노동시장 바깥에 머물러 있는 이들 인구 집단은 1990년대 불황의 여파로 급증했다. 스웨덴 국민들 사이에서 질병과 노동 부적격자가 극적으로 증가하는 등 경제 위기가 사회에 끼친 다른 충격들과 함께 실업은 경제활동 참여율 하락이라는 결과를 낳았다. 영국이나 여타 유럽 국가들과 달리 스웨덴에서는 1992년 크로나화 폭락 전까지 장기 실업이 거의 존재하지 않았다는 점에서 이런 상황 전개는 우려할 만한 것이다. 말하자면 이들은 1990년대에 극적으로 닥친 위기에 따라, 그리고 더 나아가서는 경제 주기가 바뀌어 버린 상황에서 구조적 변화가 발생하고 그래서 상당수의 집단이 더 이상 고용될 수 없게 됨에 따라 스웨덴 사회에 처음 등장한 집단이었던 것이다.[54] 게다가 이 집단의 등장은 복지국가 자체의 관료제에서 전개된 중요한 변화와도 관련이 있는 것으로 보인다. 1990년대 이후 노동시장정책은 장기 실업자를 노동 부적격자의 한 형태로 재정의하는 과정에서 적극적인 역할을 했다. 그 방식은 시스템 내의 여러 분야로 개인들을 전환 배치하는 것, 과연 의미 있는 것인지 판단하기 힘든 활동들로 재활 프로그램을 실시하는 것, 그리고 실업자를 사실상 장애인이나 일탈자로 대우하는 것 등이었다.[55] 사회민주주의가 부분적으로는 복지 관료 기구 활동들에 대한 통제력을 상실함으로써, 부분적으로는 책임의 주체가 국가에서 개인으로 이동하는 현상을 수용하는 방향으로 이념적 핵심 개념을 수정함으로써 이러한 과정에서 일정한 역할을 했다는 결론을 피하기 힘들다. 그럼에도 불구하고 이러한 스웨덴의 상황 전개는 영국에서 실업자들에게 '가능성 있는able', '능력 있는capable' 같은 새로운 프레임을 들이대면서 사람들을 복지 수급자 명단에서 빼낼 것을 강조한 것과는 상반된다.[56]

스웨덴 모델의 적극적 노동시장정책은 1992년 이후 엄청난 시험에 처했다. 소규모 실업자 집단을 다루기 위해 고안된 대책들이 갑자기 거대한 인원을 다루게 됐고 그 바람에 곳곳에서 재정난이 닥쳤던 것이다. 이후 10년 동안 스웨덴 노동시장정책의 성격은 근로복지에 훨씬 가까운 것으로 진화했다. 현실의 노동시장과 분리돼 점차 실업자의 재활을 다루게 된 것이다.[57] 실제로 재활은 1996년부터 고용 전략의 새로운 요소였다. 이때부터 경제활동 중단은 그 자체로 일종의 인적 자본의 낭비라 간주됐던 것이다. 이에 따라 재활은 의존의 문화와 수동성의 비용을 피하게 해준다는 점에서 인적 자본 투자 중 하나라 정의됐다.[58] 스웨덴의 효율성 개념에서 이제 생산적이라 인식되는 것은 재활이다.

1990년대에는 사회부조뿐만 아니라 실업정책도 분권화돼서 지역 고용청의 개별 공무원과 지방자치단체가 재량권을 발휘할 여지가 늘어났다. 이제 이들은 실업자 개인에게 불이익을 당하지 않으려면 어떤 일자리든 배정받으라고 요구할 권리를 갖게 됐다. 1997년부터는 실직한 지 100일 이후에는 정부가 실업자 개인을 일터로 복귀시킬 책임이 있다고 규정한, '재활 보장Activation Guarantee'이라 알려진 조치를 통해 개인의 행동 여하에 따라 조건부로 실업 급여 수급 권리를 부여하게 됐다.[59] 실업문제 담당 공무원의 업무 방식은 점차 개별화된 면담과 협약에 의존하게 됐는데, 이런 절차가 의도하는 바는 실업자 본인이 자신의 단점을 자각해서 더 풍부한 고용가능성을 갖추도록 만드는 것이다. 이러한 심리 치료 방식의 면담 및 협약은 근로복지의 주된 특징이다.[60] 이 과정에서 복지와 근로의 언어는 정부와 시민의 권리와 책임 사이의 관계를 규제하는 협약이라는 구상으로 변화했다.

좋은 노동시장정책은 사회와 시민 사이의 상호 의무 협약을 포함한다. 사회는 개인이 그 혹은 그녀의 책임을 수행하는 정도만큼만 개인에 대해 책임을 진다. 개인의 책임은 역량 계발과 적극적 구직 활동이라는 과제를 받아들이는 데 있다.[61]

일자리 전략에서는 일할 의무가 강조됐을 뿐만 아니라 개인의 학습 및 역량 계발 의무도 부가됐다. 실제로 사회보험 시스템 안의 동기부여 문제를 다룬 한 정부 위원회는 일하는 문화를 확립해야 하며 의존의 문화와 단절해야 한다고, 고용정책은 자주적이고 의욕이 충만하며 책임 있는 개인들의 자립 프로그램이어야 한다고 주장했다.[62]

결론

1990년대에 이러한 언어가 복지의 철학적·도덕적 토대에 대한 어떠한 이념적 논쟁도 없이 스웨덴 사회민주주의 담론 안에 흘러 들어온 것은 놀라운 일이다. 신노동당이 새로운 사회협약을 수립하려던 시도에서는 이런 논쟁이 중심 요소였다. 이러한 조용한 담론 변화 과정의 배반적 성격은, 현대 재활 담론의 근본 가치와 수단이 모두 스웨덴 모델의 고전적 전제들과 본질적으로 다름에도 불구하고 재활 담론과 생산주의 관념이 겉으로는 기만적인 유사성을 띤다는 데 있다. 사회민주당 지도부는 이 새로운 '권리 대 책임' 어법이 언제나 당 이념의 내용을 이루었던 근로윤리와 크게 다른 게 아니라고, 책임을 새삼 강조하는 것이 문제는 아니라고 말한다. 하지만 문제는 당이 과거의 임무 및 의무 관념으로부터 멀어져버렸다는 점이다. 즉, 사회보장에 대한 너무 많은 말, 너무 많은 전반적인 종합적 신중함에도 불구하고 정작 행동은 충분하지 않았다. 요점은 '구식' 적극적 노동시장정책에서 벗어나는 것이면 무엇이든 '적극적'이라는 관념을 통해 덮어버릴 수 있다는 점이다. 말하자면 '과거' 스웨덴의 복지 관념으로부터 재활로, 근로복지 관념으로 이동한 것이다. 이런 관점에서 보면, '변화 속의 사회보장'은 듣기 좋은 말이기는 하지만 그 의미가 불분명하다. 지난 10여 년 동안 SAP가 복지정책을 가리켜 만인의 생산적 잠재력을 실현하기 위한 일종의 투자라고 강조한 것이 그 한 사례다.[63]

오랜 세월 동안 복지국가와 상품화·탈상품화 과정 사이에는 복잡한 관계가 존재했지만, 그럼에도 불구하고 제3의 길은 복지국가와 사회적 시민권을 둘러싸고 사회민주주의 전통으로부터 크게 이탈한 모습을 보여준다. 셰리 버먼이 지적한 대로, 역사적으로 복지국가는 자본주의의 폐해에 맞서 사회를 수호한다는 점에서 사회민주주의에게 중요한 성취였다.[64] 이때 개입의 대상은 개인의 권리 행사를 허용하거나 불허하는 경제적·사회적 구조였다. 이를 통해 사회의societal 핵심적 가치들과 개인을 보호하려 한 것이다. 그러나 현대 사회민주주의에게 복지국가적 개입의 대상은 이제 경제가 아니라 개인이다.

이러한 변동에서 관건은 책임이라는 단어다. 일하고 학습할 개인의 의무를 관리한다는 것은 일하고 학습할 개인의 권리를 관리하다는 것과는 근본적으로 다르다. 자기 발전의 권리와 계발의 의무는 같은 게 아니다. "책임 없이 권리 없다"와 "각자는 능력에 따라 일하고 필요에 따라 분배한다"는 서로 매우 다른 개혁 전략이다. 실제로 둘 사이에는 사회민주주의 세계관의 심대한 차이가 존재한다.

지식 개인을
창조하기

8장

기업가와 그 타자

앞의 장들에서 현대화가 본질적으로 우리 영혼 속 인적 자본의 향상을 통해 우리 내면에서 발생하는 계발 과정이라 보는 제3의 길의 사고에 대해 검토했다. 나는 제3의 길의 계발 관념과 사회민주주의의 역사적 담론이 유사하다는 점을 지적했다. 하지만 제3의 길은 변화가 본질적으로 우리 내면에서 발생하는 것이라고 강조한다는 점에서 역사적으로 사회민주주의와 크게 다른 것으로 보인다. 제3의 길에서는 변화가 집단적 개량 과정이라던 역사적 강조 대신 변화의 1차적 장소로 개인에 초점을 맞추는 입장이 들어섰다. 이제 현대화 과정의 핵심은 민중을 역량 있고 의무에 충실하며 박식한 시민으로 전환시키는 과정, 그리고 학습하는 개인이다. 끊임없이 학습하고 또 학습하는 개인이라는 이러한 사고가 지식 시대 사회민주주의의 유토피아다. 사회민주주의는 스스로에게서 유토피아의 논리를 제거한 적이 없다. 오히려 사회민주주의는 유토피아의 투영 대상을 대중 동원의 집단적 영역에서 자기 계발의 개인적 영역으로 재배치했을 뿐이다.

자율적 개인이라는 사상은 어떤 형태로든 사회민주주의 이념의 심장에 늘 존재해왔다. 하지만 사회민주주의의 역사에서 자유롭고 해방된 민중이라는 꿈은 개인을 옥죄는 사슬을 끊는 것이 사회주의의 사명이라고 보았던 전통, 그리고 개인의 자유는 집단적 성취의 두 어깨에 달려 있다는 사고의 일부였다. 간단히 말해, 모두의 연대를 통해서만 우리는 자유로워

질 수 있는 것이다. 제3의 길은 유연성, 학습, 능력주의적 우월성에 대한 개인주의화된 담론—사회 변화, 책임, 위험의 장을 집단적 영역에서 개인으로 옮긴 담론—을 통해서 만인의 잠재력 해방에서 집단이 맡는 역할을 강조해온 사회민주주의의 전통에 단절의 획을 그었다. 개인이 사회에 묻어 들어가 있다는 공동체주의적 강조에도 불구하고 제3의 길의 학습 개인 사상은 신자유주의 유토피아 중 하나, 즉 주위 환경의 사슬을 풀어 자신의 잠재력을 해방할 수 있는 기업가적이고 경쟁적인 인격의 유토피아로 후퇴한 양상을 보인다.

앞의 장들에서 집단적·개인적 성취 사이의 관계를 접합하는 방식에서 두 당이 보이는 중대한 차이에 대해 논한 바 있다. SAP가 제시하는 개인이 안정과 연대를 추구하는 반면 신노동당형 인간은 가만히 있지 못하며 타산적인 출세주의자다. 이러한 차이는 결코 하찮은 게 아니다. 아니, 이 차이야말로 정치 주체를 규정하며, 모름지기 사회적 관계 혹은 나아가 정치 그 자체를 구성하는 것이기도 하다. 사회민주주의형 인간을 이런 식으로 재현하는 것은 사민주주의가 정치의 범위와 한계라고 여기는 바를 표현하는 것이기도 하다. 사회민주주의의 현대화 서사는 이 이념이 꿈꾸는 유토피아적 지식 개인의 구축에 달려 있다. 평생학습, 자율성, 책임성에 대한 사회민주주의의 담론은 모두 이러한 박식한 인간형을 실현한다는 한 가지 목표를 향한다.

물론 이것이 정말 박식한 개인인지에 대해서는, 아니 더 정확히 말해 이 유토피아적 시민의 것이라고 상정되는 지식이 어떤 종류의 것인지에 대해서는 논쟁의 여지가 있다. 박식한 시민에 대한 사회민주주의의 비전은 지식이 특정한 성향 및 성격—무엇보다 먼저 끊임없이 변화하고 현대화하는, 학습하고 또 학습하는 능력에 따라 규정되는 그런 현대화 정신—과

관계가 있다는 현대 사회민주주의의 관념에 바탕을 둔다. 위에서 살펴본 대로, 이러한 성향을 소유하고 체현하는 것은 주로 기업가다. 즉, 유용한 지식을 보유하면서 자신의 잠재력을 최대한 실현할 줄 아는 개인이다. 이에 따라 기업가가 사실상 사회민주주의적 시민의 이상형으로, 기회를 파악하고 포착할 줄 아는 박식하고 덕망 넘치는 개인으로 부상한다.

이러한 기업가적 시민의 재현은 타자, 즉 잠재력을 결여한 개인이라는 그늘을 수반한다. 사회적 배제에 대한 제3의 길의 담론, 디지털 계층 분할과 '일자리 없는' 계급이나 심지어 '쓸모없는' 사람들에 대한 제3의 길의 우려 속에 이러한 타자의 영상을 확인할 수 있다. 현대사회에서 사회적 배제는 참으로 고민스러운 경험적 현상이며, 현대 사회민주주의가 이러한 배제의 인간적·사회적 의미에 대해 매우 우려하고 있다는 점에는 의심의 여지가 없다. 그럼에도 불구하고 사회민주주의의 배제 담론은 때로 민중을 자본으로 보는 시각, 유용한 지식의 담지자 아니면 그런 지식을 결여한 존재로 민중을 양분하는 당혹스러운 시각이라 할 만한 내용을 포함하는 듯하다. 지식 시대의 다른 빈곤 및 불평등 형태와 마찬가지로 사회적 배제는 지식, 재능, 인적·사회적 자본과의 연계를 통해서 이해되기 시작했으며, 결국 이러한 것들이 존재하지 않는 상황으로 정의되었다.[1] 어떤 점에서 사회적 배제층은 제3의 길 담론에서 현대화의 반명제를 뜻한다. 왜냐하면 이들은 변화 과정을 따라가지 못하는 뒤떨어지고 미적대는 사람들, 계발에 실패한 이들이기 때문이다. 지식사회(혹은 지식경제) 사상이 진품을 창조하는 이들과 복제품을 생산하는 이들 사이의 새로운 전 지구적 분업이라는 추정을 포함하는 것처럼, 포스트포드주의 노동시장과 교육시스템은 '정보를 지닌 이들'과 '정보를 지니지 못한 이들', 비판 의식 및 창조력을 지닌 이들과 그렇지 못한 이들 사이의 새로운 분할을 창조한다.[2]

사회적 배제층은 현대화 정신을 결여한 이들, 시민권적 덕을 결여한 이들이다. 말하자면 기업가와 사회적 배제층은 현대 정치의 두 상투적 주역이라 할 수 있다. 이는 역사적으로 사회민주주의가 좋은 노동자와 게으른 부랑자의 고정관념을 바탕으로 정치 프로젝트를 구축했던 것과 아주 유사하다.

이는 매우 규범적인 민중관이며, 지식경제와 지식사회의 사상이 근본적으로 권력을 내장한 담론이라는 점을 반영한다. 세상에 지식과 잠재력이 전혀 없는 사람은 없다는 것은 두말할 나위도 없다. 여기에서 결정적 쟁점은 특정 형태의 지식이 다른 지식에 비해 본질적으로 더 값어치 있는지의 여부가 아니다. 사회 안에는 비록 경제적 차원에서 수량화되는 가치를 갖지 않더라도 우리 삶에 필수적인 다양한 형태의 노동과 사회적 생산이 존재한다.[3] 유용성과 응용성에 대한 기업가적 추구 이외에도 다른 많은 창조성의 형태들이 존재하며, 사회의 여러 재능은 제3의 길의 성장정책 바깥에 자리한다. 핵심 쟁점은 차라리 개인의 잠재력에 어떻게 가치를 매길 것이냐다. 신기술이 (복잡한 사회과정들을 통해) 디지털 문맹이나 다중 스트레스 장애 같은 새로운 형태의 장애를 탄생시킨 것처럼, 지식경제와 그 언어, 제도, 정책은 새로운 주체와 새로운 사회적 위계제의 생산에서 적극적인 행위자다.[4] 우리의 사회적 위계제의 토대에는 우리 자신의 입장에서 그리고 타인의 입장에서 평가되는 유용성, 가치, 값어치라는 사고가 존재한다. 유용성, 즉 누가 생산적 시민인지에 대한 정의는 말 그대로 누가 생산적 시민이 아닌지, 누가 '쓸모없는'지에 대한 정의이기도 하다. 이런 관점에서 보면, 지식사회 사상은 재능과 잠재력에 대한 끊임없는 평가에 바탕을 둔 것처럼 보인다는 점에서 사회민주주의 정치가 깊이 우려해야 할 내용을 담고 있다. 성취를 평가하는 것과 재능 및 선천적 잠재력을 평가하는 것은 별개의 문제다. 당신은 재능을 타고날 수도 있고, 그렇지 못할 수도 있다. 리처드 세넷이 지적한 것처럼, 이런 점에서 잠재력은 성취 관념에 비해 더 무제한적인 파괴성을 지니는 개인적 값어치의 관념이다. 왜냐하면 이는 결국 자기에 대한 평가, 인성에 대한 평가가 되지 않을 수 없기 때문이다.

　잠재 능력에 대한 평가는 개인의 성취에 대한 평가에 비해 성격상 훨씬 더 개인적이다. 성취의 경우에는 사회적·경제적 환경, 행운과 기회가 자기와 결합된다. 잠재 능력의 경우는 오직 자기에만 초점을 맞춘다. "너는 잠재력이 없어"라는 언명은 "너는 망했어"보다 훨씬 더 파괴적이다. 이는 당신의 인간됨에 대해 보다 근본적인 요구를 들이댄다. 더 심층의 차원에서 쓸모없다는 메시지를 전하는 것이다.[5]

　바로 이러한 유용성이라는, 유용한 지식이라는 사고는 만인의 값어치가 평등하다는 사회민주주의의 사고와 상반된다. 모든 젊은이들이 자기만의 독특함의 값어치에 대해 확신해야 하며 자신의 재능을 탐색하고 발전시킬 수 있어야 한다는 것이 사회민주주의의 입장이다.

쓸모없는 자들의 부상

　사회적 배제 문제는 후기 산업 현대성과 깊이 결합된 문제다. 현대적 형태를 띤 사회적 배제 사상의 기원을 찾는다면 풍요사회에서 나타나는 빈곤과 궁핍의 메커니즘을 두고 전개된 1960년대의 논쟁으로 거슬러 올라갈 수 있다. 이 논쟁은 전후에 과거의 믿음과는 달리 성장의 과실이 모든 사회집단에 다 돌아가지 않는다는 당혹스러운 상황을 마주하면서 벌어졌다. 현대적 문구로 말한다면, 경제의 밀물이 모든 배를 다 들어올리지는 않았던 것이다. 오히려 풍요사회는 물질적 결핍보다는 뿌리 없음과 소외라는 무형의 정서와 더 관련된 완전히 새로운 궁핍 문제들을 수반하는 듯 보였다. 후기 산업자본주의에서 엘리트와 빈곤 대중 사이의 오래된 분할은 성장일로에 있던 중간계급 대중과 사회 바깥에서 점점 더 주변화되던 집단의 분열 구도로 대체되는 것 같았다. 1960년대에 빈곤 의제의 틀을 다시 짜면서 사회적 개입의 새로운 수단을 찾으려 한 다양한 정치적 시도 이면에는 이러한 현상이 자리했다. 미국의 '빈곤과의 전쟁'*은 그중 가장 잘 알려진 사례다.[6]

선진 산업사회와 자본주의가 사회의 중요한 부분을 체계적이고 구조적으로 주변화하면서 그 구성원들로부터 사회 및 생산 내 지위를 박탈한다는 점을 비판한 것은 1960년대의 사회적 배제 담론의 다양한 얼굴들 중 하나였다. 전후의 진보 관념 대신 뿌리 깊이 양극화된 사회질서에 대한 두려움이 들어섰다. 이런 사회질서에서는 일부 집단은 현대화의 가속화를 따라가지만 다른 이들은 무참하게도 낙오하는 것으로 보였다. 예를 들어, 계급의 종말에 대한 프랑스 사회학자 알랭 투렌의 저서는 지식 중심 질서의 도래를 다룬 초기의 저작 중 하나로, 이러한 이층 사회, 즉 공장의 위계적 계급 분할 대신 지식과 창조성, 통합과 배제를 둘러싼 사회적 분할이 들어서는 사회의 출현에 관심을 환기시켰다. 이는 1960년대에 성장과 기

---

* '빈곤과의 전쟁'은 1964년 미국에서 린든 B. 존슨 대통령이 연두교서를 통해 발표한 정책 방향이었다. 취약 계층 지원을 중심으로 복지정책의 확장을 시도했지만, 베트남전쟁과 동시에 추진되는 바람에 미국 정부의 재정 위기를 야기했다.

술이 새로운 사회적 위계제, 새로운 형태의 결핍, 발전을 통해 불구화된 새로운 집단 등의 형성에 적극적인 역할을 한다는 비판이 증가하던 상황에서 그 한 흐름으로 등장했다. 이러한 비판적 시각을 바탕으로 스웨덴과 영국 모두에서 신좌파가 등장해 사회민주주의를 비판하게 된다.[7]

이러한 사회적 배제의 사상은 1990년대와 2000년대에 사회적 거미줄의 사상이라는 또 다른 포장을 뒤집어쓰기는 했지만 그래도 눈에 띄는 형태로 계속 남아 있었다. 사회적 거미줄 담론은 불평등을 지위와 권력의 위계제가 아니라 사회적 거미줄에 대한 공간적 통합과 배제의 차원에서 개념화했다. 이는 전후의 사회적 배제 담론과 유사한 점이 있다. 실제로 기술적 계층 분할의 증가에 대한 현대의 사고에 따르면, 결정적인 사회적 구별선은 네트워크에 통합된 자들과 이로부터 배제돼서 민주적 과정에 참여할 수 없거나 디지털 문맹이 되어버린 자들 사이를 가로지른다.[8] 영국과 스웨덴 두 나라 모두 기능 향상과 원격 학습, 인터넷에 대한 보편적 접근 등의 기회를 확대하려는 시도를 통해 ICT의 이러한 잠재적인 배제 효과에 대한 두려움에 대응하고 있다.[9] 하지만 현대 사회민주주의가 자본주의에 대한 그 비판적 접합과 단절한 것으로 보이는 상황과 마찬가지로, 이러한 현대적인 사회적 배제 관념도 지식자본주의에 대한 비판 일체와 분리된 것으로 보인다. 현대의 사회적 배제 담론에는 우리의 사회조직관에 발생한 근본적 변화가 반영돼 있다. 통합의 주된 원리인 네트워크의 규범에 따라 시민권, 연대, 평등의 원칙들 대신 근로와 개인적 순응을 강조하게 됐다. 투렌이 사회적 위계제의, 더 나아가 계급의 문제라고 보았던 쟁점이 이러한 개념화를 통해 개인이 사회적 짜임새 안에 있는가 아니면 바깥에 있는가의 문제가 됐다. 평등은 사회 질서에 대한 관심이자 사회적 응집의 문제가 됐고, 여기에서 사회질서란 다시 경제적 번영의 원천으로 이

해됐다. 이것이 네트워크 시대 사회민주주의의 빈곤 인식이다.[10]

사회적 배제란 다양한 국민적 제도 배열과 정치 문화에 따라 그 정의가 크게 달라지는 매우 복잡한 용어다.[11] 사회적 배제의 또 다른 문제는 영국과 스웨덴 사회에서 주로 나타나는 불평등이 서로 다르기 때문에 두 나라에서 매우 다른 경험적 형태를 띤다는 점이다. 게다가 사회적 배제에 대한 국민적 해석 역시 빈곤을 둘러싼 서로 다른 이념적 유산에 크게 의존한다. 스웨덴어에서 사회적 배제라는 단어—*social utslagning*—의 문자적 의미는 '문을 두드려 나가다'라는 뜻이며, 이는 두드린 장본인을 의미심장하게 강조하는 비유다.[12] 최근 몇 해 동안 이 말은 유럽연합이 사회적 배제에 맞서는 각국의 행동 계획을 강조하는 바람에 변화를 겪었다. 이로써 사회적 응집과 통합에 대한 유럽식 어법이 스웨덴에서도 중심에 놓이게 됐는데, 이 과정에서 이 개념이 수반하는 규범적 전제들에 대한 비판적 토론은 별로 없었다.[13] 영국에서는 사회적 배제와 관련해 엄청난 수의 정책이 생산됐고, 이는 1997년에 총리의 후원 아래 설립된 사회배제대응실SEU, Social Exclusion Unit을 통해 신노동당 의제의 핵심을 차지했다. SEU는 신노동당의 현대적 거버넌스 프로젝트의 선두 마차로서, 다른 부처 및 지역 공동체들과 함께 분야를 넘나드는 동반자 관계를 구축하며 활동을 펼쳤고 ICT와 감사 같은 현대 행정 기술에 크게 의존했다.[14] 하지만 사회적 배제에 관한 신노동당의 언어는 미국의 '빈곤과의 전쟁'에서 유래하는 빈곤 및 의존에 대한 문화적 이론 그리고 자격 있는 빈민과 자격 없는 빈민의 구분 같은 자유주의 전통을 반복했다. 이는 찰스 머레이,* 로런스 미드**

---

* Charles Murray(1943~). 미국의 신우파 사회이론가. 장기 실업자 중에서 근로윤리와 구직 의지를 상실한 이들을 일컫는 '최하층계급underclass'이란 말을 유행시켰다. 머레이는 최하층계급이 복지수당에 의존하는 바람에 오히려 빈곤의 늪에서 헤어 나오지 못한다고 주장했다. 이러한 그의 빈곤 이론은 1980년대에

242

같은 사회 이론가들을 통해 영국에 수입됐다.[15]

낭비된 잠재력

영국과 스웨덴에서 사회적 배제의 프레임은 인적 자본의 낭비와 관련된 경제적 언어다. 이는 제3의 길 성장정책의 거울상이다. 즉, 신경제에서 성장의 열쇠가 민중의 잠재력이라면 사회적 배제란 일부 민중의 지식과 재능이 제대로 이용되지 못하는 상황을 보여주는 것이기 때문에 결국 이러한 잠재력의 낭비를 의미한다는 것이다. 사회적 배제는 인간 잠재력의 낭비다. 따라서 이는 만인의 잠재력의 활용에 성패가 걸린 현대사회에는 결코 용납될 수 없는 것이다.[16] 앞선 장들에서 논의한 제3의 길의 다른 접합들과 마찬가지로 이는 자본주의 비판과 효율성·계발 담론 사이에서 동요하는 모호한 개념이다. 잠재력 낭비라는 사고에는 불평등이란 곧 비효율성이며, 말하자면 사회적 자원을 파괴하고 민중을 '소진'시키거나 '낭비'하는 자본주의의 '내적' 경향이라는 사회민주주의의 고전적 비판이 반영돼 있다. 그러나 낭비 관념은 민중의 자본화라는 제3의 길의 구상과 직접적인 관계를 맺고 있기도 하다.

영국에서는 사회적 배제의 주된 프레임이 민중을 자본의 여러 형태들

미국의 레이건 정부, 영국의 대처 정부가 복지정책을 축소하는 데 중요한 이념적 기반이 되었다.

** Lawrence Mead(1943~). 미국 뉴욕 대학 정치학 교수. 머레이와는 달리 최하층계급의 복지병을 치유하기 위해서는 기존 복지제도의 축소에 머물 게 아니라 새로운 복지제도를 구축해야 한다고 주장했다. 최하층계급에게 근로윤리를 확립시키고 구직 의지를 북돋는 방향에서 국가 개입이 필요하다는 것이다. 이러한 미드의 이론은 1990년대 미국의 클린턴 정부와 영국의 블레어 정부의 '근로복지'정책 추진에 커다란 영향을 끼쳤다.

인 양 다루는 경제적 언어였다. 그래서 이는 인간적 비참과 곤경―더 나아가 사회적 불의―의 문제만이 아니라 활기찬 혁신경제를 위협하는 문제로도 인식됐다.[17] 사회적 배제의 비용이 집중적인 조명을 받았는데, 이는 단지 삶의 낭비라는 차원만이 아니라 범죄와 복지 예산의 사회적 비용, 시장 수요 감소와 숙련된 노동력의 축소로 인한 기업의 비용, 잠재 기업가의 상실이라는 점에서 지식경제에 끼치는 비용 등의 차원에서 다뤄졌다.[18] 신노동당이 다른 영역에서도 야심 찬 사회적 의제를 던졌던 것처럼, 슈어 스타트 프로그램, 교육 기회 확대 프로그램 혹은 모든 재능에 기회를 제공하기 위해 고안된 청년 현장 실습 프로그램 같은 수단을 통해 사회적 배제에 대해서도 급진적 의제를 제시한 것은 틀림없다. 하지만 신노동당은 사회적 배제를 반사회성, 범죄, 비도덕적 행위와 연결시키기도 했으며, 이는 결국 최하층계급의 일탈 행위에 관심을 집중하는 최하층계급 담론의 유행으로 이어졌다.[19] 이러한 최하층계급 담론은 사회정의가 번영의 문제라는 신노동당의 경제주의적 정의관, 그리고 사회적 영역이 부 창출의 결정적 과정이 이루어지는 장소라는 신노동당의 사회관과 융합됐다. 말하자면 사회적 배제는 사회적 자본 창출의 문제이며 그런 점에서 또한 지식자본주의의 효율성 문제라는 것이다.

사회적 배제에 대한 신노동당의 인식에는 사회문제에 대한 특유의 문화적 분석이 반영돼 있는데, 이 분석은 미국 빈곤 이론가들의 최하층계급 담론뿐만 아니라 지식과 학습이 문화에 의존하며 육성의 대상이라는 인식으로부터 연유한 것이기도 하다. 공동체주의적 의제의 틀에서 보면, 사회적 배제는 본질적으로 공동체 가치들의 붕괴, 그러니까 의무감의 와해와 개인적인 열망의 결여로 인해 야기된다. 따라서 통합은 개인이 이러한 가치들을 포용하고 자기 인성에 문제가 있음을 받아들이면서 시작되는 과정인 셈이다.[20] 사회적 배제 개념에는 역동적인 강조점이 존재했는데, 그것은 바로 배제의 메커니즘이었다. 낙후한 공동체에 대한 투자와 도시 재생을 지향하는 정책은 열망의 창출을 목표로 설계됐다.[21] 하지만 궁극적으로 사회적 배제의 숨은 동력은 문화적인 것으로 인식됐으니, 수십 년 동안의 사회적 퇴보로 인한 열망의 문화적 결핍이 그것이었다. 이에 따라 시민권적 덕목들을 학습하고 노동 윤리를 수용하며 지배적인 의무 관념을 받아들임으로써 사회의 유기적 짜임새 안에 통합되는 것이 역동적 강조의 대상이 됐다.[22] 이런 방식으로 사회민주주의의 지식 시대 인식의 토대를 구성하는 경제적 논의와 문화적 분석이 융합됨으로써 자기 계발에 나서고 기회에 부응하면서 고용가능성을 확보하려는 개인의 의지가 정치의 핵심에 진입하게 된다.

이 문화적 분석에는 근본적인 이중성이 존재한다. 사람들이 자신의 잠재력을 실현하도록 도와야 한다는 진보적인 강조점과, 잠재력의 실현을 유도하기 위해 규율과 강제가 필요하다는 훨씬 더 억압적인 강조점 사이의 이중성이 그것이다. 한편으로 신노동당은 사회적 배제와 맞서 싸우는 가운데 일반교육 시스템에서 멀리 벗어난 이들, 특히 학교를 떠나서 노동시장의 기회가 제한된 16~18세 연령층에까지 교육 기회와 교육 수당을 확대하기 위해 애썼다.[23] 다른 한편으로 사회적 배제층에게도 표준화와 감사를 통한 학업 진척도의 세밀한 모니터링과 수당 수급 조건이 적용된다. 정치적 거버넌스의 새로운 수단으로서 ICT를 활용하는 경우에도 이 이중성이 반영된다. ICT는 프로그램 참여 자격 정보를 제공하는 웹 포털과 원격 학습을 통해 교육 시스템 바깥에 있는 이들의 구체적인 필요에 따른 맞춤형 서비스를 제공하는 중요한 정책 도구였지만, 감시와 강제의 도구로 활용되기도 했다. 예를 들어, 무단결석 방지 차원에서 학교가 조회에 출석하지 않은 아동에게 자동 문자메시지를 보낼 수 있게 됐다. 또한 학교 웹 사이트를 통해 학생들의 성적표를 공개하는 것도 가능해졌다.[24]

사회적 배제와의 싸움이 10여 년 넘게 신노동당 의제의 핵심에 자리했지만, 신노동당에게 신경제 혹은 자본주의의 변형 과정 자체에 사회적 배제를 초래하는 요소가 있을 가능성에 대한 이론이 별로 없다는 것은 매우 놀라운 일이다. 신노동당은 기능에 대한 수요의 급변 때문에 기능 향상에 실패한 이들이 사회적으로 배제될 위험이 증가한다는 것을 인정하지만, 이에 대한 답은 오직 기회에 관한 이야기들뿐이다. 만약 교육의 확장을 통해 기회가 제공된다면, 실패는 온전히 개인의 책임일 것이다. 게다가 신노동당은 자신이 제재하고자 하는 그런 개인적 행동을 낳을 수 있는 요소가 다름 아닌 자신의 정책들—신노동당의 사회적 개입 수단, 수월성이라는 능력주의적 용어, 경쟁적 쟁투에 바탕을 둔 사회질서라는 경제주의적 비전 등에서 나타나는 도덕주의적이고 권위주의적인 성격—안에 존재할지 모른다는 주장에 별로 신경을 쓰지 않는 듯하다. 신노동당에게 경쟁이란 우리에게 규율을 요구하는 힘이며, 이는 사회적 배제층의 경우에도 마찬가지다. 이들에게도 표준화와 감사를 적용해 그 진보와 통합 여부를 모니터링해야 한다.[25]

이는 만인에게 기회를 제공하고 '모두 한 기차를 타고 있다'는 점을 분명히 하면서 이를 사회적 배제 문제에도 그대로 적용하는, 때로 매우 낭만적인 스웨덴의 담론과 그 차이가 확연하다. 스웨덴 사회민주주의의 입장에서 사회의 접착제는 특정한 사회적 가치들, 즉 민주주의, 평등, 연대에 대한 개인의 충성에서 찾을 수 있다. 역사적으로 스웨덴에서 사회적 배제는 민주적 권리에 참여하지 못해 이를 실행할 수 없는 상태로 인식됐다. 즉, 삼헬레의 바깥에 방치돼서 변화 과정에 목소리를 낼 수 없는 상태인 것이다. SAP가 보기에 사회적 배제 문제는 보편주의, 집단적 연대, 책임 성이라는 당의 만병통치 서사, 그중에서도 '승강기'와 '모두 한 기차를 타고 있다' 혹은 '모두 함께 간다'는 강조와 잘 들어맞는다. 이러한 비유의 기원은 당의 《1990년대 프로그램》으로, 이는 어떤 집단은 낙오되는 반면 다른 집단은 '기차 탑승'이 허용될 잠재적 위험을 지닌 경제적·기술적 발전에 관심을 기울였다. 이 프로그램은 꾸준히 기회를 잡는 이들과 '바깥으로 내몰린' 이들 사이에서 기회와 인생의 행운이 나뉘는 우려스러운 경향이 현대 자본주의에 내재되어 있다고 이야기한다. 이는 분명 이층 사회의 사상 그리고 모든 이에게 다 기회를 뜻하지는 않을 새로운 생산 질서의 부상으로부터 영향을 받은 것이었다.[26]

그럼에도 불구하고 사회적 배제에 대한 SAP의 인식은 불평등과 빈곤이 자본주의가 야기하는 낭비의 한 형태라고 보는 보다 고전적인 사회민주주의의 인식과도 잘 들어맞는다. 스웨덴 사회민주주의는 정부 산하 저소득위원회Committee on Low Income가 스웨덴 모델의 완전고용과 연대 임금 협상*에도 불구하고 스웨덴 사회의 상당한 집단들이 낙오 상태에 있다는 결론을 내린 1960년대 이후 줄곧 사회적 배제 문제와 씨름해왔다.[27] 1960년대 말에 곧바로 제시된 해석에 따르면, 이는 생산 자동화와 합리화의 결과이며 이로 인해 결국 인적 생산 요소가 소진되고 만다. 사회적 배제는 산업주의와 연관된 현상이자 2001년 당 강령이 표현한 대로 "인적 자원과 자연자원을 파괴하는 자본주의의 내적 경향"으로 해석됐다.[28] 올

---

* 렌-마이드너 모델의 중요한 구성 요소 중 하나. 스웨덴 경총과 노총 사이의 중앙 교섭을 통해 여러 산업과 기업에 생산성 향상과 연동된 임금 인상률을 일률적으로 적용하는 제도다. 이를 통해 산업 생산성을 높이고 인플레이션을 억제함과 동시에 임금소득자 내부의 소득 격차를 줄이려 했다. 1991년에 스웨덴 재계가 중앙 교섭에서 철수하면서 연대 임금 협상은 중단됐다.

로프 팔메는 1978년의 한 연설에서, 사회적 배제가 산업사회에 만연한 낭비—"산업사회의 쓰레기 더미 위의 민중"—라고 언급했다.[29] 선진 산업사회에서는 성장이 더 이상 더 많은 민중을 노동에 투입함으로써 창출되는 게 아니라 집약적이고 합리화된 생산 과정을 통해 민중의 생산 자원을 소진시킴으로써 창출됐다. 1970년대에 SAP가 경제민주주의와 작업장 내 영향력을 추구한 것은 이러한 발전에 맞선 대응이었다. 즉, 직접적인 노동계급뿐만 아니라 '바깥에 내몰린' 이들까지 포괄하도록 평등 의제를 더욱 진전시키고 자본주의 안에서 사회민주주의가 해야 할 역할을 재검토하려는 시도였다. 요나스 폰투손은 스웨덴 사회민주주의가 경제민주주의를 실시하는 데 실패함으로써 그 역사적 한계마저 드러냈다고 지적하면서 이를 가장 통찰력 있게 정리했다.[30] 우리는 SAP가 사회적 배제의 인식을 그 진보적 보편주의 이론 안에 통합시키지 못했거나 아니면 그럴 의지를 보이지 않은 데 대해서도 똑같이 이야기할 수 있을 것이다.

지식 시대의 SAP가 보기에 자본주의의 사회적 자원 낭비는 성장을 위해 더 이상 만인의 동등한 출발이 필요하지 않게 되면서 한 발자국 더 나아갔다. 신기술을 급속히 낡은 것으로 만들어버리는 일자리 없는 성장과 기술 발전이라는 현상은 사회 안에 이윤을 생산해내지 못하는 원치 않는 인간 집단—사실상 쓸모없게 돼버린 사람들—을 창출하는 것으로 보인다. 이들은 '지식 시대의 프롤레타리아트' 혹은 지식이 부족한 최하층계급으로서, 당은 이들이 지식자본주의의 특징 중 하나라 본다. 1990년대에 SAP는 특히 스톡홀름 교외 등의 지방에 소재한 단과대학들에서 고등교육의 접근 통로를 확대하고 만인의 역량을 증대시키기 위해 고안된 조치들, 민중교육의 현대화, 유아교육 예산의 증액, 장기 실업자들을 위한 지식 승강기 프로그램 등등을 주창했는데, 이 모든 노력의 목표는 이러한 사태 전개를 막아보려는 것이었다. 이와 마찬가지로 SAP의 고용정책도 노동시장에 참여하는 모든 이들이 저마다의 능력을 바탕으로 기회를 제공받아야만 하며 노동 생활이 장애와 경쟁력 격차 등을 감안한 다양한 필요와 재능에 부응할 필요가 있다고 강조했다.[31] 신노동당과의 결정적 차이는 SAP의 정책에는 당이 지식자본주의의 추세라 인식한 바에 대한 선명한 비판이 포함돼 있다는 점이다. SAP의 정책은 생산성 향상의 추구와 경쟁으로 인해 변화 과정이 가속화됨으로써 이에 필요한 기준에 부응하지 못한 이들에게는 어떠한 기회도 주어지지 않는 그런 발전에 대해 분명히 비판한다. 이런 식의 발전은 사회민주주의 국가가 이를테면 '취약한' 이들을 보호함으로써 맞서 싸워야 할 대상이다.

이는 매우 모호한 수사로 들릴지 모른다. SAP는 현대 생활의 압력을 강조하는 것과, 취약층, 능력과 경쟁력이 뒤쳐진 이들에 대한 담론을 통해 사회적 배제를 설명하려고 시도하는 것 사이에서 동요하는 모양새다. 짐작건대, 이는 스웨덴의 경우에 당 담론에 담긴 자본주의에 대한 일종의 실용주의적 비판과 경제적·사회적 변화에 대한 정치적 분석의 부재 사이의 간극이 존재함을 암시한다. 하지만 이는 또한 사회적 배제의 사상 안에 스웨덴 사회민주주의에게 근본적으로 거북한 뭔가가 있음을 암시하기도 한다. 스웨덴에서 복지국가가 수행한 역사적 역할과 역사적으로 높은 수준의 사회적 평등 및 노동시장 참여 덕분에 이 나라에서는 사회적 배제의 심각성이 유럽의 다른 나라들에 비해 훨씬 덜하다. 아니 최소한 과거에는 그랬다. 실제로 세대를 이어 깊이 뿌리내린 영국 사회의 빈곤 수준과 비교해보면 깜짝 놀랄 정도다. 한편으로는 이 덕분에 사회적 배제가 정치 문제로 부각되는 정도가 덜하지만, 다른 한편으로는 이로 인해 사회적 배제가 더 눈에 잘 띄게 되는 측면도 있다. 사회적 배제는 스웨덴이 살기 좋은 나라—누구든 결핍과 고통을 겪지 않아도 되는 사회, 참으로 "편애하는 자식도 없고 의붓자식도 없는" 사회—라는 SAP의 세계관과 잘 들어맞지 않는다.[32] 스웨덴 사회에서는 단지 사회적 배제 현상만으로도 일종의 고발, 즉 국민의 집 건설 과정에서 당이 일부 집단을 빠뜨리고 심지어는 낙오시켰을지 모른다는 주장이 제기되는 것 같다. 신노동당의 문화적 의존성 혹은 최하층계급 담론은 SAP의 이념과는 거리가 멀다. 하지만 사회적 배제 문제에는 매우 개인적인 요소가 포함되어서 이 당의 통상적인 사회민주주의 언어로는 설명하기가 좀 힘든 면이 있는 듯하다. 무단결근과 복지수당 부정 수급의 문제는 보편주의와 연대의 원리에 문제가 생겼다는 뜻이기도 하다. 게다가 1990년대의 파동 이후 사회 불평등과 불안정이 증가했다는 사실은 당이 스웨덴 금융을 구조조정 하면서 뭔가 잘못을 저질렀음을, 간단히 말해 취약층을 보호하는 데 실패했음을 일정하게 시사하는 듯하다. 사회민주주의는 동화정책과 노동시장정책을 통해 애써 통합을 강조했지만 점점 더 개인적 책임, 열망과 희망의 문화, 개인적 활동 등의 관념들에서 통합의 수단을 찾는 형편이다. 사회적 배제에 맞선 스웨덴의 행동 계획은《복지 대차 대조표Balance Sheet for Welfare》의 결론을 따르는데, 이에 따르면 스웨덴에서 사회적 배제 추세가 확대되는 것은 1990년대에 열차에서 '떨어진' 뒤에 다시 올라타지 못한 집단들과 관계가 있다.[33] 이는 스웨덴 사회민주주의에게는 거북한 사안이다. 마치 당의 책임을 쟁점화하는 것처럼 보여서 SAP는 위기의 사회적 효과에 대해 말하는 것 자체를 꺼려왔다. 설상가상으로 스웨덴에서는 사회적 배제가 뚜렷한 인종적 차원을 띠고 있는 반면 스웨덴 사회민주주의는 구조적 차별의 관념을 매우 불편해한다. 스웨덴 복지국가의 비판자들은 이것이 '보편주의'의 불가피한 특징이라고 주장하곤 한다.[34]

이 모든 것은 SAP가 구조적 요소들을 통한 설명—현대 노동 생활의 강조, 스웨덴 사회의 동화 및 차별 문제, 교외 지역의 인종차별—과, 국민의 집이 부활하는 중임에도 나타나는 개인적 우울과 약물 남용의 원인에 대한 혼란스럽기만 한 생각 사이에서 동요하는 경향이 있음을 보여준다. 일부 당 대의원들은 어디에든 소속되길 원하지 않는 것으로 보이는 사람들은 뭔가 석연치 않은 개인적 문제가 있어서 그런 것이라고 생각하는 게 분명하다. 말하자면 당 정책은 결국 사회문제에 대한 매우 개인주의적인 설명에 의존하는 셈이다. 1960년대에 사회민주당이 사회적 배제에 대한 토론에 대응하면서 보인 태도는 재무장관 군나르 스트랭*의 유명한 라디오 논쟁을 통해 확인된다. 그는 스웨덴 사회의 한복판에서 낮은 소득 수준을 보이는 사람들은 생각 없는 자들이라고 단언했다. 반면 2000년대의 사람들은 걱정, 혹은 얼마간의 슬픔에 빠져 있다.[35] 2006년 총선에서 스웨덴 우파가 세액공제 도입과 취업 인센티브 강화를 통해 사람들을 복지수당 수급자 명단에서 빼내 노동에 투입할 것을 강력히 주장하면서 사회적 배제 혹은 '소외감utanförskap'이라는 쟁점이 선거운동의 중심으로 대두했다. 이는 SAP에 스웨덴 사회의 추세와 관련한 분석이 부족하다는 점을 보여준다. '새로운 노동자 정당nya Arbetarpartiet', 즉 중도 지대에서 재건축된 보수정당은 사람들을 낭비하거나 마치 사회에 기여할 수 없다는 듯 "이들을 명단에서 지워버리는" 정부 관료 기구들을 개혁하겠다고—'옛' 복지국가에 대한 신노동당의 비판이 강조하듯이[36]—공약했다.

---

* Gunnar Sträng(1906~1992). 스웨덴 사회민주당 정치가. 스웨덴 역사상 가장 오랫동안 재무장관으로 있었으며, 복지국가 전성기에 스웨덴 경제의 상징과도 같은 존재였다.

인적 자본의 한계

미국 사회학자 대니얼 벨Daniel Bell은 1973년 저작 《포스트산업사회의 도래The Coming of Post-Industrial Society》에서 '지수 곡선exponential curves', 즉 '모든 종류의 비율의 배가 속도가 가속화하는 현상'에 대해 썼다. 벨은 지식의 성장이 인간 능력으로 따라잡을 수 있는 수준을 이미 넘어선 것 같다고 언급한다. 발전은 포화 상태를 거부하며 끊임없는 가속화를 요구하는 것으로 보인다. 벨의 주장에 따르면, 지수 곡선은 우리 삶을 바꾼다.[37]

지수 곡선의 관념이 지식경제 사상의 내용을 뒷받침한다. 우리는 네트워크 내부에 기하급수적 확장의 목적론적 논리가 존재한다고 가정하는 실리콘 혁명의 사상 혹은 무어의 법칙을 살펴본 바 있다. 이와 마찬가지로 인적 자본 사상은 인적 자본이 산업혁명의 석탄이나 강철 혹은 육체노동과는 달리 사실상 무제한임이 드러날 것이라는 암묵적 가정에 바탕을 둔다. 실제로 평생학습의 사상은 인적 자본 확장의 영속적 과정이라고 할 수 있다. 이 영속적 과정에서 자기의 확장과 경제의 확장은 사실상 동일한 과정으로 간주된다. 어떤 점에서 지식경제는 사회민주주의의 생산주의에 대한 1960년대 말의 급진적 비판 담론들을 한데 모으고 산업주의와 개인 해방 사이의 딜레마가 해결됐다고 주장하는 것 같다. 여기에 내재한 논리는 지식경제에서는 노동 생활이 공장에서 일생을 보내는 것과는 근본적으로 다를 것이라는 희망이다. 또한 지식경제가 자기 삶을 본질적으로 통제하는 보다 행복하고 창조적인 개인들을 창조할 테고 자기실현에 기여하기 때문에, 지식경제에서는 고갈 및 착취 현상들을 피하게 될 것이라는 기대도 있다. 말하자면 성장의 한계와 성장의 사회적·생태적 비용에 대한 1960년대의 논쟁 대신 지식경제는 흠결이 없으며 환경 친화적이고 민

중 친화적이라는 주장이 들어선 것이다.[38]

이는 매우 대담한 가정이며, 진지한 분석에서 기이할 정도로 동떨어진 것으로 보인다. 지난 10여 년간 사회민주주의가 부의 창출과 경제성장에 매달려온 탓에 인적 자본 확장이 인간의 행복에 끼치는 부정적 영향의 가능성을 이론화하는 작업은 거의 없었다. 인적 자본이 이끄는 생산성 확장의 한계는 그 자본 안에 묻어 들어가 있는—체현돼 있는—한계임이 틀림없다고 주장할 수도 있을 것이다. 인간의 물리적·인지적 영역과 범위의 차원에서 이러한 한계를 우리 적응력의 한계이자 학습하고 또 학습하려는 의지 및 힘의 한계로 논의해볼 수도 있을 것이다. 생산성의 부단한 확장이나 실리콘의 효율성 증가에 관한 전제들과는 달리, 이 경우에는 신축성이 무한할 수 없을 성싶다. 연구 결과에 따르면, 오늘날 각국에서는 산업재해가 증가 중이며 그중에서도 신체적 산업재해보다는 스트레스 및 불안과 관련된 질환이 차지하는 비중이 점차 높아지고 있다. 프랑스 경제학자 다니엘 코엔은 과로 현상이 현대 자본주의 사회의 풍토병이며, 이는 유연 생산과 직접적 관련성이 있다고 진단한다.[39]

사회민주주의 이념 안에서 이에 대한 논쟁은 거의 없었다. 신노동당은 변화가 정상을 향한 달리기 경쟁이라 생각했고 기회에 대한 권위주의적인 주장을 펀드느라 개인에게 안정 보장이 필요하다는 점을 기각했기 때문에 삶의 질, 행복, 좋은 삶을 따질 여지를 남겨두지 않았다. 비록 지난 몇 년 동안 일자리의 질, 일-삶의 균형, 건강한 작업장을 더 강조하는 쪽으로 담론이 변화하기는 했지만 말이다. 이것이 이념적 토대의 변동이라는 것은 명백하지만, 이러한 담론의 출현은 어디까지나 신노동당의 만병통치약식 현대화 서사 안에서 이뤄지는 것으로 보인다. 예컨대 건강한 작업장과 건강한 민중은 보다 생산적인 작업장으로 이어지기 때문에 이는 곧 효율성과 성장을 위한 논의이기도 하다. 건강한 작업장 담론은 결국 결근 관리와 신속한 개입에 대한 담론이기도 하다. 이런 초동 개입을 통해 노동자들은 가능한 한 빠른 시간 안에 기회를 잡아 일터로 돌아갈 수 있도록 보장된다.[40]

반면에 스웨덴에서는 사회적 배제의 사상이 어쩔 수 없이 현대화 과정 그 자체에 대한 비판을 포함했다. 페르손 집권기에 현대화와 성장을 비판하는 사회민주주의 이념 가운데 한 흐름이 등장해 당의 '녹색 국민의 집 *gröna folkhemmet*' 비전 안에 뚜렷이 반영됐다. 이 흐름의 일부는 국민의 집에 대한 부적절한 향수에 빠져들어서 지속 가능한 자본주의를 위한 전략을 다지는 작업에 제대로 초점을 맞추지 못했다. 그럼에도 불구하고 이 덕분에 당이 다시금 성장과 개인의 행복 사이의 관련성 그리고 진보의 본성에 대해 토론하게 됐다. 이에 따라 SAP는 진보가 만약 시대적 요구의 증대 때문에 사람들을 노동 생활로부터 배제하는 결과로 이어진다면 이는 진보일 수 없다고 천명했다. 성장을 다룬 2004년 당대회는 다음과 같은 결론을 내렸다.

성장 자체가 목적은 아니다. 우리 정책의 목표는 더 좋은 사회다. 이는 사람들이 삶의 초기에 소모돼버리지 않는 사회다. 모든 이들이 자신의 능력에 따라 생산에 참여할 수 있는 사회다. (……) 우리 성장정책의 목적은 민중이 성장하게 하는 것이다. 우리의 정책은 기업가 정신을 장려하지만, 아픈 이들이 건강을 회복할 수 있고 장애인들이 노동의 기회를 가질 수 있도록 보장하기도 한다.[41]

1990년대의 사회민주주의 성장 전략은 작업환경과 노동 복귀에 대한 고용주의 책임을 강화하고 특히 공공부문에서 경쟁력이 취약한 이들을 위한 일자리를 확보함으로써 노동 생활을 개혁할 것을 강조했다.[42] 2003년과 2004년의 노사정 간 '성장 대화_tillväxtsamtal_'는 고용주들과 협약을 맺는 것을 목표로 삼았으며, 정부와 노동조합은 재계가 병가病暇, 부적격자, 산업재해에 대한 책임 강화를 받아들이는 것을 전제로 중소기업 세금을 경감해주는 데 동의했다. 이는 2000년대 초에 급증한 장기 병가 및 결근 일수에 대한 대응이었는데, 스웨덴 우파는 이를 지나치게 관대한 사회보험 시스템의 이른바 역逆인센티브가 야기한 '스웨덴병'이라고 진단했다.[43] 성장 대화는 성공을 거두지 못했다. 주된 원인은 SAP가 세금 문제에 대해 노동조합과 합의에 도달하지 못한 데 있었으며, 이로 인해 재계는 협상장에서 철수해버렸다.[44] 하지만 사회민주당이 산업재해와 관련한 뿌리 깊은 스트레스를 강조하고 고용주의 책임을 강화하려 시도한 것은 책임이 주로 개인적인 근로윤리를 강화하는 문제였던 신노동당 정치의 경우와 현격히 대비된다. 결국 이는 두 당 사이에 보다 중요한 차이가 있다는 것을, 즉 SAP가 현대화 과정의 잠재적 한계, 즉 개인들과 이들의 삶의 상황에 따라 설정되는 한계를 인정한다는 것을 보여준다. SAP의 주장에 따르면, 삶은 경주가 아니다.[45]

결론

변화를 달리기 시합으로 보는 신노동당의 사고와, 변화를 이러한 경쟁으로 바라보길 거부하는 스웨덴의 사고는 변화 과정에서 개인이 맡는 역할 그리고 현대화에 대한 관념이 서로 다르다는 점을 보여준다. 신노동당은 개인의 열망이 사실상 무제한이라 보는 듯싶은 데 반해 스웨덴 사회민주주의는 변화와 행복 사이의 긴장 가능성을 강조한다. 결국 이러한 차이는 성장이 경제성장인지 아니면 인간의 성장인지에 대한 인식, 그리고 진보의 구성 요소에 대한 정의가 서로 다른 데 따른 것이다.

그럼에도 불구하고 두 나라에서 모두 개인적인 것이 변화의 초점으로 떠올랐다는 것은 분명한 사실이다. 사회정책에는 문화적 강조점이 부가됐고, 이는 현대 경제정책이 성장의 뿌리를 특정한 개인적 태도와 성향에서 찾는다는 것과 직접적인 관련성이 있다. 이러한 문화적 접근에 따라 평등주의 의제의 제한이 허용된다. 그래서 이제는 잠재력을 구속하는 장벽을 철폐하고 열망과 성취의 문화를 육성하며 학습 문화를 창출하는 게 정책 목표가 된다. 여기서 장벽은 결국 무능력이나 학습 열의 부족의 형태로 개인들 자신 안에 자리한 것으로 인식된다. 바로 이렇게 경제적 변화가 개인 안에서 시작된다고 보는 인식을 통해 사회적 배제가 인성의 문제라는 매우 특별한 인식이 생긴다. 이와 달리, 오늘날 서구 세계에서 증가하는 사회적 배제에 대해서는 다음과 같이 설명할 수도 있을 것이다. 지그문트 바우만이 주장한 것처럼, 배제가 포스트포드주의 노동시장의 불가결한 본성이어서 가치를 인정받지 못하는 과잉 인구를 창출한다고 말이다.[46]

에필로그:
사회민주주의의 미래

9장

내가 이 책을 끝마치는 지금, 기후 변화와 금융 위기 그리고 버락 오바마Barack Obama의 당선으로* 정치의 얼굴이 바뀌고 있다. 오바마는 모든 것은 바뀔 수 있다는 생각에 호소한다. 이는 실로 제3의 길이 우리에게 말했던 바와는 정반대다. 금융 위기는 제3의 길의 논거, 즉 시장경제가 가장 우월하며 이에 전적으로 헌신해야 한다는 생각에 도전한다. 실제로 위기는 사회민주주의의 자랑이던 경제적 번영을 뒤흔들어놓았고, 이로 인해 우리는 신경제란 게 과연 얼마나 현실성이 있었던 것인지 자문하게 된다. 1990년대와 2000년대 초는 빠른 속도로 지나간 역사가 되고 있다.

눈 깜짝할 새 제3의 길보다 더 시대에 맞지 않는 정치 구호는 생각하기 힘들게 돼버렸다. 유럽 사회민주주의는 지난 몇 년을 위기 상태로 보냈다. 블레어 이후 신노동당은 마비 상태이고, 프랑스 사회당은 사분오열돼 반자본주의, 현대화, 구식 국가사회주의 사이에서 어느 노선을 취해야 할지 합의하지 못하고 있다. 이탈리아 사회민주주의는 또다시 노동계급의 표를 베를루스코니Silvio Berlusconi에게 빼앗겼다. 스웨덴에서 현재 야당인 사회민주당을 이끄는 모나 살린**은 때로 사회민주당 자체보다 더 사회민주주의적으로 보이는 새로운 우파에 맞서기 위해 무엇보다도 1980년대

---

* 이 책은 오바마가 취임한 지 2년밖에 안 된 2010년에 출간됐다.
** Mona Sahlin(1957~). 스웨덴 사회민주당 정치가. 예란 페르손 총리가 이끌던 사회민주당이 2006년 총선에서 패배한 뒤, 여성으로는 처음으로 사회민주당 대표가 됐다. 사회민주당이 2010년 총선에서 거듭 패배하자 대표에서 물러났다. 사회민주당은 이후 금속노조 위원장 출신인 스테판 뢰벤Stefan Löfven(1957~)을 대표로 선출하고 2014년 총선에서 비로소 다시 여당이 됐다. 2017년 현재 스웨덴은 사회민주당-녹색당 연정 아래 있다.

로, 자유, 기업가 정신, 능력주의 등의 주제들로 돌아간 것만 같다.

작금에 사회민주주의가 처한 상태를 목도하며 우리는 질문을 던지지 않을 수 없다. 제3의 길은 끝난 것인가, 아니면 단지 중대한 고비를 넘기고 있는 것뿐인가? 2007년 여름에 블레어가 결국 권좌에서 물러날 때 데이비드 마퀀드가 지적했던 것처럼, 제3의 길은 임시변통일 뿐이었다. 이는 시간이 지날수록 마퀀드가 "복음주의적 호전성"이라고 칭한 바를 내용으로 하는 단순한 블레어주의 프로젝트로 퇴보해버린 것 아닌가 싶다.[1] 후대 역사가의 눈에 블레어주의는 이라크 전쟁과 분리될 수 없는 정치 프로젝트로 보일 것이 틀림없으며, 그렇다면 분명 운명을 마감했다 해야 할 것이다. 하지만 사망 선고는 성급하며 오해를 불러일으킬 수 있다. 블레어가 제3의 길의 전부는 아니기 때문이다. 제3의 길을 사회민주주의적 수정주의 프로젝트라고 이해한다면, 역사 속 다른 사회민주주의적 수정주의 프로젝트들과 마찬가지로 여기에는 분명 이를 수행하던 개인을 뛰어넘는 역사적 의미가 있다. 게다가, 비록 1990년대 중반부터 현재에 이르는 장기 10년 동안 사회민주주의 사상을 지배한 주제들―선택, 기회, 기업가 정신―이 오늘날 사회민주주의가 직면한 쟁점들에 대한 대응으로서는 신선하지도 탁월하지도 않지만, 현대 유럽 사회민주주의에서 제3의 길 말고 다른 비전을 찾아내기도 쉽지 않다. 물론 금융 위기로 인해 사회민주주의는 자신의 선택에 대해 더욱 치열하게 고민하지 않을 수 없게 될 테고, 제3의 길 프로젝트의 균열 역시 급속히 굉음을 내며 갈라져버릴 것이다. 하지만 이번 위기를 통해 무엇보다 선명히 드러난 것은 바로 지금 사회민주주의가 방향을 잃은 채 헤매고 있다는 사실이다. 위기에 가장 치열하게 맞선 것은 정치 행위자가 아니다. 고든 브라운 정도를 예외로 한다면, 우파 지도자들이 케인스주의를 다시 끄집어내는 상황에서 외려 다들

묵묵히 쳐다만 볼 뿐이다.*

제3의 길의 이념적 일관성을 과장할 필요는 없다. 이 책에서 살펴본 것처럼 현대 사회민주주의 안에는 여전히 다양한 목소리들이 존재한다. 사회민주주의는 과거에도 항상 그랬듯이 지금도 긴장에 싸여 있는 프로젝트로서, 수정주의의 다양한 시기로부터 연유하는 담론 및 대항 담론들로 구성된다. 이들 중에는 1970년대 이후 시기를 규정해온 사회민주주의의 다양한 배열들 속의 서로 다른 분파들, 즉 전통파와 현대화파가 있다. 선거에서 도전이 증가하고 지도부가 바뀌면서 이러한 긴장은 더욱 치열해져갔다. 오늘날 사회민주주의에게 제3의 길은 문제투성이의 유산이며, 유럽 전역의 사회민주주의자들은 그 제한된 공간을 넘어서기 위해 분투하고 있다. 오랫동안 이러한 투쟁은 이보 전진 일보 후퇴의 기이한 춤사위처럼 보였다. 블레어 시기와 단절하려던 고든 브라운의 노력은 금융 위기가 닥쳐서 갑자기 영국 은행들을 국유화하지 않을 수 없는 처지가 되기 전까지는 많은 논란을 불러일으켰다. 금융 위기로 인해 '옛' 노동당의 주제들로 일정하게 돌아가게 됐고 그중에는 그간 기피되던 조세와 같은 쟁점까지 포함됐다. 하지만 공적 자금을 은행과 자가 소유자들에게 재분배해야 할 필요성이 새롭게 대두했음에도 불구하고 시장이 무너지기 전까지는 빈곤층에 대한 신노동당의 도덕적으로 보수적인 접근법에는 별다른 가시적 영향이 없었다. 브라운이 집권하자마자 취한 두 가지 조치 중 하나가 블레어의 주력 정책인 사회배제대응실과 존중 의제의 폐지이기는 했

---

* 2008년 금융 위기가 일어났을 때 유럽의 주요 사회민주주의 정당들 중 집권당은 영국 노동당뿐이었다. 그래서 은행 국유화를 통해 직접 위기 대응 정책을 펼친 영국의 고든 브라운 정부를 제외하면, 나머지 사회민주주의 정당들은 집권 우파가 위기에 맞서 어쩔 수 없이 케인스주의를 되살리는 것을 야당으로서 지켜보기만 해야 했다.

지만 말이다.

스웨덴에서는 예란 페르손이 권좌에서 물러나자마자 곧바로 기억에서 사라졌고, 이제 다들 페르손 시절을 회고 취미와 논쟁 부족으로 고통받던 시기 정도로 여긴다. 2006년 총선의 SAP 구호는 미래에 등을 돌려버린 정치 프로젝트를 집약해서 보여주는 듯했다. "우리는 자부심을 느끼지만 만족하지는 않는다." "스웨덴은 살기 좋은 나라." 페르손의 후계자인 모나 살린은 통합 정책과 여성주의의 접합이라는 측면에서 과감한 비전의 정치가였다. 그러나 살린은 1980년대 제3의 길 프로젝트 시기에 잉바르 칼손 주위의 젊은 현대화론자들 중 한 사람이기도 했다. 당 대표가 된 뒤 첫 연설에서 그녀가 천명한 쇄신은 1980년대에 유행하던 주제들의 메아리와도 같았다. 이 연설에서 그녀는 자유 관념을 사회민주주의 정치의 중심에 복귀시키겠다고 언급하기도 했다.[2] 이후 몇 달 동안 당은 학교 개혁 필요성과 노동시장정책에 대해 개인의 책임 강화를 약속하면서도 말끝을 흐리는—바우처 시스템으로 인해 평등과 다양성 사이의 갈등이 불거질 수 있다는 점은 건드리지 않았다—성명서들을 발표했다.[3] 이로써 학교를 둘러싸고 질서와 능력주의의 원리에 바탕을 둔 초당파적 동맹의 가능성이 열렸다. 여기에는 유아교육 시기부터 성적 등급을 나눌 수 있도록 허용하는 조치도 포함됐는데, 이는 SAP가 줄곧 금기시해온 방침이었다.

종합하면, 오늘날 전 세계에서 우리가 직면한 어마어마한 규모의 쟁점들은 사회민주주의의 새로운 사회 비전을 만드는 데 풍부한 자료가 되어야 한다. 오바마는 과거 클린턴이 그랬던 것처럼 유럽 사회민주주의에 어쨌든 커다란 영향을 끼칠 것이 분명하며, 이미 전 지구적 정치 지형을 새로 짜기 시작했다. 그러나 비록 오늘날 사회민주주의 정당들이 새로운 미래 비전, 미래에 사회민주주의의 영혼을 규정할 뭔가를 찾고 있기는 하지만, 그 비전의 내용을 밝히기에는 아직 부족한 게 많은 듯싶다.[4] 최근 이러한 미래를 둘러싼 토론은 명백한 도구주의로 인해 상처를 입었다. 즉, 사회민주주의의 미래를 탐색한다는 것은 세상이 뭐가 잘못됐고 더 나은 사회 질서는 어떤 것인지에 대한 진보적 분석보다는 사람들을 설득할 '이야기'의 필요성, 새로운 비전의 필요성과 더 많은 관련을 갖게 됐다. 그만큼 사회민주주의의 미래 비전은 유토피아의 요청과 언론용 포장의 유산 사이에 끼인 채 미지의 상태에 있다. 이는 과거 제3의 길이라 불렸고 지금도 그렇게 불리는 제한된 공간의 결과다. 영국, 스웨덴 그리고 세계 곳곳에서 '제3의 길'을 주장하는 이들은 모두를 납득시키든지 아니면 아무도 납득시키지 못하는 정치 공간을 구축했고, 이제는 거기에 빠져 헤어 나오지 못하는 중이다.

다른 한편 금융 위기로 인해 현대 사회민주주의의 중심적 측면, 즉 자본주의 비판이 부족하다는 점이 도전을 받게 될 가능성이 있다(그러나 반드시 이렇게 되리라는 것은 아니다). 나는 이 책에서 제3의 길이 한 일이란 사회민주주의의 역사 속에서 자본주의 비판의 특정한 접합이었던 것을 효율성과 개량의 주장으로, 무엇보다도 시장 효율성의 주장으로 뒤바꾼 것이라고 논했다. 이 과정에서 사회민주주의 프로젝트의 역사적인 수정주의 담론이 한 걸음 더 나아가 이제는 평등과 사회보장의 원리가 다른 보다 중요한 목표의 단순한 수단이 됐고 문화, 교육, 평등은 번영을 위한 논거가 됐다. 제3의 길은 유토피아의 영역—로베르토 망가베이라 웅거Roberto Mangabeira Unger가 "건설적 상상력의 동인動因"이라 부른—을 폐기했고, 사회 안에 경제와 충돌하는 공동선과 값어치의 형태들이 존재한다는 생각에 반대했다.[5] 이 점이 중요하다. 사회민주주의는 반자본주의 운동이었던 적이 거의 없었지만, 그럼에도 불구하고 사회민주주의 프로젝트에서 유토피아적 열망은 결정적인 역할을 했다. 이것이야말로 변화의 방향에 대한 토론을 인도하는 나침반이었기 때문이다. 사회민주주의의 역사에서 개혁주의 운동에 적응과 정치 사이의 미묘하지만 결정적인 구분선을 환기시키는 그런 비판이 목소리를 얻을 수 있었던 것은 유토피아 담론 덕분이었다. 제3의 길은 정치의 역할이 이념 논쟁의 골대를 옮기는 것이 아니라 실용적 관리, 실제 일처리의 부각, 민중 내의 주류 가치에 대한 호소, 번영으로 환원되는 공동선의 창출 등이라고 주장하면서 유토피아 담론을 내팽개쳤다. 동일한 과정을 통해 이념은 접합의 문제, 즉 민중의 가치를 형성하는 게 아니라 유권자들에게 호소력이 있다고 추정되는 바에 따라 이념적 요소들을 변동시키는 문제가 되어버렸다. 이 대목에서 제3의 길이 포스트모더니즘과 맺는 어색한 관계가 드러난다. 즉, 이는 접합된 정체성이라는 포스트모더니즘의 가정을 차용하지만, 그 해방적 잠재력은 탈각시켜버린다. 이는 이념의 생산적 역할이 아니라 정치 언어와 이념을 생산하는 권력에 신뢰를 보낸다.

유토피아의 폐기가 낳은 이러한 제한된 공간으로 인해 대안을 이야기한다는 것이, 그러니까 뭔가가 어떻게 출현할 수 있고 이 뭔가가 무엇이 될 수 있을지 상상한다는 것이 참으로 어려워졌다. 이는 사회민주주의로부터 시대에 뒤진 목적론적 청사진을 추방하거나 세월을 거치면서 시의성을 상실한 낡은 교과서들을 재편집하는 수준을 훨씬 넘어서는 진지한 과정이다. 이념을 내버린다고 해서 사회민주주의가 자유로워지는 게 아니다. 오히려 이로써 사회민주주의는 세계관, 총체적인 사회민주주의 존재론을 잃게 된다. 이것이 없다면, 사회 안의 패턴과 구조를 이해하기란 매우 어려워진다. 그래서 오늘날 신노동당은 세상에 대해 어떻게 말해야 할지 알지 못하는 처지에 빠져 있다. 왜냐하면 이들이 세상을 경제·사회

구조의 비판과 분리시키는 바람에 오직 공정, 불평등들(이렇게 복수로 표현될 경우, 그 공격성이 다소 무뎌진다), 기회 같은 모호한 개념들만 남았기 때문이다. 스웨덴에서 사회민주주의는 평등, 사회보장, 연대의 고전적 접합을 견지했지만, 이들 관념이 마치 정체되고 자명하며 상식적인 것인 양 다뤘다. 이로 인해 이념적 논리 개발의 영역이 발전하지 못했다. 실제로 1990년대 스웨덴 사회민주주의의 매우 놀라운 특징은 첨예한 쟁점들에 대한 토론이 없었고 당이 침묵을 지켰다는 점이다. 그래서 이후 재무장관이 되는 페르 누데르는 사회민주주의의 미래 비전에 대한 질문을 받자 천연덕스럽게 비전 같은 것은 없다고 답하기도 했다.[6] 스웨덴이 세상에서 가장 좋은 사회라는 단언은 결국 다음과 같은 성가신 질문과 맞부닥치지 않을 수 없었다. 과연 스웨덴은 아직도 세상에서 가장 좋은 사회인가? 1990년대에 SAP가 보여준 역사의 활용은 그 자체로 이념적 재접합의 과정이었다. 왜냐하면 조심스럽게 연속성을 구축함으로써, 그리고 북유럽적 현대성 관념의 상징과 이미지에 조심스럽게 의존함으로써 당이 과거로부터 아무것도 변한 게 없는 세계관을 건설했기 때문이다. 국민의 집 관념은 지겨운 미사여구, 즉 국민 단합, 사회 화합, 개혁주의적 합리성이 어우러진 과거의 유토피아가 되어버렸다. 이러한 복고 경향은 매우 특별한 정치 전략으로, 현대 세계에 대해 별로 말하는 바가 없는 정치 프로젝트의 징후이기도 하다.

제3의 길이 사회민주주의를 전형적으로 실용주의적이고 심지어 비정치적인 프로젝트로 재해석함으로써 일정한 후과가 뒤따랐다. 이로 인해 유권자들은 사회민주주의가 무엇인지, 그리고 질주하는 세계에서 자신들을 보호할 수 있는 이들이 만약 있다면 그게 누군지에 대해 확신을 잃었다. 덕분에 새로운 현대화된 우파에게 새로운 정치 공간이 열렸고, 영국과 스웨덴 모두에서 이들 신우파는 자신들을 사회민주주의보다 더 나은 중도파로 내세우려고 분투 중이다. 스웨덴에서는 우익정당들의 선거 연합 '스웨덴을 위한 동맹Alliance for Sweden'이 2006년 총선에서 새로운 노동자 정당det nya arbetarpartiet이라 자처했다. 영국에서는 데이비드 캐머런*이 새로운 블레어라는 이미지를 얻으려고 전략적으로 노력했고, 교육과 범죄처럼 과거에 첨예하게 대립했던 쟁점들에서 확고히 중도파의 위상을 점했다. 아마도 이러한 중앙을 둘러싼 정치적 경쟁을 통해서 사회민주주의는 이념에 대해 심각하게 숙고하지 않을 수 없게 될 것이다. 그러나 새로운 자칭 온건 우파의 부상이나 환멸을 느낀 유권자들보다 더 위험한 것은, 어쩌면 제3의 길 역시 사회민주당들이 스스로의 세상 속 역할에 대해 확신을 잃게끔 만들었다는 점이다. 미래 비전의 추구는 정체성과 목적을 추구하는 것이며, 정치와 사회민주주의를 신뢰하기 때문에 이에 결합하는 다수 대중을 추구하는 것이기도 하다.

지금까지는 비전의 요청이 우리가 사는 시대에 대한 분석과, 더 나아가서는 현대 자본주의에 대한 진보적 분석을 제시하려는 시도와 동떨어진 것처럼 보였다. 반면 우리를 둘러싼 세계에는 수많은 쟁점들이 있다. 이들 쟁점 중 금융 붕괴와 기온 상승보다 덜 극적인 것들조차 개인의 범위, 새로운 정치적 책임의 요청 따위를 훌쩍 뛰어넘는다. 복지국가의 축소 과정은 새로운 위험을 낳았고, 그중 일부는 다름 아니라 제3의 길이 칭송하던 선택의 원리로부터 비롯됐다.[7] 국내 무대에서든 전 지구적 수준에서든 불

---

* David Cameron(1966~) 보수당 소속의 전 영국 총리. 2010년 총선에서 승리해 집권할 당시에 44세로, 토니 블레어(1953~)가 처음 총리가 됐을 때(1997년)의 나이와 같았다. 또한 그가 제창한 '큰 사회Big Society' 구상은 국가기구 대신 시민사회가 복지 등의 역할을 떠맡을 것을 주장한다는 점에서 '제3의 길'과 유사했다. 2016년 7월 유럽연합 탈퇴 찬반투표에서 '탈퇴'가 다수로 나온 것에 책임을 지고 사퇴했다.

평등이 증가하고 있다. 지난 수십 년 동안 민간 소비가 치솟고 다수의 핵심 공공재가 사유화됨으로써 주거, 교육, 연금, 돌봄의 이용 기회에서 새로운 계층 분할이 시작됐으며, 이는 스웨덴에서도 예외가 아니었다. 말하자면 사회민주주의의 사망은 결코 역사적으로 예정된 결과가 아니다. 내 생각에는 사회민주주의가 시대에 뒤쳐지게 만드는 필연적 요소 따위도 없다. 오히려 사회민주주의는 과거 어느 때보다 더 큰 시의성을 지니는 것처럼 보인다.

이런 관점에서, 지금껏 지속되는 제3의 길의 역사적 역설은 아마도 새로운 사회민주주의 프로젝트를 요청하는 듯했던 1990년대라는 국면에 등장했음에도 이 노선이 우리 시대에 대한 사회민주주의적 분석을 제시하는 데는 어쨌든 실패했다는 점일 것이다. 돌이켜보면 1990년대 중반 이후의 10년간은 거대한 우익의 파도가 퇴조기에 접어든 시기였다. 이 시기에 다른 세상에 대한 유토피아적 비전을 요구하는 새로운 사회운동들이 출현했다. 역사상 이러한 유토피아적 비판은 사회민주주의의 힘을 북돋아주는 역할을 했으며, 아마도 앞으로 10년 동안은 실제 그렇게 될 것이다. 하지만 1990년대에 이러한 비판에 대한 사회민주주의의 반응은 고작 지구화에 적응해야 하며 자본은 정치적 통제를 넘어선 세력이라는 메시지였다. 1990년대에는 또한—블레어, 페르손 같은 사회민주주의 정치가들의 고된 작업을 통해—복지국가에 대한 신자유주의의 비판도 마침표를 찍었다. 복지국가는 오늘날 자본주의의 필수적 부분으로서 다소 보편적인 인정을 받고 있다. 사회민주주의는 공평성이 곧 효율성이라는 주장을 둘러싼 역사적 전투에서 승리한 것으로 보인다. 신노동당은 많은 영역에서 진보적 사회정책을 수립하는 데 성공했으며, 1990년대 스웨덴 사회민주주의의 역사적 업적은, 모름지기 스웨덴 모델은 결점투성이가 아니며 새로운 시대에도 유효하다는 것을 입증하는 데 성공했다는 점이다. 그러나 사회민주주의가 1990년대라는 기회를 평등주의 의제를 밀어붙이거나 사회민주주의 프로젝트의 독창성을 지키는 데 활용하지 못했다는 점에 대해서는 혹독한 판결을 내리지 않을 수 없다.

이런 점 때문에 우리는 사회민주주의가 무엇인가에 대해 매우 주의 깊게 검토하지 않을 수 없다. 물론 어떤 수준에서 사회민주주의는, 제3의 길을 다룬 초기 문헌들이 주장한 것과 마찬가지로, 무엇인지가 아니라 실제 무엇을 하는가로 평가돼야 한다. 이런 관점에서 볼 때 제3의 길은 새로운 시대를 위한 사회민주주의의 개작이며, 그 안에 원칙적인 차원에서 사회민주주의 프로젝트와 구별되는 요소는 없다. 그러나 사회민주주의는 분명 도구적이지도 대체 가능하지도 않으며 그 자체의 영혼을 규정하는 특정 가치들을 중심으로 구성된 역사적 프로젝트다. 평등이라는 목표가 바로 이러한 종착점이었고, 보다 나은 사회질서에 대한 유토피아적 열망이었다. 셰리 버먼이 최근 주장한 것처럼, 역사적으로 사회민주주의의 특성은 반자본주의적 입장이 아니라 이 노선이 역사 속에서 특정 가치들—평등, 민주주의, 연대—을 경제적인 것보다 우월한 가치로 자리매김했다는 데 있다. 이러한 가치들의 중요성으로 인해 버먼이 "정치의 우선성"이라 칭한 바, 즉 시장을 타고 넘는 가치들을 통해 규정되는 정치 공간이 존재한다는 사고가 확립됐다. 이 대목에서 제3의 길은 사회민주주의의 역사적 프로젝트와 결정적으로 단절하게 된다. 실제로 셰리 버먼은 제3의 길 주창자들이 "사회민주주의의 핵심 원칙들 중 하나가 언제나 정치의 우선성에 대한 믿음이었다는 것을 이해하지 못하는 모습을 보인다"고 썼다.[8]

버먼은 다른 많은 사회민주주의 연구자들과 신노동당이 처음 등장할 때부터 이를 비판한 이들의 진단을 거듭 확인한다. 그러나 버먼은 20세기에 사회민주주의가 평등과 민주주의의 가치, 사회적 시민권의 원칙을 각 사회의 토대에 놓고 사회를 점차 변형해나가는 기나긴 투쟁을 통해 역사적인 승리를 기록했다고 주장한다.[9] 이와 유사하게 새로운 중도우파의 부상은 신자유주의에 대한 사회민주주의 가치의 헤게모니적 승리를 반영한다는 주장, 제3의 길이 사회민주주의 가치들을 국민이 합의하는 가치로 확립하는 데 성공했기 때문에 우파가 이제는 사회민주주의의 옷을 훔쳐입고 있다는 주장도 제기되곤 한다.[10] 이는 분명 일정한 진실을 담고 있다. 버먼이 지적한 대로, 오늘날 시장이 사회에 다시 묻어 들어가야 한다는 점과 자본주의를 민주적으로 조절해야 한다는 점에 의문을 제기하는 정치 프로젝트는 거의 존재하지 않는다. 하지만 역사상 사회민주주의는 '단지' 시장이 사회에 다시 묻어 들어가게 만드는 것보다 더 많은 뭔가를 이룩했다. 즉, 시장 이외의 대안, 시장의 한계, 가치와 공동선의 관념, 민중의 삶에 끼치는 시장의 영향에 대해 토론했다. 현대 정치에서 자유시장을 주창하는 세력이 거의 존재하지 않는다는 것은 진실일지 모르지만, 자본주의를 비판하는 세력도 거의 존재하지 않기는 마찬가지다. 사회민주주의 프로젝트 안의 평등 및 민주주의적 가치의 특수성은 분명 그 가치들이 자본주의에 대한 비판, 그리고 인간의 자기실현을 침해하는 경제 및 생산 구조에 대한 비판과 연결됐다는 점에 있었다. 자본주의에 대한 이러한 비판은 정치의 우선성을 확립하려는 사회민주주의의 투쟁에서 중심적인 측면이었다. 사회민주주의는 복지국가적 개입과 사회정책을 통해, 경제계획을 통해, 교육 및 문화 논쟁을 통해, 사회의 특정 영역들에 대한 양심적인 보호를 통해 이러한 투쟁을 전개했던 것이다. 1990년대 '제3의 길'파는 자본주의에 대한 이러한 비판이 필연적으로 생산수단 국유화의 요청으로 이어지며 또한 자본주의를 말하는 것은 경제를 정태적이고 인식 가능한 패턴의 단계적 발전으로서 이해하는 태도를 전제한다고 간주했는데, 이는 모두 오류였다.

역사상 사회민주주의가 오류를 저질렀던 것은 사실이다. 하지만 사회민주주의는 역사 속에서 인간 의지와 잠재력에, 민주주의에, 사회적 시민권의 변혁적 역할에 호소함으로써 마르크스주의와 사회주의의 잘못된 가정을 비판하기도 했다. 역사 속에서 사회민주주의의 자본주의 인식은 유토피아적 열망 및 비판, 즉 더 나은 다른 사회는 가능하며 이 사회는 현재 불평등과 낭비를 초래하고 있는 경제·사회 구조에 대한 비판 위에 구축돼야만 한다는 관념과 연결돼 있었다. 그래서 스웨덴의 '현대화론자' 에른스트 비그포르스는 '잠정적 유토피아'를 이야기했다. 잠정적 유토피아라는 꿈은 정치적 가능성의 범위 안에 존재하지만, 실용적 개혁 과정의 나침반 역할을 함으로써 사회민주주의가 그 필생의 가치들을 추구할 수 있게끔 충분히 급진적이어야 한다.*[11] 이러한 유토피아적 비전이 없고 또한 민중의 생활을 우리 사회·경제의 조직화 방식과 연결하는 자본주의 비판을 갖추지 못했기 때문에 제3의 길은, 로베르토 웅거가 지적한 대로, 설탕을 입힌 제1의 길에 불과하다. "기회를 근본적으로 확장하는 데 실패한 것을 덮기 위한 보완적 사회정책 및 사회보험의 조미료"라는 것이다.[12] 사회민주주의의 역사적 승리는커녕 역사상 그 영혼을 규정하던 바로 그것들로부터 사회민주주의가 역사적으로 후퇴했음을 보여주는 말이다.

이를 통해 정치의 중도화가 가능한 이유가 오직 사회민주주의적 접합이 아무런 독성을 지니지 않아서 우파조차 쉽게 수용할 수 있게 된 데 있

---

* 비그포르스의 '잠정적 유토피아provisoriska utopier' 개념에 대해서는 다음 책을 참고할 수 있다. 홍기빈, 《비그포르스, 복지국가와 잠정적 유토피아》(책세상, 2011).

음을 확인하게 된다. 현대 사회민주주의 담론에서 평등의 비전에는 유토피아적 요소가 빠져 있다. 그래서 신노동당의 경우처럼 평등을 다른 것의 수단이자 무엇보다 먼저 번영에 이르는 한 경로쯤으로 이야기할 수밖에 없는 도구주의로 희석되거나, 스웨덴의 경우처럼 현재의 불평등 추세에 대한 분석과 괴리된 것이 되어버리는 것이다.[13] 그렇다고 해서, 후자의 실체가 드러나는 것과는 별개로, 현대 사회민주주의 프로젝트와 새로운 우파 사이에 어떠한 중대한 차이도 없다고 말하는 것은 아니다.[14] 하지만 오늘날 사회민주주의적 접합의 구성 요소들을 사회적 보수주의나 사회적 자유주의의 현대화된 버전과 구별하는 것은 그리 쉬운 일이 아니다. 사회보수주의와 사회자유주의 모두 사회민주주의 이념의 필수 구성 요소들이 됐기 때문이다. 모르긴 해도 요즘 정치적 중심 지대에서 복지국가주의가 받는 찬사의 내용은 오늘날 이것이 사회변혁이 아니라 사회질서의 프로젝트, 평등이 아니라 번영과 성장의 프로젝트, 사회적 시민권과 공동선을 사회변혁을 위한 급진적 원리가 아니라 시장가치에 대한 충성의 문제로 보는 프로젝트라는 것이다. 능력주의, 기회, 잠재력을 둘러싼 사회민주주의의 현대적 접합은 사회질서에 도전하지 않는다. 그 효율성 및 번영 관념은 너무나 편협해서 이들은 오늘날 단지 시장 효율성의 관념으로 작용할 뿐, 좋은 사회의 요건 혹은 평등과 연대를 위한 공공재의 중요성 등에 관한 논의와는 동떨어져 있다. 새로운 노동자 정당을 자임하는 정치적 우파의 타깃인 중간계급은 바로 사회민주주의가 탄생시킨 중요한 부분이다. 1930년대에 사회민주주의는 여러 형태의 연대를 통해 공동선에 호소했으며, 사회변혁의 정치적 프로젝트를 수행하도록 설득될 수 있는 역사적 행위자로서 '민중'에 호소했다. 1990년대에 사회민주주의는 이기적인 소비자들로 이뤄져 있고, 시장가치들과 불가분인 국민적 정체성에 물들어 있으며, 천성이 보수적이라 여겨지는 그런 민중에게 호소했다.

이에 따라 선택의 자유와 다양성이 민주주의보다 더 중요해졌으며 기회가 평등보다, 책임이 권리보다 더 중요해졌다. 시민권 관념이 권리 중심에서 책임과 의무 중심으로 변동한 것은 이로 인해 개인 주체를 둘러싼 정치 프로젝트 전반의 방향이 바뀌었다는 점에서 참으로 거대한 변화다. 복지국가의 조직에서 전개된 많은 변화들은 시민권의 지위에, 사회 안의 호혜와 상호부조의 바로 그 결속들에 심각한 부정적 영향을 끼친 것으로 보인다. 그만큼 제3의 길은 역사적 기회를 놓쳤으며 우리 시대의 진보적 내용을 제공하는 데 실패한 듯싶다. 똑같은 논리로 이는 지식경제의 진보적 내용을 창조하는 데도 실패한 듯하다.

이제 사람들이 잠재력을 추구할 새로운 기회를 갖게 됐다고 이야기들 하는 시대에 발맞춰, 정치의 역할은 만인의 잠재력 실현이며 개인이 성장을 통해 자신의 재능을 추구하고 자기 안에 있는 미래의 씨앗을 틔울 수 있게 하는 것이라는 사회주의의 오랜 주장을 되살리자는 것이 제3의 길의 논의의 중심을 이룬다. 그러나 개인이 점점 더 자기 함양에 관심을 쏟으면서도 새로운 형태의 소속감 역시 요구하는 듯 보이는 시대, 한편으로 공장이 사라지고 있기는 하지만 다른 한편으로 콜 센터와 외주 하청이 이를 대신하는 시대, 기회가 자동으로 확산되는 게 아니라 오히려 집중되는 듯 보이는 시대에, 제3의 길은 실은 무엇이 기회이고 인간 잠재력인지 ,혹은 공동선을 규정하는 것이 무엇인지에 대한 질문에 제대로 답하지 못하는 것 같다. 인간 잠재력의 창조와 해방에 근본적인 역할을 하는 교육과 문화는 전 지구적인 달리기 경쟁을 통해 시장 재화로 변질됐다. 현대 사회민주주의에게는 경제적 가치의 성격을 동시에 지니지 못하는 한 사실상 어떠한 가치도 존립할 수 없는 듯 보인다.

여기에는 내가 자본화 과정이라고 기술한 바가 반영돼 있다. 제3의 길은 창조성이나 호기심처럼 역사적으로 비경제적 재화였던 공동선의 관념들을 새로운 상품, 더 나아가 새로운 형태의 자본으로 전환시켰다. 이는 다음과 같이 보다 냉정하게 표현될 수도 있다. 즉, 제3의 길을 통해 사회민주주의의 자본주의 비판은 자본의 이론으로, 지식경제에서 어떻게 가치를 창조할지에 대한 이론으로 대체됐다. 이를 통해 번영과 효율성의 권리가 가치와 값어치의 헤게모니적 관념으로 격상됐고, 가치에 대한 다른 정의들은 하찮은 게 되어버렸다. 이 과정— 끊임없이 모든 것을 신경제에서의 잠재적 사용 가치라는 차원에서 규정하는 과정—에서 사회민주주의는 특정한 경제를 구축하는 적극적인 행위자다. 이 경제는 어떤 측면에서는 우리에게 번영을 보장할지 모르지만, 다른 측면에서는 빈곤의 나락에 빠뜨릴 수도 있다.

이러한 자본화 논리는 본질적으로 사회민주주의에 낯선 것이 아니다. 따라서 제3의 길이 사회민주주의 전통 안에서 불행한 사고라거나 예외라는 식으로 생각하는 것은 오류이다. 제3의 길은 사회민주주의 전통의 근본 요소들에 바탕을 둔다. 하지만 이는 사회민주주의의 과거 이념들에 대한 매우 선별적인 재해석 과정을 통해 이뤄지며, 이 과정에서 전략적으로 특정 요소는 선택되는 반면 다른 요소는 무시된다. 그래서 제3의 길은 공동체와 사회적 응집을 말하는 한편 시장이 사회질서를 위협한다는 오래된 비판은 옆으로 제쳐놓는다. 실은 이런 비판이야말로 사회민주주의의 역사 속에 등장했던 공동체 관념의 주된 특징인데도 말이다. 제3의 길은 문화가 자기를 실현하며 총체적인 지식을 지닌 시민을 창조하는 방식이라고 이야기하지만 윌리엄스의 산업주의 비판이나 모리스와 산들레르의 교육과 미의 유토피아는 논의에서 제외한다. 제3의 길은 불평등과 사회적 배제로 인한 인적 자본 낭비를 말하지만, 구조 비판을 회피하면서 낭비는 본질적으로 사람들 자신의 탓이라는 주장을 편든다. 제3의 길에게 인적 자본 담론은 민중을 활용 가능하게 만들어 만인의 잠재력을 추출한다는 과제를 논하는 것이다. 이는 자본주의가 아니라 민중으로 비난의 화살을 돌린다. 이는 구조가 아니라 민중을 교정한다. 이에 따라 신노동당은 사회민주주의의 핵심에 깊이 뿌리내린 일종의 생산주의적인 사회 개입주의 혹은 사회공학, 즉 역사적으로 민중을 자본으로 인식하는 경향을 보인 논리를 재연한다. 그러나 신노동당이 잊고 있는 것이 있으니, 과거 이러한 생산주의가 사회질서에 대한 보수파 혹은 심지어 파시스트의 서사 대신 진보적인 사회변혁론 쪽으로 향하도록 물길을 이끌었던 방파제가 바로 평등, 민주주의, 연대에 대한 열망이었다는 사실이다. 신노동당은 스칸디나비아 전통이 근로윤리에 끼친 영향에 의존하지만, 사회적 시민권의 변혁적 역할은 쉽게 잊어버린다. 이 과정에서 사회민주주의 역사 속에서 유토피아 사상이 차지했던 영역 전체가 삭제된다. 이것이 없다면 사회민주주의 정치는 번영을 창조하는 수단 정도로 희석되고 민중은 생산적 자본으로 환원되는데도 말이다. 지식자본주의의 구조에 대한 비판을 결여한 탓에, '잠재력 추출'이라는 제3의 길의 구호는 인간 자신에 대한 위험천만한 자본화로 이어진다.

아탁*이나 이탈리아의 '야 바스타!'** 같은 운동들의 등장에도 불구하고

---

* ATTAC. '금융거래 과세와 시민행동을 위한 연합Association for the Taxation of Financial Transactions and for Citizens' Action'의 약칭. 1998년에 프랑스를 중심으로 시작된 국제적인 신자유주의 반대 운동이다.
** Ya basta! '야 바스타 연합'은 이탈리아의 사회운동 네트워크로서, 2001년 제노바에서 열린 G8 회의에 반대하는 시위에서 주도적인 역할을 했다. Ya basta!는 스페인어로 "이젠 됐어"라는 뜻이며, 멕시코의 사파티스타 민족해방전선이 처음 사용한 뒤에 국제적인 신자유주의 반대 구호가 됐다.

자본주의 관념은 근래 좌파 정치에서 그리 중요하게 다뤄지지 않았다. 아마도 이들 운동이 실패한 이유는 다름 아니라 이들 역시 우리 시대에 대한 이론을 생산해내지 못한 채 급진적인 저항운동에 머물렀다는 데 있을 것이다. 이 책은 사회민주주의의 두 특수한 버전을 다루지만, 다른 사회민주주의 정당에서도 자본주의에 대한 활기찬 논쟁은 좀처럼 눈에 띄지 않는다. 프랑스에서는 사회당PS이 때로―작지만 목청 높은 프랑스 공산주의 좌파의 압력을 의식하며―지식자본주의와 포스트포드주의라는 주제를 토론하곤 했다. 그러나 프랑스 좌파 정치 역시 우파와 구별되는 대안적인 세계관을 수립하지는 못했다.

결국 지식경제란 실체 없는 거품, 즉 재계와 정치권이 야합해서 자신들이 바라는 정치적 변화가 마치 필연적인 것인 양 규정하려고 전략적으로 꾸며낸 것일지도 모른다. 만약 이게 사실이라면, 이는 사회민주주의가 세상을 바꾸려는 자신만의 전략을 가다듬을 능력을 지니지 못했음을 말해주는 셈이다. 이제 사회민주주의는 자본주의가 부를 창조할 뿐만 아니라 세상을 궁핍화시키기도 한다는 인식으로 돌아가야 할 것이다.

지식정보 시대에
진보정치의 길 찾기

해제

1. '제3의 길'은 무엇이었던가?

아마도 후대의 정치사상 연구자들은 역사상 가장 허망하게 사라진 정치 이념으로 제3의 길을 들지 않을까. 한때 제3의 길은 자본주의 중심부의 중도좌파 정당들 사이에 새로운 표준 이념으로 자리 잡는 듯했다. 영국 노동당을 장악하고 유럽 대륙의 사회민주주의 정당들을 개종시키더니 우리나라 김대중, 노무현 정부까지 '생산적 복지'니 '사회투자국가'니 읊으며 따라오게 만들었다. 이런 흐름이 1990년대 말부터 2000년대 중반까지 한 10여 년 동안 일세를 풍미했다.

그러나 전성기는 길지 않았다. 2008년 세계 금융 위기와 함께 제3의 길의 위상은 곤두박질쳤다. 하루아침에 이는 경제 위기를 낳은 공범으로 낙인찍혔고, 선거에서 매서운 심판을 받았다. 불과 몇 년 전만 해도 중도좌파 정당의 선거 승리를 보장할 유일한 무기라던 것이 이제는 저주받은 과거이자 치욕스러운 기억, 하루빨리 처분해야 할 폐물이 돼버렸다. 중도좌파 정당들은 부랴부랴 제3의 길을 대체할 이념을 내놓느라 정신이 없었고, 새로 내놓을 게 없으면 지하 창고에서 제3의 길 이전의 정책들이라도 다시 꺼내 먼지만 털어낸 채 손에 들었다.

가장 극적인 일은 제3의 길의 본산인 영국 노동당에서 벌어졌다. 노동당은 2010년 총선에서 패배한 뒤 새 대표 에드워드 밀리밴드 아래서 토니 블레어, 고든 브라운 시기의 기억을 털어내고자 나름대로 노력했다. 그러나 오랫동안 이 노선에 익숙해 있던 당 상층부(주로 하원의원들)는 이런 방향 전환에 부응하지 못했다. 이들은 전투적 야당으로서 보수당-자유민주당 연립정부의 긴축정책에 맞서 제대로 싸우지 못했고, 이는 2015년 5월 총선에서 다시 참패라는 결과를 낳았다. 그 책임을 지고 밀리밴드 대표가 사임하면서 노동당은 대표 선거를 치르게 됐다.

이 선거는 처음에는 별다른 흥미를 끌지 못하는 당내 행사가 될 것처럼 보였다. 노동당 내 급진좌파 의원 그룹인 사회주의 캠페인 그룹 소속 제러미 코빈Jeremy Corbyn 의원이 어렵사리 후보 등록 요건인 35명 이상의 하원의원 추천 서명을 받고 경선에 출마했을 때만 해도 그에게 주목한 이들은 별로 없었다. 지난 30여 년간 사회주의 캠페인 그룹 출신 후보는 노동당 대표 경선의 장식품 정도에 불과했다. 다들 코빈 후보도 그렇게 되리라 넘겨짚었다.

그런데 이번에는 달랐다. 소셜미디어를 중심으로 젊은이들 사이에서 코빈 바람이 일더니 여론조사에서 대표 후보들 중 코빈이 선두를 달리는 것으로 나왔다. 이 소식에 당내 주류는 발칵 뒤집혔지만, 반대로 그간 노동당에 별 관심이 없거나 불만이었던 대중은 열렬한 관심을 보이기 시작했다. 노동당 지지 성향의 일간지 《가디언The Guardian》을 포함해 거의 모든 매체가 코빈을 공격했지만, 그럴 때마다 트위터나 페이스북에서 그의 인기는 오히려 더 치솟았다. 마침내 9월 10일 개표 결과, 코빈은 1차 개표(노동당 대표 경선은 대체 투표제Alternative Voting로 실시된다)에서 네 명의 후보 중 59.5퍼센트라는 압도적인 지지를 얻으며 대표로 선출됐다. 제3의 길의 원조 격인 정당이 단번에 유럽 사회민주주의 정당들 중 가장 급진적인 지도자를 지닌 당이 된 것이다.

코빈의 당선이야말로 전 세계에 제3의 길의 사망을 입증하는 사건이었다. 신노동당 세력에 의해 철저히 주변화됐던 급진좌파가 삽시간에 당 지도자가 됐다. 코빈의 승리는 남유럽 재정 위기 국가들에서 급진좌파연합 SYRIZA이나 포데모스Podemos 같은 사회민주주의 왼쪽의 정치 세력들이 일으킨 바람, 그리고 미국 민주당 대통령 후보 예비경선에서 자칭 '민주적 사회주의자'인 버니 샌더스Bernie Sanders 상원의원이 보여준 이변, 최근 프랑스 대통령 선거에 급진좌파 후보 장-뤽 멜랑숑이 일으킨 비슷한 돌풍과 함께 제3의 길 시기와는 완전히 단절된 좌파 정치의 새 시대가 열리고 있음을 상징한다.

그러나 여기에서 간과하지 말아야 할 게 있다. 코빈 바람은 단순히 제3의 길 이전으로 돌아가자는 복고 열풍이 아니다. 이 바람이 노동당 안에 불어들게 만든 틈새 자체가 어쩌면 제3의 길의 자취 중 하나라 할 수 있다. 2015년 대표 선거에서 처음 실시된 제도가 하나 있었다. 지지자 투표였다. 이에 따라 누구든 노동당 지지 의사를 가지고 3파운드(약 5,000원)만 내면 당 대표 선거에 한 표를 행사할 수 있게 됐다. 애초에 이 제도를 도입할 때의 판단은 전형적인 신노동당식 정치관과 연관된 것이었다. 지지자 투표는 당 대표 선출에서 당원이나 조합원 외에 이른바 '일반 유권자'의 영향력을 늘리려는 시도였다. 신노동당파는 '일반 유권자'들이 정보를 확보하고 판단하는 주된 통로가 매스미디어라고 단정했다. 따라서 지지자 투표의 표심은 언론 환경에 가장 잘 적응하는 정치인(그러니까 블레어 스타일의 정치인)에게 쏠릴 것이라 내다봤다. 그런데 코빈이 가장 압도적인 지지를 받은 것은 당원이나 조합원 투표가 아닌 지지자 투표였다. 코빈은 25만여 명의 당원들 중에서는 49.59퍼센트, 7만여 명의 노동당 가입 조직 성원들(대부분 노동조합원들) 중에서는 57.61퍼센트를 얻었고, 10만여 명의 지지자 투표 등록자들로부터는 83.76퍼센트의 지지를 받았다.

지지자 투표에서 코빈에게 몰표를 던진 이들은 누구인가? 바로 젊은 세대다. 이들은 제3의 길이 그토록 강조했던 지식정보화의 세례를 받으며 역사상 어떠한 세대보다 풍부한 지식, 능력, 기능을 체득했다. 그럼에도 2008년 위기 이후의 경제 침체와 긴축정책으로 가장 고통받는 집단이다. 이들은 금융자본주의의 사다리를 통해 언젠가는 중산층에 진입하리라는 약속을 믿으며 학자금 대출을 받아 지식정보사회에 필요한 각종 능력을 힘들게 학습했다. 그런데 갑자기 그런 사다리는 더 이상 없다는 선고를 들었다. 사다리는 사라졌지만, 부채 목록만은 끈질기게 남았다. 최근 몇 년간 이런 뼈저린 체험을 한 젊은 세대는 노동당 내 제3의 길 정치인들이 아니라 그에 맞서왔던 '구식' 사회주의자 코빈에게서 대안을 찾았다. 이들은 매스미디어의 반反코빈 선전에 아랑곳없이 소셜미디어를 통해 코빈 지지 여론을 증폭시켰다. 제3의 길이 낳은 아이들이 제3의 길 정치에 사망 선고를 내린 셈이다.

이런 역설은 제3의 길이 역사에 남긴 흔적이 결코 간단치 않다는 것을 말해준다. 제3의 길의 결실이 이 이념에 독이 됐다는 사실은 제3의 길이 결코 별 내용 없는 기회주의적인 현실 순응 시도만은 아니었음을 시사하는 것이기도 하다. 포스트제3의 길을 열어가는 노동당 코빈 집행부의 정책들만 봐도 그렇다. 이는 보편적 복지를 강조하고 공공부문 확대를 시도한다는 점에서 제3의 길과 대척점에 서 있다. 한데 그러면서도 코빈 집행부가 '국민교육 서비스National Education Service'라는 이름 아래 보편적이고 공적인 성인교육의 보장을 강조하는 것은 제3의 길 시기에 지식정보화 논의에 따라 교육 영역이 국가정책의 주 무대로 떠올랐다는 사실과 무관하지 않다. 코빈 집행부가 경제 침체에 맞설 대안으로 공공투자를 강조하고, 그 한 방책으로 국영 투자은행 설립을 강조하는 것도 그렇다. 이렇게 '투자'를 국가 개입의 중요한 방향이자 지표로 내세우는 것에서 신노동당이 내세웠던 '사회투자국가'론의 메아리를 감지할 수 있다.

말하자면 제3의 길의 시대는 분명히 끝났지만, 그 시대가 결코 무의미했던 것은 아니다. 물론 제3의 길의 근본 전제는 신자유주의 금융화에 대한 굴복이었고, 이 이념이 금융 위기 이후 급격히 폐기물 취급을 받은 것도 그 때문이었다. 그러나 신자유주의에 대한 굴종으로만 환원될 수 없는 다른 중요한 측면이 있었다. 그러한 이유로 제3의 길이 한때나마 자본주의 중심부에서 다수 유권자의 지지를 받았던 것이고(지금 돌이켜보면 격세지감이 느껴지지만, 18년 만에 보수당으로부터 권력을 탈환한 직후의 블레어는 대처에 대한 원한으로 사무친 수많은 영국인들에게 마치 구세주와도 같았다), 사망 선고를 받은 지금도 그 그림자가 짙게 남아 있는 것이다.

하필 지금 제3의 길을 돌아보는 책을 소개하는 이유가 여기에 있다. 제3의 길이 더 이상 이승의 존재가 아니라고 해서 이에 대한 사후死後 연구마저 중단해서는 안 된다. 오히려 지금 더 진지하게 제3의 길은 도대체 무엇이었으며 그것이 답하고자 한 진지한 물음들은 무엇이었는지, 그리고 이에 대한 제3의 길의 답은 무엇이 잘못되었던 것인지 따져봐야 한다. 제3의 길은 과거 사회주의의 수많은 중요한 물음들을 시대에 뒤진 것으로 치부하며 외면했다가 결국은 이들이 유령처럼 귀환함으로써 비명횡사했다. 좌파의 포스트제3의 길 시도가 제3의 길의 이런 치명적 과오를 반복할 수는 없는 일이다.

2. 지식정보 시대에 대한 1차 응전―그러나 잘못된

이 책《도서관과 작업장》에서 저자 옌뉘 안데르손이 시도하는 작업이 이것이다. 안데르손은 스웨덴 태생의 여성 정치학자로 웁살라 대학에서 박사학위를 받았고 현재는 파리 정치대학 유럽연구센터에 재직 중이다. 스웨덴의 국책연구소인 미래연구소에서 일하기도 했다. 안데르손의 연구 주제는 스웨덴 사회민주주의의 역사와 미래 전망이다. 국내에는 2006년 저작인《경제성장과 사회보장 사이에서: 스웨덴 사민주의, 변화의 궤적》(박형준 옮김, 책세상, 2014)이 소개된 바 있다.《경제성장과 사회보장 사이에서》는 2차세계대전 이후 스웨덴 사회민주당의 노선이 성장 중심인 '강한 사회' 담론으로부터 1960년대 말에서 1970년대 노동운동과 신사회운동의 비판을 거쳐 또 다른 성장 중심 담론인 '제3의 길'로 변천하는 역사적 궤적을 분석했다. 2010년에 나온《도서관과 작업장》은 그 후속 작업으로, 스웨덴 사회민주당과 영국 노동당의 제3의 길 시기의 행보를 비교·분석한다.

제3의 길을 지구화 시대에 부응하는 사회민주주의의 유일한 대안으로 찬양하거나 정반대로 신자유주의의 한 흐름 정도로 공격하는 책에 익숙한 이들이라면 이 책의 논지가 너무 복잡하거나 우유부단하다고 느낄지도 모른다. 안데르손이 서로 모순되거나 대립되기까지 하는 제3의 길의 여러 측면들을 함께 조망하면서 그중 어느 하나도 과장하거나 생략하려 하지 않기 때문이다.

그럼에도 안데르손의 논지 자체는 결코 애매하지 않다. 오히려 단호한 편이다. 우선 제3의 길이 현대 자본주의의 중대한 변화, 그중에서도 지식정보화에 맞게 사회민주주의를 개조하려 한 나름대로 진지한 시도였다는 것이다. 이 점에서 제3의 길은 사회민주주의의 과거 역사와 연속적 관계에 있다. 과거에도 항상 사회민주주의는 자본주의의 변화에 맞춰 사회주의 이념과 운동을 개조하려 한 시도의 연속이었기 때문이다.

그러나 안데르손의 또 다른 명제가 있다. 그것은 제3의 길에 사회민주주의의 자기 혁신이라는 본궤도에서 이탈한 측면이 분명히 존재한다는 것이다. 더구나 이는 제3의 길 이념 안에서 (부차적인 게 아니라) 더없이 중요한 측면이다. 이러한 점에서 제3의 길은 사회민주주의 전통과 단절적 관계에 있다. 저자는 이 단절의 몇 가지 지점을 검토한 뒤에 제3의 길이 사회민주주의의 자기 혁신 프로젝트로서 방향을 잘못 잡았다는 진단을 내린다.

안데르손의 접근 방법은 두 나라 진보정당의 사례를 서로 비교, 검토하는 것이다. 하나는 이 책 제목에서 '도서관'으로 상징되는 스웨덴 사회민주당이고, 다른 하나는 '작업장'으로 상징되는 영국 노동당이다. 후자가 제3의 길 이념의 전형을 보여준다는 데는 이견이 없을 것이다. 반면 전자는 사정이 좀 복잡하다. 실은 '제3의 길'이라는 표어를 먼저 내놓은 쪽은 스웨덴 사회민주당이다. 1980년대에 이 당은 미국의 레이건 공화당 정부가 추진하던 초기 신자유주의와, 프랑스의 미테랑 사회당 정부가 고수하던 케인스주의 사이의 제3의 길을 천명했었다. 그러나 이것은 너무 이른 등장이었다. 스웨덴에서는 제3의 길이 긴축과 구조조정 중심의 초기 신자유주의 공세에 깊이 연루됐기 때문에 썩 좋은 기억이 되지 못했다. 1990년대 들어 사회민주당은 제3의 길 시기를 되도록 잊고 이전의 사회민주주의 전통을 되살리려고 노력했다. 이로 인해 이후 영국 노동당과 스웨덴 사회민주당의 궤적은 상당히 대조적인 모습을 보이게 된다.

두 사회민주주의 정당의 비교 자체가 퍽 흥미로운 이야깃거리다. 1980

년대 이후 유럽 진보정당들의 역사로도 읽을 수 있다. 하지만 안데르손의 관심은 단순한 역사 서술에 있지 않다. 영국 노동당을 스웨덴 사회민주당이라는 거울로 들여다보고 후자 역시 전자에 비춰서 바라보는 것이 주된 목적이다. 정통 사회민주주의와 제3의 길 사이에서 번민한 스웨덴 사회민주당에 견줘 영국 노동당을 바라볼 때 이들의 이념이 옛 사회민주주의에 대해 어떤 점에서 얼마나 단절적이었는지 선명하게 확인할 수 있다. 역으로 제3의 길이라는 깃발을 들고 미답의 영역으로 성큼 나아간 영국 노동당에 비춰서 스웨덴 사회민주당을 바라볼 때 이들이 어렵사리 고수하고자 한 사회민주주의의 핵심 가치들이 무엇인지 명확히 드러난다. 두 당을 대표 사례 삼아 비교함으로써 제3의 길이 이전의 사회민주주의에 대해 보이는 연속성과 단절성을 함께 조망할 수 있게 되는 것이다.

이야기는 1980년대에서 출발한다. 이 무렵 스웨덴 사회민주당은 불황에 맞서느라 여념이 없었다. 그러면서 '제3의 길'이라는 표어도 등장했다. 사회민주당은 이때부터 '안전 보호'를 강조했다. 국제 경쟁의 격랑이 거세지더라도 복지국가의 골격을 유지해서 국민들의 불안을 해소하겠다는 것이었다. 이후에도 이런 기조가 쭉 이어졌다. 사회민주당은 지식정보화에 대응하는 과정에서도 과거 '국민의 집'의 성과를 어떻게 하면 미래에도 계속 이어갈 수 있을지에 관심을 집중했다.

한편 영국에서는 1980년대에 노동당 안팎의 좌파 지식인들이 대처 정부가 초래한 변화를 해석하느라 바빴다. 이는 이제까지의 자본주의와는 확연히 구별되는 '신시대'가 열렸다는 논의로 발전했다. 이 토론에 참여했던 젊은 논객들이 1990년대에 지식정보사회론의 핵심 주창자가 됐다(반면 E. 홉스봄, S. 홀 등 연배가 많은 참여자들은 제3의 길을 혹독하게 비판했다). 이들은 어떠한 종착점도 없이 진화 자체를 목적으로 삼은 듯한 지속적이며 가속적인 기술 진보가 지식경제의 특징이라고 설파하면서 이를 뒷받침할 지식사회를 건설하는 나라가 미래 경쟁의 승자가 될 것이라 주장했다. 토니 블레어를 중심으로 한 신노동당 집행부는 이들의 논의를 열렬히 수용했다. 그래서 하루가 다르게 변화하는 지식자본주의의 리듬에 조응하는 사회를 만들어내는 것을 노동당의 새로운 과제로 설정했다.

이러한 두 정당의 서로 다른 지향은 각 당이 즐겨 사용한 비유를 통해 선명히 드러난다. 영국 노동당은 영국이 다시 세계의 '작업장'이 되어야 한다고 부르짖었다. 영국 사회는 지식경제에 필요한 경쟁력을 확보해서 과거 1차 산업혁명 당시의 명성을 되찾아야 한다. 이를 위해 모든 국민이 남보다 더 나은 지식, 능력, 기능을 갖추기 위해 경쟁해야 한다. 이제 국가의 역할은 근로 연계 복지나 교육정책 등을 통해 사람들이 이런 경쟁에 뛰어들 수 있도록 독려하는 것이다.

반면 스웨덴 사회민주당에게 친숙한 비유는 '도서관'이었다. 19세기 말에 사회민주당은 노동자교육운동과 함께 성장했다. 이 운동을 통해 수많은 노동자들이 문자 해독 능력을 갖게 됐고 산업사회에 대처할 수 있는 비판적 시민으로 거듭났다. 이 운동의 중요한 수단 중 하나가 빈곤층이나 벽촌 주민에게 책 읽을 기회를 열어준 순회도서관이었다. 사회민주당은 지식정보화의 물결 속에 필요한 것이 이런 순회도서관 같은 노력이라고 보았다. 이에 따르면 국가의 역할은 시민이라면 누구나 지식사회에 필요한 능력을 습득할 수 있도록 보편적인 접근권을 보장하는 것이다.

두 당이 지식정보화에 주목했다는 점은 비슷해도 강조점의 차이가 크다. 노동당의 담론에서 지식은 경쟁재다. 개인들이 서로 더 많이 획득하기 위해 경합해야 하는 대상이다. 더 풍부한 지식의 소유자가 시장의 승자가 된다. 국가는 승자가 되기 위해 열의를 불태우는 시민들을 도와야 한다.

반면 사회민주당의 담론에서 지식은 공공재다. 시민이라면 누구나 평등하게 이 공유 자산에 접근할 수 있어야 한다. 지식을 함께 나눈다는 것은 시민으로서의 덕을 함양한다는 것을 뜻한다. 국가는 이러한 지식 생산 및 유통의 공공성을 보장하기 위해 노력해야 한다.

이러한 기본 관점의 차이로부터 두 당의 여러 정책상의 차이들이 가지를 뻗어 나온다. 영국 노동당은 지식자본주의의 주된 특징이 기회의 경제라고 본다. 과거의 자본주의와는 달리 이 체제에서는 사람들의 잠재 능력을 끌어올리는 것이 무엇보다 중요하다. 여기에서 지식정보사회론자들의 경제학적 기반인 내생적 성장 이론이 동원된다. 이런 변화는 노동자들에게는 예기치 않은 기회가 아닐 수 없다. 각인의 잠재 능력을 최대한 고양한다는 것은 사회주의의 궁극 목표였는데, 자본주의 자체가 이를 요구하게 됐다니 말이다. 여기에서 영국의 전 총리 고든 브라운은 더 이상 계급투쟁이 필요 없는 사회주의의 비전을 보기까지 했다.

한데 스웨덴 사회민주당 강령은 이런 전망에 찬물을 끼얹는다. 신노동당식 전망이 전혀 얼토당토않은 것은 아니지만 여기에 불길한 그림자가 드리워져 있다는 사실을 놓치지 말라고 경고한다. 그것은 이전과는 다른 양상의 착취가 증대한다는 것이다. 자본이 바라는 노동의 능력이 끊임없이 변화함에 따라 노동자들은 이에 발맞추기 위해 고용의 항구적 불안정성을 받아들여야 한다. 이런 점에서 계급투쟁은 결코 시효가 만료된 게 아니다. 단지 이전과는 다른 전장에서 다른 양상의 투쟁이 필요하게 된 것뿐이다.

영국 노동당의 시각은 평등 관념의 재구성으로 이어진다. 기회의 경제에 발맞춰 기회의 평등이 유일한 평등 관념이 된다. 여기에서는 능력주의가 중요한 가치로 떠오른다. 능력의 유무가 성과로까지 이어지는 것을 방해하는 요소들(가령 부의 세습)에 대해서는 비판의 날을 세우지만, 능력에 따른 성과의 차이는 오히려 권장한다. 여기에서 교육정책이 맡는 역할은 '사다리'다. 계층 상승의 기회를 부여하는 것이다. 또한 복지정책이 하는 일은 '도약판'이다. 경쟁에서 밀려난 이들이 다시 전쟁터에 뛰어들 수 있도록 재무장시키고 등을 떠미는 것이다. 그래서 재취업 노력과 복지수당 수급을 연동시키는 근로복지정책이 등장하게 된다. 이런 복지정책은 더 이상 '비용'이 아니라 '투자'다. 이 논리는 '사회투자국가'론으로 발전한다. 사회투자국가는 개인의 경쟁력 제고라는 목표에 복지 서비스를 연동시킨다. 국가는 이를 위해 개인이 생산 활동에 참여해야 한다는 의무를 강조하며 그 이행 여부를 감시한다.

반면 스웨덴 사회민주당은 능력주의를 전폭적으로 받아들이지 못한다. 달리 말하면 평등과 연대의 전통에 더욱 집착한다. 그래서 이들이 교육정책에 동원하는 비유는 '승강기'다. 집단적으로 지식, 능력, 기능을 향상시키겠다는 것이다. 또한 사회민주당에게 복지정책은 무엇보다도 '안전망'이다. 복지제도는 누구도 경쟁으로 인해 생존의 불안을 느끼지 않도록 보장하는 장치이며, 실업과 빈곤의 해결을 궁극 목표로 삼는다. 역설적이게도 복지정책의 '생산적' 기여를 영국보다 더 먼저 강조한 것은 스웨덴이었다. 하지만 스웨덴의 생산주의는 영국식 근로복지와는 달리 복지를 근로의무에 결박시키지 않고 보편적 시민권으로 바라본다. 그래서 사회민주당은 사회배제층에 대해 감시가 아니라 포용 정책을 강조한다.

하지만 그렇다고 스웨덴 사회민주당의 궤적이 곧 영국식 제3의 길에 대한 대안이라는 것은 아니다. 스웨덴 사회민주당이 지식경제의 등장에 대해 영국 노동당보다 사회민주주의의 핵심 가치에 훨씬 더 부합하는 방향에서 대응하려고 노력하기는 했다. 하지만 올곧고 당당하게 그 길을 간

것은 아니었다. 사회민주당은 1990년대에서 2000년대 중반 사이에 끊임없이 동요했다. 바우처 학교의 사례에서 잘 드러나듯이 스웨덴에서 시장 경쟁을 확대한 것은 우파 정당들이었지만 사회민주당 역시 일단 도입된 시장 경쟁에 대해서는 손을 대지 않았다. 최근에는 사회민주당 스스로 영국식 근로복지정책의 요소를 일부 도입하기도 했다. 이 책은 이런 현실을 가감 없이 서술하며 냉정히 짚는다.

안데르손은 영국 노동당이든 스웨덴 사회민주당이든 애초 출발 자체는 사회민주주의 전통에서 어긋난 게 아니었다고 본다. 사회민주주의는 자본주의의 역사적 변화에 따라 사회주의의 이상과 그 실현 방도를 끊임없이 수정하고 재구성했다. 제3의 길도 시작은 그러했다. 그러나 이 과정에서 제3의 길은 이전의 사회민주주의적 수정주의가 유지했던 핵심 원칙을 망각하거나 폐기했다. 그것은 현실 정치의 요구를 항상 유토피아적 이상에 따른 현존 자본주의 비판과 결합시켜야 한다는 원칙이다.

유토피아적 이상이 꼭 유토피아적 사회주의나 최대강령주의로 귀결되는 것은 아니다. 이는 좌파의 현실 정치가 당대 자본주의의 핵심 모순과 대결하도록 그 방향을 설정하고 열의를 북돋는 규제적 역할을 한다. 그러나 제3의 길 경향의 등장과 함께 평등과 연대의 이상도, 자본주의 비판도 포스트모던 시대에는 어울리지 않는 과거의 잔재로 치부되기 시작했다. 현실 사회주의 국가들의 붕괴가 이런 분위기를 부추겼고, 지식정보사회에는 어떤 궁극적 가치도 있을 수 없으며 진화 과정만 무한히 계속된다는 신판 니힐리즘도 이에 기여했다.

그렇다고 제3의 길이 신자유주의의 한 변종에 그치는 것은 아니다. 제3의 길에는 분명 신자유주의에는 이질적인 요소들이 포함돼 있었다. 그중에서도 두드러진 것이 국가의 적극적인 역할에 대한 강조였다. 제3의 길이 등장하기 전에 세상을 평정한 초기 신자유주의는 국가에 대한 불신을 조장했고 시장의 영토를 체계적으로 확장했다. 반면 제3의 길을 따르는 중도좌파 정당이 집권하자 이전에는 국가정책과 상관없던 다양한 영역들(대표적으로 문화 분야)까지 국가 개입 대상에 포함됐다.

이것은 꼭 긍정적인 것만은 아니었다. 제3의 길식 국가개입주의는 성장 동력 확보라는 목표 아래 인간 세상의 모든 것을 빠짐없이 경제적 자원으로 동원하려 했기 때문이다. 안데르손은 이를 '사회적인 것의 자본화'라 칭하는데, 결과적으로 이는 사회 전체에 대한 경제적 합리성의 지배를 유례 없이 (초기 신자유주의보다 훨씬 더 효과적으로) 강화했다. 제3의 길은 시장주의 우파보다 더 적극적으로 경제적 가치가 지배하는 영역을 확대했고 만인을 경제인으로 개조하려 했다. 평등과 연대 대신 경쟁과 경제적 성과가 중심 가치가 됐으며, 자본주의 구조 비판이 그 구조에 대한 옹호 논리로 돌변했다. 인간 잠재력의 실현이라는 이상은 인적 자본 개발 논리로 둔갑했고, 사회적인 것에 대한 강조는 사회적 자본이 성장의 핵심 요소라는 공식으로 변질됐다. 자본주의에 대한 유토피아적 비판이 사라진 자리는 진공으로 남을 수 없었다. 그 자리를 대신한 것은 자본주의의 유토피아였다.

3. 우리 시대의 '잠정적 유토피아'는?

그렇다고 과거의 유토피아로 돌아갈 수는 없다. 산업 노동계급 투쟁의 기억에 결박된 평등과 연대의 호소는 이미 심각한 패배를 경험한 바 있다. 1970~1980년대에 사회민주주의든 이보다 좀 더 급진적인 노선이든 좌파는 신우파의 공세에 맞서 탄탄하고 열정적인 지지층을 규합하는 데 실패했다. 여러 요인이 있겠지만, 범좌파의 전통적인 유토피아가 현대 자본주의의 심원한 변화를 체감하고 있는 대중에게 더 이상 과거만큼 매력을 지니지 못한 게 근본적 패인 중 하나였음은 분명하다. 더 많은 자유를 약속한 신우파 쪽이 훨씬 더 매력적이었다. 확실히 제3의 길 이데올로그들이 이 점은 정확하게 보았다. 그러나 제3의 길은 좌파의 대안을 내놓기보다는 신우파의 자유 관념을 받아들이는 쪽을 선택했다.

그럼 지식정보화에 대한 좌파의 대응은 이것뿐이었던가? 그렇지는 않았다. 정보화가 처음 이야기될 때부터 이에 주목한 다른 좌파 사상가들이 있었다. 제3의 길 주창자들과는 달리 이들의 주장은 특정 정당이나 정치 세력에 의해 전면적으로 채택되지 못했다. 그러나 제3의 길 식의 대응이 불신을 당하게 된 지금에 와서는 오히려 이들 비주류 사상가가 우리에게 더 많은 영감을 준다. 특히 이들이 지식자본주의 시대에 맞는 좌파의 유토피아를 제시하려 했다는 점에서 그렇다. 안데르손도 잠시 인용하는 앙드레 고르 같은 이들이 그 대표적인 사례다.

고르는 국내에도 번역된 《프롤레타리아여, 안녕Adieux au Prolétariat》(1980, 국역: 이현웅 옮김, 생각의나무, 2011) 등의 저작에서 정보화와 자동화의 진전이 사회 전반에 끼칠 영향을 깊이 있게 탐색했다. 과학기술 발전을 덮어놓고 칭송하는 이들과 달리 고르는 이로 인해 만성적인 실업이 늘어나고 불안정 노동이 일반화될 것이라고 우려했다. 스웨덴 사회민주당이 2000년대에 당 강령에 담은 어두운 현실 진단을 그는 20년 먼저 내놓았다.

하지만 고르는 노동계급 혁명의 신화나 복지국가 전성기의 추억으로 되돌아가자는 입장이 아니었다. 그는 자본주의의 최근 발전이 낳은 당혹스러운 결과들을 직시하면서 노동 해방, 민주주의와 사회주의, 평등과 연대 등의 의미를 모두 다시 따져보자고 제안했다. 특히 그는 사회주의와 노동운동의 역사 속에서 집단적 결속의 전통에 가려 있었던 자유의 의미를 되새겼다. 이 점은 제3의 길식 수정주의와 궤를 같이한다고도 할 수 있다.

그러나 방향이 전혀 달랐다. 제3의 길을 주장하는 이들에게 자유란 자유주의자들이 말하는 그것과 다르지 않았다. 경쟁하고 우월해지며 승리할 자유, 즉 원자적 개인주의와 경제주의에 깊이 물든 자유 관념이었다. 반면에 고르는 자유를 자본주의 사회가 강요하는 경제적 합리성으로부터 벗어난 삶, 이와는 다른 합리성을 추구하며 이에 의해 규제되는 삶으로 바라봤다.

고르는 이 대목에서 카를 마르크스와 이반 일리치Ivan Illich의 종합을 꾀했다. 마르크스가 필생의 연구 끝에 도달한 최종 결론은 사회적 필요 노동시간의 단축을 통해 확대된 자유 시간이 인간 해방·노동 해방의 토대라는 것이었다.* 한편 20세기 중반의 자유사상가 일리치는 근대 이후의 삶의 가치를 산업 생산 바깥에서 펼쳐지는 개인의 자율적 활동에서 찾았다.** 이 두 사상가를 이어받은 고르는 자동화·정보화로 강요되는 실업과 반半실업의 일반화를 노동권 보장과 자유 시간의 전반적 확대로 반전시켜야 한다고 주장했다. 사회변혁의 궁극 목표인 만인의 자유는 이렇게 확대된 자유 시간에 각인이 펼치는 자기실현 활동을 통해 구현된다. 제3의 길론자들이 인간 잠재력 실현이라는 사회주의의 고전적 목표를 시장 경쟁에 필요한 능력의 계발로 왜소화한 것과 달리 고르는 이 고전적 목표를 본모습 그대로 열정적으로 되살렸다. 이것이 고르가 윤곽을 그린 제3차

* 카를 마르크스,《자본 Ⅲ-Ⅱ》, 강신준 옮김(길, 2010), 1095쪽.
** *Tool for Conviviality*, Marion Boyars, 1973.《절제의 사회》, 박홍규 옮김(생각의나무, 2010).

산업혁명 시대의 유토피아였다.

이러한 유토피아상이야말로 포스트제3의 길 시대에 진보정치가 현대 자본주의에 맞서는 데 나침반이 될 수 있지 않을까. 실제로 2008년 금융 위기 이후 좌파의 정책 대안을 고민한 많은 저작들은 하나같이 30여 년 전 고르의 문제의식과 잇닿은 메시지를 담고 있다. 이들 저작은 정보화·자동화 시대에 과거 사회민주주의의 정책 목표였던 완전고용을 그대로 추구할 수는 없다는 점을 냉정히 지적하며, 억지로 생산 확대를 통한 이윤 획득 경쟁에 뛰어들 게 아니라 자유 시간을 늘려서 이를 통해 삶의 의미를 채워가자고 제안한다. 경제적 합리성은 더 이상 보편적인 지배 규범이 될 수 없다. 좋은 삶에 대한 전반적 합의 자체가 바뀌어야 한다. 금융 위기 이후 정보 기술이 생산 활동과 직접 결합되고(이른바 '제4차 산업혁명'론) 이러한 혁신에 점점 가속도가 붙으면서 이 추세는 더욱 불가피해지고 있다. 영국 BBC의 경제 담당 편집자 폴 메이슨Paul Mason이 2015년에 발표한《포스트자본주의 새로운 시작PostCapitalism: A Guide to Our Future》(안 진이 옮김, 더퀘스트, 2017)이 이러한 흐름을 대표하는 저작들 중 하나다.

다만 언제나 그랬듯이 앞으로도 유토피아가 곧바로 현실 정치의 고민들을 해결해주지는 못할 것이다. 안데르손이 결론에서 강조하듯이 유토피아와 현실 정치가 서로 만나는 지평으로서 '잠정적 유토피아'를 구체화해야 한다(보다 상세하게는 홍기빈,《비그포르스, 복지 국가와 잠정적 유토피아》참고). 과거 스웨덴 사회민주당은 이러한 잠정적 유토피아로서 완전고용과 보편 복지에 바탕을 둔 사회국가를 시의적절하게 제시함으로써 세계사에서 가장 앞선 진보정치의 성과를 만들어낼 수 있었다. 오늘날 우리도 지식정보화의 가능성에 바탕을 둔 새로운 유토피아적 지향에 따라 21세기 사회국가의 구체적 해법들을 제시할 수 있어야 한다. 안데르손의 이 책은 가장 최근에 전개됐던 진보정치 재구성 시도를 비판적으로 돌아봄으로써 전 세계 진보 세력이 직면한 이 시급한 공통 과제를 분명히 확인시켜준다는 데 의미가 있다.

감사의 말

　이 책을 집필하느라 보낸 상당히 오랜 기간 동안 아낌없는 도움을 준 많은 분들께 감사를 드린다. 그중에서도 특히 에드 밀리밴드*, 패트릭 레갈레스Patrick Legalès, 올리비에 보라즈Olivier Borraz, 크리스 호웰Chris Howell, 앨런 핀레이슨Alan Finlayson, 매그너스 라이너Magnus Ryner, 제프 일리Geoff Eley, 피터 홀Peter Hall, 앤드루 마틴Andrew Martin, 요나스 폰투손Jonas Pontusson, 앤드루 스콧Andrew Scott, 메리 힐슨Mary Hilson, 빅터 페레스 디아스Victor Perez Diaz, 보 롯스테인Bo Rothstein, 요아킴 팔메Joakim Palme에게 감사의 인사를 전한다. 또한 스웨덴 미래 연구소Swedish Institute for Futures Studies와 나의 동료들이 이 책에 보여준 관심에도 감사드린다. 이 책

---

* Ed Miliband. 신좌파 정치학자 랠프 밀리밴드의 아들이자 신노동당의 주요 논객 중 한 명인 데이비드 밀리밴드의 동생으로, 2010~2015년에 노동당 대표를 역임했다. 본래 브라운파에 속했으며, 2010년 총선 패배로 권좌에서 물러난 노동당을 이끌면서 제3의 길과 구별되는 새로운 당 노선을 정립하려고 노력했다. 하지만 2015년 총선에서 참패해 대표직에서 물러났다.

의 집필을 마치는 지금, 내 머릿속을 떠나지 않는 이들은 내가 하버드에 체류하는 중에 거처를 제공해준, 매사추세츠 주 서머빌에 있는 아름다운 저택의 멋진 두 사람, 앤 갤러거Ann Gallagher와 프랭크 로셀리Frank Roselli다.

서론

1) 이러한 첫 번째 물결에 속한 영향력 있는 연구로는, Alex Callinicos, *Against the Third Way* (Cambridge, U.K., and Malden, MA: Polity Press; Blackwell, 2001) [국역: 알렉스 캘리니코스, 《제3의 길은 없다: 반자본주의적 비판》, 김연각 옮김(인간사랑, 2008)]; Steven Driver and Luke Martell, *New Labour: Politics after Thatcherism* (Cambridge, U.K.: Polity Press, 1998); Stuart Hall, "The Great Moving Nowhere Show", Marxism Today (1998) [국역: 〈무엇이 변했는가〉, 에릭 홉스봄·스튜어트 홀 편 《제3의 길은 없다》, 노대명 옮김(당대, 1999)]; Colin Hay, *The Political Economy of New Labour* (Manchester, U.K.: Manchester University Press, 1998); Richard Heffernan, *New Labour and Thatcherism: Political Change in Britain* (Basingstoke, U.K., and New York: Macmillan; St. Martin's Press, 2000). 스웨덴에 대해서는 다음을 보라. J. Magnus Ryner, *Capitalist Restructuring, Globalisation and the Third Way: Lesson from the Swedish Model, Routledge/RIPE Studies in Global Political Economy; 5* (London: Routledge, 2002).

2) 다음 문헌들을 참고하라. Tony Blair, *New Britain. May Vision of a Young Country* (London: Fourth Estate Limited, 1996); Tony Blair, *The Third Way: New Politics for the New Century* (London: Fabian Society, 1998); Department for Trade and Industry, "Our Competitive Future. Building the Knowledge Economy" (London: DfTI, 1998).

3) Gordon Brown, "The Politics of Potential. A New Agenda for Labour", in *Reinventing the Left*, ed. David Miliband (Cambridge, U.K.: Polity Press, 1994).

4) Gordon Brown, "The Politics of Potential. A New Agenda for Labour", p. 116.

5) 예란 페르손의 외레브로 대학 연설. Göran Persson, *Tankar och tal 1996~2000* (Stockholm: Hjalmarson och Högerberg, 2000), p. 163; Sveriges socialdemokratiska arbetarparti, *Ett decennium av satsningar på utbildning och forskning ledde till framgång. So-*

cialdemokratisk utbildningspolitik 1994-2004 (Stockholm: Socialdemokraterna, 2004).

6) 다음의 책들을 참고하라. Joel Mokyr, *The Gifts of Athena. Historical Origins of the Knowledge Economy* (Princeton, NJ, and Oxford, U.K.: Princeton University Press, 2002); Deirdre McCloskey, *The Bourgeois Virtues* (Chicago: University of Chicago Press, 2005).

7) Steve Bastow and James Martin, *Third Way Discourse: European Ideologies in the Twentieth Century* (Edinburgh: Edinburgh University Press, 2003), pp. 59-66; Giuliano Bonoli and Martin Powell, "Third Way in Europe?" *Social Policy and Society*, 1, 1 (2002); Anthony Giddens, *The Global Third Way Debate* (Cambridge, U.K.: Polity Press, 2001).

1장 사회민주주의의 딜레마

1) Donald Sassoon, *One Hundred Years of Socialism: The West European Left in the Twentieth Century* (London: Tauris, 1996)[국역: 도널드 서순,《사회주의 100년: 20세기 서유럽 좌파 정당의 흥망성쇠》1, 2, 강주헌 외 옮김(황소걸음, 2014)]; Francis Castles, *The Social Democratic Image of Society* (London: Routledge, Keegan Paul, 1978).

2) Bob Jessop, *The Future of the Capitalist State* (Cambridge, U.K.: Polity Press, 2002) [국역: 밥 제솝,《자본주의 국가의 미래》, 김영화 옮김(양서원, 2010)]; Bob Jessop, "Critical Semiotic Analysis and Cultural Political Economy", in *Critical Discourse Study*, 1, 2 (October 2004), pp. 159~174. 다음 책과 비교해볼 것. Fred Block, *Postindustrial Possibilities: A Critique of Economic Discourse* (Berkeley: University of California Press, 1990)[국역: 프레드 블록,《포스트 산업사회: 경제사회학적 담론》, 최은봉 옮김(법문사, 1994)].

3) 이 책에서 나는 지식이나 지식 기반 경제라는 모호한 개념 혹은 포스트 포드주의, 정보시대, 지식사회처럼 이 개념들을 둘러싼 똑같이 문제적인 다른 용어들을 정의해보려고 시도하지는 않겠다. 이들 용어의 의미는 결코 분명하지 않으며 구체적 현실과 어떻게 대응하는지도 마찬가지로 애매하다. 그러나 "지식경제" 개념이 개혁의 방향과 내용을 설정함으로써 현대 정치의 역할을 규정하는 데 핵심적인 기능을 한다는 관점에서 보면, 이는 충분히 우리의 주목을 받을 만하다. 사회민주주의는 자신의 편리한 넓은 우산 아래서 과거에도 이미 수행한 바 있지만 이제는 신경제의 맥락 안에 자리한다는 이유로 새로운

의미를 획득하게 된 일들을 하고 있다. 또한 지식경제 사상에서 힘을 얻어 사회민주주의
정치에 시의성을 갖게 된 다른 일들도 하고 있다.

4) Ruth Levitas, *The Concept of Utopia* (Syracuse, NY: Syracuse University Press, 1990); Peter Beiharz, *Labour's Utopias: Bolshevism, Fabianism, Social Democracy* (London: Routledge, 1992).

5) John Callaghan and Ilaria Favretto, *Transition in Social Democracy* (Manchester, U.K.: Manchester University Press, 2007).

6) 특히 다음의 책들을 보라. Colin Hay, *The Political Economy of New Labour* (Manchester, U.K.: Manchester University Press, 1998); J. Magnus Ryner, *Capitalist Restructuring, Globalisation and the Third Way: Lessons from the Swedish Model* (Lodon: Routledge, 2002).

7) Ilaria Favretto, *The Long Search for a Third Way: The British Labour Party and the Italian Left since 1945* (Basingstoke, U.K.: Palgrave Macmillan, 2003), p. 3.

8) Sheri Berman, *The Primacy of Politics. Social Democracy and the Making of Europe's 20th Century* (Cambridge, U.K.: Cambridge University Press, 2006)[국역: 셰리 버먼,《정치가 우선한다: 사회민주주의와 20세기 유럽의 형성》, 김유진 옮김(후마니타스, 2010)].

9) Jonas Hinnfors, *Reinterpreting Social Democracy. A History of Stability in the British Labour Party and Swedish Social Democratic Party* (Manchester, U.K.: Manchester University Press, 2006).

10) Donald Sassoon, *One Hundred Years of Socialism*.

11) 다음 문헌들을 보라. Gordon Brown, "Equality-Then and Now", in *Crosland and New Labour*, ed. D. Leonard (London: Macmillan, 1999); Raymond Plant, "Crosland, Equality and New Labour", in *Crosland and New Labour*, ed. D. Leonard (London: Macmillan, 1999); Stephen Fielding, *The Labour Party: Continuity and Change in the Making of New Labour* (Basingstoke, U.K.: Palgrave Macmillan, 2003).

12) Jenny Andersson, *Between Growth and Security. Swedish Social Democracy from a Strong Society to a Third Way* (Manchester, U.K.: Manchester University Press, 2006)[국역: 옌뉘 안데르손,《경제성장과 사회보장 사이에서: 스웨덴 사민주의, 변화의 궤적》, 박형준 옮김, 신정완 감수·해제(책세상, 2014)].

13) Åsa Linderborg, *Socialdemokraterna skriver historia: historieskrivning som ideologisk maktresurs 1892-2000* (Stockholm: Atlas, 2001); Patrick Diamond, ed., *New Labour's*

Old Roots. Revisionist Thinkers in Labour's History 1931-1997 (Exeter, U.K.: Imprint Academic, 2004).

14) Gordon Brown, "Equality—Then and Now": SAP, Framtid för Sverige. Handlingslinjer för att föra Sverige ur krisen (Stockholm, 1981).

15) Gerassimos Moschonas, In the Name of Social Democracy. The Great Transformation: 1945 to the Present (London: Verso, 2002), p. 293.

16) Ruth Levinas, The Inclusive Society: Social Exclusion and New Labour (New York: Routledge, 2005).

17) David Miliband, Reinventing the Left (Cambridge, U.K.: Polity Press, 1994).

18) Geoff Eley, Forging Democracy. The History of the Left in Europe 1850-2000 (Oxford,U. K.: Oxford University Press, 2002), p. 7[국역: 제프 일리, 《The Left 1848~2000: 미완의 기획, 유럽 좌파의 역사》, 유강은 옮김(뿌리와이파리, 2008)].

19) Gøsta EspingAndersen, The Three Worlds of Welfare Capitalism (Cambridge, U.K.: Polity Press, 1990)[국역: G. 에스핑앤더슨, 《복지자본주의의 세 가지 세계》, 박시종 옮김(성균관대학교 출판부, 2007)]; Claus Offe, Contradictions of the Welfare State (Cambridge, MA: MIT Press, 1984).

20) Steve Bestow and James Martin, Third Way Discourse: European Ideologies in the Twentieth Century (Edinburgh: Edinburgh University Press, 2003).

21) Sheri Berman, The Social Democratic Moment (Cambridge, MA: Harvard University Press, 1998).

22) 다음 책을 보라. Kevin Manton, Socialism and Education in Britain 1883-1902 (London: Woburn Press, 2001).

23) 다음 책을 보라. Will Leggett, Luke Martell and Sarah Hale, ed., The Third Way and Beyond: Criticisms, Futures, Alternatives (Manchester, U.K.: Manchester University Pres, 2004).

24) Geoff Eley, Forging Democracy, p. 7.

25) John D. Stephens, The Transition from Capitalism to Socialism (London: Macmillan, 1979); Gøsta EspingAndersen, Politics against Markets (Princeton, NJ: Princeton University Press, 1985).

26) Vivienne A. Schmidt, "Values and Discourse in the Politics of Adjustment", in Vivienne Schmidt and Fritz Scharpf, eds., Work and Welfare in the Open Economy (Oxford, U.K.: Oxford University Press, 2000), pp. 228~309.

27) Mark Blyth, *Great Transformation: Economic Ideas and Institutional Change in the Twentieth Century* (New York: Cambridge University Press, 2002); Ryner, *Capitalist Restructuring, Globlaisation and the Third Way*; Andersson, *Between Growth and Security*; Urban Lundberg, *Social Democracy Lost — The Pension Reform in Sweden*, Working Paper (Stockholm: Institute for Futures Studies, 2005); Jonas Pontusson, "At the End of the Third Road: Swedish Social Democracy in Crisis", *Politics and Society*, 20, 3 (1992), pp. 305~332.

28) Hugh Heclo and Henrik Madsen, *Policy and Politics in Sweden: Principled Pragmatism* (Philadelphia: Temple University Press, 1987); Tim Tilton, *The Political Theory of Swedish Social Democracy. Through the Welfare State to Revolution* (New York: Clarendon Press, 1990).

29) 에드 밀리밴드와의 대담, 하원, 2005년 10월 18일.

30) 다수의 영국인, 스웨덴인 대담자들이 이렇게 주장했다.

31) Bodo Hombach, *The New Centre, Die Neue Mitte* (Cambridge, U.K.: Polity, 1998)

32) 1999년 11월에 피렌체에서 개최된 제3의 길 회의나 1997년 말뫼에서 열린 유럽의 사회주의자들 회의의 사례에서 보듯 이에 대해서는 이견이 존재한다. 다음의 문헌들을 보라. *Progressive Governance for the XXI century*, Centro Studi di Politica Internazionale (Florence, 1999); Simon Lightfoot, *Europeanizing Social Democracy? The Rise of the Party of European Socialists* (London/New York: Routledge, 2005).

33) Anthony Giddens, ed., *The Global Third Way Debate* (Cambridge, U.K.: Polity, 2001); Anthon Hamericjk, Maurizio Ferrera and Martin Rhodes, eds., *The Future of Social Europe, Recasting Work and Welfare in the New Economy* (Oeiras: Celta Editoria, 2004), pp. 17, 54.

34) John Gray, *After Social Democracy: Politics, Capitalism and the Common Life* (London: Demos, 1996); Francis Fukuyama, *The End of History and the Last Man* (New York/Toronto: Free Press; Maxwell Macmillan Canada, 1992); Andrew Gamble, *The New Social Democracy* (Oxford, U.K.: Blackwell, 1999).

35) David Marquand, *The Progressive Dilemma: From Lloyd George to Blair* (London: Phoenix Giant, 1999).

36) Tony Blair, *The Third Way: New Politics for the New Century* (London: Fabian Society, 1998); Geoff Mulgan, *Life after Politics* (1997).

37) Anthony Giddens, *The Third Way: The Renewal of Social Democracy* (Cambridge: U.K.:

Polity Press, 1998)[국역: 앤서니 기든스, 《제3의 길》, 한상진·박찬욱 옮김(책과함께, 2014)].

38) 다음의 책들을 보라. Alan Finlayson, *Making Sense of New Labour* (London: Lawrence and Wishart, 2003); Alex Callinicos, *Against the Third Way* (Cambridge, U.K.: Polity Press, 2001).

39) Finlayson, *Making Sense of New Labour.*

40) Raymond Williams, "May Day Manifesto, 1968", Andrew Scott, *Running on Empty. 'Modernising' the British and Australian Labour Parties* (Sydney/London: Pluto Press, Comerford and Miller, 2000), p. 72에서 재인용.

41) Nicholas Rose, *Powers of Freedom: Reframing Political Thought* (Cambridge, U.K.: Cambridge University Press, 1999), p. 8.

42) Chantal Mouffe, *On the Political* (New York/London: Routeldge, 2005).

43) Lars Trägårdh, "Crisis and the Politics of National Community. Germany and Sweden 1933/1994", in Nina Witoszek and Lars Trägårdh, eds., *Crisis and the Construction of Identity* (Oxford, U.K.: Berghahn Books, 2002), pp. 75~110.

44) Ulrich Beck, *Risk Society: Towards a New Modernity* (London: Sage, 1992)[국역: 울리히 벡, 《위험사회: 새로운 근대(성)을 향하여》, 홍성태 옮김(새물결, 2006)]. 다음 책도 참고하라. Nico Stehr, *Knowledge Societies* (London: Sage, 1994), p. 41.

45) Tage Erlander, *Människor i samverkan* (Stockhom: Tiden, 1954); Tage Erlander, *Framstegens politik* (Stockholm: Tiden, 1956); Tage Erlander, *Valfrihetens samhälle* (Stockholm: Tiden, 1962).

46) Zygmunt Bauman, *Liquid Modernity* (Cambridge, U.K.: Polity Press, 2000)[국역: 지그문트 바우만, 《액체근대》, 이일수 옮김(강, 2009)].

47) Fredric Jameson, "The Politics of Utopia", *New Left Review*, 25 (2004), pp. 35~54.

48) Charles Taylor, *Modern Social Imaginaries* (Durham, NC: Duke University Press, 2004), p. 7.

49) Bob Jessop, "Narrating the Future of the National Economy and the Nation State: Remarks on Remapping Regulation and Reinventing Governance", in George Steinmetz, ed., *State/Culture: State Formation After the Cultural Turn* (Ithaca, NY: Cornell University Press, 1999), pp. 378~406.

50) Steven Driver and Luke Martell, *New Labour: Politics after Thatcherism* (Cambridge, U.K.: Polity Press, 1998), p. 46f.

51) 진보 거버넌스 정상회의, 부다페스트, 2004년.

52) Stephen Driver, "Third Ways", ed. Schmidtke (2002), p. 95. Robert Cox, "The Path-Dependency of an Idea: Why Scandinavian Welfare States Remain Distinct", *Social Policy and Administration*, 38, 2 (April 2004), pp. 204~219.

53) Peter A. Hall and David Soskice, *Varieties of Capitalism: The Institutional Foundations of Comparative Advantage* (Oxford and Mew York: Oxford University Press, 2001); Evelyne Huber and John D. Stephens, *Development and Crisis of the Welfare State: Parties and Policies in Global Markets* (Chicago: University of Chicago Press, 2001).

54) Taylor, *Modern Social Imaginaries*, pp. 23, 25, 27.

55) 다음 책을 보라. Jonas Pontusson, *Inequality and Prosperity. Social Europe vs. Liberal America* (Ithaca: NY: Cornell University Press, 2005).

56) Birgit Pfau Effinger, "Culture and Welfare State Policies: Reflections on a Complex Interrelation", *Journal of Social Policy*, 34, 1 (2005), pp. 3~20; Colin Hay, "Globalization, European Integration and the Discursive Construction of Economic Imperatives", *Journal of European Public Policy* 9, 2 (April 2002), pp. 147~167. 사상사 연구자 마크 베비어Mark Bevir도 정치에 대한 해석적 접근을 제시하며 비슷한 주장을 한 바 있다. 다음 책을 참고할 것. Mark Bevir, *New Labour: A Critique* (London: Routeldge, 2005).

57) Schmidt, "Values and Discourse in the Politics of Adjustment", p. 263.

58) 보 링홀름Bo Ringholm과의 대담, 2005년 9월 15일.

59) Urban Lundberg, *Juvelen i kronan: Socialdemokraterna och den allmänna pensionen* (Stockholm: Hjalmarson & Högberg, 2003).

60) 다음 문헌을 보라. Johannes Lindvall, *The Politics of Purpose: Swedish Macroeconomic Policy after the Golden Age*, Göteborg Studies in Politics, 84 (Göteborg, Sweden: Department of Political Science, Gotheburg University, 2004).

61) Christina Garsten and Kerstin Jacobsson, *Learning to Be Employable: New Agendas on Work, Responsibility and Learning in a Globalizing World* (Basingstoke, U.K.: Palgrave Macmillan, 2004); Bo Stråth and Peter Wagner, eds., *After Full Employment. European Discourses on Work and Flexibility* (Brussels: P.I.E. Peter Lang, 2000).

62) Paula Blomqvist and Bo Rothstein, *Välfärdsstatens nya ansikte: Demokrati och marknadsreformer inom den offentliga sektorn* (Stockholm: Agora, 2000); Arbetarrörelsens tankesmedja, *Kunskap som klassfåga* (Stockholm: Arbetarrörelsens tank-

esmedja, 2002).

63) 신노동당에 대한 평가로는 다음의 책을 참고할 수 있다. Polly Toynbee and David Walker, *Better or Worse? Has New Labour Delivered?* (London: Bloomsbury, 2005).

64) Nick Pearce and Will Paxton, *Social Justice, Building a Fairer Britain* (London: IPPR, 2005).

65) 에드 볼스와의 대담, 하원, 런던, 2005년 10월 19일.

66) Anne Daguerre and Peter TaylorGooby, "Neglecting Europe: Explaining the Predominance of American Ideas in New Labour's Welfare Policies since 1997", *Journal of European Social Policy*, 14, 1 (2004), pp. 25~39; Desmond King and Mark WickhamJones, "Bridging the Atlantic: Democratic (Party) Origins of Welfareto-work", in Martin Powell, ed., *New Labour, New Welfare State: The Third Way in British Social Policy* (Bristol, U.K.: Policy Press, 1998) pp. 257~270.

67) Gwendolyn Mink, *Welfare's End* (Ithaca, NY: Cornell University Press, 1998).

68) Ed Miliband, "Northern Lights", *Progress Magazine*, June 30, 2006. 다음 온라인 주소에서 조회할 수 있다. www.progressonline.org.uk/magazine/article.asp?a=1249 (2009년 6월 15일에 마지막으로 접속).

69) 다음을 보라. Scott, *Running on Empty*, p. 75.

70) C. A. R. Crosland, *The Future of Socialism* (London/Southampton: Camelot Press, 1956), p. 143; Robert Taylor, *Sweden: Proof That a Better World Is Possible* (London: Compass, 2005).

71) 예란 페르손의 1997년 SAP 당대회 연설.

2장 지식의 정치경제학

1) Peter F. Drucker, *Post-Capitalist Society* (New York: Harper Business, 1993)[국역: 피터 드러커, 《자본주의 이후의 사회》, 이재규 옮김(한국경제신문, 1993)].

2) Alan Finlayson, *Making Sense of New Labour* (London: Lawrence and Wishart, 2003), p. 185.

3) 위의 책, p. 196.

4) Colin Hay and Matthew Watson, "The Discourse of Globalization and the Logic of No Alternative: Rendering the Contingent Necessary in the Political Economy

of New Labour", *Policy and Politics* 31, 3 (2003), pp. 289~305.

5) Stephen Driver and Luke Martell, *New Labour: Politics after Thatcherism* (Cambridge,U.K.: Polity Press, 1998); Andrew Glyn, *Social Democracy in Neoliberal Times: The Left and Economic Policy since 1980* (Oxford, U.K.: Oxford University Press, 2001); Chris Howell, *Trade Unions and the State. The Construction of Industrial Relations Institutions in Britain, 1890-2000* (Princeton, NJ: Princeton University Press, 2005).

6) Colin Hay, *The Political Economy of New Labour* (Manchester, U.K.: Manchester University Press, 1998), p. 145.

7) J. Magnus Ryner, *Capitalist Restructuring, Globalisation and the Third Way: Lessons from the Swedish Model* (London: Routledge, 2002).

8) Andrew Gamble, *The Free Economy and the Strong State: The Politics of Thatcherism* (Basingtoke, U.K.: Macmillan, 1988).

9) Gordon Brown, "The Politics of Potential. A New Agenda for Labour", In David Miliband, ed., *Reinventing the Left, a New Agenda for Labour* (Cambridge, U.K.: Polity Press, 1994), pp. 113~122.

10) Finlayson, *Making Sense of New Labour*, p. 198; 다음 책도 참고할 것. Mark Bevir, *New Labour, a Critique* (London: Routledge, 2005), p. 121.

11) Charles Leadbeater, *Living on Thin Air. The New Economy* (London: Penguin, 2000).

12) Björn Elmbrant, *Dansen kring guldkalven* (Stockholm: Atlas, 2004).

13) *The Wellbing of Nations. The Role of Human and Social Capital* (Paris: OECD, 2001); *Employment and Growth in the Knowledge Based Economy* (Paris: OECD, 1996).

14) George Liagouras, "The Political Economy of Post-Industrial Capitalism", *Thesis Eleven*, 81 (May 2005), pp.20~35.

15) Paul Pierson, *The New Politics of the Welfare State* (Oxford, U.K.: Oxford University Press, 2001).

16) David Coates, *Prolonged Labour. The Slow Birth of New Labour Britain* (New York: Palgrave Macmillan, 2005); HM Treasury, *Supporting Young People to Achieve: Towards a New Deal for Skills* (London: HMSO, 2004).

17) 다음 책들을 참고할 것. William Keegan, *The Prudence of Mr Gordon Brown* (London: John Wiley and Sons, 2003); Göran Persson, *Den som är satt i skuld är icke fri. Min*

berättelse om hur Sverige återfick sunda statsfinanser (Stockholm: Atlas, 1997).

18) Ed Balls, *Open Macro-Economics in an Open Economy* (London: Centre for Economic Performance, 1997); Gordon Brown, "Prudence Will Be Our Watchword", Mansion House speech, 1998.

19) Mark Blyth, *Great Transformation. Economic Ideas and Institutional Change in the 20th Century* (New York: Cambridge University Press, 2002); Johannes Lindvall, *The Politics of Purpose: Swedish Macro-Economic Policy after the Golden Age* (Göteborg, Sweden: Department of Political Science, 2004); Peter H. Lindert, *Growing Public: Social Spending and Economic Growth since the Eighteenth Century* (Cambridge U.K.: Cambridge University Press, 2004).

20) Michael Power, *The Audit Society. Rituals of Verification* (Oxford, U.K.: Oxford University Press, 1997).

21) Ed Balls and Gus O'Donnell, eds., *Reforming Britain's Economic and Financial Policy* (London: Palgrave/Treasury, 2002); HM Treasury, *Modern Public Services for Britain, Investing in Reform* (London: HMSO, 1998); Finansdepartementet, *Budgetprocessen* (Stockholm: SOU 2000:61).

22) HM Treasury, *Modern Public Services for Britain*, Comprehensive spending review 1999, Performance and Innovation Unit, *Innovation in the Public Sector* (London: HMSO, 2003).

23) David Marquand, *Decline of the Public: The Hollowing-Out of Citizenship* (Cambridge, U.K.: Polity Press, 2004).

24) HM Treasury, *Prudent for a Purpose: Working for a Stronger and Fairer Britain* (London: HMSO, 2000).

25) Paul Romer, "The Origin of Endogenous Growth", *Journal of Economic Perspective* 8, 1 (1994); Gregory Mankiw and David Romer, *New Keynesian Economics* (Cambridge, MA: MIT Press, 1991).

26) Robert B. Reich, *The Work of Nations: Capitalism in the 21st Century* (New York: Knopf, 1991)[국역: 로버트 라이시,《국가의 일》, 남경우 외 옮김(까치, 1994)].

27) Department for Education and Skills, *Towards Full Employment in a Modern Society* (London: HMSO, 2001); Regeringen och Sveriges socialdemokratiska arbetareparti, *En nation i arbete: ett handlingsprogram mot arbetslöshet*, Politisk redovisning, 1995:2 (Stockholm: Socialdemokraterna, 1995); 정부 법안, *Sysselsättningsproposi-*

tionen. Åtgärder för att minska arbetslösheten. Regeringens proposition 1995/96:222 (1995).

28) Mitchell Dean, "Governing the Unemployed Self in an Active Society", *Economy and Society* 24 (1995), pp. 559~583; Bo Stråth, "After Full Employment. The Breakdown of Conversations of Social Responsibility", in Bo Stråth, ed. *After Full Employment. European Discourses on Work and Flexibility* (Brussels: P. I. E. Peter Lang, 2000); Noel Whiteside, "From Full Employment to Flexibility: Britain and France in Comparison", in Stråth, *After Full Employment*, pp.107~124.

29) Balls-O'Donnell, *Reforming Britain's Economic and Financial Policy*; HM Treasury, *The Modernisation of Britain's Tax and Benefits System*, 6, "Tackling Poverty and Making Work Pay, Tax Credits for the 21st Century" (March, 2000).

30) Janet Newman, *Modernising Governance* (London: Sage, 2001), p. 155; Finlayson, *Making Sense of New Labour*, pp. 144f.

31) Bob Jessop, *The Future of the Capitalist State* (Cambridge: U.K.: Polity Press, 2002), p. 155[국역: 밥 제솝,《자본주의 국가의 미래》, 김영화 옮김(양서원, 2010)].

32) Coates, *Prolonged Labour.*

33) Sveriges socialdemokratiska arbetareparti, *En ny ekonomisk politik: Socialmokraternas ekonomiska politik för arbete, tillväxt och sunda statfinanser*, Politisk redovisning, 1993:3 (Stockholm: Socialdemokraterna, 1993); *Blågul tillväxt*, Programdebatt/ Socialdemokraterna, 7 (Stockholm, 1993); Sveriges socialdemokratiska arbetareparti, *Näringspolitik för tillväxt, Vårt alternativ*, 5 (Stockholm: Socialdemokraterna, 1994); Sveriges socialdemokratiska arbetareparti, *Näringspolitik för arbete och tillväxt* (Stockholm: Socialdemokraterna, 2006).

34) Mats Benner, *The Politics of Growth: Economic Regulation in Sweden 1930-1994* (Lund, Sweden: Arkiv, 1997), p. 161; IT-kommissionen, *Informationsteklogin. Vingar åt människornas förmåga. Betänkande av IT-kommissionen* (Stockholm: Fritzes, 1994); *Produktivitetsdelegationen* (Stockholm: SOU 1991:82); *Lindbeckskommissionen* (Stockholm: SOU 1993:10).

35) HM Treasury, *Productivity in UK* (London: HMSO, 2000); HM Treasury, *Microeconomic Reform in Britain: Delivering Opportunities for All* (London: Treasury/Palgrave Macmillan, 2004); Sveriges socialdemokratiska arbetareparti, *Näringspolitik för arbete och tillväxt.*

36) Institute for Public Policy Research, *Promoting Prosperity* (London: IPPR, 1997);

Department for Trade and Industry, *Our Competitive Future. Building the Knowledge Economy* (London: HMSO, 1998); *Innovativa Sverige. En strategi för tillväxt genom förnyelse* (Stockholm: Näringsdepartment, Utbildningsdepartmentet, Ds 2004:36); 정부 법안 1997/98:62, *Regional tillväxt för arbete och välfärd*.

37) Lars Ilshammar, *Offentlighetens nya rum. Teknik och politik i Sverige 1969-1999* (Örebro, Sweden: Örebro Universitet, 2002); 정부 법안 1995/1996: 125, *Åtgärder för att öka användandet av IT*; 정부 법안, *Ett informationssamhälle åt alla* (199).

38) 전국적인 학습 체계 구축은 2006년에 백지화됐다. 다음 문헌도 참고할 것. Cabinet Office, *Electronic Networks, Challenges for the Next Decade* (London: Strategy Unit, 2002).

39) *Innovativa Sverige.*

40) Benner, *The Politics of Growth.*

41) Mark Wickham-Jones, "Recasting Social Democracy", *Political Studies* 43, 4 (1995): pp. 698~702.

42) Finlayson, *Making Sense of New Labour*, p. 179.

43) HM Government Policy Review, *Building on Progress: Public Services* (London: HMSO, 2007).

44) Sue Tomlinson, *Education in a Post-Welfare Society* (London: Open University Press, 2005).

45) Skloverket, *Fristående grundskolor* (Stockholm: Skloverket, 2001:3925).

46) 이 정책이 실패하고 나서 영국에서는 교육 참여자에게 더 많은 영향력을 부여하는 대체 제도를 도입하려는 시도가 있었다(Department for Education and Skills, *Individual learning accounts, a consultation exercise on a new ILA style programme* [London: DfES research report 339, 2002]).

47) *Individuellt kompetenssparande* (Stockholm: SOU, 2000:119). 정부 법안 2001/02:175, *Ett system för individuell kompetensutveckling.*

48) Department for Education and Skills, *Higher Standards Better Schools for All. More Choice for Parents and Pupils* (London: HMSO, 2005).

49) Claus Belfrage, 미출간 박사학위논문 초고, University of Birmingham, U.K., "Neoliberal Reform in Sweden".

50) 다음 책과 비교할 것. Walter Korpi, *The Democratic Class Struggle* (London: Routledge & Kegan Paul, 1983).

51) Geoffrey M. Hodgson, *Economics and Utopia. Why the Learning Economy Is Not the End of History* (London/New York: Routledge, 1999).

52) Charles F. Sabel and Jonathan Zeitlin, *World of Possibilities: Flexibility and Mass Production in western Industrialization* (Cambridge, U.K.: Cambridge University Press, 1997).

53) 동반자 관계 관념을 윌 허튼Will Hutton의 이해관계 공유 사상과 혼동해선 안 된다. 신노동당은 1990년대 중반에 잠시 이해관계 공유론을 만지작거리다가 이를 동반자 관계 관념으로 대체해버렸다. 다음 책들을 볼 것. Coates, *Prolonged Labour*, p. 21; Will Hutton, *The State We're In. Why Britain Is in Crisis and How to Overcome It* (Cambridge, U.K.: Polity Press, 1996).

54) Cabinet Office, *Modernising Government, Department of Trade and Industry, Fairness at work* (London: HMSO, 1998). 다음 책과 비교할 것. Francis Fukuyama, *Trust: The Social Virtues and the Creation of Prosperity* (New York: Free Press, 1995)[국역: 프랜시스 후쿠야마, 《트러스트: 사회 도덕과 번영의 창조》, 구승회 옮김(한국경제신문, 1996)].

55) Gøsta Esping-Andersen, *Politics against Market* (Princeton, NJ: Princeton University Press, 1985).

56) Howell, *Trade Unions and the State*, p. 174.

57) Institute for Public Policy Research, *Promoting Prosperity* (London: IPPR, 1997).

58) Olle Svenning, *Göran Persson och hans värld* (Stockholm: Norstedt, 2005).

59) Nils Elvander, *Industriavalet i tillämpning. The Industrial Agreement, an Analysis of Its Ideas and Performance* (Sandviken, Sweden: Almega, 1999).

60) Bo Stråth, *The Organisation of Labour Markets: Modernity, Culture and Governance in Germany, Sweden, Britain and Japan* (London: Routledge, 1996).

61) Ryner, *Lessons from the Swedish Model*, p. 52; Åke Sandberg, ed., *Technological Change and Co-Determination in Sweden* (Philadelphia: Temple University Press, 1992).

62) Finlayson, *Making Sense of New Labour*.

63) Daniel Cohen, *Nos temps modernes* (Paris: Flammarion, 1999).

64) John Kenneth Galbraith, *The Affluent Society* (London: Hamish Hamilton, 1958)[국역: 존 케네스 갤브레이스, 《풍요한 사회》, 노택선 옮김(한국경제신문, 2006)].

65) 다음을 참고할 것. Coates, *Prolonged Labour*, pp. 61, 68, 69.

66) 다음 책을 참고할 것. Jenny Andersson, *Between Growth and Security. Swedish Social Democracy from a Strong Society to a Third Way* (Manchester, U.K.: Manchester Uni-

versity Press, 2006)[국역: 엔뉘 안데르손,《경제성장과 사회보장 사이에서: 스웨덴 사
민주의, 변화의 궤적》, 박형준 옮김, 신정완 감수·해제(책세상, 2014)].

67) Mark Bivir, *New Labour, a Critique* (London and New York: Routledge, 2004).

68) Vivienne Schmidt, "Values and Discourses in the Politics of Adjustment", in Fritz
Scharpf and Vivienne Schmidt, eds., *Welfare and Work in the Open Economy* (Oxford,
U.K.: Oxford University Press, 1999), p. 243.

69) *The Wellbeing of Nations. The Role of Human and Social Capital*, p. 17.

70) Gary Becker, *Human Capital: A Theoretical and Empirical Analysis, with Special Refer-
ence to Education* (New York:Columbia University Press, 1964).

71) Pete Woolcock, "Social Capital", in *Theory and Society* 27, 2 (1998); Ismail Serageld-
din and Partha Dasgupta, *Social Capital: A Multifaced Perspective* (Washington, DC:
World Bank, 2000).

72) J. Coleman, *Foundations of Social Theory* (Cambridge, MA: Harvard University
Press, 1990); John Rae, "Foreword", in Scott J. McLean, David A. Schultz and
Manfred B. Steger, eds., *Social Capital. Critical Perspectives on Community and Bowling
Alone* (New York: New York University Press, 2002).

73) Michael Freeden, "The Political Ideology of New Labour", *Political Quarterly* 70, 1
(1999), pp. 42~51.

74) Desmond King, *In the Name of Liberalism: Iliberal Social Policies in the United States
and Britain* (Oxford, U.K.: Oxford University Press, 1999).

3장 옛 시대와 새 시대를 규정하기: 제3의 길의 기원

1) Norman Fairclough, *New Labour, New Language* (London: Routledge, 2000), p.
18; Stuart Hall, "The Great Moving Nowhere Show", *Marxism Today* (1998), pp.
9-15[국역: 〈무엇이 변했는가〉, 에릭 홉스봄·스튜어트 홀 편《제3의 길은 없다》, 노대명
옮김(당대, 1999)].

2) Labour Party, *New Labour: Because Britain Deserves Better* (London: Labour Party,
1997).

3) 1980년대 중반에 쇄신 개념이 '쇄신된 국민의 집förnya folkhemmet'식으로 잠시 사용
된 적이 있다. 다음 책을 보라. Jenny Andersson, *Between Growth and Security. Swedish*

Social Democracy from a Strong Society to a Third Way (Manchester, U.K.: Manchester University Press, 2006), p. 118[국역: 옌뉘 안데르손, 《경제성장과 사회보장 사이에서: 스웨덴 사민주의, 변화의 궤적》, 박형준 옮김, 신정완 감수·해제(책세상, 2014)].

4) Tony Blair, *New Britain. My Vision of a Young Country* (London: Fourth Estate Limited, 1996), p. 98.

5) 다음 책을 보라. Pär Nuder, *Stolt men inte nöjd: en kärleksföklaring till politiken* (Stockholm: Norstedts, 2008).

6) Kjell Östberg, "Swedish Social Democracy and Intellectuals", "사회민주주의 재검토Rethinking Social Democracy" 대회 제출 논문, 런던, 2004년 4월 15-17일.

7) Mats Benner, *The Politics of Growth: Economic Regulation in Sweden 1930-1994*, Scandinavian Studies in Social Science and History, 2 (Lund, Sweden: Arkiv, 1997); Johannes Lindvall, *The Politics of Purpose: Swedish Macroeconomic Policy after the Golden Age* (Göteborg, Sweden: Department of Political Science, 2004).

8) Sveriges socialdemokratiska arbetarparti, *Framtid för Sverige—program för att ta Sverige ur krisen* (Stockholm: Tiden, 1981).

9) Olle Svenning, *Göran Persson och hans värld* (Stockholm: Norstedt, 2005); Jesper Bengtsson, *Det måttfulla upproret. Lindh, Sahlin, Wallström och 20 år av politisk förnyelse* (Stockholm: Norstedts, 2004).

10) Labour Party, *The New Hope for Britain* (London: Labour Party, 1983); Eric Shaw, *The Labour Party since 1945* (London: Blackwell, 1996); Steven Driver and Luke Martell, *New Labour: Politics after Thatcherism* (Cambridge, U.K.: Polity Press, 1998), pp. 10-20.

11) Kjell-Olof Feldt, *Den tredje vägen: en politik för Sverige* (Stockholm: Tiden, 1985).

12) Andersson, *Between Growth and Security*.

13) Jonas Pontusson, *The Limits of Social Democracy: Investment Politics in Sweden*, Cornell Studies in Political Economy (Ithaca, NY: Cornell University Press, 1992).

14) Lars Ekdahl, *Mot en tredje väg: En biografi över Rudolf Meidner. 2, Facklig expert och demokratisk socialist* (Lund, Sweden: Arkiv, 2005).

15) Stuart Hall and Martin Jacques, eds., *New Times* (London: Verso, 1989), pp. 29, 116.

16) Daniel Bell, *The Coming of Postindustrial Society* (London: Heineman, 1973); Alain Touraine, *La Société Post-Industrielle* (Paris: Bibliotheque Médiation, 1969); André

Gorz, *Farewell to the Working Class: An Essay on Postindustrial Socialism* (London: Pluto Press, 1982)[국역: 앙드레 고르, 《프롤레타리아여 안녕: 사회주의를 넘어》, 이현웅 옮김(생각의나무, 2011)].

17) Hall and Jacques, *New Times*, p. 16.

18) 스튜어트 홀이 다음 책에서 이러한 생각을 발전시켰다. *Thatcherism and the Crisis of the Left* (London: Verso, 1988).

19) *Marxism Today*, "Special Issue: Wrong" (1998)[국역: 〈무엇이 변했는가〉, 에릭 홉스봄·스튜어트 홀 편《제3의 길은 없다》, 노대명 옮김(당대, 1999)].

20) Geoff Mulgan, *Connexity. How to Live in a Connected World* (London: Chatto and Windus, 1997), p. 35.

21) 제프 멀건과의 대담, Institute for Community Studies, 2005년 4월.

22) Sveriges scialdemokratiska arbetarparti, *Framtiden i hela folkets händer* (Stockholm: Tiden, 1984).

23) 올로프 팔메, 당대회 연설, 1984년.

24) *Det genuint mänskliga behovet av idealitet, av något som bär bortom vars och ens timliga existens.* Sveriges scialdemokratiska arbetarparti, *90-talsprogrammet* (Stockholm: Tiden, 1989), p. 39.

25) 위의 책, p. 32.

26) 위의 책, p. 33.

27) 위의 책, p. 49.

28) folkrörelse는 기독교의 우애운동-broderskapsrörelsen이나 ABF, 즉 노동자 자기교육운동-Arbetarnas bildningsförbund 같은 자발적 조직과 사회운동들을 뜻한다. 이는 스웨덴 사회민주주의의 전통적인 지지자 충원 기반이었으며 다수의 사회민주당 지도자들이 여기에 뿌리를 두고 있다.

29) *90-talsprogrammet*, p. 49.

30) Alan Finlayson, *Making Sense of New Labour* (London: Lawrence and Wishart, 2003).

31) Labour Party, *Meet the Challenge, Make the Change: A New Agenda for Britain : Final Report of Labour's Policy Review for the 1900s* (London: Labour Party, 1989).

32) Labour Party, *New Labour: Because Britain Deserves Better; Tony Blair, New Britain. My Vision of a Young Country*, p. 98.

33) 고든 브라운 연설, "Prosperity and Justice for All" 2004년 9월 27일.

34) Disraeli, Benjamin, Lord Beaconsfield, 1804-1881: "유럽 대륙이 영국이 세계의 작업장이 되도록 묵과[하지 않을] 것이다……" 하원 연설, 1839년 3월 15일.

35) Tristram Hunt, *Building Jerusalem. The Rise and Fall of the Victorian City* (London: Penguin, 2005), p. 4.

36) British Commission for Social Justice, *Social Justice in a Changing World* (London: IPPR, 1993); David Miliband, *Reinventing the Left* (Cambridge, U.K.: Polity Press, 1994); David Miliband and Andrew Glyn, *Paying for Inequality: The Economic Cost of Social Injustice* (London: IPPR/Rivers Oram Press, 1994).

37) Blair, *New Britain*, p. x.

38) Labour Party, *New Labour: Because Britain Deserves Better;* Labour Party, *Ambitions for Britain. Labour's 2001 Manifesto* (London: Labour Party, 2001).

39) 고든 브라운, "Prudence Will Be Our Watchword", 런던시장 관저 연설, 1998년. 다음 책에 수록. Andrew Chadwick and Richard Heffernan, *The New Labour Reader* (Cambridge, U.K.: Polity Press, 2003), pp. 101-104.

40) 위의 연설.

41) 고든 브라운, "Future of Britishness", 페이비언협회 신년대회 연설, 2006년 1월 14일.

42) 고든 브라운, "Exploiting the British Genius—The Key to Long Term Economic Success", 영국산업총연맹Confederation of British Industry, CBI 연설, 1997년 5월 20일.

43) George Orwell, *The Lion and the Unicorn. Socialism and the English Genius* (London: Searchlight Books, Secker and Warburg, 1941).

44) 고든 브라운, "Britishness and the Future of the British Economy", 런던경영대학원 London Business School 연설, 2005년 4월 27일.

45) Gordon Brown, "The Spectator Lecture. The British Genius", 1997년 11월 4일; Linda Colley, "Downing Street Millenium Lecture: Britishness in the 21st Century", 2003년 2월 20일.

46) Brown, "Exploiting the British Genius—The Key to Long Term Economic Success".

47) Jonas Johansson, *Du sköna nya tid? Debatten om informationssamhället i risksdag och storting under 1990-talet*, Linköping Studies in Arts and Science No 349 (Linköping, Sweden: Tema kommunikation, Linköpings universitet, 2006).

48) Kazimierz Musial, *Roots of the Scandinavian Model. Image of Progress in the Era of*

Modernisation (Baden Baden: NomosVerlagsgesellschaft, 2000), p. 10; Bo Stråth and Øystein Sørensen, *The Cultural Construction of Norden* (Oslo: Scandinavian University Press, 1997); Bo Stråth, "Nordic Modernity: Origins, Trajectories and Prospects", in *Theses Eleven* 77, 1 (2004), pp. 5-23.

49) Marquis William Childs, *Sweden: The Middle Way* (London: Faber, 1936).

50) 다음 책을 참고하라. Peter H. Lindert, *Growing Public: Social Spending and Economic Growth since the Eighteenth Century* (Cambridge, U.K.: Cambridge University Press, 2004).

51) Göran Persson, *Den som är satt i skuld är icke fri. Min berättelse om hur Sverige återfick sunda statsfinanser* (Stockholm: Atlas, 1997), p. 98.

52) 페르손의 당대회 개회사, 2000년 3월 10일. 다음 책에 수록. Göran Persson, *Tankar och tal 1996-2000* (Stockholm: Hjalmarson och Högberg, 2000).

53) Sveriges socialdemokratiska arbetarparti, *Samtal om framtiden* (Stockholm: Socialdemokraterna, 1996); Sveriges socialdemokratiska arbetarparti, *Steget in i 2000-talet: riktlinjer antagna av frmtidskongressen i Sundsvall* (Stockholm: Socialdemokraterna, 1997).

54) Sveriges socialdemokratiska arbetarparti, *Riktlinjer* (Stockholm: Socialdemokraterna, 1997), p. 2.

55) 발언자는 고틀란드에서 온 한스 에릭 스벤슨Hans Erik Svensson이다. 당대회 발언록 1997 vol. 2, p. 7.

56) 예란 페르손, 연설 "Tal vid folkbildningskonferensen perspektiv på folkbildningen" (2005년 9월 27일); Per Sundgren, *Kulturen och arbetarrörelsen. Kulturpolitiska strävanden från August Palm till Tage Erlander* (Stockholm: Carlssons, 2007).

57) 예란 페르손의 외레브로 대학 취임 연설, 1999년 2월 6일. 다음 책에 수록. Persson, *Tankar och tal 1996-2000*, p. 159.

58) 페르 누데르, 연설 "Tal vid Strängseminariet", 2005년 3월 5일; 예란 페르손의 스웨덴 산업연맹Swedish Federation of Industry, SFI 연설, 2004년 11월 15일.

4장 자본주의?

1) Gordon Brown, "The Politics of Potential. A New Agenda for Labour", in David

Miliband, ed., *Reinventing the Left* (Cambridge, U.K.: Polity Press, 1994), pp.114-122.

2) Charles Leadbeater, *Living on Thin Air. The New Economy* (London: Penguin, 2000).

3) Daniel Cohen, *Nos temps modernes* (Paris: Flammarion, 1999).

4) Gordon Brown, *Fair Is Efficient* (london: Fabian Society, 1994), p. 3.

5) 다음 문헌들을 참고할 것. Bob Jessop, *The Future of Capitalist State* (Cambridge, U.K.: Polity Press, 2002)[국역: 밥 제솝, 《자본주의 국가의 미래》, 김영화 옮김(양서원, 2010)]; Ellen Meiksins Wood, "Modernity, Postmodernity or Capitalism?" in Robert McChesney, Ellen Meiksins Wood and John B. Foster, eds., *Capitalism and the Information Age. The Political Economy of the Global Communications Era* (New Yor: Monthly Review Press, 1998),pp. 27-49.

6) Cohen, *Nos temps modernes*; Luc Boltanski and Eve Chiapello, *Le nouvel esprit du capitalisme* (Paris: NRF Gallimard, 2002).

7) D. Barney, *Prometheus Wired, the Hope for Democracy in the Age of Network Technology* (Chicago: University of Chicago Press, 2000), p. 153.

8) Richard Sennett, *The Corrosion of Character: The Personal Consequences of Work in the New Capitalism* (New York: W. W. Norton, 1998)[국역: 리처드 세넷, 《신자유주의와 인간성의 파괴》, 조용 옮김(문예출판사, 2002)].

9) Richard Sennett, *The Culture of the New Capitalism* (New Haven and London: Yale University Press, 2006), p. 84[국역: 《뉴캐피털리즘: 표류하는 개인과 소멸하는 열정》, 유병선 옮김(위즈덤하우스, 2009)].

10) Brown, "The Politics of Potential".

11) C. A. R. Crosland, *The Future of Socialism* (London/Southhampton: Camelot Press, 1956).

12) Brown, *Fair Is Efficient*, p. 3.

13) Brown, "The Politics of Potential", p. 114.

14) Brown, *Fair Is Efficient*, p. 3.

15) Brown, "The Politics of Potential", p. 116.

16) Tony Blair, *Socialism* (London: Fabian Society, 1994).

17) Tony Blair의 서문, National Advisory Committee on Creative and Cultural Education, *All Our Futures* (London: Departmentof Culture, Media and Sports, 1998).

18) 노동당 당헌, 1995.

19) Tony Blair, *The Third Way: New Politics for the New Century* (London: Fabian Soci-

ety, 1994).

20) Alan Finlayson, "Nexus Downing Street Seminar Report", www.netnexus.org/mail_archive/uk-policy.cur/0100.html에서 조회할 수 있다.

21) Tony Blair, *Socialism*.

22) Lars Trägårdh, "Crisis and the Politics of National Community. Germany and Sweden 1933/1994", in Nina Witoszek and Lars Trägårdh, eds., *Crisis and the Construction of Identity* (Oxford, U.K.: Berghahn Books, 2002), pp. 75-100.

23) Labour Party, *Because Britain Deserves Better* (1997); Institute for Public Policy Research, *Promoting Prosperity* (London: IPPR, 1997).

24) Sheri Berman, *The Primacy of Politics. Social Democracy and the Making of Europe's 20th Century* (New York: Cambridge University Press, 2006), pp. 172f[국역: 셰리 버먼, 《정치가 우선한다: 사회민주주의와 20세기 유럽의 형성》, 김유진 옮김(후마니타스, 2010)].

25) Bo Stråth, *Mellan två fonder. LO och den svenska modellen* (Stockholm: Atlas, 1998).

26) Sveriges socialdemokratiska arbetareparti, *Partiprogram för socialdemokraterna: antaget vid den 34e ordinare partikongressen Västeråskongressen 5-11 November 2001*, p. 5.

27) 위의 책.

28) 위의 책.

29) 위의 책, p. 6.

30) 다음 책을 보라. *Socialdemokratins partiprogram 1897-1990* (labour Movement's Archives: Stockholm, 2001).

31) 예란 페르손, 2001년 당대회 연설.

32) *Partiprogram för socialdemokraterma, 2001*, pp. 1-2.

33) 위의 책, p. 20.

34) 위의 책, p. 1.*

35) 위의 책, p. 19.**

36) 위의 책.

37) Crosland, *The Future of Socialism*, p. 211.

38) Ernst Wigforss, *Strifter i urval* (Stockholm: Tiden, 1980), vol. 4, p. 212.

---

* 원서는 스웨덴어 원문을 소개하고 있으나 여기에서는 생략.

** 원서는 스웨덴어 원문을 소개하고 있으나 여기에서는 생략.

39) Gordon Brown, "Equality—Then and Now", in D. Leonard, ed., *Crosland and New Labour* (London: MacMillan, 1999), p. 37.

40) Stuart White, "Welfare Philosophy and the Third Way", in Jane Lewis and Rebecca Surrender, eds., *Welfare State Change. Towards a Third Way?* (Oxford, U.K.: Oxford University Press, 2004), pp. 25-47.

41) Blair, "The Opportunity Society", 2004년 당대회 연설.

42) Crosland, *The Future of Socialism*, p. 221.

43) 위의 책, p. 217.

44) *Fria och jämlika människor är socialismens mål.*

45) Sveriges socialdemokratiska arbetareparti, *Partiprogram för socialdemokraterna 2001*, p. 8.

46) 예란 페르손, 2001년 당대회 연설.

47) 안네 마리 린드그렌Anne Marie Lindgren과의 대담, 2006년 12월, 스톡홀름.

48) Tage Erlander, *Valfrihetens Samhälle* (Stockholm: Tiden, 1962).

49) Gerassimos Moschonas, *In the Name of Social Democracy* (London: Verso, 2002), p. 158.

50) Gordon Brown, "Equality—Then and Now", p. 42.

51) 다음 문헌들을 참고하라. Richard Brooks, "Time to Rewrite Clause IV Again?" (London: Fabian Society, 2004); Anthony Giddens and Patrick Diamond, eds., *The New Egalitarianism* (London: Policy Network, 2005).

5장 성장의 정치

1) 토니 블레어 연설, "The Labour Party—The Party of Wealth Creation", Canary Wharf, 2005년 4월 14일.

2) H. W. Arndt, *Economic Development. The History of an Idea* (Chicago: University of Chicago Press, 1987).

3) Raymond Williams, *Culture and Society* (New York: Columbia University Press, 1983[1958])[국역: 레이몬드 윌리엄스, 《문화와 사회 1780-1950》, 나영균 옮김(이화여대 출판부, 1988)].

4) 스웨덴 사회민주주의에 경제 성장 개념을 도입한 인물은 보편적 복지의 설계자 구스타

브 묄레르Gustav Möller였다. 그는 이것이 복지국가 건설에 반드시 필요하다고 보았던 것이다. 다음 책을 보라. Eva Friman, *No Limits: The 20th Century Discourse of Economic Growth* (Umeå. Sweden: Institutionen för historiska studier, Umeå University, 2002).

5) Gail Stedward, "Education as Industrial Policy: New Labour's Marriage of the Social and the Economic", in *Policy and Politics* 31: 2 (2003); Lindsey Peterson, "The Three Educational Ideologies of the British Labour Party, 1997–2001", *Oxford Review of Education* 29: 2 (2003); Jean Bocock and Taylor Richard, "The Labour Party and Higher Education: The Nature of the Relationship", *Higher Education Quarterly* 57: 3 (July 2003); Lennart Svensson, "Life Long Learning, a Clash between a Production Logic and a Learning Logic", in Christina Garsten and Kerstin Jacobsson, eds., *Learning to Be Employable: New Agendas on Work, Responsibility and Learning in a Globalizing World* (Basingstoke, U.K.: Palgrave Macmillan, 2004), pp. 83–107.

6) Bob Jessop, "Cultural Political Economy, the Knowledge-Based Economy and the State", in Don Slater and Andrew Barry, eds., *The Technological Economy* (London: Routledge, 2005), pp. 144–166.

7) Sveriges socialdemokratiska arbetareparti, *Blågul tillväxt* (Stockholm: 1993); 정부 성명서, 1998년 10월 6일.

8) Department for Trade and Industry, *Our Competitive Future. Building the Knowledge Economy* (London: HMSO, 1998).

9) *Innovativa Sverige, En strategi för tillväxt genom förnyelse*, Ds 2004:36.

10) 위의 문헌., National Curriculum in Action, "What Is Creativity?"

11) 고든 브라운, "Britishness and the Future of the British Economy", 런던경영대학원 연설, 2005년 4월 27일.

12) 정부 법안, 2004/05:11, *Kvalitet i förskolan*; Sveriges socialdemokratiska arbetareparti, *Nationell utvecklingsplan för förskola, skola och vuxenutbildning*, Politisk redovisning, 1997:8 (Stockholm: Socialdemokraterna, 1997); Sveriges socialdemokratiska arbetareparti, *Framtidens förskola* (Stockholm: Socialdemokraterna, 2005).

13) NUTEK, "Nationellt entreprenörskapsprogram".

14) Lena Hallengren, Lief Pagrotsky and Ibrahim Baylan, "Kultur och lätande går hand i hand" in *Folket* (2005); Riksdagens skrivelse 2005/06:206, *Ett Sverige för barn: redogörelse för regeringens barnpolitik*; 정부 법안, *Kulturpolitik. Regeringens proposi-*

tion 1996/97:3; Lena Hallengren, "Kultur för lust och lärande", Ocoter 18, 2004.

15) Institute for Public Policy Research, *Promoting Prosperity* (London: IPPR, 1997); Department for Education and Employment, *Excellence in Schools* (London: HMSO, 1997); Department for Education and Employment, *The Learning Age: A Renaissance for Britain* (London: HMSO, 1998).

16) Helga Nowotny, Peter Scott and Michael Gibbons, *Rethinking Science. Knowledge and the Public in an Age of Uncertainty* (Cambridge, U.K.: Polity Press, 2001).

17) *Innovativa Sverige*; HM Treasury, *Building a Stronger Economic Future for Britain* (London: HMSO, 1999); *Our Competitive Future*, pp. 7, 14, 28.

18) National Advisory Committee on Education, *All Our Futures* (London: DCMS, 1998).

19) DfEE, *The Learning Age: A Renaissance for Britain*.

20) 다음 책들을 보라. Denis Lawton, *Education and Labour Party Ideologies, 1900-2001 and Beyond* (London and New York: RoutledgeFalmer, 2004), pp. viii, 12; Kevin Manton, *Socialism and Education in Britain 1883-1902* (London: Woburn Press, 2001).

21) Ronny Ambjörnsson, *Den Skötsamme arbetaren. Ideer och ideal i ett norrländskt sågverkssamhälle 1880-1930* (Stockholm: Carlssons, 1988); Inge Johansson, *Bildning och klasskamp. Om arbetarbildningens historia, ideer och utveckiling* (Stockholm: ABF, 2002); Bernt Gustavsson, *Bildningens väg. Tre bildningsideal i svensk arbetarrörelse 1880-1930* (Stockholm: Wahlström och Widstrand, 1991). 19세기 말, 20세기 초에 자기교육, 상호부조, 협동을 둘러싸고 스웨덴과 영국에서 벌어진 논쟁들 사이에는 중요한 연계가 있었다. 민중교육은 스웨덴 정치 문화에서 중요한 역할을 했다. 많은 걸출한 사회민주주의 정치가들이 노동자교육협회(ABF) 출신이었다.

22) Lawton, *Education and Labour Party Ideologies*.

23) Francis Sejersted, *Socialdemokratins tidsålder: Sverige och Norge under 1900-talet* (Nora, Sweden: Nya Doxa, 2005) [국역: 프랜시스, 세예르스테드, 《사회민주주의의 시대: 북유럽 사민주의의 형성과 전개 1905~2000》, 유창훈 옮김(글항아리, 2015)].

24) Ilaria Favretto, *The Long Search for a Third Way: The British Labour Party and the Italian Left since 1945* (Basingstoke, U.K.: Palgrave McMillan, 2003), p. 57.

25) DfEE, *The Learning Age: A Renaissance for Britain*.

26) 위의 문헌.

27) 정부 법안 1997/1998:62, *Regilnal tillväxt för arbete och välfärd.*

28) 레나 할렌그렌Lena Hallengren의 연설, "Perspektiv på folkbildningen", 2005
년 9월 27일; 정부 법안, *Lära, växa, förändra. Regeringens folkbildningsproposition*
2005/06:192; *Folkbildning i brytninstid* (Stockholm: SOU, 2004:30).

29) The Kennedy Report, *Widening Participation in Further Education* (London: Design
Council, 1998).

30) Innovativa Sverige; Chris Smith, *Creative Britain* (London: Faber and Faber,
1998).

31) Joel Mokyr, *The Lever of Riches: Technological Creativity and Economic Progress* (New
York: Oxford University Press, 1990).

32) 2006년에 스웨덴은 해외에 스웨덴 문화를 홍보하기 위해 린덴란드Lindenland에 가
상 대사관을 개설했다. 2007년 5월 30일에 다음의 사이트에 접속. www.Sweden.se/
templates/cs/Article_16345.aspx.

33) Chris Smith, *Creative Futures: Culture, Identity and National Renewal* (London: Fa-
bian Society, 1997); *Creative Britain.*

34) Jo Littler, "Creative Accounting: Consumer Culture: the 'Creative Economy' and
the Cultural Policies of New Labour", in Timothy Bewes and Jeremy Gilbert,
eds., *Cultural Capitalism* (London: Lawrence and Wishart, 2000), pp. 203-223; E.
McLaughlin, *Rebranding Britain: The Life and Times of Cool Britannia* (London: Open
University/BBC); Panel 2000, "Towards a Cool Britannia". 2006년 2월 18일 다음
의 주소에서 검색. www.greenwhich2000.com/millennium/info/panel2000/htm.

35) Mark Leonard, *Britain TM—Renewing Our Identity* (London: DEMOS, 1997).

36) 이는 포스트모던 역사학자 베네딕트 앤더슨의 저작 *Imagined Community*[국역: 베네딕
트 앤더슨, 《상상의 공동체: 민족주의의 기원과 전파에 대한 성찰》, 윤형숙 옮김(나남출
판, 2003)]와 18세기 영국 정체성의 형성을 다룬 영국 역사학자 린다 콜리Linda Colley
의 저작 *Britons: Forging the Nation, 1707-1837* (London: Vintage, 1996)에 의존했다.

37) Fabian Society, *Creative Futures: Culture, Identity and National Renewal.*

38) The Parekh report, *The Future of Multiethnic Britain* (London: Profile Books,
2000).

39) "The Britishness Issue", special Fabian review (London: Fabian Society, 2006).

40) 정부 법안, *Framtidsformer: Förslag till handlingsprogram för arkitektur, formgivning och de-
sign*, 1997/1998:117; 레이프 파그로츠키의 연설, "Design som ett verktyg i näring-

spolitiken", 2003년 10월 15일.

41) *Innovativa Sverige*, p. 24; Sveriges socialdemokratiska arbetareparti, *Näringspolitik för arbete tillväxt, Rapport från socialdemokraternas näringspolitiska grupp* (Stockholm: Socialdemokraterna, 2006), p. 5.

42) 레이프 파그로츠키의 연설, "Branding Sweden", 2005년 6월 8일.

43) 위의 연설.

44) 위의 연설.

45) Raymond Williams, *Culture* (Glasgow: Fontana, 1981); Raymond Williams, *Culture and Society, 1780-1950* (New York: Columbia University Press, 1983[1958]) [국역: 레이몬드 윌리엄스, 《문화와 사회 1780-1950》, 나영균 옮김(이화여대 출판부, 1988)].

46) Frederic Jameson, *Postmodernism or the Cultural Logic of Late Capitalism* (Durham, NC: Duke University Press); David Lloyd and Paul Thomas, *Culture and the State* (London and New York: Routledge, 1998).

47) *Kulturpolitikens inriktning* (Stockholm: SOU, 1995:84); 정부 법안, Kulturpolitik, 1996/97:3.

48) Per Sundgren, *Kulturen och arbertarrörelsen. Kulturpolitiska strävanden från August Palm till Tage Erlander* (Stockholm: Calssons, 2007), p. 285.

49) Sveriges socialdemokratiska arbetareparti, *Människan i nutiden* (Stockholm: Tiden, 1952); *Ny kulturpolitik* (Stockholm: SOU, 1972:67, 1972:66); 정부 법안, *Den statliga kulturpolitiken*, 1974:28.

50) Sveriges socialdemokratiska arbetareparti, *Partiprogram för socialdemokraterna: antaget vid partikongressen 2001*, p. 19.*

51) 위의 문헌. p. 30.**

52) 정부 법안, *Kulturpolitik*, 1996/97:3.

53) Timothy Bewes, "Cultural Politics/Political Culture", in *Cultural Capitalism*, pp. 20-40; Littler, "Creative Accounting".

54) 토마스 외스트로스Thomas Östros의 연설, "Tal vid konferensen design och arbetsliv", 2005년 1월; 스웨덴 정부, "Designår 2005", 2006년 2월 19일에 다음 주소

---

* 원서는 스웨덴어 원문을 소개하고 있으나 여기에서는 생략.
** 원서는 스웨덴어 원문을 소개하고 있으나 여기에서는 생략.

에서 검색, www.regeringen.se/sb/d/5231/a37952; "Design för alla", 2009년 6월 15일에 다음 주소에서 검색, www.regeringen.se/sb/d/1928/a/19728; Kultur- och utbildningsdepartement, *Framtidsformer: Förslag till handlingsprogram för arkitektur och formgivning* (Stockholm: Ds, 1997:86).

55) 테사 조웰의 연설, "Britain's Cultural Identity", 2001년; Department for Culture, Media and Sport, *Government and the Value of Culture* (London: DCMS, 2002); Department for Culture, Media and Sport, *Better Places to Live. Government, Identity and the Value of the Historic and Built Environment* (London: DCMS, 2005).

56) Department for Culture, Media and Sport, *The Historic Environment: A Force for Our Future* (London: DCMS, 2001).

57) 다음 글을 보라. David Miliband and Tristram Hunt, "Learn from Victorians", *Guardian*, September 10, 2004.

58) 제임스 퍼넬의 연설, "Making Britain the World's Creative Hub", 2005년 6월 16일.

59) Jo Littler, "Introduction. British Heritage and the Legacies of Race", in Jo Littler and Roshi Naidoo, eds., *The Politics of Heritage* (London and New York: Routledge, 2005), pp. 1-21.

60) 위의 글, p. 10.

61) Ruth Levitas, *The Concept of Utopia*, Utopianism and Communitarianism (Syracuse, NY: Syracuse University Press, 1990).

62) Williams, *Culture and Society*, p. 34.

63) Yasmin Alibhai Brown, *Who Do We Think We Are? Imagining the New Britain* (London: Allen Lane, the Penguin Press, 2000).

64) Tim Edensor, *National Identity, Popular Culture and Everyday Life* (Oxford, U.K.: Berg, 2002), p. 171 ff; Jeremy Gilbert, "Beyond the Hegemony of New Labour", in *Cultural Capitalism*, pp. 231-232; BBC, "Virtual Tour of the Millennium Dome", 다음 온라인 주소에서 조회할 수 있다. http://news.bbc.co.uk/hi/english/static/in_depth/uk/2000/dome_tour/default.stm.

65) Yvonne Hirdman, *Att lägga livet till rätta: studier i svensk folkhemspolitik* (Stockholm: Carlsson, 1989).

66) Gilbert, "Beyond the Hegemony of New Labour".

67) Bewes, "Cultural Politics/Political Culture", p. 31.

1) Manuel Castells, *The Network Society: A Cross-Cultural Perspective* (Northampton, MA: Edward Elgar Publishing, 2004)[국역: 마누엘 카스텔, 《네트워크 사회: 비교문화 관점》, 박행웅 옮김(한울, 2009)].
2) HM Treasury, *Opportunity and Security for All. Investing in an Enterprising, Fairer Britain* (London: HMSO, 2002).
3) Bob Jessop, *The Future of Capitalist State* (Cambridge, U.K.: Polity Press, 2002)[국역: 밥 제솝, 《자본주의 국가의 미래》 김영화 옮김(양서원, 2010)]; Nikolas Rose, *Powers of Freedom: Reframing Political Thought* (Cambridge, U.K.: Cambridge University Press, 1999).
4) Mark Bevir, *New Labour, a Critique* (New York: Routledge, 2004), p. 127.
5) George Steinmetz, *Regulating the Social. The Welfare State and Local Politics in Imperial Germany* (Princeton, NJ: Princeton University Press, 1993), pp. 2, 52; Jacques Donzelot, *L'invention du social. Essai sur le déclin des passions politiques* (Paris: Fayard, 1984)[국역: 자크 동즐로, 《사회보장의 발명: 정치적 열정의 쇠퇴에 관한 시론》, 주형일 옮김(동문선, 2005)].
6) David Marquand, *The Progressive Dilemma: From Lloyd George to Blair* (London: Phoenix Giant, 1999); Michael Freeden, *Liberal Languages. Ideological Imaginaries and 20th Century Progressive Thought* (Princeton, NJ, and Oxford, U.K.: Princeton University Press, 2005).
7) Janet Newman, *Modernising Governance. New Labour, Policy and Society* (Bristol, U.K.: Policy Press, 2001).
8) Steven Driver and Luke Martell, "New Labour's Communitarianism", *Critical Social Policy* 17, 3 (1997); Michael Freeden, "The Ideology of New Labour", *Political Quarterly* 70, 1 (1999); Sarah Hale, "The Communitarian 'Philosophy' of New Labour", in Will Leggett, Luke Martell and Sarah Hale, eds., *The Third Way and Beyond: Criticisms, Futures and Alternatives* (Manchester, U.K.: manchester University Press, 2004), pp. 87-95.
9) Sarah Hale, "The Communitarian 'Philosophy' of New Labour", pp. 90-91.
10) Ruth Levitas, *The Inclusive Society. Social Exclusion and New Labour* (New York: Routledge, 2005).

11) 다음 책들을 참고하라. The Commission for Social Justice, *Social Justice. Strategies for National Renewal* (London: Vintage, 1994); Tony Blair, *New Britain. My Vision of a Young Country* (London: Fourth Estate Limited, 1996).

12) 데이비드 블런켓*의 연설, "Civil Renewal—A New Agenda", 2003년 6월 11일.

13) Bevir, *New Labour, a Critique*, p. 71.

14) Department of Communities and Local Government, *Our Town and Cities: The Future* (London: HMSO, 2005); *Strong and Prosperous Communities* (London: HMSO, 2006).

15) Rob Imrie and Mike Raco, *Urban Renaissance? New Labour, Community and Urban Policy* (Bristol, U.K.: Policy Press, 2003), pp. 33-37.

16) Amitai Etzioni, *The Third Way to a Good Society* (London: Demos, 2000).

17) Geoff Mulgan, *Connexity. How to Live in a Connected World* (London: Chatto and Windus, 1997), p. 35.

18) Cabinet Office, *Modernising Government* (London: HMSO, 1999).

19) 데이비드 블런켓의 성과혁신실Performance and Innovation Unit** 연설, "How Government Can Help Build Social Capital", 2002년 3월 26일.

20) Robert D. Putnam, *Bowling Alone. The Collapse and Revival of American Community* (New York: Simon and Shuster, 2000)[국역: 로버트 D. 퍼트넘,《나 홀로 볼링: 사회적 커뮤니티의 붕괴와 소생》, 정승현 옮김(페이퍼로드, 2009)].

21) John Rae, "Foreword", in S. L. McLean, D. A. Schultz and M. B. Steger, eds., *Social Capital. Critical Perspectives on Community and Bowling Alone* (New York: NYU Press, 2002).

22) David Halpern, *Social Capital* (Cambridge, U.K.: Polity Press, 2005), p. 44.

23) 두 부모 가정에 대한 이러한 찬양은 한 부모 가정을 돕는 정책과 함께 했으며, 일-가족 양립 정책도 동시에 추진됐다. 다음 글들을 보라. Stephen Driver and Luke Martell, "New Labour, Work ad the Family", in *Social Policy and Administration* 36, 1 (2002); Mary Daley, "Changing Conceptions of Family and Gender Relations in European Welfare States and the Third Way", in Jane Lewis and Rebecca Surender,

---

* David Blunkett. 노동당의 시각장애인 정치가로서, 1997-2001년에 블레어 정부에서 교육고용부 장관을 역임했다.
** 블레어 정부 시절, 총리 직속 전략팀.

Welfare State Changes, Towards a Third Way? (Oxford, U.K.: Oxford University Press, 2004), pp. 135-156.

24) Halpern, *Social Capital*, p. 53.

25) Simon Szreter, "A New Political Economy: The Importance of Social Capital", in Anthony Giddens, ed., *The Global Third Way Debate* (2001); Halpern, *Social Capital*, p. 22.

26) 사회적 자본 논쟁은 프랑스 사회학자 피에르 부르디외Pierre Bourdieu를 인용 대상에서 체계적으로 제외했다. 부르디외는 사회적 자본이 사회적 위계제라는 권력의 장 안에서 개인이 보유하는 상징 자원이라고 보았다. 다음 글을 보라. Bourdiue, "The Forms of Capital", in J. G. Richardson, ed., *Handbook of Theory and Research for the Sociology of Education* (New York: Greenwood Press, 1986), pp. 241-258.

27) 데이비드 블런켓의 IPPR 연설, "The Asset State—the Future of Welfare", 2005년 7월 5일. 아동채권은 태생적인 자산 소유 여부가 개인의 삶에 결정적 영향을 끼치는 것에 맞서기 위해 모든 신생아에게 소액의 신용을 제공하는 제도다. 여기에서는 자산 보유 문화의 장려가 19세기에 신용기관과 공제조합의 형태로 시작될 때부터 사회민주주의를 규율하는 오래 된 수단이었다는 점을 지적하고 싶다.

28) Ben Fine, *Social Capital vs. Social Theory. Political Economy and Social Science at the End of the Millenium* (New York: Routledge, 2001); Ben Fine and F. Green, "Economics, Social Capital and the Colonisation of the Social Sciences", in Tom Schuller, Steven Davon and John Field, eds., *Social Capital Perspectives* (Oxford, U.K.: Oxford University Press, 2000), p. 87.

29) 아미타이 에치오니와의 대담, 부다페스트, 2005년 7월.

30) Hnrik Berggren and Lars Trägårdh, *Är svensken människa?* (Stockholm: Norstedts, 2006).

31) Fredrika Lagregren, *På andra sidan välfärdsstaten: en studie i politiska idéers betydelse* (Eslöv, Sweden: B. Östlings bokförl. Symposion, 1999); Henrik Björck, "Till frågan om folkhemmets rötter", in *Lychnos* (Göteborg, Sweden: Annual of the Swedish History of Science Society, Swedish Science Press, 2000), pp. 139-170.

32) 다음 책들을 보라. Göran Persson, *Den som är satt i skuld är icke fri. Min berättelse om hur Sverige återfick sunda statsfinanser* (Stockholm: Atlas 1997); Göran Persson, *Se dig själv i andra* (Stockholm: Hjalmarson och Högberg, 2006).

33) 최근 스웨덴에서는 보편주의와 다양성의 가치들 사이의 갈등 가능성에 대해 활발한

토론이 있었다. 다음 책을 보라. *Integrationens svarta bok: Agenda för jämlikhet och social sammanhållning* (Stockholm: SOU, 2006:79).

34) 다음 문헌들을 보라. Sten O. Karlsson, *Det intelligenta samhället: en omtolkning av socialdemokratins idéhistoria* (Stockholm: Carlsson, 2001); Jenny Anderson, "A Productive Social Citizenship? Reflections on the Notion of Productive Social Policies in the European Tradition", in Bo Stråth and Lars Magnusson, eds., *A European Social Citizenship* (Brussels: PIE Peter Lang, 2004); Magnus Ryner, *Capitalist Restructuring, Globalisation and the Third Way: Lessons from the Swedish Model* (London and New York: Routledge, 2002), p. 72.

35) Francis Sejersted, *Socialdemokratins tidsålder: Sverige och Norge under 1900-talet* (Nora, Sweden: Nya Doxa, 2005)[국역: 프랜시스, 세예르스테드, 《사회민주주의의 시대: 북유럽 사민주의의 형성과 전개 1905~2000》, 유창훈 옮김(글항아리, 2015)].

36) Bo Rothstein, *Just Institutions Matter. The Moral and Political Logic of the Universal Welfare State* (Cambridge, U.K.: Cambridge University Press, 1998).

37) Sveriges socialdemokratiska arbetareparti, *Partiprogram för socialdemokraterna: antaget vid partikongressen 2001*, p. 30.*

38) 정부 법안, *Lära, växa, förändra. Regeringens folkbildningsproposition. 2005/06:192* (Stockholm: 2005).

39) Jonas Johansson, *Du Sköna nya tid? Debatten om informationssamhället i riskdag och storting under 1990-talet* (Linköping, Sweden: Linköping Studies in Arts and Science, 2006).

40) *Individuellt kompetenssparande* (Stockholm: SOU, 2000:119); *Livslångt lärande i arbetslivet—steg på vägen mot ett kunskapssamhälle* (Stockholm: SOU, 1996:164).

41) 다음 책들을 보라. Paulina De los Reyes, *Mångfald och differentiering. Diskurs, olikhet och normbildning inom svensk forskning och samhällsdebatt* (Stockholm: SALTSA, Swedish National Institute for Working Life, 2001), p. 82; Wuocko Knocke and Fredrik Herzberg, *Mångfaldens barn söker sin plats* (Stockholm: Swedish National Institute for Working Life), p. 26.

42) 블런켓, "Civil Renewal—a New Agenda".

---

* 원서는 스웨덴어 원문을 소개하고 있으나 여기에서는 생략.

43) Lindsey Paterson, "The Three Educational Ideologies of the British Labour Party, 1997-2001", *Oxford Review of Education* 29, 2 (2003), p. 176; Elisabeth Fraser, "Citizenship Education: Antipolitical Culture and Political Education in Britain", *Political Studies*, 48 (2000). 전국 교과 과정은 다음 온라인 주소에서 조회할 수 있다. www.direct.gov.uk/en/RightsAndResponsibilities/index.htm.

44) Alva Myrdal, *Förskolan, 1980-talets viktigaste skola* (Stockholm: Tiden, 1982).

45) Sveriges socialdemokratiska arbetareparti, *Nationell utvecklingsplan för förskola, skola och vuxenutbildning, Politisk redovisning*, 1997:8 (Stockholm: Socialdemokraterna, 1997); Sveriges socialdemokratiska arbetareparti, *Förskola för alla barn* (Stockholm: Socialdemokraterna, 1985); Sveriges socialdemokratiska arbetareparti, *Framtidens förskola* (Stockholm: Socialdemokraterna, 2005); *Partiprogram för socialdemokraterna*, pp. 30-34.

46) *Läroplan för det obligatoriska skolväsendet, förskoleklassen och fritidshemmet*, 1994, p. 3.

47) Ronald Dearing, *Higher Education in the Learning Society* (London: HMSO, 1997); Helena Kennedy, *Learning Works. Widening Participation in Further Education* (Coventry, U.K.: Further Education Funding Council, 1998); Department for Education and Employment, *Learning Works. Further Education for the New Millenium* (London: DfEE, 1998).

48) Denis Lawton, *Education and Labour Party Ideologies, 1900-2000 and Beyond* (London and New York: RoutledgeFalmer, 2004).

49) 블레어의 당대회 연설, 1996년; Sue Tomlinson, *Education in a Post-Welfare Society* (London: Open University Press, 2005), pp. 86f.

50) 다음 책들을 보라. Department for Education and Skills, *Higher Standards, Better Schools for All, More Choice for Parents and Pupils. Education White Paper* (London: HMO, 2005); Compass paper, *Shaping the Education Bill. reaching for Consensus. Alternative White Paper* (London: Compass, 2005); Fiona Millar and Melissa Benn, *A Comprehensive Future. Quality and Equality for All Our Children* (London: Compass, 2005).

51) Francis Sejersted, *Socialdemokratins tidsålder: Sverige och Norge under 1900-talet* (Nora, Sweden: Nya Doxa, 2005)[국역: 프랜시스, 세예르스테드, 《사회민주주의의 시대: 북유럽 사민주의의 형성과 전개 1905~2000》, 유창훈 옮김(글항아리, 2015)].

52) Sveriges socialdemokratiska arbetareparti, *En kunkapsskola för alla* (Stockholm:

Socialdemokraterna, 2006).

53) Kunskapslyftskommittén, *Kunskapsbygget 2000. Det livslånga lärandet* (Stockholm: SOU, 2000:28); Kommittén om ett nationellt kunskapslyft för vuxna, *En strategi för kunskapslyft och livslångt lärande* (Stockholm: SOU, 1996:27); 정부 법안, *Sysselsättningspropositionen. Åtgärder för att minska arbetslösheten. 1995/96:222.*

54) 다음 책을 보라. Tomas Englund, ed., *Utbildningspolitiskt systemskifte?* (Stockholm: HLS förlag, 1995). 충분한 자본만 지니면 누구나 "자유"학교에 진학할 수 있다. 음악적 재능이나 체육 등의 특기가 아니라면 능력에 따라 신입생을 선발할 수는 없다. (영국에서는 특성화 학교specialization schools의 경우 학생 수의 10%까지 자체 선발할 수 있다.) 바우처 학교는 감사를 받기는 하지만, 지금까지는 통제가 그리 강하지 않았다. 2007년까지는 공립학교들이 지방자치단체의 지원을 받아서 각 학군에서 바우처 학교로부터 일정하게 보호를 받았지만, 지금은 바뀌었다. 정권이 바뀐 이후, 바우처 학교에 대한 지원이 극적으로 증가했고, 이제 일부 지역에서는 그나마 잔존한 종합 학교조차 다수의 학부모와 교사들의 기피로 인해 민간 인수의 위협을 받고 있다.

55) 총선 패배 이후, SAP는 불균등한 기준이 문제라고 인정하지만, 바우처 학교와 관련해서는, 그리고 바우처 학교 때문에 불평등이 늘어난다는 사실에 대해서는 아무런 언급이 없다.

56) Skolverket, *Resultat av inspektion av frisånde skolar 2003-2006* (Stockholm: Skolverket, 2006).

57) 보세 링홀름Bosse Ringholm과의 대담, 2005년 10월 3일, 스톡홀름.

58) Socialdemokraterna, *En kunskapsskola för alla.*

59) Michael Power, *The Audit Society. Rituals of Verification* (Oxford, U.K.: Oxford University Press, 1997); 다음 책도 보라. Bengt Jacobsson and Kerstin Sahlin Andersson, *Skolan och det nya verket* (Stockholm: Nerenius Santerus, 1995).

60) Denis Lawton, *Education and Labour Party Ideologies, 1900-2000 and Beyond* (London and New York: RoutledgeFalmer, 2004).

61) Michael Young, *The Rise of the Meritocracy 1870-2033: An Essay on Education and Equality* (london: Thames and Hudson, 1961).

62) Lawton, *Education and Labour Party Ideologies*; Bernt Gustavsson, *Bildningens väg. Tre bildningsideal i svenskarbetarrörelse 1880-1930* (Stockholm: Wahlström och Widstrand, 1991).

63) Francis Sejersted, *Socialdemokratins tidsålder*, p. 297.

64) *Learning for Success, The Learning Age; Department for Education and Skills, Higher Standards, Better Schools for All, More Choice for Parents and Pupils. Education White Paper* (London: HMO, 2005), p. 27.

65) *Excellence in Schools*, 1997.

66) 마이클 바버와의 대담, 2005년 10월 20일.

67) Higher Standards, *Better Schools for All*.

68) 위의 책.

69) 다음 글과 비교해보라. Stuart White, "Welfare Philosophy and the Third Way", in Jane Lewis and Rebecca Surender, ers., *Welfare State Change. Towards a Third Way?* (Oxford, U.K.: Oxford University Press, 2004), pp. 25-47.

70) Richard Sennett, *The Culture of the New Capitalism*, The Castles Lectures in Ethics, Politics and Economics (New Haven and London: Yale University Press, 2006), p. 84[국역: 《뉴캐피털리즘: 표류하는 개인과 소멸하는 열정》, 유병선 옮김(위즈덤하우스, 2009)].

71) Francis Sejersted, *Socialdemokratins tidsålder*.

7장 민중에게 투자하기

1) Steve Bestow and James Martin, *Third Way Discourse: European Ideologies in the Twentieth Century* (Edinburgh University Press, 2003).

2) Gøsta Esping-Andersen, *Politics against Markets* (Princeton, NJ: Princeton University Press, 1985); Claus Offe, *Contradictions of the Welfare State* (Cambridge, MA: MIT Press, 1984); Bob Jessop, *The Future of the Welfare State* (Oxford, U.K.: Polity Pres, 2001).

3) Department of Social Security and Department for Employment and Education, *New Ambitions for Our Country: A New Contract for Welfare* (London: HMSO, 1998).

4) John D. Stephens, *The Transition from Capitalism to Socialism* (London: Macmillan, 1979).

5) Jenny Andersson, *Between Growth and Security. Swedish Social Democracy from a Strong Society to a Third Way* (Manchester, U.K.: Manchester University Press, 2006)[국역: 옌뉘 안데르손, 《경제성장과 사회보장 사이에서: 스웨덴 사민주의, 변화의 궤적》, 박형준

옮김, 신정완 감수·해제(책세상, 2014)].

6) 사회투자 개념은 리스본과 니스에서 열린 정상 회담 이후 유럽 차원에서 크게 강조되기 시작했다.

7) HM Treasury, *Modern Public Services for Britain, Investing in Reform* (London: HMSO, 1998).

8) 고든 브라운의 예산안 연설, 2002년 4월 16일.

9) Ruth Lister, "Investing in the Citizen Workers of the Future, Transformation in Citizenship and the State under New Labour", in *Social Policy and Administration* 37, 5 (October 2003), pp. 427-443, p. 431.

10) Jane Jenson and Denis Saint-Marti, "New Routes to Social Cohesion, Citizenship and the Social Investment State", *Canadian Journal of Sociology* 28, 1 (2003), pp. 77-99.

11) 위의 글.

12) Lister, "Investing in the Citizen Workers of the Future".

13) Daniel Rodgers, *Atlantic Crossings, Social Politics in a Progressive Age* (Cambridge, MA: Harvard University Press, 1998).

14) Jenny Andersson, "A Productive Social Citizenship? Reflections on the Notions of Productive Social Policies in the European Tradition", in *A European Social Citizenship* (Brussels: PIE Peter Lang, 2004).

15) 토니 블레어의 발언. 다음 책에서 인용. Martin A. Powell, ed., *New Labour, New Welfare State? The "Third Way" in British Social Policy* (Bristol, U.K.: Policy Press, 1999), p. 21.

16) 다음 문헌들을 보라. 예산 준비 보고서, 1997-2006 그리고 포괄 지출 검토, 2002년, 2004년.

17) British Commission on *Social Justice, Social Justice, Strategies for National Renewal* (London: Vintage, 1994), pp. 96-106, 110-113; Social Exclusion Unit, *Bringing Britain Together* (London: SEU, 1998), p. 7.

18) 마셜의 주장을 여기에서 상술할 필요는 없을 것이다. 다만 마셜이 책임을 시민권의 일부로 본 것은 분명하지만 그의 사회 변혁론은 시민권의 권리 측면과 연결되는 것이라는 점은 잊지 말아야 하겠다. T. H. Marshall, *Citizenship and Social Class* (London: Pluto Press, 1992)[국역: 토머스 험프리 마셜, 《시민권》, 조성은 옮김(나눔의집, 2014)]; Ruth Lister, *Citizenship. Feminist Perspectives* (Basingstoke, U.K.: Macmil-

lan, 1997), p. 14; Stuart White, "Social Rights and the Social Contract—Political Theory and the New Welfare Politics", in *British Journal of Political Science 30* (2000), pp. 507-532, p. 511.

19) Desmond King, *In the Name of Liberalism: Illiberal Social Policy in the U.S. and Britain* (Oxford, U.K.: Oxford University Press, 1999); William Walters, *Unemployment and Government. Genealogies of the Social* (Cambridge, U.K.: Cambridge University Press, 2000).

20) Andersson, *Between Growth and Security*; Tim Tilton, *The Political Theory of Swedish Social Democracy. Through the Welfare State to Revolution* (New York: Clarendon Press, 1990).

21) Andersson, *Between Growth and Security*.

22) Esping-Andersen, *Politics against Markets*.

23) 다음 글을 보라. Teresa Kulawik, "A Productivist Welfare State, the Swedish Model Revisited", in Tadeusz Borkowski, ed. *Social Policies in a Time of Transformation* (Krakow: Goethe Institute and Jagellonian University, 1991).

24) Lena Sommestad, "Human Reproduction and the Rise of Welfare States: An Economic-Demographic Approach to Welfare State Formation in the United States and Sweden", *Scandinavian Economic History Review* 46, 2 (1998), pp. 97-116; Allan Constantine Carlson, *The Swedish Experiment in Family Politics: The Myrdals and the Interwar Population Crisis* (New Brunswick, NJ: Transaction, 1990).

25) Andersson, "A Productive Social Citizenship?".

26) Maija Runcis, *Steriliseringar i folkhemmet* (Stockholm: Ordfront, 1998); Gunnar Broberg and Mattias Tidén, "Eugenics in Sweden: Efficient Care", in Gunnar Broberg and Nils Roll-Hansen, eds., *Eugenics in the Welfare State* (Ann Arbor: University of Michigan Press, 1996); A. Spektorowski and E. Mizrachi, "Eugenic and the Welfare State in Sweden. The Politics of Social Margins and the Idea of a Productive Society", in *Journal of Contemporary History* 39, 3 (2004), pp. 333-352.

27) 다음 책을 보라. Rothstein, *Just institutions Matter. The Moral and Political Logic of the Universal Welfare State* (Cambridge, U.K.: Cambridge University Press, 1998); Sheri Berman, *The Social Semocratic Moment* (Cambridge, MA: Harvard University Press, 1998).

28) 토론 문서, "Personal Responsibility and Changing Behaviour: The State of

Knowledge and the Implication for Public Policy" (London: Strategy Unit, 2004), pp. 10, 64; Levitas, *The Inclusive Society* (New York: Routledge, 2005), p. 227.

29) Andersson, *Between Growth and Security.*

30) Sveriges socialdemokratiska arbetareparti, *Steget in i 2000-talet: Riktlinjer antagna av framtidskongressen i Sundsvall* (Stockholm: Socialdemokraterna, 1997).

31) 정부 법안, 2002/2003:1, p. 25.* 이는 1994년 잉바르 칼손 정부 시절부터 주목 받는 주제였지만, "변화 속의 사회보장"이라는 구호 자체는 1997년에 처음 만들어졌다.

32) 데이비드 블런켓의 연설, "The Asset State—the Future of Welfare", 2005년 7월 5일; Gordon Brown, *Fair Is Efficient* (London: Fabian Society, 1994).

33) HM Treasury, *The Modernisation of Britain's Tax and Benefits System*, nr. 4 and 6.

34) 고든 브라운의 연설, "Prosperity and Justice for All", 2004년 9월 27일; 예란 페르손의 연설, "Economic and Social Policy, the Swedish way", 뉴질랜드, 웰링턴, 2005년 2월 14일.

35) 영어의 security에 해당하는 스웨덴어 trygghet는 영어 security보다 훨씬 더 비물질적 차원을 뜻하며 또한 심리적·인지적 안정을 함축한다. 그리고 구조 변화의 시기에 필요한 개인의 정치적 적응 능력을 시사하기도 한다.

36) 예란 페르손의 진보 거버넌스 정상회담 연설, 부다페스트, 2004년.

37) 예란 페르손의 스웨덴 산업회의Congress of Swedish Industry, SIF 연설, 2002년 11월 15일.**

38) DfTI, *Our Competitive Future.*

39) Sofia Murhem, "Flexicurity in Sweden", 미발간 연구보소서 (Uppsala: Department of Economic History, Uppsala University, 2007).

40) 예컨대 다음의 연설문들을 보라. 페르 누데르의 연설, "Ta vid Strängseminariet", 2005년 3월 5일; 누데르의 하버드 유럽연구센터Harvard Center for European Studies 연설, 2006년 11월 15일.

41) HM Treasury and the Swedish Ministry of Finance, "Social Bridges. Meeting the Challenges of Globalisation" (HM Treasury, Regeringskansliet, 2006); 페르 누데르의 특별보좌관 옌스 헨릭손Jens Henriksson과의 대화.

42) *New Ambitions for Our Country: A New Contract for Welfare.*

---

* 원서는 스웨덴어 원문을 소개하고 있으나 여기에서는 생략.
** 원서는 스웨덴어 원문을 소개하고 있으나 여기에서는 생략.

43) 다음 글들을 참고하라. Stuart White, "Welfare Philosophy and the Third Way", in Jane Lewis and Rebecca Surender, eds., *Welfare State Change. Towards a Third Way?* (Oxford, U.K.: Oxford University Press, 2004), p. 40; Clare Annesley and Andrew Gamble, "Economic and Welfare Policy", in Steve Ludlam, ed., *Governing as New Labour* (Basingstoke, U.K.: Palgrave Macmillan, 2003), pp. 144-159.

44) Michael Freeden, *The New Liberalism: An Ideology of Social Reform* (Oxford, U.K.: Clarendon Press, 1978).

45) Bo Rothstein, *The Social Democratic State: The Swedish Model and the Bureaucratic Problem of Social Reforms*, Pitt Series in Policy and Institutional Studies (Pittsburgh, PA: University of Pittsburgh Press, 1996).

46) 다음 책을 보라. *Steffen Mau, The Moral Economy of Welfare States* (New York and London: Routlege, 2004).

47) 다음 책을 보라. *Lena Eriksson, Arbete till varje pris, arbetslinjen i 1920-talets arbetslöshetspolitik* (Stockholm: Stockholm Studies in History, 2004); Åke Bergmark, "Activated to Work? Activation Policies in Sweden in the 1990s", in *Revue Francaise des Affaires Sociales*, 4 (2003), pp. 291-306.

48) 이 논쟁의 발원지는 근로 전략이라는 뜻의 단어 아르베트스리넨arbetslinjen이다. 아르베트스리넨은 오늘날은 스웨덴 사회의 모든 정치 세력이 사용하는 말이며, 이에 따라 이 단어는 일할 권리로부터 일할 의무까지, 적극적 노동시장정책으로부터 재활 정책까지 무엇이든 뜻할 수 있게 됐다. 다음 책을 보라. Socialförsäkringsutredningen, Vad är arbetslinjen? Samtal om socialförsäkring nr 4 (Stockholm: Riksförsäkringsverket, 2005).

49) Mark Canadine, *Enterprising Sates. The Public Management of Welfare to Work* (Cambridge, U.K.: Cambridge University Press, 2001).

50) 이는 그 자체로 스웨덴 헌법에도 명문화됐다. 스웨덴 헌법에는 이렇게 표현돼 있다. "사회보장과 노동에 대한 만인의 권리".

51) Anne Daguerre and Peter Taylor-Gooby, "Neglecting Europe: Explaining the Predominance of American Ideas in New Labour's Welfare Policies since 1997", *Journal of European Social Policy* 14, 1 (2004), pp. 24-39; Jochen Clasen and Daniel Clegg, "Does the Third Way Work? The Left and Labour Market reform in Britain, France and Germany", in Lewis and Surender, eds., *Welfare State Change*, pp. 89-111.

52) John Stephens, "The Scandinavian Welfare States. Achievements, Crisis and Prospects", in Gösta Esping-Andersen, ed., *Welfare States in Transition. National Adaptations in Global Economies* (New York: Sage, 1996), pp. 32-66.

53) 정부 법안 1995/96:207. En politik för att halvera den öppna arbetslösheten till år 2000.

54) Håkan Johansson, *Svenk aktiveringspolitik i nordisk belysning* (Stockholm: ESO, 2006); Joakim Palme et al., "Welfare Trends in Sweden: Balancing the Books for the 1990s", *Journal of European Social Policy* 12, 4 (2002); Johannes Lindvall, *Ett land som alla andra. Från full sysselsättning ttill massarbetslöshet* (Stockholm: Atlas, 2006).

55) Julia Peralta, *Den sjuka arbetslösheten* (Uppsala, Sweden: Uppsala Studies in Economic History, 2006); Christina Garsten and Kerstin Jacosson, *Learning to Be Employable: New Agendas on Work, Responsibility and Learning in a Globalizing World* (Basingstoke, U.K.: Palgrave Macmillan, 2004); Jessica Lindvert, *Ihålig arbetsmarknadspolitik? Organisering och legitimitet igår och idag* (Umeå, Sweden: Borea, 2006).

56) DfWP, *A New Deal for Welfare*, 2006.

57) Sven E. Hort, "Sweden, Still a Civilised Version of Welfare?" in Noel Gilbert and Rebecca vaan Vorhis, eds., *Activating the Unemployed* (New Brunswick, NJ: Transaction Publishers), pp. 243-267.

58) 정부 법안 1995/96:207. En politik för att halvera den öppna arbetslösheten till år 2000.

59) Johansson, Svenk aktiveringspolitik i nordisk belysning. 정부 법안 1999/2000:98, Förnyad arbetsmarknadspolitik för delaktighet och tillväxt, Kontrakt för arbete. Rättvisa och tydliga regler i arbetslöshetsförsäkringen (Stockholm: Ds, 1999:58).

60) Renita Thedvall, "Do It Yourself. Making Up the Selfemployed Individual in the Swedish Public Employment Service", in *Garsten and Jacobsson, Learning to Be Employable*, pp. 131-152.

61) 정부 법안 1995/96:207. En politik för att halvera den öppna arbetslösheten till år 2000.*

---

* 원서는 스웨덴어 원문을 소개하고 있으나 여기에서는 생략.

62) 스웨덴에서 전통적으로 근로 전략arbetslinjen으로 불리던 것이 이에 따라 1990년대에는 근로 및 역량 전략arbets-och kompetenslinjen이 됐다. 다음 문헌을 보라. 1998, The Budget Statement and Summary, p. 19.

63) 이와 관련 요아킴 팔메Joakim Palme, 보세 링홀름, 안나 헤드보리Anna Hedborg와의 토론에 대해 특히 감사드린다.

64) Sheri Berman, *The Primacy of Politics. Social Democracy and the Making of Europe's 20th Century* (Cambridge, U.K.: Cambridge University Press, 2006)[국역: 셰리 버먼, 《정치가 우선한다: 사회민주주의와 20세기 유럽의 형성》, 김유진 옮김(후마니타스, 2010)].

8장 지식 개인을 창조하기

1) Gilles Raveaud and Robert Salais, "Fighting against Social Exclusion in a Knowledge Based Society", in David Mayes, John Berghamn and Robert Salais, eds., *Social Exclusion and European Policy* (Cheltenham, U.K.: Edward Elgar, 2001).

2) Perri 6 and Ben Jupp, *Divided by Information. The Digital Divide and the Implications of the New Meritocracy* (London: Demos, 2001).

3) Jena Gardiner, *Gender, Care and Economics* (Basingstoke, U.K.: Macmillan, 1997).

4) Daniel Cohen, *Nos Temps Modernes* (Paris: Flammarion, 1999).

5) Richard Sennett, *The Culture of the New Capitalism*, The Castles Lectures in Ethics, Politics and Economics (New Haven and London: Yale University Press, 2006), p. 84[국역: 《뉴캐피털리즘: 표류하는 개인과 소멸하는 열정》, 유병선 옮김(위즈덤하우스, 2009)].

6) Michael Katz, *The Undeserving Poor. From President Johnson's War on Poverty to Reagan's War on Welfare* (New York: Pantheon Books, 1989).

7) Alain Touraine, *The Post-Industrial Society, Tomorrow's Social History* (New York: Random House, 1971).

8) Manuel Castells, *The Information Age: Economy, Society and Culture* (Malden, MA: Blackwell, 1996)[국역: 마누엘 카스텔, 정보시대 3부작—《네트워크 사회의 도래》/《정체성 권력》/《밀레니엄의 종언》, 박행웅 외 옮김(한울, 2014)]; Manuel Castells, *The Network Society: A Cross-Cultural Perspective* (Northampton, MA: Edward Elgar Pub-

lishing, 2004)[국역:《네트워크 사회: 비교문화 관점》, 박행웅 옮김(한울, 2009)].

9) 정부 법안, *Ett informationssamhälle åt alla* (Stockholm: 1999); Social Exclusion Unit, *Inclusion through Innovation: Tackling Social Exclusion through New Technologies* (London: SEU, 2005).

10) 다음 책과 비교해보라. Ruth Levitas, *The Inclusive Society. Social Exclusion and New Labour* (New York: Routeldge, 2005).

11) Hilary Silver, "Social Exclusion and Social Solidarity: Three Paradigms", in *International Labour Review* nr. 5/6, 133, 1994.

12) 나는 다음 책에서 스웨덴에서 사회적 배제라는 단어의 기원에 대해 검토한 바 있다. Jenny Andersson, *Between Growth and Security. Swedish Social Democracy from a Strong Society to a Third Way* (Manchester, U.K.: Manchester University Press, 2006)[국역: 옌뉘 안데르손,《경제성장과 사회보장 사이에서: 스웨덴 사민주의, 변화의 궤적》, 박형준 옮김, 신정완 감수 · 해제(책세상, 2014)].

13) 사회적 배제에 맞서는 스웨덴의 행동 계획에서 utslagning은 보다 부드러운 utestäng-ning으로 바뀌었는데, 이는 '문을 두드려 나간다'가 아니라 '문이 닫혔다'는 뜻이다. 2006년 총선 선거운동 과정에서 이는 더 부드러운 단어 utanförskap, 즉 '바깥'으로 다시 바뀌었다. 다음 문헌들을 보라. *Sveriges handlingsplan mot fattigdom och social utslagning 2001-2003, Bilaga till protokoll vid regeringssammanträde 2001-05-23 nr 11; Sveriges handlingsplan mot fattigdom och social utestängning 2003-2005, Bilaga till protokoll vid regeringssammanträde 2003-07-03.*

14) Janet Newman, *Modernising Governance. New Labour, Policy and Society* (London: Sage, 2001).

15) Levitas, *The Inclusive Society?*; Charles Murray, *The Emerging British Underclass* (London: Institute for Economic Affairs, 1990).

16) Social Exclusion Unit, *Bringing Britain Together* (London: SEU, 1998); *Bridging the Gap: New Opportunities for 16-18 Year-Olds Not in Education, Employment or Training* (London: SEU, 1999).

17) Social Exclusion Unit, *Preventing Social Exclusion* (London: SEU, 2001).

18) 위의 책.

19) Levitas, *The Inclusive Society.*

20) 이는 특히 유럽연합의 정책 생산으로 인해 1990년대 말 빈곤 담론에서 거의 지배적인 위상을 차지했다. 다음 글을 보라. Mary Daley, "Social Exclusion as Concept and

Policy Template in the European Union", Working pater, Center for European Studies, Harvard, 2005, nr. 135.

21) Department for Communities and Local Government, *Strong and Prosperous Communities* (London: TSO, 2006).

22) Levitas, *The Inclusive Society.*

23) Department for Education and Employment, *Raising Expectations: Staying in Education and Training Post-16* (London: DfEE, 2007); Social Exclusion Unit, *Bringing the Gap.*

24) Social Exclusion Unit, *Inclusion through Innovation.*

25) Newman, *Modernising Governance.*

26) Sveriges socialdemokratiska arbetarprti, *90-talsprogrammet* (Stockholm: Tiden, 1989).

27) 다음 문헌을 보라. *Låginkomstutredningen.*

28) 다음 문헌들을 보라. LO 1966, *Fackföreningsrörelsen och den tekniska utvecklingen*; Sveriges socialdemokratiska arbetarprti, *Partiprogram för socialdemokraterna: antaget vid artikongressen 2001.*

29) 올로프 팔메의 1978년 당대회 연설.

30) Jonas Pontusson, *The Limits of Social Democracy: Investment Politics in Sweden,* Cornell Studies in Political Economy (Ithaca, NY: Cornell University Press, 1992).

31) 정부 법안, *Sysselsättningspropositionen* (1995); 정부 법안, *Vuxnas lärande och utvecklingen av vuxenutbildningen* (2000).

32) 이는 페르 알빈 한손의 유명한 1928년 연설에 등장하는 표현인데, '국민의 집'이라는 비유의 원판이라 할 수 있다.

33) A Welfare Balance Sheet for the 1990s: Final Report of Swedish Welfare Connission, *Scandinavian Journal of Public Health,* Supplement, 60 (Stockholm: Umeå, 2003).

34) *Integrationens svarta bok: agenda för jämlikhet och sammanhånllning. Slutbetänkande av utredningen om makt, integration och struckturell diskrimnering* (Stockholm: SOU 2006:79).

35) 복지의 미래에 대한 세미나에서 안나 헤드보리의 발언, 스톡홀름, 사회문제부Ministry of Social Affairs, 2005년 10월.

36) Department for Work and Pension, *A New Deal for Welfare: Empowering People to*

Work (London: DWP, 2006).

37) Daniel Bell, *The Coming of Post-Industrial Society. A Venture in Social Forecasting* (New York: Basic Books, 1973)[국역: 대니얼 벨,《탈산업사회의 도래》, 박형신, 김원동 옮김(아카넷, 2006)], p. 170.

38) Fred Hirsch, *Social Limits to Growth* (Cambridge, MA: Harvard University Press, 1977).

39) Cohen, *Nos Temps Modernes*.

40) Department of Trade and Industry, *A New Deal for Welfare Empowering People to Work, Success at Work, Protecting Vulnerable Workers, Supporting Good Employers* (London: DTI, 2006); Department of Work and Pensions, *Workplace Health, Work and Wellbeing* (London: DTI, 2005).

41) Sveriges socialdemokratiska arbetarparti, *Politiska riktlinjer besultade av mellankongressen* (Stockholm: Socialdemokraterna, 2004), p. 2.

42) 정부 성명서, 2004년; *Finansplanen* 2004/05:1; 정부 법안 2004 *Tillväxt i hela landet. En hållbar tillväxt* (Stockholm: Socialdemokraterna, 2004); *Ett mänsklingare arbetsliv* (Stockholm: Socialdemokraterna, 2004).

43) Kjell Nyman et al., *Den svenska sjukan: Sjukfrånvaron i åtta läder* (Stockholm: ESO, 2002:49).

44) 예란 페르손은 최근 출판된 정치 전문 기자 에릭 피흐텔리우스Erik Fichtelius와의 대담에서, 사회민주당은 2004년에 부유세, 상속세, 자산세를 폐지하려는 입장이었다고 말한다. 실제로 2004년에 상속세가 인하됐다. 이후 우익 정부가 2007년 4월에 부유세와 자산세를 폐지했다. Erik Fichtelius and Göran Persson, *Aldrig ensam, alltid ensam: samtalen med Göran Persson 1996-2006* (Stockholm: Norstedt, 2007).

45) Sveriges socialdemokratiska arbetarparti, *Steget in i 2000-talet: riktlinjer antagna av framtidskongressen i Sundsvall*(Stockholm: Socialdemokraterna, 1997); *En svensk strategi för hållbar utveckling* (Stockholm: Miljödepartment, Regeringskansliet, 2004).

46) Zygmunt Bauman, *Work, Consumerism and the New Poor* (Philadelphia: Open University Press, 1998)[국역: 지그문트 바우만,《새로운 빈곤: 노동, 소비주의 그리고 뉴 푸어》, 이수영 옮김(천지인, 2010)].

1) David Marquand, "A Man without History", in *New Statesman,* May 7, 2007.

2) 모나 살린의 당대회 연설, 2007년 3월 18일. 다음의 온라인 주소에서 조회할 수 있다. www.sap.se.

3) Mona Sahlin, "Självkritik är nödvändig på viktiga politikområden", in *Dagens nyheter,* June 13, 2007.

4) 다음 책들을 보라. SAP, *With a View to the Future. Thoughts to Inspire,* 당대회 제출 문서, 2007년 3월 16-18일; Nick Pearce and Julia Magro, eds., *Politics for a New Generation* (London: IPPR, Palgrave, 2007).

5) Roberto Mangabeira Unger, *What Should the Left Propose?* (London: Verso, 2005), p. 22.

6) 페르 누데르의 공개 토론, SAP 중앙당 사무실, 2004년 1월.

7) Peter Taylor Gooby, ed., *Risk, Trust and Welfare* (Basingstoke, U.K.: Palgrave Macmillan, 2000).

8) Sheri Berman, *The Primacy of Politics. Social Democracy and the Making of Europe's 20th Century* (Cambridge, U.K.: Cambridge University Press, 2006)[국역: 셰리 버먼, 《정치가 우선한다: 사회민주주의와 20세기 유럽의 형성》, 김유진 옮김(후마니타스, 2010)].

9) 위의 책.

10) Bo Rothstein, "Valet en triumph för socialdemokraterna", in *Dagens nyheter,* September 20, 2006.

11) Ernst Wigforss, *Minnen* (1-3, 1950-1954), pp. 86-119.

12) Roberto Unger, *What Should the Left Propose?,* p. 2.

13) SAP는 평등을 다룰 새로운 위원회를 구성한다고 발표했다. 이 위원회의 보고서는 다음 총선 전에 발표될 예정이다.

14) Tony Fitzpatrick, *New Theories of Welfare* (Basingstoke, U.K.: Palgrave Macmillan, 2005).

ㄱ

가족정책 165,185,216

강단사회주의 189

개방대학 158

개인주의(개인화) 19, 33, 36~37, 41, 73,
92, 95, 97, 99~100, 136, 155, 156,
170, 178, 182, 188, 199, 200, 204,
236,251,293

개인주의의 스웨덴식 해석 223

개인학습계좌ILAs 70,186

개혁주의 25,30,35,41,44,86,112,128~
129,264~265

갤브레이스,J.K. 76

거시-미시 전략 17,48,57~59

경제와 사회의 존재론 43

경제주의(경제적 인간) 73,80,121,187,
212,216,244,246,293

경제협력개발기구OECD 58

계급 12~13, 17, 37, 40, 45, 49, 93, 95,
99, 112, 114, 123, 124, 127, 128,
130~131, 133, 137, 141, 148, 157,
167, 170, 177, 181, 184, 186, 191,
195~197, 199, 201~202, 205, 217,
237, 240~241, 244, 248, 250, 259,
271,288,291~292

계발 17,70,100,110,136,148~150,155,
158~159, 166, 182, 202, 230, 232,
235,237,243,245,293

고르, 앙드레 93,292~294

고용가능성 37,47,62,122,130,157,159,
192,224,230,245

공공지출 60,87,90,211,213,220

공공도서관 14,112

공공선으로서 지식 67

공공성 61,288

공공정책연구소 47

공급 측면 경제학 62~63

공동선(공공선) 16,61,65~66,67,71~73,
76~77,128,133~134,135,138,180,
182~183, 185, 190~191, 194, 205,
212,218,263,264,269,271~273

공동체 18, 72, 81, 125~128, 134, 141,
162~163, 169, 179~187, 189~190,
192~195, 214, 218, 236, 242, 244~
245,273

공동체주의 50,95,180~184,188~190,
214,218,236,244

공립학교 186,199

과학기술과 소외 33,121

과학기술에 대한 두려움 98,241

관리 자본주의 124

관리주의 31,35,40~41,91,201

교육 기회 157, 198, 244~245
구좌파와 신우파 73
국민성(국가 브랜드화) 43, 106, 114, 163, 164, 166
국민보건서비스NHS 60, 67, 92
국민의 집(녹색 국민의 집) 14, 46, 86, 88, 96~98, 107, 110~111, 113, 115, 128, 141, 165, 172, 179, 189~190, 193, 206, 217, 250~251, 264~265, 286
국민학교 197
권리와 의무 183
그레이, 존 37
근로복지 48, 63, 225~227, 229~231, 289~290
근로윤리 225~227, 231, 255, 274
기능주의 172~173
기대 상승 135~136
기독교 윤리 200
기든스, 앤서니 36~37, 40, 214
기술결정론 101
기업가 정신 12, 61, 64, 68, 71, 77, 102, 104, 107, 138~139, 148, 152~153, 159, 171, 182, 254, 260
기업의 사회적 책임 179
기회의 경제학 122
기회의 사다리 200~201
기회의 평등 27, 29, 136~140, 178, 202, 288

ㄴ

내생적 성장 이론 61~62, 64, 79, 288

넥서스 논쟁 128
노동당 14, 26, 35, 49, 69, 71, 87, 89, 91~ 92, 94, 126~127, 143, 180, 196, 209, 279~282, 284~290
노동당주의 35, 48, 92, 101, 127, 138, 157
노동-자본 갈등 75, 121, 184
누데르, 페르 49, 265
뉴딜(실업자들을 위한 뉴딜/재계와의 뉴 딜) 47~48, 63, 66, 74, 129, 173, 181, 209, 225
능력에 따른 선발 196~197
능력주의 18, 137~139, 195, 198, 200~ 205, 221, 236, 246, 260, 262, 271, 288~289

ㄷ

다양성 44, 69, 96, 99, 135~136, 141~143, 163~164, 168, 189, 197~198, 203, 262, 272
단기 이익 추구 121
당헌 제4조 126~127, 143
대안적 교육 관념 158
대처, 마거릿 49, 56, 60, 74, 78, 89, 94~95, 102, 114, 181, 198, 283, 286
대처주의 11, 56, 85, 88, 91~93, 95, 102, 174, 197
데모스 50, 162~163
도약의 발판 221
독일 제도주의 189
디자인 160~161, 164, 167, 169~173
디즈레일리, 벤저민 101

ㄹ

라르손, 알란 48
라이너, 매그너스 56, 75
레이건, 로널드 89, 285
렌 마이드너 모델 46, 222, 247
로즈, 니콜라스 38
로크, 존 106
리드비터, 찰스 58, 92, 95, 119
리스본 전략 36, 151
리스터, 루스 212
린드, 안나 165
린드베크 위원회 64

ㅁ

마르크스, 칼 13, 226, 293
마르크스주의의 유산 132
마셜, T. H. 215
마이드너, 루돌프 67, 90
마퀀드, 데이비드 37, 89, 92, 260
맨체스터 자유주의 68, 179
머레이, 찰스 242
멀건, 제프 50, 92, 95, 183
멋진 브리타니아 161~162, 164, 172
메트칼프의 네트워크 성장의 법칙 95
모리스, 윌리엄 35, 148, 167, 171, 273
모스호나스, 게라시모스 30, 142
묄레르, 구스타브 90, 216
무시알, 카시미에르즈 108
무어의 법칙 252
무용성 122
문화유산 160

문화정책 54, 71, 100, 149, 167~168, 170,
    174, 178
문화 연구 174
문화의 가치 166, 173
문화적 급진주의 87
문화적 보수주의 87
뮈르달, 군나르 172, 189
뮈르달, 알바 172, 194
미국식 빈곤 담론 181
미국의 빈곤과의 전쟁 240, 242
미드, 로런스 242
민관 협력 66, 77, 182
민주적 생산 질서 132~133, 135, 141
민중교육 156, 158~159, 167, 192, 195,
    201, 248
민중문고 112
민중운동 100
밀레니엄 돔 172

ㅂ

바니, 대린 121
바버, 마이클 203
바우만, 지그문트 41, 256
바우처 18, 47, 49, 69, 142, 197~200, 206,
    262, 290
반사회적 행위에 대한 명령ASBOs 186
비자유적 자유주의 81
버먼, 셰리 26, 231, 268~269
베르그렌, 헨릭 188
베버리지 모델 209~210
베버리지 보고서 29, 209, 225

베버리지, 윌리엄 29

벡, 울리히 40

벤틀리, 톰 50

벨, 대니얼 40, 252

보편주의 14, 46~48, 70, 142, 188, 191, 200, 202, 216~219, 226, 247~250

볼보의 우데발라 공장 75

볼스, 에드 48

분권화 87, 90, 95, 194, 230

불만의 겨울 89

브라운, 고든 13~14, 27, 49, 57, 69, 102~107, 119, 122~125, 129, 131, 221, 224, 260~261, 279, 288

브란팅, 얄마르 28

브리티시 텔레콤BT 66

블레어, 토니 43, 49~50, 69, 93, 126~128, 153, 189, 196, 203, 259~261, 266~267, 279, 281, 283, 287

블레어-슈뢰더 발표문 36

비그포르스, 에른스트 28~29, 90, 135, 137, 141, 148, 205, 216, 270, 294

비웨스, 티머시 174

빅토리아 시대 102, 107, 111, 170, 172, 215

빌트 정부 64, 67, 107, 192, 197, 198

ㅅ

사유화 60, 69, 89, 90, 206, 220, 267

사회문제 40, 178, 181, 187, 217, 218, 244, 251

사회민주당 11~12, 14, 28, 46, 58, 64, 69, 86, 89, 111, 136, 164, 199, 198, 210,

224, 228, 231, 251, 255, 259, 266, 284~290, 292, 294

사회민주주의 문화정책 167

사회민주주의와 자본주의 17, 24

사회민주주의의 딜레마 17, 25

사회민주주의의 역사 16~17, 23~27, 30~31, 55, 68, 71, 75, 76, 97~98, 142, 149, 155~156, 166, 185, 201, 204, 209, 235, 263, 264, 267, 268, 270, 273, 284

사회민주주의의 자본주의 비판 273

사회배제대응실 242, 261

사회보장(변화 속의 사회보장) 28, 49, 107, 140, 210, 212, 219~224, 226~227, 231, 263, 265, 284

사회적 경제 80, 179, 213

사회적 기업가 정신 182

사회적 배제 12, 19, 30, 94, 99, 185, 212, 237~251, 254, 256

사회적 비용 31, 218, 244

사회적 시민권 18, 181, 191, 209~210, 212, 215~218, 231, 269~271, 274

사회적 역량 192~193

사회적 유럽 36

사회적 응집 30, 169, 184~185, 241~242, 273

사회적 자본 54, 79~80, 184~187, 192~193, 195, 211~212, 218, 237, 244, 291

사회적 짜임새 241

사회적인 것의 자본화 291

사회정의 11~13, 18, 47, 50, 124, 137,

178, 187, 209~210, 212, 214, 216, 244

사회정책 37, 46, 54, 63, 71, 161, 178~179, 211~213, 215~220, 225, 256, 267, 269~270

사회질서 133, 181, 189, 201~202, 204~205, 240~241, 246, 248, 271, 273~274

사회투자 37, 80, 211~218, 221, 279, 283, 289

산들레르, 리카르드 148, 156, 273

산업경제 11~12, 66, 137, 157, 177, 216

산업 발전 및 임금 결정에 대한 협약 74

산업대학 158

산업사회 24, 53, 91, 93, 123, 169, 177, 179, 240, 248, 252, 287

산업주의 76, 148, 171, 247, 252, 273

산업혁명 23, 53, 58~59, 101, 106~107, 129, 252, 287, 294

살린, 모나 259, 262

삼헬레(스웨덴어 '사회') 18, 179, 189~191, 205, 246

상품화 32, 67~68, 80, 121, 130, 134, 170, 231

상호부조 86, 95, 99~100, 106, 179, 183, 272

새 정치 37, 123, 128, 131

생산주의 35, 68, 80~81, 148, 157, 216~219, 221~222, 227, 231, 252, 274, 289

서순, 도널드 27

선택의 자유 90, 97, 136, 141~142, 272

세넷, 리처드 121~122, 205, 239

세예르스테드, 프랜시스 157, 205

소유권 65, 184

쇄신 85, 90, 103~104, 107, 110, 127~128, 162, 169, 182, 262

수단과 목적 27~28

수월성 202~204, 246

슈미트, 비비엔 46, 78

슈어 스타트 프로그램 48, 212, 215, 244

스미스, 애덤 106

스웨덴 노동조합총연맹LO 74

스웨덴 모델 49~50, 64, 66, 71~73, 85, 87, 90, 107~108, 166, 190, 193, 210, 216, 220, 225, 229, 231, 247, 267

스웨덴 사회민주당SAP 14, 18, 28, 29, 35~36, 43, 49~50, 64~65, 69, 74, 77, 80, 86~89, 90, 97~99, 115, 128~130, 132, 134~135, 140~143, 150, 165, 167~168, 179, 191~192, 194, 197~200, 202, 205, 209~210, 219, 221, 223, 224, 226, 231, 236, 247~251, 254~255, 262, 265, 284~290, 292, 294

스웨덴 재무부 224

스웨덴 제3의 길 61, 88~89

스웨덴을 위한 미래 88

스웨덴의 경제 및 지역 성장을 위한 기관 NUTEK 67

스웨덴의 혁신 시스템을 위한 정부 기관 Vinnova 67

스웨덴다움 43, 107, 113~114, 165, 188

스코틀랜드 계몽주의 106

시민사회 184, 190, 205

시장경제 25, 27. 79, 96, 259

신공공관리NPM 60~61, 220

신노동당 13~14, 18, 25. 29~30, 35~36, 38~39, 43, 47~50, 54, 56, 63~66, 68~69, 71~74, 77, 78, 80, 85~87, 89, 92, 94~95, 100~104, 106~107, 110~115, 123, 127~129, 131~132, 134, 137~139, 141~143, 157, 159, 161, 164, 168, 172~174, 177, 179~188, 192~193, 197, 200~205, 209~218, 220~223, 225, 227, 236, 242, 244~246, 249~251, 253, 255, 259, 261, 264, 267~268, 271, 274, 280~283, 287~288

신시대 87, 91~96, 98~101, 286

신자유주의 11~12, 17, 25, 31~33, 35~36, 46, 55~57, 60, 66, 68, 71~73, 78, 81, 85, 87, 92, 99, 108, 141, 148, 168, 178, 182, 186, 209, 236, 267, 269, 283~285, 290~291

신자유주의 유토피아 236

신좌파 73, 90~91, 96, 174, 241

실업 31, 47, 63, 75, 79, 102, 108, 158, 173~174, 181, 198, 213, 218, 222, 224, 227~230, 248, 289, 292~293

실용주의 35, 37, 39, 42, 81, 87, 212, 249, 265

ㅇ

아동 54, 151~153, 165, 194, 202~203, 211~213, 215~216, 246

아동채권 48, 186

아카데미 프로그램 203

안전망 219, 221, 289

앤더슨, 베데딕트 162

에를란데르, 타게 12, 40, 111, 142, 148, 157, 205

에스핑-안데르센, 요스타 43

에치오니, 아미타이 183, 188

역량 저축 70, 158, 192

연금 개혁 46

영, 마이클 201

영국 사회정의위원회 47, 214

영국 재무부 224

영국은행 63, 103

영국인다움(영국의 천재성, 영국의 국민성) 105~107, 163

오웰, 조지 104~105

완전고용 46, 62, 247, 294

웅거, 로베르토 망가베이라 263, 270

원격 학습 53, 241, 245

웨브, 시드니 29, 82, 126, 157, 201

윌리엄스, 레이먼드 35, 38, 91, 148, 166~167, 172

윌슨, 헤럴드 12, 40, 89, 157~158, 196

유럽고용전략EES 48

유럽환율메커니즘ERM 59, 102

유용한 지식 67, 153~154, 237, 239

유토피아 18~19, 24~25, 31, 33, 35~36, 39~42, 49, 59, 82, 93, 96~97, 106, 119, 139, 143, 148, 155, 170, 172, 180, 235~236, 263~268, 270~271,

273~274, 290~292, 294

유토피아 사회주의 148

유토피아적 비판 24~25, 33, 42, 172, 267, 291

윤리적 사회주의 86, 99, 120, 180

이데올로기 39~40

익명적 자본 131

인간 잠재력 55, 97, 119, 121, 139, 143, 150~151, 243, 272, 291, 293

인적 자본 12, 17, 53, 57, 59, 62, 78~80, 119~121, 129, 147, 149, 157, 202, 204, 213, 224, 228~229, 235, 243, 252~253, 274, 291

일리, 제프 34

임노동자기금 67, 90

잉글랜드 중산층 114, 127~128

ㅈ

자기 이미지 40, 43, 86, 108

자기 계발 70, 100, 110, 149, 155, 159, 182, 202, 235, 245

자기교육운동 112, 156, 192, 201

자본주의 11~12, 14~15, 17~18, 23~27, 29~38, 42, 44~45, 53, 55, 71~72, 75~76, 91~93, 96, 100, 102, 105~106, 108, 119~127, 129~135, 136, 149, 155, 157, 167, 174, 177~179, 187, 189~190, 200~201, 204, 209, 213, 217, 231, 240~241, 243, 244, 246~249, 253~254, 259, 263, 266~267, 268~270, 273~275,

279, 282~288, 290~294

자본주의의 폐지 36, 42

자본화 16, 32, 53~54, 57, 78~80, 147, 161, 187, 216, 218, 243, 273~274, 291

자산 기반 복지정책 48

자선 179, 225

자유학교 199

자크, 마틴 91, 95

잠재력 뽑아내기 202, 204~205

잠재력의 낭비 124, 138, 228, 243

잠재력의 실현 124~125, 245, 291

잠재력의 정치 123

잠재력의 해방 120, 124, 129, 182

잠정적 유토피아 270, 291, 294

재계 선언 153

재능의 지대 136

재무부 우파(스웨덴 재무부) 91, 224

저소득위원회 247

적극적 노동시장정책 47~48, 225, 227~229, 231

전기철도 58

전자 작업장 14, 101~102

정보 기술 12, 37, 38, 65, 67, 101, 103, 121, 177, 183, 191, 294

정책 재검토 89, 94, 101

제3의 길 11~12, 14~19, 24~42, 45, 50, 53~58, 61, 66~67, 72, 76, 78~79, 81, 87, 147~150, 155, 159~160, 167, 170, 174, 178, 185, 195, 204, 209, 214, 219, 220, 231, 235~238, 243, 259~270, 272~274, 279~294

제3의 길의 정치경제학 78, 147
제3차 산업혁명 59, 101, 106~107
제국 92, 103, 106, 112, 163, 172
제숍, 밥 24
젠슨, 제인 212
조웰, 테사 169
종교학교 199
종합교육 196~197, 200~203
좋은 사회 40~41, 98, 110, 139, 254, 265, 271
중도좌파 12, 36~37, 209, 279, 291
지구화 33, 36~37, 44, 54~57, 62, 92, 94, 101, 103~104, 131~132, 221~222, 267, 284
지능 137, 140, 201
지속 가능한 자본주의 254
지식 공장 102, 122, 157
지식 승강기 158, 198, 228, 248
지식 인간 19, 157
지식 자본 17, 131
지식 프롤레타리아 131, 248
지식경제 11~17, 31, 37, 45, 53~55, 58~59, 66, 74~75, 85, 101~104, 106~109, 111~112, 119~123, 129~130, 139, 149, 153~154, 157, 177, 205, 220, 237~238, 244, 252, 272~273, 275, 287, 289
지식사회 14, 18, 24, 33, 41~42, 111~112, 137, 139~140, 158~159, 177, 179, 180, 191~192, 195, 200, 205, 237, 238, 287
지식에 대한 국가의 책임 78

지식의 사회적 보상 65
지식의 정치경제학 17, 53
지식자본주의 17, 24, 31, 33, 129, 177, 241, 244, 248~249, 274~275, 287~288, 292
직업교육-인문교육 분리 197
진보 거버넌스 43
징벌적 보편주의 219

ㅊ
차일즈, 마키스 108
차티스트운동 120, 167
착취 13~14, 16, 120, 124~126, 130, 133, 252, 288
창조산업 164, 170
창조성 16, 53, 58, 65, 68~69, 73, 78, 96, 104~106, 113, 119, 138, 140~141, 143, 147, 150~155, 160, 168, 171, 173, 182, 202~203, 222~223, 238, 240, 273
청년 뿌리 프로그램 171
초고속 정보망 66
총선 공약집 89, 128
최저임금 74

ㅋ
카셀, 구스타프 189
카오의 법칙 96
칼손, 잉바르 97, 111, 188, 262
캘러헌, 제임스 89, 157

컴퍼스 49~50, 127
케인스주의 29, 32, 53, 55, 62, 64, 80, 88~
    89, 213, 217, 260, 285
코엔, 다니엘 120, 253
코츠, 데이비드 64
콜먼, 제임스 79
크로슬랜드, 앤서니 123~124, 135~137,
    139~142, 148, 157, 205
클린턴, 빌 36, 48, 62, 184, 262
킹, 데즈먼드 81

ㅌ

테일러, 로버트 49~50
테일러, 찰스 42
테일러주의 75
토니, R. H. 29, 156, 159, 180
통화주의 56
투렌, 알랭 240
투자정책 66, 68, 80
트래고르드, 라르스 188
티트머스, 리처드 215

ㅍ

파그로츠키, 레이프 165~166
파시즘 26, 218
팔메, 올로프 97, 165, 248
퍼넬, 제임스 170
퍼트넘, 로버트 184
페르손, 예란 44, 74, 109, 111, 113~114,
    132, 141, 189, 220, 254, 262, 267

페이비언 경제학 186
페이비언주의 82, 200
평등(다양성/jämlikhet) 12~14, 17~18,
    26~30, 33, 46~49, 72, 76, 79, 90,
    94, 102, 105, 107, 110, 112, 119,
    131, 133~143, 155~156, 165~167,
    171, 177~178, 185~188, 194~195,
    198~205, 212, 216, 237, 239,
    241~243, 246~250, 256, 262~263,
    265, 267~274, 288~292
평등과 경제적 역동성 33
평생학습 12, 41, 70, 122, 138, 151, 157~
    158, 192, 236, 252
포괄적 지출 점검CSR 60
포스트마르크스주의 87, 91, 93
포스트모더니즘 87, 92, 99, 264
포스트자본주의 유토피아 119
포스트-포드주의 24, 45, 75, 87, 92~94,
    97, 101, 120, 177, 192, 237, 256, 275
폰투손, 요나스 90, 248
프리든, 마이클 80
핀레이슨, 앨런 54, 68, 101

ㅎ

학교와ICT 53, 101, 158, 202
학습 서클 14, 112, 156
한손, 페르 알빈 28, 205
해방 13, 16, 33~34, 68, 97, 99~100, 112,
    120~121, 124~126, 128~129, 138~
    139, 149~150, 155, 157, 159, 168,
    171, 182, 195, 205, 225, 235~236,

252, 264, 272, 292~293
해터슬리, 로이 89
헌트, 트리스트럼 102
헤이, 콜린 56~57
헤일, 새러 180
헬드, 데이비드 91
현대화 12, 16, 18~19, 26~29, 32~34, 36~
    41, 45~49, 63, 71, 80, 85, 88, 91, 101,
    103~107, 112~114, 123, 129, 143,
    149~150, 155, 173, 177, 180, 199,
    209~211, 220~221, 223, 235~238,
    240, 248, 253~255, 259, 261, 262,
    265, 270~271
현대화 정신 49, 236, 238
현대화론자 27~29, 34, 40, 123, 199, 220,
    223, 262, 270
현대화와 복지 주체 63
현대화와 유토피아 36
호웰, 크리스 74
혼합경제 76, 120, 124, 126, 135
홀, 스튜어트 35, 91, 94~95, 286
홉스봄, 에릭 91, 95, 286
후쿠야마, 프랜시스 37
힌포르스, 요나스 26

《접속성》 95, 183
《좌파 재발명하기》 123
《포스트산업사회의 도래》 252
〈공정이 효율이다〉 123
〈뉴 뮤지컬 익스프레스〉 173
〈마르크시즘 투데이〉 91
〈스웨덴 혁신 전략〉 151~152, 164
〈영국이라는 트레이드마크: 우리의 정체성
    을 쇄신하기〉 162
"변화의 교량" 224
"안전보호" 47
1980년대 스웨덴 제3의 길 61
Idea-ology 127

기타
《1990년대 프로그램》 167, 247
《경쟁력을 갖춘 우리의 미래》 150
《능력주의의 부상》 201
《복지 대차 대조표》 250
《사회주의의 미래》 49, 140

 총서 12

도서관과 작업장
스웨덴, 영국의 사회민주주의와 제3의 길

펴낸날   초판 1쇄 2017년 6월 15일

초판 2쇄 2017년 9월 15일

지은이   옌뉘 안데르손
옮긴이   장석준
펴낸이   김현태

펴낸곳   책세상
주소   서울특별시 마포구 잔다리로 62-1, 3층(04031)
전화   02-704-1251(영업부) 02-3273-1333(편집부)
팩스   02-719-1258
이메일   bkworld11@gmail.com
홈페이지   chaeksesang.com
등록   1975. 5. 21 제1-517호

ISBN   979-11-5931-124-6 04300

978-89-7013-799-5 (세트)

이 도서의 국립중앙도서관 출판시도서목록(CIP)은 서지정보유통지원시스템 홈페이지
(http://seoji.nl.go.kr)와 국가자료공동목록시스템(http://www.nl.go.kr/kolisnet)에서
이용하실 수 있습니다.(CIP제어번호 : CIP2017012935)